SCHE
EE
Weichsel
Warschau
POLEN
TSCHECHOSLOWAKEI
UNGARN
lauthausen
Wien
inz
Donau
Wiener
Neustadt
Schützen
Hall
TERREICH
ALPEN-
FESTUNG
genfurt
JUGOSLAWIEN
Oslo
NORWEGEN
Stockholm
SCHWEDEN
SCHOTTLAND
IRLAND
ENGLAND
London
UDSSR
Berlin
Warschau
POLEN
DEUTSCHLAND
Brüssel
BELG.
LUX.
TSCHECHOSLOWAKEI
Paris
Wien
UNGARN
Budapest
FRANK-
REICH
ÖSTERREICH
SCHWEIZ
Bukarest
RUMÄNIEN
ITALIEN
Belgrad
BULGARIEN
JUGOSLAWIEN
Sofia
PORTUGAL
Madrid
Rom
ALBANIEN
TÜRKEI
Lissabon
Athen
SPANIEN
GRIECHENLAND

VERLAG
FRITZ
MOLDEN

Joseph E. Persico

GEHEIME REICHSSACHE

Der US-Geheimdienst im Untergrundkampf gegen die deutsche Kriegsführung

VERLAG FRITZ MOLDEN
WIEN-MÜNCHEN-ZÜRICH-INNSBRUCK

Aus dem Englischen übertragen von
JOHANNES EIDLITZ

Titel der englischen Originalausgabe:
PIERCING THE REICH
The Penetration of Nazi Germany by
American Secret Agents during World War II
Erschienen 1979 im Verlag The Viking Press, New York

1. Auflage

Verlegt im Verlag Fritz Molden München GmbH
Schutzumschlag: Hans Schaumberger, Wien
Lektor: Gotthard Manteuffel-Szoege
Satz und Druck: C. H. Beck'sche Buchdruckerei, Nördlingen
Bindearbeit: Conzella Verlagsbuchbinderei, München
ISBN 3-217-00994-0

Meiner Mutter und dem Andenken meines Vaters

„Da sie nun Mose aussandte, das Land Kanaan zu erkunden, sprach er zu ihnen: ‚Ziehet hinauf ins Mittagsland, geht auf das Gebirge, und besehet das Land, wie es ist, und das Volk, das darin wohnt, ob es stark oder schwach, wenig oder viel ist, und was es für ein Land ist, darin sie wohnen, ob's gut oder böse sei; und was es für Städte sind, darin sie leben, ob sie in Gezelten oder Festungen wohnen';" 4. Mose 13, Vers 17–19

INHALT

Vorwort

Dreißig Jahre lang konnte diese Geschichte nicht erzählt werden. Bis 1976 blieben die Berichte über die Infiltrierung Deutschlands durch amerikanische Geheimdienstagenten in den Archiven der Central Intelligence Agency unzugänglich, als „geheim" und „streng geheim" klassifiziert. Im Februar 1976 erschienen die ersten offiziellen Darstellungen dieser Unternehmen, als der CIA den Kriegsbericht des OSS (Office of Strategic Services) (im Original: The War Report of the OSS, Volume II, Washington DC. Sept. 1977) freigab. Die Schilderungen waren im Jahre 1947 abgefaßt und seitdem geheimgehalten worden. Die Berichte gaben einen Überblick über die weltweiten Operationen des „Office of Strategic Services" während des Krieges und enthielten auch eine kurze, aber fesselnde Darstellung der bis dahin im großen und ganzen noch unveröffentlichten Infiltration des Dritten Reiches durch nahezu zweihundert amerikanische Agenten. Ich hatte das Glück, eine Xerokopie des „Kriegsberichtes" innerhalb weniger Tage nach seiner Freigabe zu erhalten.

Der Gedanke, daß es Geheimagenten der Vereinigten Staaten gelungen war, in einen derartig festgefügten Polizeistaat wie Deutschland einzudringen, schien mir aufregend. Nach dem „Freedom of Information Act" beantragte ich, daß der CIA seine Akten über diese US-Operationen innerhalb Deutschlands freigeben solle. Sobald mir dieses Material zur Verfügung stand, wurde offenkundig, daß sich unter der Spitze des Eisberges, die durch den „Kriegsbericht" sichtbar geworden war, ein dramatischer, bedeutender und bis dahin weithin unentdeckter Triumph des Geheimdienstes der Amerikaner im II. Weltkrieg verbarg. Ich schilderte die sich ergebenden Möglichkeiten meinen Verlegern, die mich sogleich ermutigten, die Sache weiter zu verfolgen.

Meine Absicht war, die Forschungsarbeit auf zwei Ebenen durchzuführen: Einerseits die Akten des CIA zu benützen und andererseits persönlich jene Leute zu interviewen, die diese Missionen geplant und auch jene, die als Amerikas Geheimagenten innerhalb des Reiches gearbeitet hatten. Schließlich erhielt ich vom CIA 493 bis dahin als geheim geführte Dokumente und wurde so der erste „Unbefugte", der dieses Material sah, nachdem es drei Jahrzehnte zuvor ins Safe gesperrt worden war.

Das zweite Forschungsunternehmen, die Interviews mit den Agenten, erwies sich als weitaus schwieriger. Selbst nach so vielen Jahren fühlte sich der CIA noch immer verpflichtet, die Identität all jener Ausländer (die Masse der OSS-Agenten), die als Agenten der Vereinigten Staaten in Deutschland gearbeitet hatten, geheimzuhalten: In dem Material, das ich erhalten hatte, waren die echten Namen unkenntlich gemacht. Natürlich war es ausgeschlossen, nach 30 Jahren Personen, von denen nur die Code-Namen bekannt waren und die irgendwo in Deutschland, Österreich, Belgien oder Frankreich lebten, aufzuspüren. Selbst Amerikaner aufzufinden, deren echte Namen in OSS-Dokumenten aufschienen, erwies sich als keineswegs leichte Aufgabe. Der CIA konnte nicht viel mehr tun, als die Adresse des Mannes aus der Zeit zu liefern, in der dieser in die Dienste des OSS getreten war. Wenige Amerikaner in unserer so mobilen Gesellschaft wohnten in den Siebzigerjahren noch dort, wo sie in den Vierzigerjahren gelebt hatten. Diese Leute zu finden wurde dadurch kompliziert, daß jene Stellen, die als Helfer in Frage kamen, nämlich das Kriegsministerium und die Administration der Kriegsteilnehmer, nicht bereit waren und sind, die ihnen bekannten Adressen früherer Militärangehöriger mitzuteilen, weil die Weitergabe dieser Informationen als eine Verletzung des „Private Act", das heißt, des Gesetzes über die Wahrung der Intimsphäre vom Jahre 1947, betrachtet wird.

Der Durchbruch kam als es mir gelang, eine zehn Jahre alte Adressenliste einer privaten Organisation der Veteranen des OSS zu erhalten. Fand ich einen Teilnehmer an den Unternehmen in Deutschland, so führte dies oft dazu, auch andere aufzufinden. Einige der amerikanischen Offiziere des OSS hatten als Agenten innerhalb des Deutschen Reiches gearbeitet, andere wieder hatten noch Kontakt mit Agenten, die sie seinerzeit nach Deutschland eingeschleust hatten, oder erinnerten sich der Namen dieser Leute und in manchen Fällen auch alter Adressen. Im Verlauf von fast zwei Jahre dauernden Nachforschungen auf beiden Seiten des Atlantik war es mir schließlich möglich, nahezu alle, die ich gesucht hatte und die noch am Leben waren, insgesamt 122 Personen, auch zu finden.

Auf Grund dieser persönlichen Gespräche, ergänzt durch telefonische und schriftliche Interviews und die auf meine Bitte vom CIA freigegebenen Dokumente entstand ein umfassender Bericht über die amerikanische Spionagearbeit im nationalsozialistischen Deutschland. Die meisten in „Invisible Invasion" erwähnten Unternehmen wurden auf diese Weise zum ersten Mal beschrieben. Den wenigen schon früher veröffentlichten Berichten über Operationen innerhalb des Reiches konnte ich eine Menge Originalmaterial an Hand der schriftlichen Berichte und Erinnerungen der Teilnehmer hinzufügen. Einige der interviewten Personen haben mich ersucht, ihre Namen nicht zu verwenden: Selbst jetzt noch waren einige Europäer über mögliche Auswirkungen besorgt falls es bekannt werden sollte, daß sie als Geheimagenten einer fremden und in manchen Fällen feindlichen Macht gearbeitet hatten. Decknamen sind auch dort verwendet worden, wo keine Identifizierung durch OSS-Berichte vorlag. Solche Fälle sind im Anhang am Ende dieses Buches vermerkt.

Die Infiltration des Deutschen Reiches war eine lang hinausgeschobene Entscheidung. Der OSS hatte gehofft, sie werde nicht notwendig sein, bis sie schließlich durch die Verlängerung des Krieges, über den Herbst 1944 hinaus, unvermeidlich wurde. Die Engländer, Mentoren der in Spionageangelegenheiten unerfahrenen Amerikaner, waren keineswegs überzeugt, daß ein Eindringen in das Reich gelingen könne, und machten auch selbst sehr wenig Anstrengungen in dieser Richtung. Ihrer Erfahrung nach war jede Spionageoperation auf feindlichem Territorium, die nicht von einer entsprechend starken, örtlichen Widerstandsgruppe unterstützt wurde, fragwürdig. Aber es gelang den Vereinigten Staaten, Operationen in bedeutendem Ausmaß durchzuführen und auch eine außergewöhnlich reiche Ernte an Nachrichtenmaterial einzubringen. Der OSS legte seine Reifeprüfung mit der Durchdringung des nationalsozialistischen Deutschland ab.

Die USA, die bei Beginn des Krieges praktisch überhaupt keinen Geheimdienst besaßen, verfügten gegen Ende der Operationen gegen Deutschland über einen Spionageapparat, der es mit dem jeder anderen Nation aufnehmen konnte. Von allen geheimen Schlachten des Zweiten Weltkrieges ist diese Durchdringung des nationalsozialistischen Herzlandes wohl die kühnste gewesen.

Joseph E. Persico, Washington

14. Februar 1978

Dank

Unter allen Autoren ist wohl der Historiker am meisten dem Wissen und der Hilfe anderer zu Dank verpflichtet. Die Geschichte der Unternehmen des OSS in Deutschland zu schreiben, wurde mir zum ersten Mal in einem Gespräch mit William Cunliffe, dem Chefassistenten der Abteilung für zeitgenössische Militärgeschichte, nahegelegt. Ich bin auch seinen Mitarbeitern zu Dank verpflichtet, besonders John Taylor für weitere Hilfe bei den Nachforschungen, ferner Mr. Cunliffe für eine sorgfältige Prüfung des Satzmanuskriptes.

Die große Masse der schriftlichen Dokumentation, mit der ich gearbeitet habe, erhielt ich aus den Archiven der Central Intelligence Agency, wo ich wertvolle Hilfe von Gene Wilson und seinem Stab empfing, besonders von dem stets hilfreichen Bernard Drell. Auch William Flippen und Robert Owen vom CIA erwiesen sich als außerordentlich kooperativ. Vor allem aber bin ich Joseph Gigliotti dankbar, der meine Ansuchen an den CIA positiv und rasch erledigt hat. Ich hatte auch das Glück, Zugang zu der Privatbibliothek von Walter Pforzheimer vom CIA zu erhalten, der eine einzigartige Sammlung von Werken über Spionage besitzt.

Ich wurde auch auf das großzügigste von Historikern der US-Armee unterstützt. So habe ich im Kriegsministerium besonders Charles B. McDonald und Hannah M. Zeidlik zu danken; Kenneth Adelmann, früher Mitarbeiter des Verteidigungsministers, bot mir unschätzbare Hilfe bei der Auffindung von Personen, die für diese Geschichte wesentlich sind.

Die Natur der Unternehmungen, über die ich schrieb, erforderte eine beträchtliche Forschungstätigkeit in den Archiven der Luftwaffe und hier bin ich zutiefst den Angehörigen des Stabes von General John W. Huston, im besonderen George Watson, Max Rosenberg und David Schoem dankbar. Dana Bell von der

1361. Audio Visual Squadron hat mich sehr entgegenkommend nicht nur mit Fotografien, sondern auch mit außerordentlich nützlichen Dokumenten ausgestattet.

In der Kongreßbibliothek bot Margit Krewson unschätzbare Hilfe, nicht nur indem sie mir die für meine Arbeiten wesentlichen Werke zur Verfügung stellte, sondern auch durch Beratung und Unterstützung bei deutschen Dokumenten. Mrs. Krewson, deren Vater als Offizier der deutschen Wehrmacht im Krieg gefallen ist, hatte eine ganz besondere Beziehung zu der Arbeit. Außerordentlich dankbar bin ich auch Sybill Pike für Hilfe in der Bibliothek.

Viele frühere Angehörige des OSS, die ich interviewte, gingen weit über das bloße Beistellen von Informationen über Unternehmungen in Deutschland hinaus und gaben sich größte Mühe mir weiter zu helfen und Einzelheiten, die wichtig für die Geschichte sind, aufzuspüren. William J. Casey schenkte mir nicht nur großzügig seine eigene Zeit, sondern erwies sich auch während des ganzen Projektes als guter Freund. Henry B. Hyde öffnete mir viele wichtige Türen. John Shaheen versorgte mich mit einem wahren Schatz von bereits veröffentlichtem Material über den OSS. John Howley von der Veteranenvereinigung des OSS öffnete mir freundlicherweise seine Mitgliederkartei, die sich als unschätzbar erwies. Ray Cline veröffentlichte im Nachrichtenblatt dieser Organisation einen Artikel, der mich wieder zu verschiedenen Teilnehmern der Unternehmung führte. Ebenso hat John J. Coakly, Geschäftsführer der Association of Former Intelligence Officers, es mir ermöglicht, durch die Spalten seiner AFIO Mitteilungen verschiedene Personen zu finden. Zwei OSS-Veteranen, an die ich mich immer wieder um Hilfe wenden konnte, waren Gary Van Arkel und Otto C. Doering.

Bei der Vorbereitung meiner Nachforschungen im Ausland bedurfte ich der Hilfe verschiedener ausländischer Botschafter in Washington. Besonders verpflichtet bin ich dem Presseattaché der österreichischen Botschaft, Franz Cyrus, der nicht nur alles dazu tat, um meinen Interviews in Österreich Erfolg zu sichern, sondern mir auch in einer Reihe wichtiger Angelegenheiten mit Rat und Hilfe zur Seite stand und sich als guter Freund erwies. Zu außerordentlichem Dank bin ich auch James Preuschen, dem

Geschäftsträger der österreichischen Botschaft, verpflichtet, der mich mit zahlreichen nützlichen Einführungsschreiben ausstattete. Ebenso erhielt ich solche Briefe durch Berndt v. Staden, Botschafter der Bundesrepublik Deutschland, und Willy Van Cauwenberg, dem Botschafter Belgiens.

Den Erfolg meiner Interviews in Europa verdanke ich zu einem guten Teil der Hilfe der US-Information-Agency. Mein früherer USIA-Kollege Jody Lewinsohn ebnete mir hier auf das freundschaftlichste den Weg. Im US-Information-Service Austria halfen mir Arthur Bardos und seine Mitarbeiterin, Ingrid Hirt, außerordentlich. Ebenso James McIntosh und Patricia Baker in Belgien. In Straßburg habe ich sehr viel der Energie und den Fähigkeiten von Gilbert Hadey vom US-Konsulat zu danken.

Meine Arbeit in Europa wurde weiter sehr unterstützt durch Herbert Steiner vom „Archiv der Österreichischen Widerstandsbewegung", ferner von Martin Dolp, der in Innsbruck für mich dolmetschte, und durch Dr. Jean Vanwelkenhuysen vom „Historischen Forschungs- und Studienzentrum des 2. Weltkrieges" in Brüssel. Der Historiker John Toland war so freundlich, mich an seinem Forschungsmaterial und seinem Wissen teilhaben zu lassen. Meine gute Freundin Ann Whitman half mir durch ihre Beziehungen in Washington die richtigen Kontakte zu finden, William Buchanan, der Verleger der „Carrollton Press", gab mir Zutritt zu den Akten der OSS, in seinem einzigartigen „Declassified Documents Reference Service", das sich als besonders wertvoll erwies.

Mein Lektor Alan Williams ermutigte mich ebenso durch seinen Enthusiasmus, wie auch durch seinen klugen Rat. Gewissenhafte und fähige Freunde halfen mir bei der Herstellung des Manuskriptes: Deborah McPherson, Henrietta Wexler und Gladys Shimasaki. Bei mir zu Hause gibt es zwei junge Leute, die meine Liebe zur Geschichte teilen und mir bei den nie endenden Arbeiten und Nachforschungen halfen, die dieses Buch erst ermöglicht haben: meine Töchter Vanya und Andrea. Schließlich gilt mein Dank auch Sylvia, meiner Frau, ohne deren Unterstützung das Buch nie zustande gekommen wäre.

1. KAPITEL

Vertagte Entscheidung

Am 25. Dezember 1941 lief ein alter Frachtdampfer, die „Serpa Pinto", ein neutrales, portugiesisches Schiff, in den Hafen von New York ein; 19 Tage vor seiner Ankunft war Amerika durch den Überfall auf Pearl Harbor in den Krieg eingetreten. Die Japaner marschierten aus vier Richtungen auf Manila, Hong Kong war gefallen, die Aufmerksamkeit der Nation war auf den Pazifik konzentriert. Der Krieg in Europa war im Augenblick vergessen und ebenso die Flüchtlinge, die von dort auf dem portugiesischen Frachter entkommen waren.

In einem Büro in der Madison Avenue studierte Peter Karlow die Passagierliste der „Serpa Pinto", die die Marine zur Verfügung gestellt hatte. Karlow arbeitete für eine obskure Organisation der Regierung, genannt „Coordinator of Information: COI." Auf der Passagierliste der „Serpa Pinto" standen nur 178 Namen, jedoch schien mancher brauchbare darunter zu sein. Fast alle waren jüdische Flüchtlinge aus Frankreich, der Tschechoslowakei, Polen und – am vielversprechendsten – ein paar Dutzend deutsche Juden.

Karlow kam gerade aus dem College; er beherrschte mehrere Sprachen, war Sohn eines bekannten Gesangslehrers und arbeitete in einer Unterabteilung der COI, der „Oral Intelligence Section" (Mündliche Nachrichten). Zu seinen Kollegen gehörte ein früherer Staatsanwalt, ein Gewerkschaftsführer, ein Beamter des Roten Kreuzes und ein Schriftsteller. Durch vielerlei Versuche, Irrtümer und Inspirationen hatten sie die Passagierlisten von

Schiffen auszunutzen gelernt. Der Geburtsort eines Passagiers? Hatte er irgendeine militärische oder industrielle Bedeutung? War dem so, dann hatte der Passagier etwa dort gelebt oder den Ort in jüngster Zeit besucht und besaß vielleicht wichtige Informationen. Geburtsdatum? Leute mittleren Alters pflegten besser informiert zu sein als junge, diese waren aber wieder nicht so starr oder verängstigt wie die Alten. Man suchte nach gebildeten Leuten: Ärzte, Rechtsanwälte, Ingenieure. Besonders geschätzt waren Passagierlisten, wie jene der „Serpa Pinto", die viele jüdische Namen enthielten; das waren Leute, die ein sehr starkes Motiv zur Mitarbeit hatten.

Man gab den Passagieren meistens Zeit, sich an ihren neuen Wohnorten ein wenig einzuleben, die Liste gab auch diese Adressen an. Dann handelte die „Oral Intelligence". Telefonanrufe in der Muttersprache der Flüchtlinge hatten einschüchternd gewirkt. Sie erweckten Angst: „Mein Gott, sie haben uns bis hierher verfolgt." Ein kurzer Brief, in einfachen Worten, der erklärte, daß der „Koordinator für Information", eine nicht näher definierte Organisation, daran interessiert war etwas über die Verhältnisse im besetzten Europa zu erfahren. Ob wohl der neue Ankömmling zu helfen bereit sei und dazu ins Büro in der Madison Avenue kommen würde?

Die Antworten waren im allgemeinen positiv. Man hatte Angst, sich in diesem neuen, unbekannten Land als unkooperativ zu erweisen. Die meisten der Leute brauchten Hilfe. Sie hatten schreckliche Erlebnisse hinter sich und wollten nur zu gerne darüber sprechen. COI suchte im allgemeinen Informationen über wirtschaftliche, soziale und militärische Verhältnisse in dem von den Nationalsozialisten besetzten Europa. Aber er wollte noch mehr: Er wollte die Kleider der Flüchtlinge, ihre Armbanduhren, Füllfedern, Rasierapparate, Brieftaschen, Koffer und Unterwäsche. Er zahlte für alles und hatte kaum plausible Erklärungen für diesen merkwürdigen Sammeltrieb. Die Qualität, die Machart und der Stoff des Anzuges, so sagten die Leute von COI, ließen Rückschlüsse auf den Zustand der deutschen Wirtschaft zu; die Art des Stahls eines Rasiermessers verrate etwas über deutsche industrielle Verfahren. Europäische Ringe und Uhren wollten die Amerikaner angeblich als Souveniers haben.

Karlow, ein Marineleutnant in Zivil, besaß das Talent seine Besucher zum Sprechen zu bringen. Sie berichteten nur zu gerne über ihr Leben in Wiesbaden oder Nürnberg vor dem Krieg, über die Gegend in der sie gelebt hatten, über ihre Nachbarn, wo die bedeutsamen Merkmale der Landschaft sich befanden, die Eisenbahnstation, größere Industrien, Post- und Telegrafenämter. Und wenn aus irgendeinem Grund dieser Amerikaner jemandes alten Hut oder abgenützten Koffer kaufen wollte, warum nicht? Ein Flüchtling konnte immer Geld brauchen.

Die „Oral Intelligence Section" war nicht der einzige Beutemacher der COI; andere Agenten befaßten sich mit emigrierten europäischen Gewerkschaftern. Sie interviewten Matrosen von Handelsschiffen, die von den Deutschen kontrollierte Häfen angelaufen hatten. Diese Suche nach Fakten und Gegenständen hatte aus einem der Nachkommen der großen, reichen amerikanischen Familien eine Art von „Lumpensammler" gemacht: Henry S. Morgan, Enkel von G. J. Pierpont Morgan, hatte in New York einen befreundeten jüdischen Bankier beauftragt, durch Vereinigungen wie etwa die „Hebrew Immigration Aid Society" Flüchtlinge zu suchen. Morgans Mann kaufte in aller Stille von den Flüchtlingen, aber auch von Gebrauchtwarenläden an der unteren Eastside, abgenützte Koffer und abgelegte Kleider.

Berge von Anzügen, Hüten, Kleidern, Koffern, Rasierpinseln, Gürteln und Schuhen begannen sich in einem Lagerhaus in Washington aufzutürmen. Was mit all dem geschehen sollte war ungewiß, aber ein solches Inventar mußte wohl ein aufstrebender Spionagedienst ansammeln, wenn er eines Tages seine Geheimagenten gegen eine Feindnation einsetzen wollte.

Als einziger Großmacht fehlte den Vereinigten Staaten bei Ausbruch des Krieges ein richtiger Geheimdienst. Man sagte, diese Funktion sei bis 1939 von sechs ältlichen Jungfern ausgeübt worden, die im Kriegsministerium eifersüchtig ein paar Schränke mit Geheimakten bewachten. Daß dieses Nachrichtenvakuum doch ausgefüllt wurde als Amerika in den Krieg zog, ist hauptsächlich durch die rätselhafte und charismatische Persönlichkeit von William J. Donovan zu erklären.

„Wild Bill" Donovan hatte im Ersten Weltkrieg das 69. Regiment geführt und war aus diesem Krieg mit drei Verwundungen, der Congressional Medal of Honor und anderen Auszeichnungen als einer der höchstdekorierten Soldaten in der amerikanischen Geschichte hervorgegangen. Nach dem Krieg war er Stellvertretender Justizminister, baute aber dann eine außerordentlich erfolgreiche Anwaltsfirma in der Wall Street auf, zu deren Mandanten Standard Oil of New Jersey, große New Yorker Banken und führende internationale Gesellschaften gehörten. Seine Anwaltspraxis machte ihn zu einem reichen Mann und gab ihm Zugang zu mächtigen und einflußreichen Persönlichkeiten.

Am 11. Juli 1941 ernannte Präsident Franklin D. Roosevelt Donovan zum Chef eines Amtes, das in der amerikanischen Geschichte keinen Parallelfall hatte: Unter dem nichtssagenden Titel eines „Coordinator of Information" (ein Jahr später in das „Office of Strategic Services" verwandelt), schuf Roosevelt die erste amerikanische zentrale Nachrichtenorganisation, fünf Monate bevor das Land in den Krieg eintrat.

Der erste Spionagechef Amerikas war ein silberhaariger, eher untersetzter Mann von 58 Jahren, der keinen Wert auf besondere Kleidung legte, aus milden, blaßblauen Augen in die Welt blickte und für gewöhnlich mit gedämpfter Stimme sprach. Donovan besaß Magnetismus, in seiner Stimme lag unverkennbar Autorität, seine Augen besaßen die Kraft zu fesseln. James Angleton, ein junger Gegenspionageoffizier des OSS, der damals häufig Donovan Bericht zu erstatten hatte, erinnert sich: „Er nahm die Hand eines Mannes, fixierte ihn und sagte sanft: ‚Ich zähle auf sie.' Und die Leute glaubten an ihn." Ein anderer Kollege: „Er sprach sanft, aber entschieden. Er überzeugte durch Logik, Charme und Geistesgegenwart; aber er überzeugte stets." David Bruce nannte Donovan einen „Universalmenschen" insofern, als „nichts Menschliches ihm fremd war."

Donovan war durch konventionelle Denkmuster unbelastet, seine Ansicht konnte oft außerordentlich originell, um nicht zu sagen sonderbar sein. Milton Katz, ein hervorragender Rechtswissenschaftler, begann für Donovan zu arbeiten und war erstaunt über die höchst ungewöhnliche Mischung an brillianter Einsicht und gelegentlichem intellektuellen Unsinn in diesem Mann. Als zum Beispiel General Douglas MacArthur eskategorisch OSS-Agenten im Fernen Osten einzusetzen, erklärte Donovan dem erstaunten Katz: „Wissen sie, Spionage ist wie das Wetter: das Wetter kommt aus dem Osten und gute Spionage kommt aus dem Osten.“ Katz war wie die meisten Menschen, mit denen Donovan in Berührung kam, außerordentlich beeindruckt von ihm.

Der alte Haudegen kannte offensichtlich keinerlei Angst und war der Meinung, daß auch die anderen seine Haltung teilen müßten. David Bruce erinnert sich, wie er mit Donovan in der Normandie an Land ging; sehr bald waren sie gezwungen, hinter einem Gebüsch vor dem Feuer deutscher Maschinengewehre Dekkung zu nehmen. Als sie so auf der Erde lagen, meinte Donovan:

„David, wir dürfen nicht in Gefangenschaft geraten, wir wissen zu viel.“ Seine Pistole ziehend fügte er hinzu: „Ich werde zuerst schießen.“

„Ja, Sir, aber was können wir mit unseren Pistolen gegen ein Maschinengewehr ausrichten?“

„Nein, nein, sie verstehen nicht! Wenn wir in Gefahr geraten, gefangengenommen zu werden, dann werde ich zuerst sie erschießen und dann mich selbst. Immerhin bin ich ja der kommandierende Offizier.“

Donovans OSS umfaßte schließlich fünf Hauptzweige:

Die Secret Intelligence (SI) hatte jene Aufgaben zu erfüllen, die der Laie Spionage nennt, die Beschaffung von Informationen auf geheimen Wegen.

Secret Operations (SO) war hingegen eine Sache des großen Abenteuers. SO-Agenten sprangen hinter den Fronten in Frankreich mit dem Fallschirm ab oder wurden von kleinen Schiffen an die Küste gebracht, um die Widerstandsbewegungen mit Waffen, Geld und ihrer die Kampfmoral aufbauenden Gegenwart zu unterstützen.

Ein „Research and Analysis Branch“ (R & A-Forschung und Auswertung), in dem es von Akademikern wimmelte, produzierte umfassendes und möglicherweise das auf Dauer nützlichste Nachrichtenmaterial des Krieges. Ein „R & A“-Offizier konnte etwa die Bombenschäden an den Eisenbahnen in Südfrankreich an den Preisen der Orangen auf den Pariser Gemüsemärkten abschätzen. Fielen die Orangenpreise, dann war es Zeit wieder mit dem Bombardement der Eisenbahnlinien zu beginnen.

„Morale Operations" (MO) oder „schwarze Propaganda" bekämpften den Verstand, die Hoffnungen und die Herzen des Feindes. MO betrieb „Widerstands"-Radiostationen, die angeblich innerhalb von Deutschland von Anti-Nazis betrieben wurden. MO warf aus der Luft in der Nähe von deutschen Truppen unschuldig aussehende Liederbücher ab. Zusammen mit der Musik und Noten und Texten von „Hänschen klein" konnten kriegsmüde Soldaten dort Instruktionen finden, wie man Krankheit vortäuscht, um einen willkommenen Aufenthalt im Lazarett oder vielleicht sogar die Entlassung als „dienstuntauglich" aus dem Wehrdienst zu erreichen.

„X-2" war der „Counterintelligence Branch", also die Gegenspionage. Beauftragt mit dem Schutz des amerikanischen Nachrichtendienstes gegen das Eindringen feindlicher Spione sowie damit amerikanische Agenten in das Spionagenetz des Gegners einzuschmuggeln. X-2 bespitzelte die Spitzel.

Gegen 1944 war diese Ausgeburt von Donovans Phantasie und Energie auf 15000 Männer und Frauen angewachsen. OSS hatte in diesem Jahr ein Budget von 57 Millionen Dollar, für deren größten Teil keinerlei Verrechnung erforderlich war.

Die unbestreitbare Abneigung, die dieser freche Neuankömmling bei den etablierten Gewalten hervorrief, wurde durch seinen oft arroganten, ungebändigten Stil verursacht. Der OSS war allem Anschein nach Teil des Militärs, aber während schon Umfang und Komplexität der üblichen Waffengattungen es erforderte streng nach Vorschrift vorzugehen, warf der OSS all diese Regeln über Bord. In der von Rängen beherrschten militärischen Welt hatten Leutnants Befehle der Hauptleute entgegenzunehmen, die Hauptleute von Majoren usw. Aber bebrillte OSS-Gemeine, die Doktoren der Philosophie waren, schwenkten Spezialbefehle, die sie praktisch unberührbar machten. OSS-Leute, die zum Obersten Hauptquartier der Alliierten Expeditionsstreitkräfte (SHAEF) gehörten, trugen blaue Pässe, von General Eisenhower unterzeichnet bei sich, die besagten, daß der Besitzer keinerlei Beschränkungen unterlag.

Am störendsten für das reguläre Militär war aber der zum Teil auch auf Tatsachen beruhende Verdacht, daß im OSS Leute mit guten Beziehungen Krieg spielen konnten. Donovan benützte das

„Old Boy Network“ der Ivy Schools, das heißt, die Beziehungen der Absolventen bestimmter Elite-Universitäten, um seine Organisation mit Leuten auszustatten. So wurde das Personal des OSS in berühmten Rechtsanwaltsfirmen rekrutiert, in Banken mit alter Tradition, aus der akademischen Elite, aus Kreisen, die im Ausland erzogen worden waren, Weltsprachen beherrschten oder Freunde von Freunden waren, die diese Beziehungen besaßen und es konnte nicht ausbleiben, daß der OSS tatsächlich den Eindruck einer privilegierten Kaste machte. Es war natürlich für einen jungen Mann mit Beziehungen viel angenehmer, sich eine OSS-Commission (Offizierspatent) zu ergattern und dann mit einem gewissen Lächeln bei eleganten Partys sagen zu können: „Leider Gottes darf ich über das, was ich tue, nicht sprechen,“ als in einem Schützenloch bei Anzio zu sitzen.

Ein Veteran meinte in einer ohne Zweifel allzu harten Beurteilung: „Die Hälfte meiner OSS-Kameraden waren die tapfersten, besten Leute, die ich jemals getroffen habe, der Rest waren Hochstapler“.

In einer abgewogenen Beurteilung figurierte der OSS als eine Organisation von meist tapferen, ungewöhnlichen Leuten, die eine erstaunliche Menge von Talenten besaßen und innerhalb von drei Jahren ihres Bestehens nicht nur Außerordentliches auf den europäischen und asiatischen Kriegsschauplätzen geleistet hatten, sondern auch entsprechend anerkannt wurden.

Am 11. September 1944 betraten alliierte Truppen zum ersten Mal deutschen Boden, fünf Jahre nachdem die Welt in den Krieg gestürzt worden war. Die 1. US-Armee stand vor Aachen. An der Ostfront hatten Sowjet-Divisionen die Deutschen aus Mütterchen Rußland nach Polen zurück getrieben, an der Westfront waren die Alliierten durch das nördliche Frankreich vorgedrungen und hatten den Gegner zurück an den Westwall gedrängt, der sich entlang der deutschen Grenze erstreckte. Am 15. August landete eine amerikanisch-französische Streitmacht an der Riviera, stürmte das Rhonetal hinauf und vereinigte sich mit der 3. Armee General George E. Pattons in der Nähe von Dijon, was die tatsächliche Befreiung Frankreichs bedeutete. Der Erste Weltkrieg hatte gezeigt, daß die Deutschen ungern auf ihrem eigenen Boden kämpften. Nun, da die Niederlage wiederum unvermeidlich war, würden sie doch wohl weise genug sein, der Zerstörung des übrigen Europa nicht auch ihrem eigenen Heimatland zuzumuten? Der Endsieg schien für die Alliierten in handgreiflicher Nähe.

Doch dann stoppte Benzinmangel den Vormarsch vor der deutschen Grenze und die Deutschen wollten sich auch nicht wie besiegte, aber doch vernünftige Menschen verhalten, sondern versteiften ihren Widerstand und schlugen zurück. Von Metz bis Arnheim fühlten die Alliierten die immer noch kräftige Faust der Wehrmacht. Generalfeldmarschall von Rundstedt hielt Patton an der Mosel auf und heftige Kämpfe entflammten rund um Metz. Mitte Oktober, etwa einen Monat nachdem die 1. Armee zum ersten Mal Aachen bedroht hatte, war die Stadt immer noch nicht erobert.

Am enttäuschendsten für die Alliierten war aber der Mißerfolg Feldmarschall Montgomerys, durch einen raschen Schlag, die sogenannte Operation *Market Garden* die Siegfriedlinie zu umgehen. Diese Siegfriedlinie, so nannten die Alliierten den Westwall, begann in Holland und zog sich entlang der deutschen Grenze gegenüber Belgien und Frankreich südwärts bis zur Schweiz. Montgomery hatte Eisenhower überzeugt, daß die Siegfriedlinie durch eine umfassende Luftlandeoperation in Holland ausflankiert werden könne. Von dort aus würden die alliierten Truppen in das Ruhrgebiet vordringen, auf Berlin vorstoßen und damit die Deutschen erledigen. Die Operation *Market Garden* brach aber zusammen, da die britischen Truppen nicht imstande waren, die wichtige Brücke über den Rhein bei Arnheim zu halten. Montgomerys Plan war gescheitert.

Auf dem Kriegsschauplatz Mittelmeer war die Situation weiterhin recht negativ. Gegen Herbst 1944 waren die langen, blutigen Kämpfe entlang des Rückgrats Italiens, des Apennin, südlich von Bologna zum Stehen gekommen.

Ende November sagte Winston Churchill seinen kriegsmüden Engländern: „Die Wahrheit ist, daß niemand weiß, wann der deutsche Krieg zu Ende sein wird.“ Er sagte im Unterhaus, Großbritannien sollte „seinen Kampfgeist so lange wie möglich für Exportzwecke aufrecht erhalten“. Präsident Roosevelt sandte an militärische und zivile Spitzen eine vertrauliche Anweisung, mit

Erklärungen, wonach ein frühes Ende des Krieges in Aussicht stehe, zurückhaltend zu sein, denn diese könnten dazu führen, daß der Eifer bei der Rüstungsproduktion abnehme.

In fünf Jahren des Krieges war Deutschland im Grunde unangetastet geblieben. Zwar waren die Verluste im Felde schwer, etwa 3,5 Millionen Mann, aber im Inland war die Produktion von Konsumgütern aufrechterhalten worden, um den „Kampfgeist an der Heimatfront“ zu stützen. Die Zahl deutscher Familien, die auch während des Krieges Dienstpersonal halten konnten, blieb ungefähr gleich. Trotz unaufhörlicher Luftangriffe durch die Alliierten hatte die deutsche Industrie einen erstaunlichen Ausstoß erzielt und erreichte, als die Alliierten sich im Herbst 1944 den deutschen Grenzen näherten, sogar ihren Höhepunkt.

Nun begann Hitler, die Reserven in Deutschland auszuschöpfen. Das so gewonnene Menschenmaterial für Krieg und Rüstung erreichte zwar nicht die Kampfkraft der Elitepanzerdivisionen der Waffen-SS, aber Deutschland hatte doch noch Millionen von Menschen in die Schlacht zu werfen und weitere Millionen, um Kriegsmaterial herzustellen. Zwischen September und Oktober 1944 wurde eine halbe Million Männer in die Wehrmacht eingezogen um 25 neue Infanteriedivisionen und zehn neue Panzerbrigaden zu bilden. Ende 1944 hatte Deutschland zehn Millionen Mann unter Waffen und Hitler rechnete auch mit dem Genie der deutschen Wissenschaftler, um das Kriegsglück wieder auf seine Seite zu bringen. Er hoffte die Luftherrschaft durch Flugzeuge, – die damals aus den deutschen Fabriken zu rollen begannen –, zurückzuerobern. Die alliierten Flugzeuge würden unfähig sein, diesen neuen, mit Düsenmotoren ausgestatteten deutschen Maschinen auch nur nahe zu kommen.

Die monatlichen Verlustmeldungen der SHAEF erwiesen, daß dieser Krieg keinesfalls vorbei war. Im September waren die Verluste an Toten, Verwundeten und Vermißten an der Westfront verhältnismäßig leicht gewesen, nämlich nur 2500 Mann. Im Oktober dagegen gab es schon 44 535 Verluste, im November 61 724 und im Dezember sogar 153 250, davon 24 291 Gefallene in diesem ersten Monat der deutschen Ardennen-Offensive.

Noch vor dieser Offensive hatte ein anderes Gespenst die Hoffnungen auf baldigen Frieden zu stören begonnen. Am 22. September 1944 gab das Hauptquartier des OSS in Washington eine gelehrte Studie über die südlichen Regionen des Reiches heraus. Wegen der alliierten Bombenangriffe würden deutsche Regierungsstellen nach dem Süden verlagert, behauptete dieser Bericht und sagte voraus, daß je weiter die Alliierten auf Deutschlands Grenzen vorrückten, diese Bewegung sich beschleunigen würde. Im gleichen Monat berichteten die OSS-Stellen in Bern, die als Beobachtungspunkt des amerikanischen Spionagenetzes Deutschland am nächsten waren, daß die Nationalsozialisten planten, sich in eine Alpenfestung zurückzuziehen.

Das Herz dieses „National Redoubt“ sollte, – so wurde erwartet –, das Salzkammergut sein, ein gebirgiges Gebiet im westlichen Österreich. Dort bestanden große unterirdische Fabriken, in die Felsen gehauen, die gegen Luftangriffe völlig gefeit waren. Vorbereitungen seien im Gange zu einem Rückzug der NS-Führung in diese Berge, von wo sie den Kampf weiter führen wollte, verteidigt von Elitetruppen und mit gewaltigen Vorräten an Lebensmitteln, Treibstoff, Waffen und Munition, alles tief in den Felsen versteckt. Zentrum dieser „Alpenfestung“ sollte Hitlers Bergzuflucht, der Obersalzberg bei Berchtesgaden sein.

Amerikanische Offiziere in der Schweiz sagten voraus, das Niederringen dieser Alpenfestung könne den Krieg um sechs Monate bis zwei Jahre verlängern und mehr Opfer fordern, als alle vorhergehenden Kämpfe an der Westfront. War dieses Reduit nur eine Schimäre, eine Erfindung militärischer Romantik? Die Erklärung, es handle sich um eine Alpenfestung, „verteidigt von der Natur selbst und den wirksamsten geheimen Waffen, die man bisher erfunden hat“, klingt irgendwie nach einem Schundroman. Jedoch der Oberste Befehlshaber der Alliierten, General Eisenhower, schätzte diese Drohung nicht gering ein. „Wenn es den Deutschen gelingt, sich in einer solchen Festung zu verschanzen, so könnte uns dies zu einem langen Guerillakrieg oder zu einer höchst aufwendigen Belagerung zwingen. Hitler könnte auf diese Weise seine verzweifelte Hoffnung nähren, durch Meinungsverschiedenheiten zwischen den Alliierten günstigere Friedensbedingungen als die bedingungslose Kapitulation zu erreichen.“ Eisenhower schloß: „Es lagen klare Beweise dafür vor, daß die Nazis einen solchen Versuch unternehmen wollten ...“

Angesichts der kraftvollen Verteidigung der deutschen Grenzen und der Aussicht, daß die Deutschen sich in eine unangreifbare Alpenfestung zurückziehen würden, falls die Front zusammenbräche, bereiteten sich die alliierten Befehlshaber auf eine längere Kriegsdauer vor. Am dringendsten war nun der Bedarf an militärischem Nachrichtenmaterial über das künftige Schlachtfeld, nämlich das Reich selbst. Die alliierten Heerführer erwarteten, daß die Nachrichtendienste ihnen ebenso Informationen über Deutschland verschaffen würden, wie sie das schon bei der Befreiung der besetzten Länder getan hatten.

Der OSS war auf diesen früheren Schlachtfeldern erfolgreich gewesen, er hatte die europäischen Widerstandsbewegungen genährt, bewaffnet und geradezu auf die Welt gebracht. Gemeinsam mit dem britischen Intelligence Service hatte der OSS einhundert Agententeams nach Frankreich geschleust, und zwar mit dem Fallschirm, um vor der Invasion der Normandie den Kampf des französischen Untergrunds gegen die Deutschen zu koordinieren. Fast überall in den vom Dritten Reich eroberten Gebieten, in Norwegen, Dänemark, Holland, Frankreich, Italien, Jugoslawien und Griechenland, waren Agenten des OSS an Ort und Stelle gewesen, um den Widerstand zu stärken und den Feind auszukundschaften. Im Mai 1944 hatte der OSS über 1400 Agenten und Subagenten im südlichen Frankreich eingesetzt, die die Mehrzahl der strategischen Nachrichten aus diesem Gebiet lieferten. Als die französischen und amerikanischen Truppen am 15. August an der Riviera an Land gingen, kannten sie buchstäblich jede Transport- und Truppenbewegung des Gegners, alle Küstenverteidigungsanlagen, die gesamten Einsatzpläne und die genaue Lage der Minenfelder, Straßensperren, Artilleriestellungen, ja sogar der Scheinwerferbatterien. Die genaue Aufschlüsselung der feindlichen Verteidigung durch den OSS trug diesem Feldzug die Bezeichnung „die bestinformierte Invasion der Geschichte“ ein.

Nun bedurften die alliierten Armeen solcher Informationen über Deutschland selbst. Was ging innerhalb des Reiches vor sich? Wie war die unerwartete Zähigkeit der Deutschen zu erklären? Wie lange konnten sie durchhalten? War dieser feste Widerstand nur eine harte, aber spröde Schale oder besaß er Tiefe?

Was für Verteidigungsstellungen waren gegen eine alliierte Invasion errichtet worden? Wo befanden sie sich? Welche deutschen Truppenbewegungen waren festzustellen? Welches Ausmaß und welche Ziele hatten diese? Wo lagen die Arsenale des Reiches, die Fabriken, die Panzer, Flugzeuge, Kanonen und Granaten erzeugten? Wo lagen die getarnten Flugplätze mit den neuen Düsenflugzeugen, wo die hauptsächlichen Eisenbahnknotenpunkte? Welche Reserven blieben Deutschland an Menschen, an Munition, an Treibstoff, an Lebensmitteln? Wie stand es um das politische und wirtschaftliche Klima in Deutschland? Um die Einstellung der Menschen, nun, da der Krieg in ihrer Heimat angelangt war? Und wie wahrscheinlich war es, daß Alpenfestung den Krieg verlängern würde?

Die alliierte Erwartung eines früheren Kriegsendes hatte die Annahme zur Basis, daß der deutsche Generalstab um Frieden ersuchen werde, sobald die Gefangenenzahl prohibitiv und bevor Deutschland zerstört würde. Weder die Alliierten noch die deutschen Generale hatten damit gerechnet, daß Adolf Hitler bereit war, die Nation mit sich in den Untergang zu reißen. Zu Beginn des Herbstes 1944, als Frankreich schon befreit war, aber der Krieg immer noch andauerte, trafen die Strategen des OSS eine lang hinausgeschobene Entscheidung: Sie würden nun in Deutschland selbst eindringen müssen.

Chef der europäischen Operationen des OSS war ein schlanker, aristokratischer Amerikaner namens David K. E. Bruce. Sein Hauptquartier war in verschiedenen Häusern der Grosvenor Street in London untergebracht. Oberst Bruce war der Sohn eines amerikanischen Senators, Gatte einer der reichsten Frauen der Welt gewesen und jene Art von Mann, den britische Aristokraten als einen annehmbaren amerikanischen Vetter betrachteten. Gegenüber Bruce fühlten die Engländer nichts von jenem Mißbehagen, das sie manchmal befiel, wenn sie mit Amerikanern zu tun hatten, die aus Mittel- oder Südeuropa stammten. Viele dieser Amerikaner waren im Ausland geboren, sprachen oft mit einem sonderbaren fremden Akzent und die Engländer fürchteten, daß diese Leute unzuverlässig seien. Ein früherer britischer Diplomat nannte Bruce das perfekte Beispiel all dessen, was das beste an der amerikanischen Nachrichtenarbeit war. Er besaß einen untadeligen gesellschaftlichen Hintergrund, war ein ungewöhnlich fähiger Mann, ehemaliger Anwalt, Abgeordneter, Diplomat und Gutsbesitzer. Als er den Befehl über den OSS in Europa im Jahre 1943 übernahm, war Bruce 45 Jahre alt.

Bill Donovan hatte ihn schon vor dem Krieg kennengelernt und in der Talentkartei, in seinem Kopf, registriert. Als Bruce nach dem Zusammenbruch Frankreichs von einer europäischen Mission für das Rote Kreuz zurückkehrte, hatte Donovan einfach gesagt: „David, du mußt meiner Organisation beitreten." 1943 befehligte Bruce zweitausend Spione, Saboteure, Propagandisten und einen entsprechenden Stab des OSS in dessen europäischem Hauptquartier in London.

Im Herbst 1944 standen seine Mitarbeiter vor einer neuen Hauptaufgabe, nämlich der Durchdringung Deutschlands. William J. Casey, kurz zuvor zum Chef des Secret Intelligence (SI) in Europa ernannt, dem die Verantwortung für die Infiltration des Reiches oblag, erinnert sich: „Die große Aufgabe des OSS London war bis dahin gewesen, überhaupt an die Küste zu kommen; wie man in Frankreich landen konnte, ohne zurückgeworfen zu werden. Wir dachten immer nur an die französische Küste und nur wenig darüber hinaus. Wir hatten weder Zeit noch die Leute um darüber hinauszudenken. Dann war plötzlich diese Phase des Krieges vorbei: Wir waren aus Frankreich ausgebrochen und hatten alle unsere eigenen Agenten überrollt. Wir hatten eine große Organisation, aber praktisch nichts innerhalb von Deutschland."

Der OSS hatte Agenten in vom Feind besetzten Ländern plaziert, aber diese Unternehmungen waren, trotz aller Gefahren, nicht zu vergleichen mit den Risiken eines Eindringens in Deutschland selbst. Agenten, die in besetzte Länder mit dem Fallschirm absprangen, wurden von Leuten empfangen, die ihren Haß gegen die Nationalsozialisten teilten. Signallichter, Scheiterhaufen und Taschenlampen in Freundeshänden hatten alliierte Flugzeuge in die Abwurfzonen dirigiert, die von Widerstandskämpfern gesichert wurden und die herbeieilten, um dabei zu helfen, die Fallschirme zu vergraben und die Ausrüstung zu transportieren. Warmes Essen erwartete die Agenten, sichere Unterkünfte wurden zur Verfügung gestellt, wo sie leben und ihre Geheimsender aufbauen konnten. Spione, die Angehörige der Nation waren, konnten unter ihren Landsleuten sozusagen unsichtbar werden; sie wurden Angehörige der Herde, geschützt durch ihre Verwandten vor fremden Raubtieren. Von dem Agenten jedoch, der nach Deutschland hinein sollte, wurde gefordert, daß er mitten unter Raubtiere springen sollte, blind, ohne Empfangskomitee, ohne sichere Quartiere, ohne Freunde, in eine feindliche Welt.

Im Herbst 1944 war in Deutschland keine ernstzunehmende Bewegung gegen das NS-Regime übriggeblieben. Die Verschwörung gegen Hitlers Leben war im Sommer fehlgeschlagen; die rücksichtsloseste und gründlichste Ausrottung ihrer Teilnehmer folgte. Der Sicherheitsgürtel, den der OSS durchdringen mußte, wurde immer dichter, je weiter man sich nach Deutschland hineinwagte. Er war um vieles dichter als in den besetzten Ländern und im Gebiet der Alpenfestung waren die Sicherheitsmaßnahmen am dichtesten. Dort waren die Deutschen zu ganz außerordentlichen Maßnahmen übergegangen, um jede mögliche Zusammenarbeit mit alliierten Spionen zu entmutigen. In Österreich ließ die Gestapo ihre eigenen Spitzel als Agenten der Alliierten auftreten, die vorgaben, sichere Unterkünfte zu suchen, um durch diesen Trick an österreichische Widerstandsgruppen heranzukommen. Wen konnte der OSS für die Durchdringung Deutschlands rekrutieren? Deutschsprechende Amerikaner, selbst in Deutschland geborene, waren hoffnungslos unwissend in Hinsicht auf das Alltagsleben in Deutschland unter der NS-Herrschaft. Konnte man abgesprungenen deutschen Kriegsgefangenen und politischen Flüchtlingen trauen? Der Abtrünnige, so ernst er es auch meinen mag, ist immer verdächtig. Deutsche Kommunisten im Exil waren zweifellos glaubwürdige Gegner der Nazis, galten aber als politisch unzuverlässig und wurden daher von Anfang an ausgeschlossen. Zunächst konnten auch junge, diensttaugliche Deutsche nicht verwendet werden, denn sie wären ja zur Wehrmacht eingezogen worden. Die Zahl der Deutschen, die Gegner der Nationalsozialisten. Antikommunisten, keine Kriegsgefangenen und weder wehrpflichtig noch zu alt, noch körperlich ungeeignet waren, um mit dem Fallschirm abzuspringen, war beängstigend klein.

Die Engländer zeigten sich von Anfang an gegenüber Operationen innerhalb Deutschlands höchst pessimistisch und ermutigten die Amerikaner kaum. Sie hielten nichts davon, Agenten in ein Land zu schicken, in dem es keine Widerstandsbewegung gab, die ihnen Hilfe leistete. Die Engländer wollten auch aus guten Gründen keine ungeschickte, amerikanische Einmischung in einer Sphäre, in der sie selbst seit 1941 mit großem Erfolg aktiv waren. Die britische Gegenspionage hatte buchstäblich den gesamten deutschen Spionageapparat in England ausgehoben und dessen Agenten „umgedreht". Diese Agenten blieben, wurden weiterhin von den Deutschen bezahlt, arbeiteten aber für die Engländer. Der britische Geheimdienst fürchtete, daß durch eine Verhaftung von Agenten, die aus England nach Deutschland geschickt worden waren, dieses großartige Spinnennetz des „Doublecross" auffliegen könnte. Anfänglich hatten sich die Engländer überhaupt geweigert, Großbritannien als Sprungbrett für irgendwelche amerikanische Operationen in Deutschland benützen zu lassen, gaben aber später nach.

Die mangelnde englische Begeisterung für eine Infiltration Deutschlands läßt sich vielleicht am besten dadurch erklären, daß sie eine solche für überflüssig hielten. Die westlichen Alliierten hatten schließlich und endlich „Ultra", das heißt, den Engländern war es gelungen, den angeblich unentzifferbaren deutschen Funkcode der „Enigma"-Maschine zu entschlüsseln. So besaßen sie eine erstaunliche Kenntnis der deutschen Absichten, von militärischen Aktionen bis zu den höchsten Ebenen der deutschen Diplomatie.

Der OSS war jedoch entschlossen voranzugehen, vielleicht teilweise motiviert von einem unausgesprochenen, eventuell sogar unbewußten Drang, den „Lehrer" zu übertreffen. Der OSS hatte schon seine ersten Kraftproben in Frankreich bestanden, aber der britische Geheimdienst dominierte immer noch, während die Amerikaner Juniorpartner blieben. Nun zeichnete sich eine Chance für den OSS ab, bei einer ganz besonderen Aufgabe erfolgreich zu sein, und zwar auf einem Gebiet, auf dem die britischen Lehrmeister nur geringen Enthusiasmus zeigten.

Von Anfang an war die Haltung der britischen Geheimdienst-Fachleute ihren amerikanischen Kollegen gegenüber eine verständliche Mischung aus Widersprüchen gewesen. Britische Spitzenpolitiker, angefangen bei Churchill, hatten den amerikanischen Eintritt in die Führung des Geheimdienstkrieges begrüßt und sogar ermutigt. Aber die alten, erfahrenen britischen Geheimdienstler hatten zwar die Notwendigkeit anerkannt, daß die Amerikaner mit im Spiel sein mußten, nichtsdestoweniger kränkte es sie, daß diese Notwendigkeit bestand.

Der britische Geheimdienst führt seine Geschichte etwa 400 Jahre zurück, auf die Zeiten der Königin Elisabeth I., als ihr Secretary of State, Sir Francis Walsingham, Europa mit einem Netz von Agenten überzog. Der erste Triumph dieser Organisation war, die genauesten Details über den bevorstehenden Angriff der spanischen Armada erhalten zu haben. Im Zweiten Weltkrieg arbeitete der britische Geheimdienst unter anderem mit zwei Ästen: „MI 6“ („Military Intelligence“), der traditionelle Geheimdienst, der direkte Nachkomme von Walsinghams Dienst. Dazu gehörte MI 6 (v), die Abteilung für Gegenspionage. MI 6, auch bekannt als SIS (Secret Intelligence Service), unterstand dem Foreign Office. SOE (Special Operations Executive) war ein Abkömmling von MI 6, errichtet im Jahre 1940 um Subversion und Sabotage durchzuführen, Guerillabewegungen ins Leben zu rufen und zu unterstützen. SOE unterstand dem Rüstungsministerium. Die beiden Systeme konnten, da sie Geheimdienste unter derselben Flagge waren, natürlich nebeneinander bestehen, aber sie waren Rivalen, die aneinander kein gutes Haar ließen.

Die Engländer glaubten, daß die Amerikaner, die in ihren Augen erst seit einigen Generationen aus dem Urwald entlaufen waren, kaum für den so außerordentlich heiklen Beruf der Täuschung vorbereitet seien, der aber auf britischem Boden heimisch war. Ein einsichtiger Offizier von MI 6 notierte: „... Sie (die Amerikaner), arbeiten besser als Gruppe und sind nicht von Natur aus Einzelgänger ... Die Engländer sind dagegen sehr gut in Geheimarbeit, weil ihre Internatserziehung schon von Kindesbeinen an ein ständiger Kampf gegen die Autorität ist.“

Ein amerikanischer Offizier, der gegen Ende 1944 als Verbindungsoffizier zur SOE entsandt worden war hörte, daß Maurice Buckmaster, der Leiter der Frankreich-Abteilung der SOE, seine

Sekretärin angewiesen hatte, „diesem OSS-Kerl“ nur alte Akten zu zeigen.

Der OSS-London hatte im Anfang seinen Status eines Protegés als unvermeidlich hingenommen. SO (Special Operations) tappte in den Spuren von SOE hinterher. X-2 wiederum war das folgsame Kind der britischen Gegenspionage. X-2 war eine Variante der britischen Gegenspionage des XX-Komitees, auch „Doublecross“ genannt. In London waren SO und X-2 tatsächlich formell auch Partner von SOE und MI 6 (v), wobei über den Vorrang keine Zweifel bestanden.

SI (Secret Intelligence) arbeitete im Schatten von MI-6, war aber organisatorisch nicht in den britischen Dienst integriert. SI führte unabhängige Unternehmungen in Nordafrika, Italien und in den neutralen Ländern durch, während des Feldzugs in Frankreich aber nur zwei ganz unabhängige Missionen.

Donovan stand dem britischen Vorrang in der geheimen Kriegsführung zwar respektvoll, aber keineswegs mit Ehrfurcht gegenüber. Die Vorherrschaft rührte seiner Meinung nach ganz wesentlich von einem Zufall der Geographie her. „Sie sind gewöhnt alles zu kontrollieren, als Folge ihrer Beziehungen zu den Exilregierungen und deren Geheimdiensten. Wir sind aber keine Exilregierung.“

Da nun die Ausspähung des Reiches selbst zum Kernstück der Geheimarbeit wurde, spürte Donovan die kommende Änderung: Die Unterordnung unter die britische Erfahrung in paramilitärischen Operationen war erträglich gewesen; ging der Krieg aber zu Ende, so mußte auch dies beendet sein. Donovan begriff, daß ein geheimer Nachrichtendienst als ständige Notwendigkeit für jede Regierung so natürlich war wie Einnahmen und Ausgaben. Die Vereinigten Staaten waren in den Zweiten Weltkrieg ohne Geheimdienst gegangen, aber das sollte ihnen niemals wieder passieren.

Im Oktober 1943 hatte Donovan von den Vereinigten Stabschefs der USA die Vollmacht erhalten, unabhängig Geheimdienstarbeit durchzuführen. Die Durchdringung Deutschlands in großem Maßstab von England her sollte die Unabhängigkeitserklärung des OSS von den Engländern werden.

2. KAPITEL

Die Illusionsfabrik

Bill Casey, der neuernannte SI-Chef, verantwortlich für die Organisation der Unternehmungen in Deutschland, war ein 32 Jahre alter New Yorker Rechtsanwalt. Er hatte vor dem Krieg ein Vermögen gemacht, indem er Handbücher für andere Rechtsanwälte schrieb. Seine umgängliche Art verdeckte außerordentliche Energie und Selbstvertrauen, seine schnelle Sprechweise entsprach genau der Geschwindigkeit seines Denkens.

Casey war nach Pearl Harbor in die Marine eingetreten, wo aber Kurzsichtigkeit ihn dazu verdammte, in einem Washingtoner Büro Rüstungsverträge zu kontrollieren. Früh darin erfahren wie Macht funktioniert, wußte Casey, daß die wichtigsten Verbindungen des OSS zu Donovans Rechtsanwaltsbüro in New York führten. Durch Kanzleipartner Donovans gelang es Casey, seine Versetzung zum OSS zu organisieren. In Washington zog er ein Sekretariat auf, das Ordnung in General Donovans bisheriges Verwaltungschaos brachte, dann wurde er nach London geschickt, um auch für David Bruce ein Sekretariat auf die Beine zu stellen.

In Casey besaß der OSS einen Mann mit kritischem Verstand, hartem Willen und der Fähigkeit, seine Mitarbeiter zu außerordentlichen Leistungen anzuspornen. Er delegierte leicht Autorität an vertrauenswürdige Untergebene und verlangte nur eines von ihnen – Erfolge. Er hatte aber keine Geduld mit hochwohlgeborenen Weichlingen, die zum OSS gestoßen waren, Leuten, die er als die „Weißbeschuhten" verspottete.

Der verhältnismäßig junge Marineleutnant mußte auf gleichem Fuß mit Generalen und Admiralen verhandeln. Da seine Vorgesetzten in London annahmen, daß ein Zivilist in dieser Situation besser durchkäme, wurde er aus dem aktiven Dienst entlassen.

Casey notierte über seine neue Aufgabe: »Wir erkannten, daß – verglichen mit Frankreich – es sich um etwas völlig Andersartiges handelte. Es war viel gewagter, viel schwieriger, viel ungewisser. Wir dachten, daß wir viel mehr Leute verlieren würden, aber unsere Verluste würden quantitativ im Verhältnis zu den Verlusten gering sein, die entstehen mußten, wenn es zu lange andauernden Kämpfen an der Siegfriedlinie kam.“

David Bruce wies Bill Casey an, die damals auf der Stelle tretende SI-Abteilung in die wichtigste Einzeloperation von OSS umzugestalten. SI London besaß damals keinerlei Möglichkeiten Agenten zu führen, abgesehen von ihren alltäglichen Bedürfnissen, wie sie zum Zahnarzt zu bringen und sie impfen zu lassen.

Casey erhielt nun freie Hand, wen und was er immer brauchte, von allen anderen Abteilungen des OSS-London zu requirieren.

Er wußte, daß der Ort, wo mit der Ausspähung Deutschlands begonnen werden mußte, das Stockwerk über seinem Büro in der Grosvenor Street 72 war. Dort waren die Büros des OSS-London, Labor Division (Gewerkschaftssektion), beheimatet.

Es gab damals eine Legende, wonach der OSS eine groteske Bruderschaft von Millionären, Gelehrten, Safeknackern, Fußballstars, Wissenschaftlern, Taschendieben, Finanzleuten, Playboys und Bühnenautoren sei, die irgendwie sogar funktionierte. In dieser Aufzählung der Merkwürdigkeiten und Grotesken wurde nur selten die wenig farbige Figur des Gewerkschafters erwähnt. Aber der pragmatische General Donovan hatte im Gegensatz zu manchem elitären „Wasp“ (White Anglo-Saxon Protestant) seiner Umgebung nicht die geringsten Hemmungen, Gewerkschafter in seine Organisation zu holen. Jahre zuvor hatte Heber Blankenhorn ihm eine Idee vorgetragen, die Donovan nun aufgriff.

Blankenhorn war im ersten Weltkrieg Offizier im Geheimdienst gewesen und in der New-Deal-Zeit gehörte er zum Stab der Vorkämpfer der Arbeiterbewegung der Senatoren Robert Wagner und Robert La Follette. In der Entschlossenheit der Nationalsozialisten, die Gewerkschaftsbewegung in Deutschland und in den eroberten Ländern zu zerstören, sah Blankenhorn eine Chance: In der Verfolgung dieses Zieles hatten die Deutschen sich einen gewaltigen Feind geschaffen, der zwar verwundet, aber nicht tot war.

Blankenhorn sah in den überlebenden Resten des europäischen Gewerkschaftswesens ein antinazistisches Netz, das buchstäblich jede wirtschaftliche Ader des Dritten Reiches erreichen konnte. Donovan begriff sehr rasch, welches Potential da lag. James Murphy, Donovans früherer Bürochef, den er mit der Führung von X-2 beauftragt hatte, schlug vor, man solle George Bowden, einen Juristen aus Chicago holen, damit dieser bei dem Unternehmen „Labor" helfen solle.

Bowden war in seiner Jugendzeit Berufsfußballspieler gewesen und Organisator für die „Wobblies", die radikalen „Industrial Workers of the World" (IWW). Später vereinigte er eine erfolgreiche Tätigkeit als Steuerberater mit einem Eintreten für „linke Interessen", etwa in der National Lawyers Guild. Gegen Ende 1941 brachte Bowden den 34 Jahre alten Chefberater der CIO, Arthur J. Goldberg, und Vorkämpfer des antikommunistischen Flügels dieser Gewerkschaftsorganisation nach Washington, um mit seiner Hilfe die OSS-Labor-Section zu begründen.

Sie begannen nun in dieser bis dahin noch unerschlossenen Fundgrube an nachrichtendienstlichen Möglichkeiten zu arbeiten. Goldberg schrieb in einem Memorandum: „Die Werktätigen Europas haben einen einzigartigen Zugang zu strategischen Informationen. Sie bemannen die Schiffe, die Züge, die das Kriegsmaterial transportieren. Sie gießen den Stahl, fördern die Kohle, erzeugen die Lebensmittel und stellen die Munition her, die kriegsnotwendig sind." Diese Arbeiter seien auch die natürlichen Partner der Alliierten: „... die Mitglieder der europäischen Arbeiterbewegung hassen Hitler; das können wir zu unserem Vorteil wenden. Sie haben von allem Anfang gegen den Aufstieg des Faschismus gekämpft. Sie sind sein unversöhnlicher Feind."

Ab Februar 1942 war Goldberg in Donovans Unternehmen als Konsulent beschäftigt. New York bot damals reiche Möglichkeiten zu Kontakten mit Flüchtlingen aus Europa und besonders mit Gewerkschaftern, die gerne bereit waren etwas gegen ihre Bedrücker zu unternehmen. Donovan forderte Goldberg auf, mit Allan Dulles zusammenzuarbeiten, der damals das OSS-Büro New York führte. Neun Monate später ging Dulles nach Bern. Im März arbeitete Goldberg schon ganztägig als Leiter der OSS-Gewerkschaftsabteilung des Dulles-Büros im International Building am Rockefeller Plaza.

Goldberg selbst war ein Gewerkschaftsanwalt, nicht aber ein Gewerkschaftsführer. Jedoch holte sich der OSS die besten Talente des National Labor Relations Board, einer New Deal Behörde, die mit Fällen antigewerkschaftlichen Verhaltens in der Industrie befaßt war. Der Rechtsberater dieses Ausschusses, Gerhard (Gary) Van Arkel wurde vom OSS angeworben und nach Nordafrika geschickt, einem Zufluchtsort der europäischen Sozialisten und geflüchteten Gewerkschafter. Auch der Prozeßanwalt der Behörde, George Pratt, begann im New Yorker Büro zu arbeiten. Diese Männer kannten zwar das Gewerkschaftswesen sehr gut, gehörten aber selbst keiner Gewerkschaftsorganisation an; so konnte Donovan die heftigen Rivalitäten umgehen, die zwischen den Führern der amerikanischen Gewerkschaftsbewegung herrschten.

Die Einbeziehung der Gewerkschaften in diesen geheimen Krieg fand nicht überall Zustimmung. Die internationale Gewerkschaftsbewegung stieß bei vielen politisch konservativen Angehörigen des OSS auf wenig Verständnis. Sie begriffen nicht was eine „Ansammlung sozialistischer Klempner“ mit dem großen Spiel der Spionage zu tun haben sollte. Jedoch bis 1944, – solange noch die Deutschen den größten Teil Europas in ihrer Gewalt hatten und das Ende des Krieges noch ganz ferne schien –, kamen die einzig wirklich stichhaltigen Informationen über die Verhältnisse in Deutschland von der OSS-Labor Section in New York.

Im Frühling 1942 erschien bei George Bowden und Arthur Goldberg der belgische Sekretär der International Transport Workers Federation (ITWF), Omar Becu. Nach Besetzung seiner Heimat durch die Deutschen hatte er als Flüchtling in London seine Funktion weiter ausgeübt und sich dem britischen Nachrichtendienst als außerordentlich nützlich erwiesen, besonders indem er Funker unter den ITWF-Mitgliedern rekrutierte. Während seines Besuches in New York bestätigte Becu den Amerikanern die Richtigkeit ihres Bemühens, eine Gewerkschafts-Sektion zu gründen. Er sagte Bowden und Goldberg, daß antinationalsozialistische Zellen seiner Gewerkschaftsföderation noch immer in Deutschland und den besetzten Ländern existierten und drängte die Amerikaner insbesondere die vielen emigrierten Gewerkschafter in England einzusetzen und durch sie Gewerkschafter auf dem Kontinent zu kontaktieren.

Eine großartige Gelegenheit hierzu ergab sich von selbst: Im Mai 1942 hielt die ITWF ihren Internationalen Kongress in London ab. Diese Versammlung bot dem OSS eine Chance, Agenten aus den Kreisen der Gewerkschaft zu rekrutieren, die Verbindungen in ganz Europa besaßen. Die Amerikaner gaben Becu einige Geldmittel und sagten ihm, das Londoner Büro werde sich mit ihm in Verbindung setzen. Becu selbst machte, bevor er abreiste, einen letzten Vorschlag: Es gab da einen jungen Diamantenhändler, der sich in den antikommunistischen Gewerkschaftsbewegungen in Europa auskannte; Becu glaubte, daß er nun irgendwo in Amerika sein müsse. Das Labor-Büro sollte sich einmal nach einem gewissen Albert Jolis umsehen: „Bert ist der Mann, den ihr braucht!"

Im August 1942 reiste Arthur Goldberg nach London, um dort die OSS-Labor-Abteilung zu organisieren. Im Herbst kam auch George Pratt, um die Labor Division zu übernehmen, wodurch Goldberg wieder nach New York zurückkonnte. Die Frage des militärischen Rangs stellte eine Schwierigkeit für die Labor-Mitarbeiter des OSS dar. Arthur Goldberg hatte ursprünglich einen Kontrakt als ziviler Mitarbeiter unterschrieben. Während seines Aufenthalts in London erhielt er, – wie er sagte auf General Donovans Drängen –, den Rang eines Armeemajors. Goldberg mußte ja auch in die Kampfgebiete gehen und kam auch besser mit General Eisenhowers Stab aus, wenn er etwas Gold auf den Schultern hatte.

George Pratt dagegen lehnte ein Offizierspatent ab, weil die europäischen Gewerkschaftsführer, mit denen er zu tun hatte, aus historischen Gründen allen Militärs mißtrauten. Er hätte sich keine Sorgen machen müssen: Für Europäer sahen die Amerikaner ohnehin wie Zivilisten in Uniform aus!

Im Sommer 1943 suchten Arthur Goldberg und George Pratt Gary Van Arkel in Algier auf, wo der frühere Generalanwalt des NLRB mit Sozialisten und geflüchteten Gewerkschaftern arbeitete. Einige dieser Leute waren schon in den dreißiger Jahren aus Deutschland geflohen, andere waren Veteranen der Republikaner im spanischen Bürgerkrieg. Van Arkel kultivierte diese Leute und durchkämmte die Kriegsgefangenenlager, wo er auch 16 Deutsche rekrutierte, die das Zeug zu künftigen Agenten zu haben schienen. Zu jener Zeit dachten nur wenige Offiziere in Nordafrika weiter als bis zur nächsten Sanddüne; Van Arkel gehörte zu der Handvoll von OSS-Leuten, die schon an die künftige Durchdringung Deutschlands dachten.

Als Goldberg und Pratt nach Algier kamen, beschrieb ihnen Van Arkel die Talente einiger seiner Rekruten. Er hatte vier Deutsche in Ausbildung zu einer Übung eingesetzt: Sie sollten von Algier nach Oran gehen und Informationen über die Vorgänge in dem von den Alliierten kontrollierten Hafen sammeln. Die Gruppe sprach wenig Englisch und hatte nur eine sehr bescheidene Summe Geldes mit. Sie gingen zuerst zu einem Nachschubzentrum, wo sie sich ohne weiteres amerikanische Uniformen kaufen konnten. Der Älteste der Gruppe stattet seine Schulterstücke mit den Sternen eines Generals aus. Sie benützten OSS-Einrichtungen, um Befehle zu fälschen, die es ihnen ermöglichten, von Algier nach Oran zu fliegen. In Oran quartierten sie sich in einem Hotel ein, das für amerikanisches Militärpersonal reserviert war. Der Funker der Gruppe ließ sich einen Raum im obersten Stockwerk zuweisen, der falsche General nahm dann die Agenten mit zum Hafen, wo Offiziere und Soldaten sie stramm grüßten. Sie zählten jedes Schiff und alle Ladungen, kehrten dann in das Hotel zurück und funkten einen umfassenden Bericht über die Aktivitäten im Hafen von Oran nach Algier.

Während seiner Reise nach London lernte Goldberg unter den Flüchtlingen einen gewissen Samuel Zygelbojm kennen, einen sozialistischen Gewerkschaftsführer und Mitglied der polnischen Exilregierung. Zygelbojm, der im Jahre 1940 aus dem Warschauer Getto entkommen war, enthüllte als erster Goldberg die fürchterlichsten Geheimnisse des Dritten Reiches: Die Deutschen waren darauf aus, ein ganzes Volk auszurotten.

Zygelbojm bestürmte Goldberg, die Alliierten dazu zu bringen, ihre Kenntnisse des Bestehens der Todeslager demonstrativ mitzuteilen. Sie sollten, wenn dies die einzig mögliche verzweifelte Geste war, sie sogar bombardieren; hunderte von Leben gingen ohnedies jeden Tag dort verloren. Goldberg erklärte sich bereit, die Angelegenheit vorzutragen. Er berichtete später bei einem Abendessen dem enttäuschten Zygelbojm, daß die Alliierten Befehlshaber in Sachen der Konzentrationslager zur Zeit nichts tun könnten, andere Ziele hätten Vorrang. Am nächsten Tag, am 12. Mai 1943 beging Zygelbojm Selbstmord, um gegen die Gleichgültigkeit der Alliierten angesichts der Tragödie der europäischen Juden zu protestieren.

Die Londoner OSS-Gewerkschaftssektion befaßte sich nicht mit Geheimtinten und Sabotage, sondern mit Informationen über Details des Handels, mit Eisenbahnladepapieren und den Frachten der Schlepperschiffe auf dem Rhein. All dies war höchst unaufregend, ausgenommen, daß die Ansammlung kleiner Details Hinweise auf versteckte Fabriken, Truppenbewegungen und Munitionslager enthüllte. Sie gehörten zu den besten Informationen für Luftangriffe dieses Krieges, die aus Deutschland kamen.

Nach der alliierten Landung in der Normandie und dem raschen Vormarsch durch Nordfrankreich schien es, als ob die Bemühungen der Labor-Division um die Vorbereitungen einer späteren Durchdringung Deutschlands überflüssig seien, der Sieg stand sozusagen vor der Tür. Arthur Goldberg bat im Oktober 1944 General Donovan um Dienstentlassung, die er erhielt.

Aber der alliierte Vormarsch lief sich fest, und so kamen die amerikanischen Militärs zu der Ansicht, daß sie nun eben doch dringend Informationen aus dem Reich selbst bedürften, weshalb sich wiederum die Aufmerksamkeit des OSS London auf die Labor Division konzentrierte.

Willis Reddick war ein eleganter Mann, ob in Zivil oder in Khaki, der Journalismus an der Universität von Illinois studiert und später in Werbung und Druck gearbeitet hatte. Zur Zeit als er in die Armee eintrat, besaß Reddick eine blühende Druckerei in Springfield. Er war Reserveoffizier und erhoffte sich bei Kriegsbeginn das Kommando einer Schützenkompanie. Stattdessen fand sich Reddick im April 1942 in den chaotischen Wirbel des COI-Hauptquartiers in Washington hineingezogen. Es war ihm vollkommen unklar, warum diese merkwürdige neue Behörde gerade ihn wollte. Reddick erhielt einen leeren Kellerraum und eine neue Aufgabe. Er sollte eine Druckerei organisieren und ein Team von Fälschern rekrutieren, ausrüsten und lenken. Seine wahre Funktion wurde getarnt, indem Reddick dem „Office of Research and Development" zugeteilt wurde.

Reddick war über diesen Auftrag wütend. Er sollte Maschinen anschaffen, Papier einkaufen, Personal rekrutieren, ohne den Zweck seiner Aktionen zu enthüllen, und anfänglich auch noch ohne Geld. Er suchte das Problem dadurch zu lösen, daß er in aller Stille seine Versetzung zur Infanterieschule in Fort Benning arrangierte, aber man holte ihn sehr rasch wieder zurück. Schließlich rüstete Reddick seine Werkstätte mit der Hilfe eines Mannes aus, der in Washington mit gebrauchten Druckereimaschinen handelte. Eine Oase der Normalität im allgemeinen Chaos fand Reddick in der Freundschaft mit Henry Morgan, dem Enkel von John Pierpont Morgan. Als Leiter des Amtes für Zensur und Dokumentation war es Morgans Aufgabe, falsche Papiere und entsprechende Lebensgeschichten für die Agenten beizustellen und hatte auch mit den Bemühungen zu tun, Bekleidungsstücke und persönliche Effekten von den Flüchtlingen in New York zu besorgen. Eine der ersten Aufgaben, die Morgan erfüllen sollte, war gewesen, falsche Pässe herbeizuschaffen, eine Idee, die die Bürokraten im Außenministerium mit Entsetzen erfüllte. Schließlich erreichte der OSS, daß das Paßamt, wenn auch widerwillig, mit ihm zusammenarbeitete: Morgan hatte als Alternative vorgeschlagen, wenn der Staat die Pässe nicht beistelle, so werde der OSS seine eigenen Pässe in Reddicks Werkstätte eben fälschen. Daraufhin erhielt Morgan die Erlaubnis, falsche Personalangaben an das State Department zu übermitteln, das diese Informationen dann in echte Pässe eintrug.

Die Zuständigkeiten im Washingtoner Büro waren entweder verworren oder ungeklärt. Reddick war keineswegs sicher, wo die Verantwortlichkeit Morgans endete und wo seine eigene begann, aber sie arbeiteten gut zusammen und holten sich Personal aus dem Federal Bureau of Engraving and Printing (Bundes-Druck- und Gravieranstalt) und aus den wichtigsten kommerziellen Druckereien, indem sie ein sehr einfaches Argument benützten: Diese hochspezialisierten Leute konnten innerhalb des neuen Nachrichtendienstes in ihrem Beruf weiterarbeiten, sonst würden sie zur Armee eingezogen. Die romantische Vorstellung, daß die besten Fälscher aus den amerikanischen Gefängnissen geholt werden könnten, amüsierte Reddick. „Diese Leute sind Dillettanten und Amateure. Wären sie einigermaßen gut gewesen, hätte man sie nicht erwischt. Wir aber wollten Fachleute, wirkliche Könner."

Mit fortschreitender Arbeit drängte sich eine Schlußfolgerung unaufhaltsam auf: Washington war viel zu weit von den Kriegsschauplätzen entfernt, um die für die Einzelheiten der Täuschung notwendigen Dinge zu produzieren. Um auf dem europäischen Kriegsschauplatz von Nutzen zu sein, mußte das Unternehmen in England eingesetzt werden. Daher erschien im April 1944 Willis Reddick in London, um dort ebenfalls eine Werkstätte für Fälschungen aufzubauen: Immer noch unter dem Deckmantel der „Research and Development"-Abteilung.

Britische Geheimdienstagenten nahmen die Rekruten des OSS fast zu sanft unter ihre Fittiche. Tatsächlich waren die Engländer durchaus bereit, den Amerikanern die Arbeit, solche Dokumente herzustellen, abzunehmen, denn sie waren nicht begeistert von der Idee, fremde Fälscher in ihrem Land außerhalb ihrer Kontrolle arbeiten zu lassen.

Die Erstellung solcher Dokumente für die Amerikaner hätte außerdem eine Menge über deren Unternehmungen ausgesagt: Wer für sie arbeitete, was diese Agenten taten und wo sie operierten. Die Amerikaner fanden, daß ihre britischen Vettern sich allzusehr auf diese „Hilfsbereitschaft" versteiften, und Donovan blieb hart: Der OSS würde seine eigenen Dokumente produzieren. Aber auch ein unabhängiges Unternehmen blieb noch auf enge Zusammenarbeit mit den Engländern angewiesen.

Reddick arbeitete nun eng mit William Turnbull zusammen, der ebenfalls aus Washington und wie Morgan aus einer Finanziersfamilie stammte. Als Kind hatte er französisch gelernt bevor er Englisch sprach. Er war im Marinenachrichtendienst gewesen, bevor ihn der OSS holte. Reddick sollte die Dokumente für die Agenten produzieren, Turnbull hatte darauf zu sehen, daß diese Dokumente entsprechend deren Tarngeschichten ausgefüllt wurden. Sie ignorierten aber diese künstliche Arbeitsteilung und begannen nun ihre wirklichen Probleme zu lösen, die darin bestanden geeignete Leute und auch eine entsprechende Ausrüstung zu finden, um mit der Produktion anzufangen. Druckpressen, Setzmaschinen, Lithographieapparate und entsprechende Ausrüstung für Chemiographie und Photodruck waren zwar von den Vereinigten Staaten nach England zu Schiff unterwegs, aber entweder verrosteten diese Sendungen auf irgend einem Pier in Baltimore oder lagen auf dem Boden des Meeres; jedenfalls kamen sie niemals an. Die amerikanischen Streitkräfte in England besaßen zwar Druckereiausrüstungen, waren aber nicht bereit sie an den OSS abzutreten. Der Londoner Betrieb mußte sich also an Ort und Stelle ausrüsten, was in Kriegszeiten gar nicht so einfach war.

Pressen und Kameras für Fälschungen herbeizuschaffen war ein Problem des Nachschubs, der Logistik, aber das Papier für die zu fälschenden Dokumente aufzutreiben, gehörte in den Bereich der Kunst. Druckpressen hinterlassen keine identifizierbaren Marken hinsichtlich ihres Ursprungs, Papier aber besitzt nahezu eine Nationalität. Papier aus Kontinentaleuropa enthält Fasern aus Nordafrika und ist daher leicht zu erkennen. Die Farbe des Papiers stellt ebenfalls ein schweres Problem dar. Scheinbar identisch-farbige Papiere sehen unter fluoreszierendem Licht völlig verschieden aus, eine Sorte weißes Papier kann in fluoreszierendem Licht grün, ein anderes orange leuchten. Man wußte, daß die Deutschen Fluoreszenzlicht zur Erkennung gefälschter Dokumente einsetzten. Ein älterer Oberst in der Dokumentensektion des britischen Geheimdienstes, nach erkennungssicherem Papier befragt, schüttelte den Kopf: „Aber Sie fragen ja nach Staatsgeheimnissen, sehr irregulär, meine Herren, höchst irregulär!“

Der Oberst gab Reddick und Turnbull den Rat in ein paar Tagen wiederzukommen. Unterdessen erhielt der alte Herr offensichtlich von seinen Vorgesetzten die Weisung, die Amerikaner zu befriedigen. So wurde ein entsprechendes Arrangement geschlossen: Eine kleine Papierfabrik übernahm nun die Arbeit, ausländisches Papier für den OSS zu imitieren.

Der ganze Fälschereibetrieb wurde hinter dem Hauptquartier des OSS in der Grosvenor Street untergebracht. Das Gebäude hatte eine zeitlang als Londoner Residenz von Charles de Gaulle fungiert. Die schweren Pressen wurden nun auf dem Betonboden der Garage installiert und die Chemiographie in der Küche untergebracht, weil dort eine Wasserleitung vorhanden war. In den drei Stockwerken des Hauses breitete sich ein Stab von 18 Leuten aus, Graveure, Offsetkameraleute, Retoucheure und Künstler, deren Arbeit nur hie und da durch die Detonation einer V-Bombe gestört wurde.

Reddick hatte seinen Stab schon zusammengestellt, bevor er Washington verließ. Er holte sie aus der American Bank-Note Company, der Curtis Publishing Company und anderen Kunstdruckereien. Er erkundigte sich, wer vom Personal dieser Unternehmen zum Militär eingezogen worden war und ließ die Leute dann nach England versetzen, darunter einige der erfolgreichsten Künstler und fähigsten Fotograveure des „Life Magazine", der „Saturday Evening Post" und großer Werbeagenturen.

Reddick bediente sich besonders gerne der Spezialisten der American Bank-Note Company, die für Länder rund um den Globus Banknoten herstellten. Das Unternehmen zahlte beste Gehälter und hatte daher auch die besten Plattenstecher. Die geheimen Verfahren der Firma wurden trotz der Kriegszeit nur sehr ungern der US-Regierung zur Verfügung gestellt.

J. R. Work hatte mit Reddick in der selben Druckerei in Springfield gearbeitet. Er entdeckte beim OSS seine natürliche Begabung für Fälschungen und konnte so zum Beispiel Adolf Hitlers Unterschrift einwandfrei nachmachen, um entsprechende Befehle und Ausweise zu fälschen, ebenso auch die Unterschriften von Heinrich Himmler und Josef Goebbels. Er fälschte die Handschriften von Kompanieadjutanten, örtlichen Polizeichefs und von Beamten der Lebensmittelkartenstellen. Er fälschte Gestapobefehle oder Lebensmittelkarten mit der gleichen Nonchalance. Er sprach kein Deutsch und hatte nicht die geringste Ahnung, was er da unterschrieb. Eines der Probleme Donovans war, daß seine ständigen Reisen ihm kaum je lang genug Aufenthalt an einem Ort gestatteten, um seine Routinekorrespondenz zu unterschreiben. Mit der Gründung des Fälschungsunternehmens wurde dieses Problem für OSS London gelöst. Seine Fälscher unterschrieben in Zukunft Donovans Papiere.

Bei einem Besuch in London besichtigte General Donovan auch die Druckerei und man beschloß, ihm eine besondere Demonstration ihrer Fähigkeiten zu geben. Das Team hatte gerade an diesem Tag ohne britische Hilfe die erste Gestapo-Identitätskarte fertiggestellt, ein besonders schwer nachzuahmendes Dokument, das endlose Experimente erforderte um ein richtiges Fluoreszieren zu erreichen. Nun verschafften sie sich eine Fotografie von Donovan in Uniform, retuschierten die Schulterstücke weg, veränderten die Uniform so, daß es aussah, als ob er Zivil trüge. Dann verkleinerten sie die Fotografie und fügten sie in eine der neugedruckten Gestapo-Identitätskarten ein. Einer der Fälscher unterschrieb noch mit Donovans Handschrift „Wilhelm von Donovan". Am Schluß der Besichtigung durch den General überreichte man ihm die Karte. Er regte sich sichtlich auf und wollte wissen, woher man diese Fotografie habe. Niemals, so sagte er, habe er für ein solches Bild posiert und nie diesen Anzug getragen. Man versuchte ihn zu beruhigen. „Sir, sie wissen doch, was sich hier tut." „Ja, ja," sagte er „aber diese Unterschrift, woher habt ihr meine Unterschrift bekommen?" „General, wir haben hier wahrscheinlich die besten Fälscher der Welt." Donovan dachte einen Augenblick nach, dann begann sein Gesicht aufzuleuchten. „Ah, das könnte großartig sein. Ich kann diese Karte dem Kongreß mitbringen und sie ihnen zeigen, wenn sie wissen wollen, wohin all das Geld geht."

Im Herbst 1944 war die Werkstätte hinter der Grosvenor Street wahrscheinlich die beste Spezialdruckerei der Welt geworden. Sie produzierte ein kleines hochspezialisiertes Produkt, manchmal nur ein einziges Exemplar, manchmal nur ein einziges Blatt Papier, das eigens hatte hergestellt werden müssen. Massenproduktionen, wie etwa zum Beispiel Lebensmittelkarten, wurden dem Fälschungsbetrieb in Washington überlassen. Dokumente dagegen, die höchste Kunst erforderten und unter Zeitdruck hergestellt werden mußten, wurden in London produziert.

Bill Turnbull wurde zum Rekordfälscher. Er war der vormarschierenden Armee nach Frankreich gefolgt, um vom Feind verlassene Dienststellen nach entsprechenden Dokumenten zu durchsuchen. Nach der Befreiung von Paris kam nun die Aufforderung aus London, er solle seine Suche nach in Deutschland verwendbaren Papieren intensivieren: Befehle, Formulare, Stempel, Papiersorten. Soldaten, die Gefallene zu begraben hatten bekamen Befehl, die Leichen toter Deutscher nach Soldbüchern, persönlichen Briefen, Papieren, Reisebefehlen, Urlaubsscheinen und ähnlichem zu durchsuchen. Jedes Stück Papier, das in irgendeiner Form zu einer Tarngeschichte für einen Agenten verwendet werden konnte, wurde gesammelt.

In der Wehrmacht war es verboten, irgendwelche Dokumente an die Front mitzunehmen; das Soldbuch war nahezu die einzige Ausnahme. Aber die Gewohnheit Dokumente mit sich zu führen, entsprach so sehr dem nationalen Charakter, daß ein Durchsuchen der Leichen stets wertvolle Ergebnisse erbrachte.

Eine zeitlang hatten die Druckfarben ein besonders entmutigendes Problem dargestellt. Deutsche Pigmente waren geradezu unreproduzierbar. Die Angelegenheit wurde gelöst, indem man ganz einfach echte deutsche Farben bestellte. Es war nicht sicher woher sie kamen, wahrscheinlich über Schweden oder die Schweiz.

Der Betrieb hatte auch das Problem gelöst, mit deutschen Lettertypen zu drucken, indem er seine eigenen Druckformen goß. Das kopierte Modell wurde auf das genaueste nach irgendwelchen Fehlern untersucht. Kam in dem Original etwa ein abgebrochenes B vor, so wurde ein entsprechender Fehler auch in den neugegossenen Letternsatz eingefügt.

Man meisterte schließlich auch die größte Schwierigkeit in der Papierherstellung, nämlich das Fälschen von Wasserzeichen. Die Geheimnisse der Wasserzeichen hatten die Deutschen 18 Monate lang bei dem Versuch aufgehalten, glaubwürdige amerikanische Pässe herzustellen. Als es ihnen schließlich doch gelang, hatte das amerikanische Paßamt das Muster schon wieder gewechselt.

Der OSS beauftragte Jack M. Rudolph, einen hervorragenden Papiermacher von den Papiermühlen der Kimberley-Clark Werke, an den Wasserzeichen zu arbeiten. Ihre Herstellung war ungewöhnlich schwierig, weil die mit Gummi überzogene „Dandy Roll“, die Walze, die das Wasserzeichen einprägt, sich im Verlauf des Herstellungsprozesses abflacht; die Zeichen auf der stehenden Walze sehen etwas anders aus als das Muster auf Papier. Aber durch unglaubliche Anstrengungen und entsprechend viel Geld löste Rudolph auch dieses Problem.

Die Deutschen hatten offensichtlich eine Leidenschaft dafür, Papiere zu stempeln; ein wichtiges deutsches Dokument trug stets solche Stempel. Jede zivile Behörde und jede Militäreinheit hatte ihre eigenen Stampiglien und verwendete sie sehr großzügig. Stampiglien waren üblicherweise von identischer Größe und ähnlichem Muster. Die gewöhnlichsten Gummistempel zeigten den Reichsadler mit Hakenkreuz und eine rundum laufende nähere Bezeichnung des Amtes oder der Einheit. Die OSS-Experten entwarfen Stampiglien mit auswechselbaren Buchstaben und Nummern die, je nachdem welche Herkunft nachzuahmen war, eingesetzt werden konnten.

Um Dokumenten eine überzeugende Alterspatina zu geben, wurden sie mit Kalium-Permanganat behandelt, sogar mit Kaffee befleckt und in einem Ofen gebacken. Man rieb sie mit Steinstaub ab und zerfranste die Ecken mit Sandpapier. An heißen, feuchten Tagen konnte das Altern leicht dadurch erreicht werden, daß jemand den Ausweis in einer Brusttasche trug. Papiere, die man unter der Achsel trug, erhielten rasch und ordentlich den Anschein von langem Gebrauch.

Handgeschriebene Eintragungen auf Formularen wurden höchst glaubwürdig von einem nervösen, in Deutschland geborenen Leutnant gefälscht. Er war ein jüdischer Flüchtling und schrieb schönste Büroschrift.

Als ein einfacher Soldat diente damals bei OSS-London ein gewisser Dr. Lazare Teper, ein Mann mit guten Beziehungen zu geflüchteten Sozialisten und Intellektuellen, die George Pratt's

Labor Division angesammelt hatte. Teper war eine Seltenheit unter den Amerikanern der Labor Division, insofern als er tatsächlich aus der amerikanischen Gewerkschaftsbewegung kam. Jedoch war Teper entsprechend der Tradition europäischer Gewerkschaftler gebildet, kultiviert und hatte einen Hang zum Pragmatismus. Er kam aus einer russisch-jüdischen Familie, die reich genug gewesen war, um ihm eine deutsche Gouvernante zu halten. 1924 mußte die Familie Rußland verlassen und hielt sich einige Jahre in Istanbul auf, bevor sie sich in Frankreich niederließ. So studierte Lazare Teper zunächst an der Sorbonne, gewann dann ein Stipendium für die John Hopkins University, wo er sein Talent für Nationalökonomie entdeckte. In den dreißiger Jahren wurde er Forschungsdirektor der International Ladies Garment Workers Union in New York City (Gewerkschaft der Damenkleidermacher). Teper wurde zum Heeresdienst eingezogen, aber noch bevor er seine Grundausbildung vollendet hatte, holte ihn sich der OSS.

Da er sich durch die OSS-Ausbildung ungenügend vorbereitet fühlte, verbrachte Teper seine freie Zeit in England damit, daß er sich Spionagefilme ansah. Seine Arbeit in der Labor Division bestand hauptsächlich darin, die Bedingungen des Alltagslebens in Deutschland zu studieren. Was für Ausweise, Lebensmittelkarten, Arbeitsbücher und Reisebestätigungen waren notwendig? Welche Tarngeschichte würde den besten Erfolg haben und welche Einzelheiten des Tagesgeschehens mußte ein Einwohner der Dritten Reiches so gut kennen wie seinen eigenen Namen?

Tepers Aufgabe wurde durch die emigrierten Gewerkschafter, die unter George Pratt arbeiteten, unterstützt. Über ein Jahr hatten sie deutsche Zeitungen exzerpiert, die meist über das neutrale Portugal oder über Schweden hereinkamen. Dem aufmerksamen Leser vermittelten diese Zeitungen ein scharfes Röntgenbild des Lebens in Deutschland. Unschuldig klingende Nachrichten aus dem Berliner „Angriff", der „Frankfurter Zeitung" und dem „Völkischen Beobachter" sagten viel über die Alltagsbedingungen auf der anderen Seite der Front. Meldungen über Verdunkelungszeiten, über Lebensmittelzuteilungen und über neue Bestimmungen waren reiches Material für eine Spionageoperation, die in das Heimatland des Feindes vorgetragen werden sollte. Kleinstadtzeitungen, offenbar weniger scharf zensiert, erwiesen sich als wahre Fundgruben. Da wurde z.B. berichtet, daß eine Frau bestraft worden sei, weil sie einem französischen Fremdarbeiter, der außerhalb ihrer Stadt arbeitete, Zigaretten verkauft hatte. So erfuhr der OSS die Lage eines Lagers, das nun sehr gut in die Tarngeschichte eines Agenten eingefügt werden konnte, der als „Fremdarbeiter“ auftreten sollte.

Im April 1944 wurde der Soldat Teper zum Chef einer eigenen Einheit ernannt, die besonders mit der Fabrikation von Tarngeschichten für Agenten, die nach Deutschland gehen sollten, beauftragt war. Ursprünglich hatte Teper einen Assistenten, den Soldaten Henry Sutton. Sutton sprach mit einem näselnden Wiener Akzent, worauf man natürlich sofort die Frage stellte, wie er zum Namen Henry Sutton komme?

Heinrich Sofner war der Sohn katholischer Eltern in Wien. Vor dem Anschluß arbeitete er als Funktionär einer Angestelltengewerkschaft. Ein österreichisches Gericht hatte ihn zu fünf Jahren Gefängnis verurteilt, weil er eine aufrührerische Rede gegen das Verbot der Gewerkschaftstätigkeit gehalten hatte. Nachdem er achtzehn Monate abgesessen hatte, wurde er auf Grund einer allgemeinen Amnestie entlassen, unmittelbar bevor die Deutschen Österreich besetzten. Er flüchtete sogleich in die Schweiz, dann nach Frankreich und schließlich in die Vereinigten Staaten. In den USA wurde Sutton zur Armee eingezogen und erwarb bei dieser Gelegenheit die amerikanische Staatsbürgerschaft. Während der diesbezüglichen Einvernahme fragte ein Beamter Sutton, ob er vorbestraft sei. Er gab die Verurteilung in Österreich zu. Der OSS-Mann, der Sutton zu diesem Verhör begleitet hatte, bemerkte die Reaktion des Beamten und fürchtete nun, daß sich sein Schützling damit die Hoffnung Amerikaner zu werden, zerstört hatte. „Sutton“, flüsterte er ihm zu, „sind Sie Kommunist?“

„Natürlich nicht, ich bin ein Sozialdemokrat.“

„Aber sind Sie denn ein Jude?“

„Ich bin ein Katholik.“

Wie konnte jemand, der weder ein Kommunist, noch ein Jude war, in Österreich politisch verurteilt worden sein? Das begriff der Beamte einfach nicht.

Tepers neue Unternehmung für getarnte Lebensläufe erhielt Quartiere in einem Gebäude mit dem Codenamen „Milwaukee". Nach einigem Hin und Her entschloß sich Teper, als Namen für seine Einheit den seines Lieblingskomponisten zu wählen und so war die *Bach*-Sektion geboren.

3. KAPITEL

Ganoven mit Moral

George Pratt, Chef der Labor Division, wußte zwar absolut alles über europäische Gewerkschaftsführer, die im Exil in London lebten, aber absolut nichts darüber, wie man Agenten in feindliches Territorium hineinbrachte. Nun wurde aber Druck auf ihn ausgeübt, um seine Kenntnisse des einen zugunsten des anderen einzusetzen. Im November 1944 bildete Bill Casey die Division of Intelligence Procurement (Abteilung für Nachrichtenbeschaffung), abgekürzt DIP, deren besondere Aufgabe es war, das Unternehmen gegen das Reich in Gang zu bringen. Die bisherige Labor Division sollte der Kern von DIP werden, zu deren Chef Casey nun Pratt ernannte. Personal aus Abteilungen, deren Bedeutung nun im Schwinden war, wurde Pratts neuer Abteilung zugeteilt. DIP nahm in sich bereits existierende SI-Büros auf, einschließlich der Nationalitätenabteilungen für Frankreich, Belgien, Polen, Holland, Tschechoslowakei, Skandinavien und Deutschland. Diese Abteilungen sollten mit den entsprechenden Exilregierungen zusammenarbeiten, um Agenten zu werben.

Im Bewußtsein seiner Unkenntnis in Geheimoperationen wandte sich Pratt an Casey und Bruce und bat um erfahrene Helfer. Bruce stellte ihm zunächst einmal einen gewissen Hans Tofte, der im Alter von 19 Jahren sein heimatliches Dänemark verlassen hatte, um in Peking chinesisch zu studieren. Er blieb acht Jahre im Ausland und kam nach Hause, als gerade die Deutschen seine Heimat besetzten. Darauf floh er nach New York und wurde dort von William Stephenson angeworben, demselben

Mann, der unter dem Decknamen „Intrepid“ die britische Security Coordination leitete, die MI-6-Unternehmung in den Vereinigten Staaten. Die Engländer fanden Tofte wegen seiner Kenntnisse fremder Sprachen nützlich und sandten ihn in geheimer Mission nach Singapore. Als die Stadt von den Japanern erobert wurde, kehrte der Däne mit dem merkwürdigen Rang eines Majors der Indischen Armee in die Vereinigten Staaten zurück, wo er, um seine US-Staatsbürgerschaft zu beschleunigen, in die US-Armee als einfacher Soldat eintrat; dort fand ihn der OSS.

Tofte ging zuerst nach Bari und führte von dort eine außerordentlich erfolgreiche Unternehmung zur Versorgung jugoslawischer Partisanen. Toftes Partner in Bari war der OSS-Hauptmann Robert E. S. Thompson, früherer Reporter des „Philadelphia Inquirer“, mit dem zusammen er ein System aufbaute, um Jugoslawien per Schiff, statt wie bisher durch Abwurf aus der Luft, zu versorgen. Sie lieferten 6000 Tonnen Nachschub an die Partisanen, während man bis dahin nur 125 Tonnen durch Luftabwurf hatte hinbringen können. Später erhielten Thompson und Tofte die höchsten militärischen Auszeichnungen Jugoslawiens für ihren Waffenschmuggel über die Adria.

Tofte war 1944 bei der OSS in London und arbeitete dort in der skandinavischen Abteilung. Mit der Bildung von DIP wurde er Pratts Stellvertreter. Während Pratt oft bis tief in die Nacht hinein mit bürokratischen Arbeiten befaßt war, Memoranden, politische Stellungnahmen und Organisationspläne entwerfen mußte, kümmerte sich Tofte um Fragen der Agenten. Vor allem ging es ihm darum Amerikaner zu finden, die praktische Erfahrung in der Führung von Agenten hatten. Ein Mann, den er unbedingt haben wollte, war sein Partner aus Bari, Thompson. Er fand ihn in Frankreich, wo er für die 1. US-Armee arbeitete.

Die 1. Armee hatte nie viel Geschmack an Unternehmungen des OSS gefunden. Als die Ardennen-Schlacht begann, verfügte sie tatsächlich über keine OSS-Einheit und war, wie General Donovan bemerkte, auch ohne jede Vorwarnung vom deutschen Stoß überrascht worden. Aber auch danach war die Haltung der 1. Armee gegenüber dem OSS ziemlich unverändert und Robert Thompson nur deshalb zu froh, eine neue Aufgabe zu erhalten.

David Bruce erklärte Thompson, warum man ihn nach London geholt hatte: „Wir brauchen Leute, die diesen Agenten ins Auge blicken können, um zu sagen: ‚Ich habe es gemacht und ich weiß, daß es gemacht werden kann.‘ Wir haben zu viele Leute, die niemals etwas selber durchgeführt haben.“

„Oberst, da gibt es noch einen anderen Kerl, der hier herumrennt und nichts zu tun hat“, sagte Thompson zu Bruce. „Er ist schon mit dem Fallschirm abgesprungen und hat eine Menge Erfahrung in der Arbeit hinter den Frontlinien. Wenn Sie uns zusammen loslassen, könnten wir schon einiges aufstecken.“

Der Mann, den Thompson wollte, war der Leutnant E. M. (Mike) Burke, ein dunkelhaariger Ire, sechsundzwanzig Jahre alt und früherer Halfback in der Football-Mannschaft der University of Pennsylvania. General Donovan hatte Burke einmal gegen Michigan in einem großartigen Spiel gesehen und, als er ihn später in Washington traf, sofort für den OSS rekrutiert.

1943 war der langbeinige, ein Meter neunzig große Burke in der grotesken Verkleidung eines italienischen Bauern von einem Schnellboot an der italienischen Küste abgesetzt worden. Er und seine Team sollten mit dem antifaschistischen Befehlshaber der italienischen Marine Kontakt aufnehmen und ihn überreden, seine Flotte den Alliierten zu übergeben. Später sprang Burke in den Vogesen ab, um der französischen Resistance bei der Organisation zu helfen.

Am 17. Februar 1945 wurde Rob Thompson zum Operationsoffizier der Division of Intelligence Procurement ernannt, Mike Burke wurde sein Stellvertreter. Ihre Aufgaben waren die Koordination der Ausbildung, das Nachrichtenwesen, der Lufttransport und zwölf andere Stadien der Vorbereitungen der Agenten. Bis dahin hatten die Nationalitätenabteilungen untereinander im Wettbewerb um diese Hilfsdienste gestanden. Nun überwand dieses neue Team alle Engpässe, sorgte für neue Vorräte, brachte die Luftwaffe zu zögernder Aktivität und begann schließlich, die Ausbildung und den Einsatz von Agenten in Gang zu bringen.

Nun paßte alles zusammen. Die Nationalitätenabteilungen sorgten für Spionagerekruten, die *Bach*-Operation fabrizierte Tarngeschichten, Bill Reddicks Stab sorgte für falsche Dokumente und authentische Bekleidung und der Operationsstab wußte nun, wie man einen ausgebildeten und entsprechend ausgerüsteten Agenten in einem Flugzeug nach Deutschland bringen konnte.

Ein amerikanischer Offizier schrieb über die Agenten des OSS: „Wir hatten es mit ungewöhnlichen Individuen zu tun. Viele suchten Gefahr und Aufregung, ihr Appetit für das Ungewöhnliche, für das Spektakuläre war weit jenseits des Normalen. Häufig war dazu noch ein recht heftiges Temperament zu finden."

Manche wollten Helden sein, andere wollten den Krieg auf der Seite der Amerikaner beenden, die offensichtlich dann auch die Herren der Erde sein würden. Manche hatten längst den Rhythmus des normalen Lebens vergessen; 1939 waren sie zum Militär gegangen, arbeiteten nach der Niederlage im Untergrund, waren aus ihren besetzten Ländern geflüchtet und mußten lange Trennungen von ihren Familien erdulden. Was der OSS nun vorschlug, war für ihre Existenz durchaus innerhalb des Normalen.

Für geeichte Abenteurer waren Angst, Spannung und Druck eine Art Sucht geworden. Die Tage, die sie in der Sicherheit eines Hauptquartiers im Hinterland verbrachten, waren ein mit Ungeduld ertragenes Zwischenspiel vor dem Rausch des nächtlichen Einsatzes.

General Donovan war sich dieses unnatürlichen psychischen Klimas, das die Spionageoperationen erzeugten, bewußt. Er wandte sich an Sozialwissenschaftler um Hilfe. Der Chef der Psychologen, Dr. Henry Murray, warnte vor Fallgruben: „Die ganze Natur des OSS lud psychopathische Charaktere geradezu ein, denn dort gab es Sensationen, Intrigen und die Vorstellung, ein geheimnisvoller Mann mit geheimem Wissen zu sein."

Für die vielen Juden, die sich freiwillig meldeten, hatten die Nazis alle notwendige Motivation geliefert, für stolze, gute Deutsche, die verzweifelt über das waren, was aus ihrem Land geworden war, lieferten Hitler und der Nationalsozialismus die Vernuftgründe, um gegen ihre eigene Nation zu kämpfen.

Die Offiziere des OSS, die die künftigen Agenten prüften, fanden bald heraus, daß Rachsucht und Haß unverläßliche Motive waren. Der von diesen bessessene Mann gehörte hinter ein

Maschinengewehr, nicht in die Spionage. Ein OSS-Handbuch über Anwerbung bemerkt: „Ein Mann solte nicht zu viele Ideale haben, sollte eher mit seiner Intelligenz als mit seinem Herzen arbeiten.“ Stabilität war Hauptsache, dazu gedämpfter Zorn und kalte Wut. Ein Agent, der sich durch sein eigenes Ungestüm verriet, riskierte nicht nur das eigene Leben, sondern gefährdete, zusammen mit all den Geheimnissen, von denen er Kenntnis hatte, auch noch das Leben all jener, die mit ihm in Zusammenhang standen. Der ideale Kandidat war ehrlich und verschlagen, unauffällig und kühn, schnell und klug, leidenschaftlich und kalt. Ein Agent faßte seine Aufgabe so zusammen: „Ich war ein Ganove mit Moral.“

Manche hatten sich durch Hinweise verführen lassen, ja sogar durch Versprechungen, daß eine Spionagetätigkeit für den OSS ihnen nach dem Krieg das Tor in die Vereinigten Staaten eröffnen würde. Die amerikanische offizielle Politik erschien in diesem Punkt bewußt widersprüchlich. Einige Offiziere glaubten Vollmacht zu besitzen, ihren Agenten die Aussicht auf die amerikanische Staatsbürgerschaft zu eröffnen; Nachrichten über diese Versprechungen sickerten nach Washington durch. Bestürzte Rechtsanwälte der OSS warnten nun, daß entsprechend den amerikanischen Einwanderungsgesetzen solche Versprechungen nicht erfüllt werden könnten und es daher auch unehrlich sei, sie zu machen. Grundsätzlich war die Politik des OSS in diesem Punkt ehrlich, wenn auch brutal: Kein Agent sollte angeworben werden, ohne daß man sich ernsthaft überlegte, wie man ihn dann später wieder los werden könne, nachdem seine Nützlichkeit vorbei sei. Dennoch blieb die Auswanderung in die Vereinigten Staaten und die amerikanische Staatsbürgerschaft bis zum Ende des Krieges als Lockmittel für künftige Agenten von Bedeutung.

Aber es gab auch durchaus legitime Anreize. So brachte es der OSS zuwege, daß ein in Amerika lebender Deutscher in die Marine einberufen wurde. Das Reizmittel dafür war die Verleihung der Staatsbürgerschaft innerhalb weniger Monate. Um die Sache attraktiver zu machen, überredete der OSS die Marine, den Mann sogar zum Offizier zu ernennen. Er wurde nach London geschickt, wo der frischgebackene Marineoffizier es ablehnte, eine Mission zu unternehmen. Der OSS versuchte nun, die Marine dazu zu bringen, ihm seinen Rang zu streichen, aber nun hatte die Marine genug von den OSS-Spielchen und weigerte sich.

Neben Charakterqualitäten suchten die OSS-Anwerber auch noch nach praktischen Fähigkeiten. Besonders geschätzt waren Funker, ferner Leute, die sich mit der Struktur der deutschen Gesellschaft auskannten, das heißt mit der Post, Telegraphen, Telephonen, Eisenbahnen. Frauen waren wertvoll, ihre Tarngeschichten ließen sich viel leichter zusammenstellen und wenn sie reisten, so erweckte dies weit weniger Verdacht.

Die Kriegsgefangenenlager, ursprünglich für die Rekrutierer verbotenes Gebiet, wurden nun durchkämmt. Der Strom von Freiwilligen aus den Lagern entsprach jeweils dem Kriegsverlauf: Nach dem Vormarsch durch Frankreich gab es Kandidaten im Überfluß. Während der Ardennen-Schlacht revoltierten fanatische Nazis und versuchten sogar, in einigen Kriegsgefangenenlagern die Kontrolle an sich zu reißen. Natürlich verschwanden daraufhin die möglichen Kandidaten für Agentenarbeit wie der Schnee in der Sonne.

Sobald die Auswahl getroffen war, wurden die künftigen Agenten von X-2, der Gegenspionageabteilung, genau durchleuchtet, um mögliche Doppelagenten auszusieben. Vorsicht war sehr geboten. Henry Sutton von *Bach* hatte zum Beispiel einen Gefangenen aus einem deutschen Strafbataillon verhört, der behauptete, ein Linker und Antinazi zu sein. Sutton war sehr beeindruckt von ihm, nicht nur kannte sich der Gefangene in der Untergrundwelt der überlebenden deutschen Gewerkschaften aus, er kannte auch Schlüsselpersönlichkeiten und verschiedene Gruppierungen. Er hatte, so sagte er, in der deutschen Handelsmarine gedient und sein Englisch als Kellner in einem Longchamps-Restaurant in New York erlernt; nun wollte er für die Alliierten arbeiten. Sutton berichtete seinem Chef, Lazare Teper, die Geschichte, der zustimmte, daß der Mann sehr vielversprechend sei: „Aber X-2 soll ihn doch überprüfen." Der Name des Mannes erschien in keiner Mannschaftsliste eines Schiffes, weder die Einwanderungsbehörde noch die Einbürgerungsbehörde hatten irgendeine Kenntnis von ihm, auch nicht die Longchamps-Restaurants. Schließlich kam die Wahrheit heraus: Der Mann war als SS-Agent ursprünglich dem Strafbataillon als falscher Antinazi zugeteilt, um ein Auge auf seine politisch unzuverlässigen Kameraden zu haben. Als er, zusammen mit dem Rest des Strafbataillons, gefangengenommen wurde, merkte er während seines Verhörs, daß die Amerikaner nach Agenten suchten. Er meldete sich freiwillig in der Überlegung, daß das beste, was er tun konnte, sei, das Spionagesystem des Gegners zu infiltrieren: zumindest würde ihm dadurch gelingen, nach Hause zu kommen.

Der SS-Offizier war an einem einzigen Punkt gescheitert, der Behauptung in den USA gewesen zu sein, die einzige Angabe, die der OSS wirklich nachprüfen konnte. Er hatte die Sünde des übergroßen Details begangen, eine Lehre, die auch für die *Bach*-Abteilung bei der Abfassung ihrer eigenen Tarngeschichten nicht vergeblich war.

Die Akten der *Bach*-Sektion wurden in alphabetischer Ordnung deutscher Städte abgelegt. Dabei betonte Sutton bestimmte Einzelheiten: Jede Akte über eine Stadt enthielt auch die Farbe der dortigen Straßenbahn. Das war eine der Routinefragen, die die Gestapo einem Verdächtigen stellte, den man für einen Feindagenten hielt.

Eine andere Tatsache, die Sutton in die Köpfe seiner künftigen Agenten einhämmerte, war der Begräbnisplatz ihrer Eltern. Es war üblich, daß ein Agent sich als Waisenkind ausgab, um es den Nazibehörden schwieriger zu machen, seine Vergangenheit nachzuprüfen. Dementsprechend lasen die Leute in der *Bach*-Forschungsabteilung alle Todesnachrichten in den deutschen Zeitungen, um die Namen der Friedhöfe zu erfahren. Die Geduld Suttons, sein Spaß am Sammeln solcher Kleinigkeiten, machten ihn für Lazare Teper so überaus wertvoll.

Informationen strömten der *Bach*-Abteilung aus vielen Quellen zu, die besten wahrscheinlich durch die OSS-Offiziere, die in die Frontabschnitte kommandiert waren. Ein solcher Offizier war beispielsweise Leutnant Richard Watt. Er bearbeitete die Kriegsgefangenenlager von Luxemburg bis Holland direkt hinter der Front und sammelte frische Informationen für London. Er sprach gut deutsch und hatte eine nachdenkliche, sympathische Art, die Vertrauen erweckte.

Watt pflegte ein beiläufiges Gespräch auf die Lebenskosten und auf den schwarzen Markt hinzuführen. Wie war die Lebensmittelversorgung, wie die letzten Zuteilungen, die örtlichen Verkehrsbedingungen, was war in der Nachbarschaft bombardiert worden, welche Straßen, welche Hausnummern? Häuser, die ausgebombt waren, boten sehr wertvolle Heimadressen für Agenten, da dort nicht nachkontrolliert werden konnte. Natürlich wurde immer nach der Farbe der örtlichen Straßenbahnen gefragt. Watt war der Meinung, daß der Sinn seiner Fragen den klügeren Gefangenen klar gewesen sein mußte.

Das Unternehmen *Bach* sammelte die Informationen, die Offiziere wie Watt zusammentrugen, und benützte sie, um papierene Identitäten zu fälschen. Die Arbeit erforderte eine lebhafte Phantasie mit einer Leidenschaft für das Detail. Kleine Fehler, winzige Ungenauigkeiten, konnten der Anfang sein, um das sorgfältigst gewobene Netz der Täuschung zu zerreißen.

Der Stab von *Bach* begann mit der Voraussetzung, daß die beste Tarngeschichte die kleinste Tarngeschichte sei. Wenn ein früherer Ingenieur seine eigene Identität und seinen eigenen Beruf auch weiter benutzen konnte, so war eine weitere Tarngeschichte weder notwendig noch richtig. Erforderte aber seine Mission, daß zwar seine Identität getarnt wurde, aber nicht sein Beruf, dann wurde eben die Tarnung nur für seine Identität bereitgestellt. Das wichtige war, die nachprüfbaren Details zu verringern und das Gepäck an Erfindungen, das der Agent mit sich führen mußte, so leicht wie möglich zu halten.

Das Wesen des Naziregimes arbeitete sowohl für wie gegen die Konstruktion plausibler Tarnungen. Die Wirksamkeit des Sicherheitssystems, die allgegenwärtige Überwachung der Bürger durch die Polizei und ihre eigenen Nachbarn, die Dokumente, die man brauchte, um zu essen, zu arbeiten, sich zu kleiden und zu reisen, all das bildete eine abschreckende Barriere gegen jedes Eindringen. Ein einfacher Bürger im Deutschen Reich trug, abgesehen von seiner Kennkarte, ein Arbeitsbuch, ferner Karten für Lebensmittel und für Kleider, Reiseerlaubnisse, Meldezettel und vielleicht einen Führerschein, seine UK-Stellung und andere Papiere bei sich.

Auf der anderen Seite öffnete die Arbeitsweise der nationalsozialistischen Industrie eine höchst einladende Hintertüre ins Reich. Ein beträchtlicher Teil der männlichen Bevölkerung Deutschlands im Alter zwischen 16 und 50 Jahren bestand nämlich aus Ausländern, die man zum Dienst in der Kriegswirtschaft gepreßt hatte. An die drei Millionen Fremdarbeiter hatte man aus den von Deutschland besetzten Ländern hereingeholt.

Sich als Fremdarbeiter auszugeben, bot einem Agenten ideale Tarnung. Er brauchte nicht viel Deutsch zu können, war nicht der Einziehung zur Wehrmacht unterworfen, seine Vergangenheit war schwer nachzuprüfen und er konnte sich in Schlüsselindustrien einschmuggeln. Diese Tarnung erforderte einige zusätzliche Dokumente, den sogenannten Fremdenpaß und die Arbeitskarte, zusammen mit all den Papieren, die auch ein Deutscher bei sich haben müßte. Die Dokumentationsabteilung erledigte das alles. Die nächstbeste Tarnung war die als Deutscher oder Ausländer, der in der Wehrmacht diente. Eine militärische Tarnung bot Bewegungsfreiheit und Zugang zu militärischen Einrichtungen. Der Nachteil bestand darin, daß der Agent eine überzeugende Kenntnis des Militärlebens simulieren mußte, es sei denn, er hatte bereits tatsächlich in der Wehrmacht gedient.

Eine etwas riskantere Tarnung war, den Agenten als einen vom Wehrdienst befreiten, „UK“-gestellten Zivilisten auszugeben, dazu mußte er Facharbeiter sein, ein besonderer Spezialist, ein Parteifunktionär oder ein Mitglied der Polizei. Wählte man diese letztere Beschäftigung war es am besten, gleich „Erste Klasse zu fahren“ und die Maske eines Gestapo-Beamten zu wählen. Die Gestapo war eine verhältnismäßig große Organisation, ihre Mitglieder trugen im allgemeinen Zivil, damit der Agent sich unauffällig in der Bevölkerung bewegen konnte. Kaum ein deutscher Beamter hatte Lust, sich mit der Gestapo anzulegen.

Der Vorgang bei der Vorbereitung falscher Dokumente war sehr ähnlich der Art, wie die Tarngeschichten fabriziert wurden. Ein ganz echtes Dokument war stets das beste, ein teilweise echtes Dokument, etwa ein echter Paß mit einer gefälschten Identität, war das nächstbeste. Gänzlich fabrizierte Dokumente waren die letzte Zuflucht. Dokumente, die eine weite Verwendungsmöglichkeit hatten, waren besser als solche mit kleinem Spielraum. So war es etwa besser, Agenten mit Lebensmittelkarten für Reisende auszurüsten, also für ausgebombte Personen, Leute, die umsiedelten oder ihren Arbeitsplatz wechselten, als Marken, die nur in einem bestimmten Gebiet galten.

Ein gefälschtes Arztzeugnis, wonach der Inhaber eine ansteckende Krankheit hatte, war ein besonders wertvolles Papier. Ein Zwangsarbeiter konnte damit aus dem Lager heraus- und in die Lage kommen, entsprechende Informationen zu sammeln.

Das Dokument mußte in seiner Bedeutung und seinem Inhalt auch verstanden werden können. Sutton unterzog Kriegsgefangene wahren Kreuzverhören, vor allem solche, die erst kürzlich eingerückt oder gerade vom Heimaturlaub zurückgekommen waren. Wer hatte ein bestimmtes Dokument ausgestellt? Unter welchen Umständen, wo und wann würde es wahrscheinlich kontrolliert werden? Was bedeutete jede Einzelheit? Das Überleben eines Agenten mochte sehr wohl davon abhängen, daß man diese Antworten bekam. Erst danach gab die *Bach*-Sektion ihre Anweisungen an die Druckerei.

Die Arbeit erforderte eine Leidenschaft für das scheinbar Nebensächlichste. Wiesen die fertigen Dokumente auch überzeugende kleine Irrtümer auf? Sie konnten auch allzu perfekt sein. Waren die Fotografien auf den Kennkarten entsprechend gealtert worden? War die Kleidung authentisch? Knöpfe in Amerika hergestellter Kleidung waren mit parallelen Fäden angenäht, in der europäischen Schneiderei aber wurden die Knöpfe kreuzweise angenäht. Die Kleidung eines Arbeiters sollte aus einem gröberen Stoff bestehen als ein von einem Schneider verfertigter Anzug. Authentische Hosenträgerknöpfe trugen als Markenzeichen entweder „Elegant" oder „Für Herren". Amerikanische Wäschereien verwendeten fluoreszierende Zeichen. Taten das auch die deutschen Wäschereien? Wo waren die Brillen des Agenten geschliffen worden? Was für eine Art von Zahnbürste benützte er? Entsprachen die Plomben und Brücken in seinem Mund der europäischen zahnärztlichen Behandlungsart? Wenn ein Mann plötzlich seine Taschen ausleeren mußte oder eine

Frau ihre Handtasche, war der Inhalt dann überzeugend? Eintrittskarten aus dem örtlichen Opernhaus, Schlüssel, Münzen, Zündhölzer? Tabak war in Deutschland knapp; würde daher ein Mann Nikotinflecken auf den Fingern haben? Solche Flecken mußten also mit einem Bimsstein entfernt werden.

Dieses Eingehen auf das kleinste Detail war nicht übertrieben. Die Gestapo prüfte diese nebensächlichen Dinge mit unermüdlicher Genauigkeit; ein OSS-Agent war entdeckt worden, weil die Eintragungen auf seiner Arbeitskarte, die aus zwei verschiedenen Städten stammen sollten, eindeutig dieselbe Handschrift aufwiesen.

„Saßen“ all diese hunderttausend Einzeltarnungen, so halfen sie nicht nur, den Gegner zu überzeugen. Gute Papiere, die richtige Kleidung, eine glaubwürdige Tarngeschichte halfen dem Agenten, tatsächlich die Person zu leben, die er darzustellen hatte, sich selbst von der eigenen Identität zu überzeugen und damit auch andere. Agenten wurden aus tiefem Schlaf geweckt, indem sie jemand anbrüllte: „Wie heißen Sie? Wo sind Sie zur Schule gegangen? Wie heißt die Zeitung in Ihrer Stadt?“

Schließlich aber konnte das Ungewöhnliche, das Absurde, das Unerwartete dem bestvorbereiteten Spion Verderben bringen. Die Engländer warnten die Amerikaner am Beispiel eines Agenten, den sie in Kairo verloren hatten. Der Mann hatte vergessen, beim Urinieren zu hocken wie das die Ägypter taten. Lazare Teper beklagte sich einmal in der Frage der Bekleidung eines Agenten: „Man zeigt dem Kerl einen netten, einfachen Anzug. Er sagt ‚Nein darin sehe ich viel zu auffällig aus‘. Und dann sucht er sich etwas aus mit ein Zoll breiten weißen Streifen!“

Teper begann, die Grenzen seiner Arbeit zu erfassen. Keine Tarngeschichte war vollkommen narrensicher, jede Deckung konnte durchstoßen werden. Die *Bach*-Sektion webte die möglichst glaubwürdige Geschichte mit den vorhandenen Materialien, doch fand Teper oft genug heraus, daß es sich um recht dünnen Stoff handelte. Zehn Prozent harte Tatsachen, der Rest war Annahme, Intuition und Schlußfolgerung. Ein Spion konnte vielleicht als Gestapo-Agent durchkommen, aber unter harter Befragung konnte es ihm kaum gelingen, die Geschichte glaubwürdig durchzuhalten.

Die Agenten waren sich dieser Brüchigkeit ihrer Tarnung niemals so bewußt wie die Männer, die diese Tarnung herstellten. Wozu auch? Sie waren alle Freiwillige, die darauf brannten hinauszugehen, nichts war dadurch gewonnen, wenn man ihre Nervosität vergrößerte. Krieg war ein Risiko. Einige Leute würden an den Invasionsstränden sterben und andere an einer Mauer. Das beste, was Teper erwarten konnte war, daß die Tarngeschichten lange genug hielten, um den Agenten durch einen Kontrollpunkt zu bringen und ihn vor einer allzu genauen Befragung zu retten, an der schließlich die Tarnung unvermeidlicherweise zerbrechen mußte. Die letzten Verteidigungslinien lagen stets in der Persönlichkeit eines Spions, in der Angst, im Mißtrauen, in der Einsamkeit, die seine Sinne und seine Wachsamkeit schärften.

4. KAPITEL

Hintertür zum Reich

Bern, die Hauptstadt der Schweiz, ist eine mittelalterliche Stadt mit einer Atmosphäre gutbürgerlicher Zufriedenheit. Ihre Straßen mit den Bogenlauben erinnern an Kreuzgänge oder an einen Jahrmarkt aus dem 14. Jahrhundert, der plötzlich Gegenwart geworden ist. Während des Krieges bot diese Hauptstadt wenig an Kultur oder Unterhaltung und selbst die genügsamen Berner stießen sich nicht daran. Unterhaltung konnte man in Zürich und Genf finden, Berns hauptsächlichstes Freizeitvergnügen schien das Verzehren kräftiger Mahlzeiten in bäuerlichen Landgasthöfen zu sein. Kein Dramatiker würde diese Stadt für das, was sie wurde, ausgewählt haben, – der Knotenpunkt globaler Intrige, ein kleiner Spiegel, der die Anstrengungen der ineinander verkrallten Großmächte reflektierte. Die Stadt schien zu klein, zu selbstzufrieden, zu unkompliziert, um die Bühne für die Rivalitäten der Nachrichtendienste eines halben Dutzend großer Nationen sein zu können.

Auf dieses unwahrscheinliche Schlachtfeld der geheimen Kriegführung trat am 8. November 1942 ein 49 Jahre alter Amerikaner, grauhaarig und bebrillt. Der Mann sah aus wie der Sohn eines presbyterianischen Pastors und das war er auch. Er besaß außerdem den entwaffnenden Charme eines Landadvokaten und, glücklicherweise für seine Aufgabe, die Instinkte eines Spions. Sein Name war Allen Welsh Dulles und galt offiziell als „Special Legal Assistant“ (Sonderrechtsberater) des amerikanischen Botschafters Leland Harrison in Bern. Die Schweizer Zeitungen berichteten ganz falsch: Sie beschrieben Dulles als den „persönlichen Repräsentanten Präsident Roosevelts". Dulles protestierte nicht dagegen, diese Behauptung konnte ihm nur nützen.

Daß er überhaupt in die Schweiz gelangte, war das reinste Glück. Dulles hatte den letzten Zug von Annemasse in Frankreich genommen, in der Nähe der Schweizer Grenze, an dem Tag als die alliierten Streitkräfte in Nordafrika landeten. Sogleich überrannten die Deutschen das noch unbesetzte Frankreich und riegelten auf diese Weise die Schweiz völlig von der Außenwelt ab.

Lange bevor OSS-London mit der Durchdringung Deutschlands in großem Stil begann, hatte Dulles schon in gleicher Richtung von Bern aus gearbeitet. Er war dazu 1942 vom New Yorker OSS-Büro in die Schweiz versetzt worden, weil die Engländer ursprünglich ihre Insel dem OSS nicht als Sprungbrett für seine Operationen im Reich zur Verfügung stellen wollten.

Dulles kam mit Einführungsbriefen an jeden, der nur in irgend in der Schweiz prominent war. Er kannte auch die deutschen Politiker, Gewerkschaftsführer, Geistlichen, Wissenschaftler, Professoren, Diplomaten und Geschäftsleute, die als Gegner Hitlers im schweizer Exil lebten. Dulles brachte zu der Aufgabe der Spionage weit mehr Erfahrung mit, als die meisten seiner Kollegen im OSS. Sie zu erwerben hatte er vor 25 Jahren in Bern begonnen, als er im Ersten Weltkrieg dort als junger Beamter des Außenministeriums Nachrichten über Deutschland und Österreich-Ungarn sammelte. Nach dem Krieg arbeitete Dulles bei der Versailler Friedenskonferenz mit seinem älteren Bruder, John Foster, zusammen. Er machte zunächst eine kometenhafte Karriere im State Department, die ihm schon im Alter von 29 Jahren die Ernennung zum Chef der Nahost-Abteilung brachte. Aber man verdiente beim Staat nicht sehr viel und so verließ Allen Dulles die Verwaltung wiederum, um in die sehr bekannte internationale Anwaltsfirma seines Bruder in New York, Sullivan und Cromwell, einzutreten.

In den zwanziger Jahren, während seiner Karriere im State Department, hatte er einen anderen Anwalt kennen und schätzen gelernt, William G. Donovan, der damals im Justizministerium arbeitete. Kaum einen Monat nach Pearl Harbor war Allen Dulles dem Ruf Donovans gefolgt und trat dem OSS bei.

Während des Krieges wahrten die Schweizer ihre Neutralität auf das eifersüchtigste, denn sie waren sich ganz klar darüber, wie knapp sie einer Besetzung durch die Nazis entgangen waren. Im Jahre 1940 hatten deutsche Armeen schon bereitgestanden, um Frankreich auf dem Wege über die Schweiz anzugreifen, und nur der rasche französische Zusammenbruch hatte den Schweizern erspart als Ganzes geschluckt zu werden. In den folgenden Jahren hätten die deutschen Generale das Schweizer Eisenbahnnetz nur zu gerne als Korridor zur Versorgung ihrer Armeen in Nordafrika und Italien benutzt. Obwohl demokratisch und stillschweigend wohlwollend auf Seiten der Alliierten, lebten die Schweizer doch in der Angst, die Deutschen zu provozieren, und sahen daher auf peinlichste Einhaltung ihrer Verordnungen und Gesetze, die sich gegen alles wandten, was die Interessen einer der kriegführenden Mächte fördern konnte. Die Schweiz unterhielt eine Spezialeinheit, die Fremdenpolizei, um Botschaftspersonal und andere Ausländer auf Verletzungen der Neutralität hin zu beobachten. Die Schweizer Gegenspionage war bekannt für ihre Hellhörigkeit und für rasches Zugreifen bei Verletzungen der Neutralität. Den Alliierten schienen die Schweizer zu sagen: „Spielt euer Spiel, aber spielt es so gut, daß wir euch nicht dabei erwischen müssen."

In diesem kleinen, unsicheren Winkel Europas begann nun Allen Dulles sein Netz zu weben. Er nahm seinen Wohnsitz in der Herrengasse 23, in der Altstadt von Bern. In benachbarten Häusern an der Aare waren seine OSS-Offiziere untergebracht. Diese Gebäude beherbergten auch das US Office of War Information (US Büro für Kriegsinformation), das eine, wenn auch schmale, Legalitätsbasis bot, denn in europäischen Lexika heißt Information dasselbe wie Spionage. Jedoch verschaffte dieses Etikett dem Stab des OSS die lebensnotwendige diplomatische Immunität.

Als Dulles ankam, bestand sein Stab nur aus zwei Leuten. Da die Schweizer Grenzen nun gesperrt waren, hätte ein sehr unangenehmer Personalmangel eintreten können, aber Allen Dulles war nicht kleinzukriegen. Er fand geeignete Leute auch an anderen Stellen: Im Botschaftsstab und unter den amerikanischen Bürgern, die in der Schweiz lebten. Sie konnten gebeten, geborgt und dazu gedrängt werden Dienste zu leisten, es ging nur darum zu wissen, wie man die Leute einsetzen konnte und Dulles wußte das.

Unter den Auslandsamerikanern, die für Allen Dulles tätig wurden, war eine Frau namens Mary Bancroft. Sie hatte als freie Journalistin gearbeitet als Dulles sie aufforderte, für seine Berichte, die er fast allnächtlich nach Washington per Radiotelephon durchgab, die deutschen Zeitungen zu analysieren. Ausländische Zeitungen zu verarbeiten, war das geringste von Mary Bancrofts Talenten.

Die Tochter des Herausgebers des „Wall Street Journal" war eine glühende Demokratin und Liberale. Mary Bancroft war in einer gesunden, sportlichen Art anziehend, eine Frau mit lebhaften Meinungen, die auszudrücken sie kaum jemals zögerte.

Während sie in Zürich lebte, war Mary von dem schweizer Tiefenpsychologen Carl Gustav Jung tief beeindruckt.

Bald nachdem sie angeworben war, begann Mary Bancroft allwöchentlich zwischen ihrer Züricher Wohnung und dem Appartement von Dulles in Bern hin und herzureisen. Sie besaß ausgedehnte Beziehungen im ganzen Land und wurde auch allmählich durch die Analyse der Zeitungen von Dulles dazu gebracht, ihn mit nützlichen Leuten zusammen zu bringen und unnütze zu vermeiden. Dulles entdeckte in Mary Bancroft eine Frau, die mit unerschütterlichem Instinkt ein intuitives Skalpell führte, um den Charakter einer Person herauszuschälen.

Eines Nachts, nach einem Abendessen in seinem Appartement, blickte Dulles Mary Bancroft mit dem blauäugigen Charme eines presbyterianischen Pfarrers an und sagte: „Im Gegensatz zur allgemeinen Ansicht glaube ich, daß Sie den Mund halten können." Bis dahin hatte Mary Bancroft niemals in ihrem Leben ein Geheimnis bewahrt. Sie hatte, seit sie ein Kind war, gewohnheitsmäßig alles ausgeplaudert, was sie nur wußte. Sie protestierte daher gegen Dulles Meinung, die sie als absurd bezeichnete, aber hörte ihm doch weiter zu.

Dulles hatte eine Aufgabe, die durchgeführt werden mußte und es gab niemand anderen, der das konnte. Wenn sie den

Mund nicht halten könne, so „werden fünftausend Menschen sterben“ warnte Dulles. Dieses Argument berührte sie, denn sie war zutiefst Moralistin. „Sie werden bald einen Anruf bekommen“, sagte Dulles in der besten Manier eines Spions, „von einem gewissen Dr. Bernhard.“

Der Mann, der diesen Namen im Umgang mit Mary Bancroft benützen sollte, war Hans Bernd Gisevius, Agent der „Abwehr“, des deutschen militärischen Geheimdienstes. Er hatte einen Posten am deutschen Konsulat in Zürich, als Vizekonsul getarnt. Der Fall Gisevius war typisch für die internen Konflikte in der Abwehr: Treue zu Deutschland stand im Widerspruch zu der Ablehnung seiner derzeitigen Führer. In diesem Konflikt standen Mitglieder der Abwehr bis zur höchsten Spitze dieser Organisation, einschließlich ihres geheimnisvollen Chefs, des Admirals Wilhelm Canaris.

Eine Richtung innerhalb der alliierten Geheimdienste glaubte, daß Canaris Antinazi sei und daher eine wertvolle Verbindung für die Führung von Friedensgesprächen darstelle. Es gab Spekulationen, daß Canaris schon vor längerer Zeit von den Engländern kontaktiert worden sei und zwar durch Juan March, einen einflußreichen spanischen Juden, den Canaris durch seine lange Beschäftigung mit Spanien kannte. March berichtete, daß die Ablehnung Hitlers bei Canaris offensichtlich schon vor dem Krieg entstanden sei. Andere aber sahen wieder in Canaris die Quintessenz des Intriganten, dessen kaltes Herz schließlich und endlich doch für das Dritte Reich schlüge.

Einige Monate zuvor, und zwar im Februar 1943, war Hans Bernd Gisevius mit erstaunlichen Informationen zu Dulles gekommen und Dulles war sehr bemüht, diese neue Nachrichtenquelle am Fließen zu erhalten. Der Schlüssel dazu war ein Buch, das Gisevius schrieb, sein politisches Testament. Gisevius innigster Wunsch war, daß dieses Buch übersetzt werde, damit es sogleich bei Kriegsende englisch erscheinen könne, und Dulles versprach ihm einen Übersetzer. Mary Bancroft sollte dies tun und, während sie an dem Buch arbeitete, Gisevius aushorchen und Dulles alles berichten. Sie stimmte zu, hauptsächlich weil sie unfähig war Dulles etwas abzuschlagen, denn er faszinierte sie. Als Mensch mit ethischen Prinzipien war sie verblüfft darüber, wieso jemand im Beruf so unmoralisch und doch zugleich ein so guter Christ sein konnte.

Mary Bancroft erfuhr den wahren Namen des Dr. Bernhard erst viel später und ebenso, daß Gisevius zu Dulles gekommen war um ihm mitzuteilen, daß er einer Verschwörung zur Beseitigung Hitlers angehöre.

Im Juni 1943 rief „Dr. Bernhard“ Mary Bancroft an und vereinbarte mit ihr eine Verabredung für den selben Nachmittag. Sie öffnete einem etwa vierzig Jahre alten Mann, dessen Schultern buchstäblich die Tür verdunkelten. Dieser Hüne erschien ihr sogleich als ebenso preußisch wie professoral, aber zugleich irgendwie verletzlich. Jedenfalls war sie sofort fasziniert.

Hans Bernd Gisevius war ein Preuße, dessen Familie traditionell Staatsbeamte stellte, er hatte der Gestapo schon fast bei ihrer Gründung angehört, als sie als Geheimes Feldjägerkorps noch unter dem Befehl Hermann Görings stand. Gisevius wurde in der Gestapo als anmaßender junger Mann betrachtet, der rasch aufsteigen wollte und mit anderen Konkurrenten in der immer mächtiger werdenden Organisation der geheimen Polizei um die Macht rang. Für Gisevius jedoch waren dies desillusionierende Erlebnisse. Eines Tages fragte er einen Gestapokollegen: „Sagen Sie bitte, bin ich hier in einem Polizeiamt oder in einer Räuberhöhle?“

„Wir wagten es nicht, zehn oder zwanzig Meter weit durch die Halle zu gehen, um uns die Hände zu waschen,“ schrieb er später, „ohne einen Kollegen anzurufen und ihn davon zu informieren, daß wir die Absicht hatten, eine so gefährliche Expedition zu unternehmen ... Es war so üblich, daß Mitglieder der Gestapo einander verhafteten, daß wir solche Zwischenfälle kaum registrierten, es sei denn, daß wir einem etwas ausführlicheren Beispiel so einer Festnahme etwa im Spital oder in der Totenhalle begegneten.“ Gisevius war ganz offensichtlich unter diesen Intriganten fehl am Platz und wurde auch schon nach fünf Monaten im Zuge einer Säuberung hinausgeworfen, trat dann der Berliner Polizei bei, wurde aber auch dort wieder entlassen, weil er die SS kritisiert hatte. Schließlich wurde er als Mitglied der Abwehr nach Zürich versetzt.

Obwohl die Verbindung nur kurz gewesen war und viele Jahre zurücklag, konnte sich Gisevius doch niemals völlig vom Odium seiner früheren Zusammenarbeit mit der Gestapo reinigen. Dabei war er ein überzeugter Gegner des Nationalsozialismus und gehörte zu einer kleinen Gruppe von Deutschen, die mutig genug waren, für ihre Überzeugungen auch mit der Tat einzustehen. Schon 1939 hatte er versucht, mit den Engländern in der Schweiz in Kontakt zu kommen, und hatte auch kurz für sie als Nachrichtenquelle gearbeitet, aber schließlich ließ ihn der MI-6 fallen als einen Mann, der bestenfalls ein Opportunist war, seine eigenen Ziele verfolgte und im schlimmsten Fall ein Doppelagent sein konnte.

MI-6 war durch angeblich antinazistische Deutsche schon auf das Schwerste verwundet worden: Zwei Monate nach Kriegsbeginn, am 9. November 1939, waren bei Venlo an der deutsch-holländischen Grenze die beiden höchsten MI-6 Offiziere auf dem Kontinent, Major S. Payne-Best und Captain R. Henry Stevens, zu einem Zusammentreffen mit angeblichen Hitlergegnern in der Wehrmacht gelockt und entführt worden.

Seither reagierten die Engländer nur kühl auf angebliche Gegner des NS-Regimes in Deutschland und Gisevius war geradezu die Personifizierung ihrer Skepsis. Politisch war er ein Mann der Rechten, der die Schuld am Aufstieg Hitlers den Liberalen und Kommunisten der Weimarer Republik gab. Die Engländer betrachteten Antinazi-Generale und Leute wie Gisevius lediglich als Rivalen Hitlers im Machtkampf um Deutschland; hatten sie Erfolg, so würde nur die Kriegslust der deutschen Offiziersklasse gegen jene der Nazis ausgetauscht und der Krieg weitergehen. Die Engländer mußten auch das Mißvergnügen ihrer sowjetischen Alliierten bedenken, sollten diese herausfinden, daß sie mit deutschen Militaristen paktierten.

Gisevius seinerseits fand die Engländer bedrückend engstirnig und kurzsichtig gegenüber der nutzbaren Atmosphäre von Unzufriedenheit in Deutschland. Die Amerikaner, so hoffte er, würden eher darauf eingehen. Sein erster Kontakt wurde durch Gero Schulze von Gaevernitz, einen aus Deutschland stammenden Amerikaner hergestellt, der damals die Geschäftsinteressen seiner Familie in der Schweiz wahrnahm.

Von Gaevernitz, Anfang vierzig, ein großer, eleganter Aristokrat, hatte schon lange amerikanische Beamte und antinazistische Deutsche zusammenbringen wollen. Zunächst wandte sich Gaevernitz an den Militärattaché der amerikanischen Botschaft, Brigadegeneral Barnwell Legge. Legge lehnte ab, da er der Meinung war, diese Art von Untergrundarbeit liege außerhalb seiner Kompetenz. Nachdem aber Allen Dulles angekommen war, schlug der General vor, dieser solle doch Gisevius treffen.

Bei ihrer ersten Zusammenkunft sagte Gisevius Dulles, daß die Verschwörung, deren Teilnehmer er war die Absicht habe, Hitler zu stürzen und einen Separatfrieden mit den westlichen Alliierten zu schließen, um auf diese Weise eine sowjetische Eroberung von Ostdeutschland zu verhindern.

Die Hoffnung, die Alliierten voneinander zu trennen, hatte natürlich keinerlei Aussichten, das wußte Dulles nur zu gut. Knapp einen Monat zuvor, im Januar 1943 hatten Roosevelt und Churchill in Casablanca erklärt, daß die bedingungslose Kapitulation die einzige Bedingung für die Einstellung der Kämpfe sei, aber der Besuch von Gisevius lehrte Dulles doch, wie stark in gewissen wichtigen Kreisen des Reiches die antinazistischen Gefühle waren. Danach wurde Gisevius auf dem Wege über Allen Dulles das wichtigste Verbindungsglied zwischen den deutschen Verschwörern und den Vereinigten Staaten.

Bei einem seiner ersten Treffen mit Dulles brachte Gisevius als Demonstration seines guten Willens ein ganzes Paket Geheimtelegramme der amerikanischen Botschaft in Bern mit, die die Deutschen abgefangen und entziffert hatten; der geknackte Code war auch von Dulles gelegentlich verwendet worden.

General Legge beschäftigte einen Schweizer im Büro, vor dem die Schweizer Polizei ihn gewarnt hatte, er sei Mitglied der verbotenen Schweizer Nationalsozialistischen Partei. Legge, offensichtlich ein Mann von ungeheurem Vertrauen, hatte ihn daraufhin zum Hausmeister degradiert. Der Hausmeister leerte den Papierkorb Legges im Büro eines deutschen Geheimagenten in Bern, ein Dienst, der im weiteren den Deutschen die Möglichkeit bot, den Code des State Departments zu entschlüsseln.

Gisevius wollte Dulles gerne einen Gefallen tun, denn für ihn bedeutete der Amerikaner eine Art von Erlösung, war er doch auf das Traurigste gewöhnt, von einer Wolke von Mißtrauen umgeben zu sein. Endlich schien er das Vertrauen eines Mannes gewonnen zu haben. Er beschrieb Dulles als „der erste Geheimdienstoffizier der den Mut besaß, seine Aktivitäten auch auf die politischen Aspekte des Krieges auszudehnen ... Jedermann atmete auf. Endlich war ein Mann gefunden, mit dem es möglich war, den so widersprüchlichen Komplex der Probleme, die das Resultat von Hitlers Krieg waren, zu diskutieren."

Auch Dulles schätzte Gisevius und sagte einem Freund: „Ich habe in meinem Leben allerlei Leute kennengelernt, aber das ist wirklich ein außergewöhnlicher Mensch. Ich habe kaum je jemanden seiner Art getroffen. In meinem Büro türmen sich die Warnungen, er sei Doppelagent, aber das stört mich nicht." Gisevius zeigte auch kein Interesse an Geld, was Dulles sehr beeindruckt vermerkte. Seine Leidenschaft war sein Buch und das war der Punkt, wo Mary Bancroft ins Spiel kam.

Diese hatte ihr Versprechen, die Geschichte mit Hans Bernd Gisevius geheim zu halten, nahezu sofort gebrochen. Aber es war ihr einziger Vertrauensbruch und ein für ihre Mission psychologisch notwendiger: Sie vertraute sich Dr. Jung an. Auch der Psychoanalytiker bekundete den Glauben, daß sie ein Geheimnis bewahren könne. Dann sagte er etwas, worüber sie noch lange nachdachte: „Erst nachdem man ein Geheimnis zu bewahren hatte, kann man die wahren Umrisse seiner selbst erkennen."

Natürlich faszinierte es Mary Bancroft, um eine Verschwörung zur Ermordung Hitlers zu wissen, und daß der Mann, mit dem sie arbeitete, dieser Verschwörung angehörte. Bei seinem ersten Besuch brachte Gisevius 1400 Seiten seines Manuskriptes mit, ein Anblick, der fast so überwältigend war wie der Mann selbst. Nicht nur war Hans Gisevius groß, sondern er war auch noch außerordentlich kurzsichtig, weshalb er sich über die Leute zu beugen und sie aus dicken Brillengläsern intensiv anzustarren pflegte, womit er noch seine außerordentliche Erscheinung unterstrich. Er sah so schlecht, daß er weder Autofahren, noch Maschienenschreiben oder in der Wehrmacht dienen konnte.

Mary Bancroft fand die Übersetzung sehr anstrengend. Gisevius drückte sich in einem abstrusen Hochdeutsch aus, das mehr der Entzifferung als der Übersetzung bedurfte. Dennoch, die beiden Persönlichkeiten, der ungeduldige, in sich selbst versponnene Deutsche und die offene und freie Amerikanerin, verstanden einander. Seine Kurzsichtigkeit verlieh ihm, wie sie feststellen konnte, die Intuition eines Blinden, eine Kraft, die sie schätzte und teilte. Ihre Beziehungen führten sehr bald zu einem intensiven Gedankenaustausch, zu endlosen philosophischen Diskussionen, gemischt mit Verzweiflung und Szenen.

Sie rangen gewaltig miteinander, und Mary Bancroft gelang es sogar, eine tief verborgene Ader von Humor bei Gisevius auszugraben, die andere kaum je entdeckten. Gisevius nannte sie „Stuka“, nach den bekannten und gefürchteten deutschen Sturzkampfbombern.

Sie stellte Gisevius direkt die Frage, die so viele, die ihn kannten, bedrückte: Was hatte er eigentlich bei der Gestapo zu suchen gehabt? Er erklärte offen, daß es ihm darum gegangen sei, die Kontrolle seiner Abteilung zu bekommen und bekannte auch, daß er ein Narr gewesen sei, zu glauben, daß er jemals Leute wie Heydrich oder Himmler hätte schlagen können.

Im Laufe der Zeit fand sie sich damit ab, daß Gisevius ein hoffnungsloser „Rechter“, aber ein ehrlicher Christ war und niemals echter Nazi sein, oder auch nur Erfolg bei der Gestapo hätte haben können.

Obwohl sie für diesen schwerfälligen, komplexen Mann ein starkes Gefühl entwickelte, arbeitete sie doch weiter für Dulles. Nach ihren Zusammenkünften mit Gisevius fuhr sie pflichtgemäß regelmäßig nach Bern. Nach der ersten Sitzung mit Gisevius hatte Dulles sie eiligst kommen lassen, um über ihre Gespräche mit dem Deutschen zu berichten. Als sie fortging, sagte Dulles: „Aber Sie haben mir nicht gesagt, was Sie über ihn denken!“

„Ich glaube nicht, daß er irgend etwas tun würde, das sie nicht tun würden.“

„Nun,“ antwortete Dulles, „ich weiß nicht, ob das gar so gut ist.“ Mit der Zeit war Mary Bancroft sich bewußt geworden, daß es eine ganz außerordentliche Verbindung zwischen ihr und Hans Gisevius gab. Sie erzählte Dr. Jung, wann immer sie wolle, daß Gisevius anriefe, müsse sie nur etwa zehn Minuten daran denken, bald darauf läute dann das Telefon und Gisevius sage: „Ich habe gerade Deine Botschaft bekommen. Was gibt's?“ Sie hatte dieses

Phänomen auch Dulles beschrieben, der sie darauf als verrückt bezeichnete. Als sie jedoch meinte, daß Jung sehr beeindruckt durch diese Erfahrung sei, zeigte sich Dulles sehr irritiert und warnte sie, mit diesem Unsinn aufzuhören: „Ich will nicht als Fußnote zu einem Fall von Jung in die Geschichte eingehen!“

Jung hatte ihr von Anfang an prophezeit, daß sie mit Gisevius eine außergewöhnliche Erfahrung machen werde, weil sie psychologisch zueinander paßten. Aber er warnte sie: Um Gisevius am Sprechen zu halten, dürfe sie ihn niemals direkt nach harten Tatsachen fragen. Ein solcher Versuch würde seine Mentalität sogleich auf eine niedere Ebene von Sensibilität umschalten und sie würden alle Früchte ihrer offenen, ungehemmten Beziehungen verlieren.

Als Gisevius erfuhr, daß Mary Bancroft mit Jung bekannt sei, wollte auch er den berühmten Mann kennenlernen. Gisevius war außerordentlich beeindruckt gewesen von dem „Wotan“-Artikel, den Jung 1936 geschrieben und in dem er Deutschland eine Diagnose gestellt hatte, wonach es an einem Ausbruch dämonischer Kräfte des Unterbewußten, personifiziert in Hitler, leide. Diese Auffassung entsprach sehr weitgehend Gisevius’ eigener Erklärung des Wahnsinns, der seine Heimat erfaßt hatte.

Dadurch, daß Mary Bancroft über ihre Arbeit mit Jung sprach fand sie heraus, daß sogar der berühmte Professor nur zu gerne Spion spielte. Er fragte Mary, ob sie auch gehört habe, daß er angeblich regelmäßig ins Führerhauptquartier fliege, um Hitler zu beraten. Dieses Gerücht, so glaubte Jung, war durch den berühmten Berliner Arzt Dr. Ernst Ferdinand Sauerbruch entstanden, der Hitler behandelte und den Jung verschiedene Male in der Schweiz getroffen hatte.

Dann gab Jung Informationen aus einer „üblicherweise verläßlichen Quelle“, daß Hitler, der oft gegen den „Säufer Churchill“ loszog, selbst zum Trinker geworden sei. Er fragte sie, ob sie dafür irgend eine Bestätigung habe, wenn ja, so meinte er, wäre das psychologisch außerordentlich aufschlußreich.

Zu den Leuten, die Dulles innerhalb von 48 Stunden nach seiner Ankunft in der Schweiz kontaktiert hatte, gehörte auch ein früherer österreichischer Anwalt namens Kurt Grimm. In den dreißiger Jahren war Grimm's Anwaltbüro die Wiener Korrespondenzkanzlei der New Yorker Firma der Brüder Dulles gewesen. Die beiden hatten einander kennengelernt, als Dulles geschäftlich in Europa zu tun hatte.

Dulles stellte sehr bald Grimm die wichtige Frage, ob der Österreicher bereit wäre, mit dem amerikanischen Nachrichtendienst zusammenzuarbeiten.

Schon lange vor der Ankunft von Dulles war Grimm eine hochgeschätzte Nachrichtenquelle der Engländer in der Schweiz geworden. Durch einen befreundeten Anwalt in Berlin besaß er Verbindungen zur Abwehr und hatte den Engländern eine recht gute Schätzung des Datums der deutschen Invasion in Jugoslawien gegeben. Durch seine finanziellen Kontakte erfuhr er auch lange vor der deutschen Invasion Rußlands, daß die Deutschen planten, in der Ukraine eine große Landmaschinenfabrik zu bauen.

Kurt Grimm hatte Österreich im Mai 1938 verlassen, überzeugt davon, daß der Krieg unvermeidlich sei und ebenso sicher, daß er ihn nicht auf der Seite der Nazis mitmachen wollte. Er brachte außerordentlich gute und weitreichende Kontakte in der Finanz, der Industrie und der Jurisprudenz mit und erhielt von der Schweizer Regierung eine Lizenz als Berater in internationalen Rechtsfragen. Auch stand er an der Spitze einer Vereinigung, die sich „Österreichisches Komitee für Flüchtlingshilfe“ nannte. Es war dieser Apparat, mit dessen Hilfe Kurt Grimm sein hauptsächlichstes Nebeninteresse betrieb, nämlich Spionage gegen das Dritte Reich. Kurt Grimm war ein Enddreißiger, behäbig, ernst, reich und geachtet. Wenn es ein Hauptquartier der antinazistischen Österreicher in der Schweiz gab, so war es Kurt Grimms seeseitiges Appartement im Hotel „Belle Rive au Lac“ in Zürich. Brauchten sie Geld, so verschaffte er es. Wurden sie von den Schweizern verhaftet, so bekam er sie wieder frei. Brauchten sie Papiere, Grimm konnte sie verschaffen. Sein Appartement mit drei separaten Eingängen war für dieses geheime Leben außerordentlich geeignet.

Nachdem er Dulles seinen Wert bewiesen hatte, kam Grimm nun auch mit seinen eigenen Problemen zu den Amerikanern.

Sein wichtigster Kontakt in der Abwehr, der Anwalt in Berlin, hatte Schwierigkeiten, seine häufigen Reisen in die Schweiz zu motivieren. Er brauchte irgend einen Knochen, um ihn den Deutschen hinzuwerfen. Dulles sagte, er werde sich mit dem State Department und dem War Department, also mit Außen- und Kriegsministerium, in Verbindung setzen und sehen, was er auftreiben könne.

Im Frühling 1943 informierte Grimm den deutschen Anwalt, daß er wichtige Informationen über den Bau amerikanischer Flugzeuge besitze. Der Mann kam in sein Appartement, begleitet von einem Abwehrbeamten, der Verbindungen zur deutschen Luftfahrtindustrie besaß. Grimm zog eine Liste mit Zahlen aus der Tasche, die Dulles ihm verschafft hatte. Es war eine Projektion der erwarteten Flugzeugproduktion der Vereinigten Staaten in den kommenden Jahren. Die Zahlen waren wenig mehr als Detaillierungen dessen, was Präsident Roosevelt in seiner Rede zur Lage der Nation vor etwa achtzehn Monaten versprochen hatte: 100000 Kampfflugzeuge und 125000 Maschinen insgesamt bis Ende 1943.

Der Abwehroffizier studierte die Zahlen und sagte: „Ich glaube das nicht." Grimm wandte sich an den mit ihm befreundeten Anwalt: „Sie wissen, daß Sie mir glauben können." Der Anwalt nickte. Das Gesicht des Abwehrmannes wurde hart: „Dann muß Deutschland den Krieg verlieren."

In einem Konzertsaal in Zürich erhob sich die Pianistin, als die Zuhörer in Applaus ausbrachen. Die Dame hatte ein Chopin-Programm mit technischer Brillanz und reicher Farbe gespielt. Auf der Bühne erschien Barbara Issakides groß und dunkel-königlich. Tatsächlich war sie eine Frau von nur durchschnittlicher Statur, aber eine außerordentliche Persönlichkeit. Sie hatte klassische, griechische Züge und einen unerwarteten Streifen weißen Haares in ihren schwarzen Locken, der ihre ohnhin schon auffallende Erscheinung noch unterstrich. Während die Zuhörerschaft den Konzertsaal verließ, verschwand Barbara Issakides in ihrer Garderobe und betrat bald danach Kurt Grimms Wohnung im Hotel „Belle Rive au Lac". Barbara Issakides war eine Wienerin Ende zwanzig, die Tochter eines wohlhabenden griechischen

Teppichhändlers, des Führers der Wiener griechischen Gemeinde. Sie interessierte sich ursprünglich kaum für Politik, war aber unter den Einfluß von zwei Männern geraten, die eines ihrer wenigen politischen Gefühle teilten, nämlich tiefste Verachtung der Nazis. Sie bildeten ein merkwürdiges Trio, eine Pianistin, ein Priester und ein Industrieller.

Der Priester war Heinrich Maier, ein vierzig Jahre alter Intellektueller, der Doktorate in Theologie und Jura besaß und dessen eher linke Haltung gar nicht mit der Politik seiner Kirche nach dem Anschluß Österreichs übereinstimmte. Maier hatte dunklen Teint und dunkle Haare, war ein warmherziger Mann, der von einer unermüdlichen Energie umgetrieben wurde, weshalb ihn manche seiner Freunde „Hans Dampf" nannten. Dr. Maier gehörte in Wien zu einer Widerstandsgruppe von vierzehn Personen, und wie andere in dieser Gruppe hatte er wiederum seinen eigenen Ring von „Subagenten", zu denen auch Barbara Issakides und Franz Josef Messner gehörten.

Messner war ein stattlicher, imposanter Mann von 48 Jahren, Generaldirektor der Semperitwerke, eines in der Hauptsache Autoreifen erzeugenden Konzerns mit Fabriken von der Weichsel bis zum Rhein. In Brixlegg in Tirol geboren, hatte er später die brasilianische Staatsbürgerschaft erworben. Seine Position in einer kriegswichtigen Industrie verschaffte ihm Zugang zu Schlüsselgeheimnissen der deutschen Kriegsproduktion und die Freiheit, für sein Semperitimperium frei umherzureisen. Er war ein glühender Gegner der Nazis und sehnte, auch durch politische Erwartungen für seine eigene Karriere motiviert, den Sturz des Regimes herbei.

Barbara Issakides fühlte sich von dem klugen Idealismus der beiden angezogen und hatte auch selbst Wertvolles beizutragen: Als schöne und berühmte Künstlerin wurde sie in der Wiener Gesellschaft sehr gefeiert und bei vielen offiziellen und privaten Gelegenheiten fand sie sich in der Gesellschaft prominenter Nationalsozialisten. Es ist eine Schwäche eitler und mächtiger Männer, daß sie gerne schöne Frauen zu beeindrucken suchen, so daß Barbara Issakides bei solchen Zusammentreffen viel erfuhr. Ihre Konzerttourneen boten ihr auch guten Vorwand zu reisen und so konnte sie alles, was sie selbst erfuhr und Nachrichten, die ihr Dr.

Messner und auch Dr. Maier mitgaben, an Kurt Grimm weiterreichen, der es seinerseits an Dulles leitete. Grimm stellte schließlich Barbara Issakides und Franz Josef Messner Dulles persönlich vor, als der Semperit-Generaldirektor gerade einen Besuch in der Schweiz machte.

Messner trug zu dem Mosaik an Nachrichten bei, die zu einem der entscheidendsten Angriffe in diesem Krieg führten. Als am 17. August 1943 600 britische Bomber der deutschen geheimen V-Waffenfabrik in Peenemünde an der Ostsee einen schweren Schlag versetzten, wurden sie teilweise durch Informationen gelenkt, die Dulles von Gisevius, Messner und einem deutschen Geschäftsmann namens Kraus erhalten hatte.

Gisevius hatte schon im Mai 1943 Dulles davon informiert, daß die Deutschen dabei seien, eine Raketenwaffe zu entwickeln, und Messner hatte Dulles weitere Informationen über Geschwindigkeit und Zerstörungskraft dieser „V-2" Raketen besorgt. Dr. Kraus, Generaldirektor von Siemens in Österreich und, ebenfalls von Grimm rekrutiert, berichtete, daß seine Firma Teile für ein streng geheimes Projekt nach der Ostsee-Halbinsel Peenemünde liefere.

Hitler hatte vorausgesagt, daß mit den V-Waffen „London bis Ende 1943 dem Erdboden gleichgemacht" und daß England zu „kapitulieren gezwungen" sein werde.

Britische Darstellungen haben die Tendenz, den Beitrag, den Dulles und seine Leute für den Schlag auf Peenemünde geleistet haben, entweder zu verringern oder überhaupt zu übersehen; amerikanische Berichte übertreiben ihn vielleicht. Die wesentliche Tatsache ist, daß der Angriff insofern Erfolg hatte, als er die Entwicklung dieser Waffen, die 180000 Engländer im Monat töten sollten, entscheidend hinauszögerte. Die erste „V-1" explodierte in England am 13. Juni 1944, zu spät um die Invasion der Normanie zu verhindern oder die britische Bevölkerung zu dezimieren.

Franz Josef Messner sorgte auch für andere, kostbare Nachrichten für das strategische Bombardement. Er und sein Ring lieferten die ersten Informationen über synthetische Gummiproduktion im Deutschen Reich. Der Ring gab dem OSS bekannt, daß der große Komplex der Messerschmidt-Flugzeugwerke bei

Wiener Neustadt in Österreich auf die Orte Ebreichsdorf, Pottendorf und Bad Vöslau aufgeteilt worden sei, eine Nachricht, die dann später von den Bombern der 15. Airforce ausgenützt wurde. Durch eine Semperit-Fabrik in Polen konnte Messner auch dem OSS Bern sehr früh die Existenz eines riesigen Ausrottungslagers bei Auschwitz bestätigen.

Die Schweiz war aber nicht das einzige Ventil für diesen Ring, er besaß auch Kontakte zum OSS Türkei in Istanbul. Dulles allerdings warnte Messner und Barbara Issakides, gegenüber seinen Istanbuler Kollegen vorsichtig zu sein. Sein Rat erwies sich zwar als richtig, aber leider auch als verspätet.

Ebenso wie Bern war auch Istanbul ein wahrer Dschungel der Geheimdienste; durch die sieben Hügel der alten Stadt floß ein ständiger Strom von Flüchtlingen, Geschäftsleuten und Beamten. Siebzehn ausländische Geheimdienste konkurrierten dort miteinander und der am entschieden unfähigste scheint der amerikanische gewesen zu sein.

Die Kontakte, die OSS-Istanbul besaß, wurden von einem arroganten und geschwätzigen tschechischen Ingenieur monopolisiert, dessen Code-Name *Dogwood* war. Er war vom englischen Geheimdienst an den OSS weitergegeben worden, der wohl mehr Skepsis hätte aufbringen sollen.

Er besaß Verbindungen zu verschiedenen Leuten, manche davon durchaus brauchbar, andere völlig unbrauchbar. Aber *Dogwood* weigerte sich, dem OSS Istanbul mitzuteilen, wer seine Kontakte waren. Diese Weigerung verhinderte, daß Gegenspionagebeamte des OSS den Wert der Mitglieder des Netzes von *Dogwood* kontrollieren, beziehungsweise einschätzen konnten, ob seine Informationen gut, schlecht oder gar gefälscht waren.

Der Chef von OSS Istanbul entschloß sich aber das Monopol, das *Dogwood* über seine Nachrichtenquellen ausübte, nicht anzutasten. Auf diese Weise wurden alle Kontakte zum OSS-Istanbul über *Dogwood* geleitet, einschließlich Franz Josef Messner, der gelegentlich in Geschäften für Semperit nach Istanbul kam und an *Dogwood* wertvolle Industrieinformationen über Ziele in Polen, Ungarn und im übrigen Europa weitergeben konnte.

1943 kontaktierte ein Ungar, von dem man wußte, daß er ein Geheimdienstagent seines Landes war *Dogwood,* und schlug eine Zusammenarbeit vor. Entweder aus Arroganz oder Unwissen nahm *Dogwood* an, daß er diesen Mann lenken könne und mehr bekommen werde, als er geben müsse. Was er bekam, ist unklar, was er gab, war ein recht genaues Wissen über alle österreichischen und ungarischen Agenten, die mit dem OSS über Istanbul zusammenarbeiteten. Am 19. März 1944 besetzten deutsche Truppen Ungarn, deutsche Geheimdienstbeamte erbten die Geheimakten der Ungarn und konnten so eine ganze Reihe Österreicher und Ungarn, die mit dem OSS zusammenarbeiteten identifizieren. Innerhalb von zwölf Tagen wurden Franz Josef Messner, Dr. Heinrich Maier und Barbara Issakides von der Gestapo in Wien verhaftet.

Gisevius hielt Dulles weiter auf dem Laufenden über das Wachsen der Verschwörung im Reich. Hatten die Verschwörer zunächst Hitler nur stürzen wollen, so waren sie nun entschlossen ihn zu töten. Gisevius sollte durch seine Kontakte in der Schweiz die Unterstützung der Alliierten für die politischen Ziele der Verschwörer zu gewinnen suchen. Wichtigstes Ziel blieb immer wieder die verzweifelte Hoffnung, einen Separatfrieden mit den westlichen Mächten schließen zu können.

Dulles wurde mitgeteilt, die Ermordung Hitlers sei für den 13. März 1943 festgesetzt. Der Tag kam und ging, ohne daß etwas geschah, die Verschwörer aber blieben unermüdlich am Werk und suchten weiter die Unterstützung der Allierten zu gewinnen. Dulles übermittelte ihnen durch Gisevius die Nachricht, daß die Haltung Washingtons unveränderlich sei, es könne keinerlei offene Unterstützung geben. Wenn „gute Deutsche“ den Griff, in dem der Nationalsozialismus ihr Vaterland hielten, brechen wollten, dann müßten sie den ersten Schlag gegen Hitler selbst führen; unter keinen Umständen würde Amerika seinem russischen Verbündeten durch einen Separatfrieden die Treue brechen.

Im April 1943 verhaftete die Gestapo verschiedene Führer des Widerstands, der Schatten des Verdachtes fiel nun auch auf Hans Gisevius. Die Gestapo übte Druck aus, um seine Rückkehr nach

Deutschland durchzusetzen, aber er widerstand erfolgreich, allerdings konnte er nicht mehr als direkter Kurier zwischen den Verschwörern in Deutschland und den Alliierten fungieren. Er verließ sich nun auf Eduard Waetjen, auch er Rechtsanwalt, Abwehragent und Vizekonsul am Züricher deutschen Konsulat, dessen Mutter Amerikanerin war und, der nun diese Aufgabe übernahm.

Nach ihrem Treffen im Juni 1943 arbeitete Mary Bancroft für nahezu über ein Jahr mit Gisevius an dessen Manuskript. Gisevius hatte ihr anvertraut, daß er nach Deutschland zurückkehren wolle, wenn das Signal für den Schlag gegen Hitler gegeben werde. Sie glaubte ihm nicht, da sie wußte, daß die Gestapo ihn in Verdacht hatte und dachte nicht, daß Gisevius sein Leben nur für eine Geste wegwerfen würde. Außerdem hielt sie das Ganze für recht sinnlos. Sie hatte nun ein Jahr hindurch die Fehler und Rückschläge der Verschwörer beobachtet und war überzeugt, daß alle ihre Pläne zu nichts führen würden.

Im April 1944, vierzehn Monate nach seinem ersten Treffen mit Gisevius, berichtete Dulles nach Washington die letzten Absichten der Verschwörer: „Die Gruppe ist bereit loszuschlagen, wenn sie nur von den Westmächten einige Zusicherungen erhält, daß sie nach der Entfernung der Nazis in direkte Verhandlungen mit den Angelsachsen eintreten könne ... Das hauptsächliche Motiv ihrer Aktion ist der glühende Wunsch Mitteleuropa davor zu bewahren, ideologisch und tatsächlich unter die Kontrolle Rußlands zu geraten."

Anfang Mai 1944 meldete Gisevius den jüngsten Plan aus Berlin an Dulles: Die Strategie der Verschwörer war kühn aber nicht unmöglich; starke deutsche Armeen sollten die Russen an der Ostfront aufhalten, während der Weg für die Landung dreier alliierter Luftlandedivisionen in der Nähe von Berlin geöffnet und mit anderen Landungen bei Bremerhaven und Hamburg koordiniert werden sollte. Antinazistische Truppen würden unterdessen Hitler und seine Leibgarde in seinem Felsennest bei Berchtesgaden isolieren. Entscheidend für diesen Plan war die Neutralisierung der deutschen Armeen, die damals bereitstanden, um die erwartete Invasion in Frankreich zurückzuschlagen. Dies war das fehlende Glied in einer ansonsten sehr kunstvoll entworfenen Strategie. Feldmarschall Erwin Rommel, der Verteidiger der französischen Küste, war zu diesem Zeitpunkt Hitler gegenüber noch loyal.

Im Juni sagte Gisevius zu Dulles, daß nun ein anderes Datum für den Versuch, Hitler zu töten, festgelegt worden sei. Dulles hielt Washington informiert und berichtete am 12. Juli: „Dramatische Entwicklungen stehen im Norden bevor". Falls die Verschwörung Erfolg haben sollte, kämen die besten deutschen Divisionen wahrscheinlich an die Rußlandfront, während sich im Westen ein geordneter Rückzug abspielen würde.

Gisevius' Informationen hinkten in diesem Punkt etwas hinter den Entschlüssen der Verschwörer her, denn die Führer der Widerstandsgruppe in Berlin hatten bereits beschlossen, daß, sobald Hitler getötet sei, sie vor den Russen wie vor den Alliierten bedingungslos kapitulieren wollten.

Am selben Tag, an dem Washington diese letzte Meldung von Dulles erhalten hatte, war Gisevius heimlich nach Berlin zurückgekehrt. Obwohl er auf der Suchliste Himmlers stand besaß er immer noch mächtige Beschützer, wie den Grafen Wolf Heinrich von Helldorf, den Polizeipräsidenten von Berlin, und Arthur Nebe, den Chef des Reichskriminalamtes, beides Mitverschwörer. Gisevius mußte sich nur im Keller des Hauses eines Freundes in der Nürnbergerstraße 31 bis zum entscheidenden Tag, dem 20. Juli 1944, verborgen halten.

Mary Bancroft hatte ein kleines Haus im Tessin gemietet, wo sie mit ihrer Tochter wohnte; sie war mit den Nerven völlig fertig, denn das Jahr mit Gisevius war emotionell höchst aufreibend gewesen, gleichzeitig hatte sie Schwierigkeiten mit ihrer Ehe. An diesem Abend hörte sie, wie das Schweizer Radio seine programmgemäßen Sendungen unterbrach um anzukündigen, daß ein Attentat auf Hitler unternommen worden sei. Dieser Nachricht folgte kurze Zeit später eine Meldung, wonach der Versuch fehlgeschlagen war.

Zunächst hatte sie nicht geglaubt, daß Gisevius nach Deutschland zurückkehren würde, aber nun hatte er es doch getan. In den Wochen, die dem Anschlag folgten, trafen in der Schweiz immer mehr Nachrichten über den Orkan der Rache der Nazis gegen die Verschwörer ein und sie zweifelte, daß Gisevius überleben würde.

Hans Gisevius wurde ein Exemplar einer rasch aussterbenden Sorte von Deutschen: Verschwörer, die zumindest momentan noch am Leben waren. Als bekannt wurde, daß Hitler der Bombenxplosion in Rastenburg entgangen war, marschierten hitlertreue Truppen in Berlin gegen die Verschwörer im Hauptquartier der Wehrmacht in der Bendlerstraße. Gisevius war vorher in diesem Gebäude gewesen, hatte zusammen mit anderen Verschwörern auf Nachricht aus Rastenburg gewartet und das Hauptquartier verlassen kurz bevor es umzingelt wurde. Nahezu alle Verschwörer, die in dem Gebäude waren, starben bevor noch der Tag um war; die übrigen bald danach.

Gisevius erster Impuls war, mit der Eisenbahn aus der Stadt zu flüchten, aber am Bahnhof traf er auf einen dreifachen Sicherheitsring. Die Gestapo suchte bereits nach Verrätern, die Wehrmachtstreifen suchten nach Fahnenflüchtigen und die Kriminalpolizei suchte nach Zwangsarbeitern und entlaufenen Kriegsgefangenen. Freunde fuhren nun Gisevius im Auto auf das Land, um für ihn einen Zufluchtsort zu suchen. Er war entsetzt von den Nebenwirkungen der alliierten Luftangriffe. Die Dörfer im Umkreis von 100 km um Berlin hatten Bombenflüchtlinge aufgenommen, alle Bürgermeister und Polizisten hatten Befehl, jeden nicht identifizierten Neuankömmling sofort zu melden. Gisevius kam zu dem Schluß, daß das sicherste Versteck in der Höhle des Löwen selbst sei und kehrte nach Berlin zurück, wo eine Freundin namens Gerda sich seiner annahm.

Einige Tage nach dem Scheitern der Verschwörung gelang es Gisevius, durch einen Kurier Dulles eine Botschaft zukommen zu lassen. Er hoffte immer noch, daß etwas zu retten sei und schrieb: „Jetzt müssen die Alliierten nur hart zuschlagen und der ganze deutsche Bau wird zusammenbrechen.“ Dulles erhielt diese Botschaft erst drei Wochen später, am 17. August, als sie bereits hoffnungslos überholt schien; trotzdem war Dulles der Meinung, daß trotz des Zusammenbruches der Verschwörung bei den Alliierten eine ungerechtfertigte Überschätzung des deutschen Kampfwillens herrsche.

Im September traf sich Dulles mit General Donovan in Frankreich und drängte ihn zu neuen Initiativen, um das noch immer vorhandene Reservoir von Hitlergegnern zu nutzen. Er meinte, daß nun nach den überraschenden militärischen Erfolgen der Alliierten der Augenblick da sei um Generale, die Gegner Hitlers waren, zur Kapitulation zu überreden. Der Augenblick sei reif, so Dulles, um einen Keil zwischen die Offiziere der alten Schule und die fanatischen SS-Führer zu treiben.

Dulles sandte einen Vertreter zu General Omar Bradley und ebenso zu alliierten Stellen in London mit der Forderung, zu erwägen, kriegsgefangene deutsche Generale als Verbindung zu ihren Kameraden, die noch im Westen kämpften, einzusetzen. Der Plan wurde von Bradley begrüßt und machte auch allmähliche Fortschritte, als drei Monate später von Rundstedt die Ardennen-Offensive startete; danach wurde er fallengelassen. Die Offensive selbst schien zu beweisen, daß innerhalb der deutschen Wehrmacht Fanatiker vom Schlage der SS den Generalen der Junkerklasse den Rang abgelaufen hatten. Zu jenem Zeitpunkt hatten Generäle, die sich vielleicht überlegt hätten zu kapitulieren, wie Rommel, Kluge, Schwerin und Stülpnagel entweder Selbstmord begangen, waren getötet worden, oder man hatte sie als unzuverlässig ihrer Posten enthoben; fanatische Anhänger Hitlers führten nun die deutsche Kriegsmaschine. Eine Möglichkeit, den Krieg entscheidend zu verkürzen, hatten die Alliierten sich entgehen lassen.

Dulles war zu seinen Verhandlungen mit der deutschen Widerstandsbewegung von Washington aus nie ermutigt worden, er nahm an, daß das größte Hindernis die Angst Präsident Roosevelts war, die Reinheit der bedingungslosen Kapitulation zu beflecken. Aber Dulles wußte nie ganz genau, warum man Druck auf ihn ausübte, seine Kontakte mit den Verschwörern abzubremsen. Er war einmal der Meinung, daß diese Reaktion aus dem Respekt Präsident Roosevelts für die Meinung von Marschall Foch, des alliierten Oberbefehlshaber im I. Weltkrieg, entstanden sei. Laut Dulles habe Foch offenbar einmal Roosevelt gesagt, daß, hätte man den Krieg auf deutschen Boden ausgetragen, die Deutschen niemals wieder gewagt hätten, einen neuen Krieg anzufangen.

Obgleich man nichts über das Schicksal von Hans Bernd Gisevius wußte, besaß Allen Dulles immer noch eine Verbindung mit Deutschland, vielleicht war sie sogar die beste, Fritz Kolbe.

Joachim von Ribbentrop fand Karl Ritter unersetzlich. Ritter, ein grober, kraftvoller Charakter, war vom deutschen Außenminister für eine Aufgabe ausgesucht worden, für die nur wenige seiner Diplomaten die Nerven besaßen, nämlich um sich den Generälen gegenüber zu behaupten. Ritter diente als Ribbentrops Verbindungsmann zum OKW. Er gehörte zu einer Handvoll Mitarbeiter mit direktem Zugang und auch mit Einfluß auf den verdrießlichen und arroganten Ribbentrop.

Dieses Privileg war keineswegs besonders angenehm. Wann immer sich Ribbentrop mit Hitler zerstritt, fiel er in Verzweiflung und legt sich Tage hindurch ins Bett. Wenn er dann wieder erschien, ließ er seinen Ärger an seinen Untergebenen aus und da war Ritter ein willkommener Blitzableiter.

In das Büro Karl Ritters kamen sämtliche wichtige Telegramme der deutschen diplomatischen Vertretungen in der ganzen Welt, besonders Angelegenheiten, die sich mit militärischen Fragen befaßten, Armeeplänen, U-Boot-Kriegführung, Luftwaffenoperationen und Entwicklungen in den besetzten Gebieten. Diese Telegramme zählten oft bis zu hundert am Tag.

Um in diese Masse Ordnung zu bringen und das wesentliche herauszufischen, verwendete Ritter einen Assistenten, Fritz Kolbe, einen perfekten Bürokraten, klein, grau und fähig. Kolbe hatte schon früh am Morgen zu erscheinen, noch vor dem Rest des Stabes, und zu entscheiden, welches der ankommenden Telegramme Ritters Aufmerksamkeit verdiente. Es war eine Vertrauensstellung, aber keineswegs eine bedeutende für einen Mann, der immerhin schon nahezu zwanzig Jahre im diplomatischen Dienst verbracht hatte.

Kolbe hatte sich jedoch aus recht bescheidenen Anfängen emporgearbeitet. Er wurde 1900 als Sohn eines Sattlers geboren, war ursprünglich Beamter der Staatseisenbahnen und dort durch besonderen Fleiß Deutschlands jüngster Stationsvorsteher geworden. Im Alter von 25 Jahren gab Kolbe die vielversprechende Eisenbahnkarriere auf, um sich in die höheren Regionen der

Diplomatie zu begeben. Er absolvierte Abendschulen, ging auf die Universität und bestand schließlich auch die Aufnahmeprüfung in den Auswärtigen Dienst. Im Laufe der Jahre und in einer Folge von Auslandsposten verdiente sich Kolbe den Ruf eines fähigen Sonderlings, voll geschäftiger Energie und absolut verläßlich. Abteilungsleiter, die den idealen Untergebenen suchten, fanden in ihm stets den richten Mann, nämlich jenen, der alle unangenehmen Geschäfte, denen sie in ihrer Karriere begegneten, übernahm.

Für eine Bürokraten konnte Fritz Kolbe erstaunlich offen sein, so hatte er einmal Mussolini in Gegenwart eines Parteifunktionärs ein Schwein genannt und sich geweigert, es zurückzunehmen, obwohl man ihn auf das strengste verwarnte. Offenheit wurde als ein Teil seiner Exzentrizität toleriert, so zum Beispiel auch seine Weigerung, der NSDAP beizutreten. All dies wurde geduldet, weil Kolbe ansonsten den Mund hielt, seine Arbeit tat und zwar gut.

Was er seinen Kollegen im Außenamt niemals enthüllte, war sein glühender Haß gegen den Nationalsozialismus. Kolbe hatte kurze Zeit mit Antinazigruppen in Berlin Kontakt gehabt, aber die Leute, die er da traf, hoffnungslos unfähig gefunden. Mit Bedauern, denn er war ein glühender Patriot, war er zu dem Schluß gekommen, daß die einzige Hoffnung seines Landes in der Niederlage bestand. Dazu einen Beitrag zu leisten, wurde für ihn mehr und mehr zu einer Art Besessenheit.

Kolbe machte eine Erfahrung, die unter jenen, die dem Regime Widerstand leisteten, recht häufig vorkam. Irgendwie hatte er eine verwandte Seele entdeckt. Ein Wort, eine Geste, ein entsprechender Gesichtsausdruck bei irgend einem Exzess der Nazis, ein Wissen über den Hintergrund einer Person führte zum Vertrauen zu jemand völlig Fremden. So war es Fritz Kolbe mit Maria von Heimerdinger gegangen, der Tochter eines preußischen Adeligen, die im Außenamt arbeitete. Sie hatte als stellvertretende Leiterin der Kuriersektion einen sehr günstigen Posten und besaß beträchtliche Befugnis darüber, wer als Kurier ins Ausland ging.

Diese Bekanntschaft hatte sich im buchstäblichen Sinn in Vorzimmern, in Aufzügen, in Untergrundbahnen abgespielt. Sie tauschten Grüße aus, ein Kommentar über das Wetter, nichts mehr. Schließlich nahm sich Kolbe ein Herz und sagte Maria von Heimerdinger, daß er Geschäfte in der Schweiz habe und es ihm sehr helfen würde, als Kurier nach Bern geschickt zu werden. Sie stellte keine Fragen und sagte nur, sie glaube das arrangieren zu können.

In der Mitte der dreißiger Jahre, während er an der deutschen Botschaft in Paris diente, hatte sich Kolbe dort mit dem Nationalökonomen Dr. Ernesto Kocherthaler angefreundet, einem deutschen Juden, der Spanier geworden war, und sich nach dem Bürgerkrieg in der Schweiz angesiedelt hatte. Am 23. August 1943 unternahm Kolbe seine erste Reise nach Bern als diplomatischer Kurier. Kaum angekommen nahm er sofort Kontakt mit seinem Freund auf und vertraute ihm seine Absichten an.

Durch Vermittlung Kocherthalers traf Kolbe eine Verabredung mit einem Attaché an der britischen Botschaft in der Schweiz, Colonel Cartwright, bei dem Kolbe total Schiffbruch erlitt. Er sprach stockend, seine Bewegungen waren merkwürdig und unruhig. Der britische Offizier hörte den sonderbaren kleinen Mann an, der ihm erklärte, er habe einen besonders wichtigen Posten im deutschen Außenamt und sei bereit, deutsche Staatsgeheimnisse von höchster Bedeutung auszuliefern. Kolbe zeigte Beispiele der Dokumente, die er den Engländern ausliefern wollte. Wie Kolbe sich später erinnerte, sah ihn der Attaché an und sagte: „Ich glaube Ihnen nicht". Dann fügte er noch hinzu: „Wenn sie die Wahrheit sagen, sind sie ein Schuft".

Die Reaktion des Engländers war mehr als die britische Verärgerung über unfaires Spiel; Kolbe war an derselben Klippe britischer Vorurteile gescheitert, an die auch schon Hans Gisevius gestoßen war. Obwohl dies mehr die Generale betraf als einen kleinen Diplomaten wie Kolbe, so betrachteten die Engländer doch immer noch die deutschen Antinazis als eine eigennützige Clique, die nur von dem Wunsch, ihre eigene Klasse an der Macht zu erhalten, beseelt war.

Der Chef des britischen Secret Service, Stewart Menzies, hatte nicht lange zuvor ein Friedensangebot von Admiral Canaris ignoriert, angeblich weil es den Argwohn der Russen hätte hervorrufen können. Das britische Außenministerium hatte MI-6 angewiesen alle etwaigen Friedensfühler von Deutschen abzulehnen, sofern sie separate Friedensverhandlungen zur Bedingung machten, von denen die Sowjetunion ausgeschlossen werden sollte. Kolbe fand das Erlebnis in der britischen Botschaft niederschmetternd und sagte Kocherthaler, er wolle niemals wieder eine Botschaft betreten. Nun dachten sie über andere Möglichkeiten nach.

Unter den Amerikanern in Bern, die Allen Dulles in seine Dienste gezogen hatte, war auch Gerald Mayer vom „Office of War Information". Mayer hatte einen großen Teil seines Lebens in Europa verbracht, sprach fließend deutsch und hielt sich nun in der Schweiz auf, um dort ein den Alliierten günstiges Klima zu schaffen.

Am Morgen des 24. August erhielt Mayer einen Anruf von Paul Dreyfuss, einem befreundeten Bankier in Basel, der ihn bat, er möge einen gewissen Dr. Kocherthaler am selben Morgen um 9 Uhr empfangen. Sein Besucher war ein steifer, förmlicher, von sich eingenommener Mann, die Karikatur eines Deutschen, so glaubte wenigstens Mayer. Dr. Kocherthaler gab ihm einen viel zu sehr ins einzelne gehenden Bericht über sein eigenes Leben, erklärte, was ihn dazu gebracht habe, Deutschland zu verlassen und nach Spanien zu gehen und sich dann schließlich in der Schweiz niederzulassen. Mayer hörte mit kühl professioneller Zurückhaltung zu. Unterrichtete Leute in Bern wußten, was Dulles und sein Stab taten, und so war das unvermeidliche Ergebnis eine Parade von Narren, Abenteurern und Fanatikern und gelegentlich auch brauchbaren Informanten in den Büros des OSS. Kocherthaler erkannte, daß es mehr als Worte brauchen würde, um den zurückhaltenden Mayer zu überzeugen.

Er zog aus seiner Manteltasche einen Umschlag, nahm drei Blätter Papier heraus und legte sie Mayer auf den Tisch, auf jede Seite waren die Worte „Geheime Reichssache" gestempelt. Mayer begann zu lesen und während er dies tat, wurde es ihm immer schwieriger, seine desinteressierte Pose aufrecht zu erhalten. Jede Seite war die Zusammenfassung eines Telegramms an den deutschen Außenminister Joachim von Ribbentrop. Eines war unterschrieben von Franz von Papen, dem deutschen Botschafter in der Türkei, der über britische Pläne berichtete Geheimagenten über Istanbul auf den Balkan einsickern zu lassen. Ein anderes aus Paris beschrieb Möglichkeiten, deutsche Spione durch die amerikanischen und britischen Linien in Nordafrika zu bringen. Das dritte Telegramm berichtete über Fortschritte in der Zerschlagung des Widerstandes in der Tschechoslowakei. Mayer fragte Kocherthaler, woher er diese Informationen habe.

Kocherthaler erklärte, es sei gegenwärtig ein Mann in Bern, der seine Tage damit zubringe, genau solche Informationen in Berlin im Außenamt zu bearbeiten. „Dieser Mann ist bereit, ja er brennt geradezu darauf, Ihnen diese Art von Material zu verschaffen." Mayer entschuldigte sich und bat Kocherthaler, er möge im Vorraum warten. Er lief hinauf in das Büro von Allen Dulles. Dulles sprach zwar schlecht deutsch, konnte aber gut genug lesen, um die außerordentlichen Möglichkeiten, die man ihm da zeigte, zu erfassen.

Dulles war der Meinung, es gäbe drei mögliche Erklärungen: Erstens konnte es sich um ein Unternehmen handeln, um den amerikanischen Geheimcode zu knacken. Er war zu erwarten, daß Dulles die Nachrichten chiffrieren und an Washington durch Funk weitergeben werde; deutsche Abhörstellen hatten dann eine Basis, um das Original mit der chiffrierten Version zu vergleichen. Zweite Möglichkeit: Der Besucher war ein *agent provocateur;* er würde die Schweizer Polizei davon informieren, daß die Amerikaner diese Telegramme besaßen, als Beweis dafür, daß sie sich mit Spionage befaßten und auf diese Weise konnten Dulles und seine Mannschaft aus dem Land gewiesen werden. Und es gab noch eine dritte Möglichkeit, nämlich daß tatsächlich ein überzeugter Gegner der Nazis mit unwahrscheinlich guten Verbindungen irgendwie aus dem Himmel und ihnen in den Schoß gefallen war.

Wer wie Dulles einmal versäumt hatte, einen unbekannten Revolutionär und Emigranten namens Wladimir Iljitsch Lenin im Ersten Weltkrieg in Bern kennenzulernen, hatte seither sich angewöhnt, seine Ohren offen zu halten. Ein Zusammentreffen mit Kolbe wurde noch für diesen Abend in der Wohnung von Gerald Mayer im Kirchenfeldbezirk arrangiert.

Für Dulles war die Schlüsselfrage das Motiv. Was hatte dieses erstaunliche Angebot bewirkt und wie konnten die Amerikaner die Behauptungen dieses Mannes überprüfen? In Gerald Mayers Wohnung wurde Dulles dem Deutschen als Mr. Douglas, ein Assistent Mayers, vorgestellt; die Atmosphäre war gespannt. Der Deutsche befand sich in einer sehr unangenehmen Lage, denn er mußte ja seine „eigene Echtheit" beweisen. Die Amerikaner waren entschlossen, sich nicht übers Ohr hauen zu lassen.

Aber der Wunsch zu glauben war stark, als Kolbe 186 Dokumente vor ihnen ausbreitete, die er aus dem deutschen Außenamt herausgeschmuggelt hatte. Eines der Dokumente war eine Gedächtnisnotiz über den Besuch des japanischen Botschafters bei Ribbentrop. Dann gab es Berichte in voller Länge aus zwanzig deutschen diplomatischen Missionen, zusammen mit Abschriften aus den geheimsten Akten des Naziregimes. Kolbe bewies Dulles eine ins Einzelne gehende Kenntnis des Büros von Ribbentrop, der Persönlichkeiten, der Intrigen und der Cliquen.

Aber warum tat dieser Mann all dies?

Der Mann, der den beiden Amerikanern gegenübersaß, war eine durchaus unscheinbare Figur, 43 Jahre alt, mit breiten, eher slawischen Gesichtszügen und einem Kranz kurzer, blonder Haare auf dem sonst kahlen Kopf. Seine ängstliche Art und seine aufgeregte Sprechweise machten sie zunächst unsicher. Als aber Fritz Kolbe die Gefühle erklärte, die ihn zu diesem Verzweiflungsschritt gebracht hatten, wurde er ruhiger und auch glaubwürdiger. Er beschrieb seine tiefe Abneigung gegen den Nationalsozialismus, seine traurige Schlußfolgerung, daß nur die Niederlage Deutschlands Zukunft retten könne. „Es ist nicht genug, nur die Faust in der Hosentasche zu ballen", sagte er, „die Faust muß auch gebraucht werden, um zuzuschlagen." Kolbe bekannte auch offen, daß er am selben Tag seinen ersten Versuch bei den Engländern gemacht hatte und zurückgewiesen worden sei. Er sah den Wunsch der Amerikaner voraus, ihn zu überprüfen und sagte ihnen ganz offen seinen Namen, die Daten seiner diplomatischen Karriere, das Geburtsdatum seiner verstorbenen ersten Frau, die Adresse seines jungen Sohnes, der damals bei Freunden in Südafrika lebte und den Namen seiner zweiten Frau, die aus Zürich stammte. Er verpfändete diesen Fremden sein Leben um ihr Vertrauen zu gewinnen. Kolbe sagte, er hoffe eine zweite Reise in die Schweiz unternehmen zu können und würde sie dann wieder kontaktieren. Man schüttelte sich die Hand. Kolbe und Kocherthaler gingen.

Dulles und Mayer arbeiteten die ganze Nacht durch an dem dicken Paket von Kolbes Material, das Beste davon funkten sie nach Washington. Sie ersuchten „X-2" in Washington und London, den Mann zu überprüfen und sobald eine halbwegs vernünftige Morgenstunde gekommen war, nahm Dulles mit jenem Beamten Kontakt auf, den Kolbe zuerst in der britischen Botschaft angesprochen hat. „Oh, dieser merkwürdige kleine Kerl?" Ja, er erinnere sich an den Besuch; nichts daran. Der Engländer ergriff die Gelegenheit, um den Amerikaner entsprechend zu belehren, er solle sich nicht so leicht von deutschen Doppelagenten in der zweifellos anziehenden Verkleidung des Antinazis betrügen lassen.

In Washington ergriff General Donovan aufgeregt diese erste Gelegenheit, um eine wirkliche Durchdringung des Reiches durchzuführen. Er nahm einige der Kolbe-Papiere und brachte sie direkt Präsident Roosevelt. In Bern erhielt Fritz Kolbe die „Salbung" durch die Verleihung eines Decknamens. In Zukunft würde er für den OSS „George Wood" sein.

Fritz Kolbe fuhr zum zweiten Mal im Oktober 1943 nach Bern, nur drei Monate nach seiner ersten Fahrt. In der Zwischenzeit hatte er ungeduldig eine Gelegenheit zu einer Kurierreise herbeigesehnt, weil kostbarstes Nachrichtenmaterial täglich durch seine Hand ging. Er hatte ein ungewöhnlich wertvolles Wissen über beunruhigende Entwicklungen in Irland und Spanien gesammelt und drängte Maria von Heimerdinger, ihn wieder auf Reisen zu schicken.

Er hatte freilich nach seiner ersten Reise einen argen Schreck erlitten, aber die Leidenschaft für dieses Spiel war für ihn stärker geworden als seine Ängste. Bei seiner Rückkehr aus Bern hatte er auf seinem Schreibtisch eine Botschaft mit der Stampiglie „Dringend" vorgefunden, die ihn anwies, sich sofort beim Sicherheitsbeamten zu melden. Sein Herz klopfte bei dem Gedanken, wie verrückt er gewesen war, zu glauben, daß er die Nazis überspielen könne. Der Sicherheitschef rückte geradewegs mit dem heraus, um was es ging. Es gäbe während Kolbes Aufenthalt in Bern eine unerklärliche Abwesenheit. Wo war er zwischen Mitternacht und etwa 4 Uhr früh am Morgen des 25. August gewesen?

Er sei, so erklärte Kolbe, in eine Bar gegangen, wo er eine Frau angesprochen habe. Der Sicherheitsbeamte war noch nicht überzeugt. Kolbe legte dann ein Zeugnis aus der Ordination eines Arztes in Bern vor, wonach er an jenem Morgen ein Vorbeugungsmittel erhalten habe und eine Blutprobe abgenommen worden sei. Nun belehrte ihn der Beamte über das ordentliche Benehmen, dessen sich ein Kurier im Ausland zu befleißigen habe und entließ ihn. Kolbe kehrte zu seinem Schreibtisch zurück, nach außen ruhig, aber innerlich schwach vor Angst.

Bei seiner zweiten Reise nach Bern verfeinerte Kolbe einigermaßen sein Verhalten. Der erste Mal hatte er die illegalen Dokumente um seinen Fuß gebunden gehabt. Das war gefährlich und unwürdig, fand er; dieses zweite Mal nahm er ein großes Kuvert, das das für Dulles bestimmte Material enthielt und steckte es in einen noch größeren Umschlag: 76 Telegramme mit über 200 Seiten. Dann verschloß er den äußeren Umschlag mit einem offiziellen Siegel des Außenamtes mit Reichsadler und Hakenkreuz.

Am 7. Oktober 1943, unmittelbar, nachdem er den deutschen und schweizer Zoll bei Basel durchschritten hatte, schlüpfte Kolbe in die Toilette der Eisenbahnstation. Er zerriß den äußeren Umschlag in kleine Stücke und spülte ihn hinunter. Dann stopfte er die entwendeten Botschaften in seine Manteltasche. In der Hand trug er die offizielle Kuriermappe und fuhr so mit dem Zug weiter nach Bern. Er ging zuerst zur deutschen Botschaft und lieferte dort seine legitime Bürde ab. Dann rief er Dr. Kocherthaler an. Diesmal trafen sie sich alle in Dulles Wohnung in der Herrengasse 23.

Der Chef des amerikanischen Geheimdienstes war wieder erstaunt über den Umfang und die Qualität des Materials von Kolbe. Ein Telegramm der deutschen Botschaft in Madrid berichtete: „Verschiffung von Orangen wird weiterhin plangemäß eintreffen.“ Es bedeutete, daß Generalissimus Franco in Verletzung seiner Zusicherung an die Alliierten weiterhin Tungsten an

Deutschland verschickte, aber in Orangenkisten. Tungsten wurde gebraucht, um Stahl zu härten. Ein angloamerikanisches Erdölembargo wurde daraufhin zur Vergeltung über Spanien verhängt.

Ein anderes Telegramm aus der deutschen Botschaft in Buenos Aires berichtete die bevorstehende Abfahrt eines großen alliierten Konvois aus einem Hafen in den Vereinigten Staaten. Daraufhin wurde rechtzeitig der Fahrplan des Konvois geändert und er entkam auf diese Art dem Wolfsrudel der deutschen U-Boote.

Die Deutschen hatten eine geheime Radiostation in Irland betrieben, um über alliierte Schiffsbewegungen zu berichten. Die irische Regierung hatte schließlich den wiederholten Protesten des amerikanischen State Department nachgegeben und die Station zum Schweigen gebracht, indem sie einen unbedingt notwendigen Bestandteil des Senders entfernte. Kolbe legte nun ein Telegramm vor aus dem hervorging, daß der deutsche Botschafter ein entsprechendes Ersatzteil nach Irland schmuggeln wollte.

Kolbe hatte auch einen Einfall, wie er Informationen zwischen seinen Reisen weitergeben konnte. Er hatte sich eine Möglichkeit ausgedacht, Material über einen Schwager von Dr. Kocherthaler, der in Zürich lebte, zu senden. Der gründliche Kolbe hatte außerdem noch ein Signal entworfen, das ihn benachrichtigte, daß seine Botschaften eingetroffen waren. Dr. Kocherthaler sollte ihm ein Paket schicken, das Sardinenbüchsen, Schokolade und Kaffee enthielt. Aber den Kaffee nur dann, wenn er tatsächlich einen Bericht von Kolbe erhalten hatte.

Bevor er zum zweiten Mal nach Deutschland zurückkehrte, bat Kolbe Dulles um zwei Dinge: Er wollte eine Pistole und eine Kamera, um Dokumente auf Mikrofilm aufnehmen zu können. Die Pistole wurde ihm verweigert, aber die Kamera bekam er. Dann kehrte er nach Berlin zurück.

Jedes Eintreffen von Fritz Kolbe in Bern wurde zu einem Alptraum für den Nachrichtenstab von Allen Dulles. Brachte ein typischer Spion vielleicht eine Seite mit Geheiminformationen, so lieferte Kolbe kiloweise unchiffrierte Originaltexte. Kühn gemacht durch seinen Erfolg wurde er auch einfallsreich, machte sich Notizen von Gesprächen, die er im Außenamt gehört hatte, lieferte Skizzen der Wolfsschanze, Hitlers Hauptquartier bei Rastenburg in Ostpreußen, und trotz ihrer Masse waren seine Lieferungen stets von höchster Qualität. Dulles telegraphierte nach Washington: „Bedaure außerordentlich, daß Sie diesmal Woods (Kolbes Codename) Material nicht sehen können, wie es ohne Zusammenfassung oder Kürzung aussieht."

Zum Glück für den überarbeiteten Stab fiel Hilfe buchstäblich aus dem Himmel: Einige amerikanische Flieger hatten ihre beschädigten Flugzeuge in der Schweiz notgelandet und die Schweizer gestatteten, daß einige von ihnen der amerikanischen Botschaft zugeteilt wurden. Der OSS ließ die Flieger sofort ausbilden und sie arbeiteten nun um die Uhr, um die Informationen Kolbes nach Washington und London zu funken.

Da der OSS keine direkten Nachrichtenquellen aus Japan besaß, drängte Washington Bern, man solle doch die Kontakte dazu verwenden, um Nachrichten über die Stärke der japanischen Kriegsmarine zu beschaffen. Kolbe war zweifellos die richtige Quelle, aber wie konnte man ihn in Berlin noch vor seiner nächsten Reise nach Bern erreichen? Gerald Mayer kam aber auf einen Gedanken:

Einer der Verbindungskanäle zu Kolbe war eine deutsche Hitlergegnerin, die in der Schweiz lebte und der er zur Tarnung Liebesbriefe schrieb. Mayer ließ nun durch sie Kolbe eine Postkarte schicken, auf der zu lesen war: „Vielleicht erinnerst Du Dich meines kleinen Sohnes. Sein Geburtstag steht kurz bevor und ich möchte ihm einige dieser geistreichen japanischen Spielsachen schicken, von denen früher die Geschäfte hier voll waren, aber jetzt kann ich keine finden. Vielleicht gibt es so etwas noch in Berlin?"

Der geheime Sinn dieser Botschaft war Kolbe erstaunlicherweise sogleich klar. Als er das nächste Mal nach Bern kam brachte er einen eingehenden Bericht über die japanischen Pläne, einschließlich der Gefechtsordnung der kaiserlichen Flotte mit; alles aus Telegrammen des deutschen Militärattachés in Japan an Ribbentrop.

Wenn auch Kolbe nicht immer persönlich nach Bern kommen konnte, so mußten die Amerikaner doch nicht allzu lange auf seine Geheimnisse warten. Er hatte eine Kette von Mitarbeitern gebildet, die eine dringende Botschaft innerhalb vier Tagen von Berlin nach Bern befördern konnten.

Es war auch Fritz Kolbe, der einen der größten Fehler des alliierten Sicherheitssystems aufdeckte: Im Herbst 1943 fiel ihm eine Mitteilung in die Hand, während er die Telegramme für seinen Chef, Karl Ritter, durchging: Am 4. November informierte Franz von Papen, deutscher Botschafter in der Türkei, Ribbentrop, daß er „einen wichtigen deutschen Agenten" habe, der Dokumente der geheimsten Art direkt aus der britischen Botschaft in der Türkei verschaffen könne. Bei der folgenden Reise nach Bern in der zweiten Dezemberwoche legte Kolbe Dulles drei Telegrammabschriften, von Anfang November vor, in denen von Papen diesen „Spionageschatz" beschrieb. Dulles leitete die Telegrammkopien an einen britischen Kollegen weiter, der London alarmierte.

Der „wichtige deutsche Agent" war „Cicero", der tatsächlich Elyesa Bazna hieß, der albanische Kammerdiener des britischen Botschafters in Ankara, Sir Hughe Montgomery Knatchbull-Hugessen. Er wurde später durch Bestsellerbücher und einen Erfolgsfilm im Pantheon der Spionage unsterblich. Für einen hohen Preis fotografierte Cicero den Inhalt des Safes seines Chefs und übergab die Information einem deutschen Geheimagenten namens L. C. Moyzisch, der als Mitglied der deutschen Botschaft getarnt war. Im Wege eines Informationsaustausches kam Baznas Material sowohl zum SD, dem Nachrichtenapparat der SS, als auch zur Abwehr und zum deutschen Außenamt, wo Fritz Kolbe dann die Telegramme Ciceros zu Gesicht bekam.

Obwohl London von diesem Vorgang unterrichtet war, blieb doch Cicero noch Monate im Dienste des britischen Botschafters und versorgte die Deutschen weiter mit den besten britischen Geheimnissen. Die Türkei war ein lebenswichtiger neutraler Kreuzungspunkt, das Tor zum Nahen und Mittleren Osten und besaß außerordentliche strategische Bedeutung. Das Ergebnis war, daß das Safe Sir Hughes von wichtigsten Informationen überfloß.

Jedoch erst nachdem Dulles die Engländer gewarnt hatte, daß ein Spion in ihrer Botschaft in Ankara tätig sei, landete Cicero seinen größten Treffer: Er verschaffte den Deutschen Abschriften von Meldungen über den alliierten Plan für die Invasion in Europa. In der letzten Filmrolle, die er Moyzisch gab, konnte Cicero sogar den Decknamen der Invasion in der Normandie berichten, nämlich *Overlord.*

Cicero verließ seinen Posten als er spürte, daß der Boden für ihn zu heiß wurde. Er nahm ein beträchtliches Geldbündel mit, nämlich 300000 Pfund, und schied Ende April 1944 aus den Diensten des britischen Botschafters. Später erfuhr er freilich, daß er den Deutschen zwar reines Gold geliefert, sie ihn aber mit wertlosem Papier bezahlt hatten; die Banknoten waren großartige Fälschungen der Deutschen.

Zwischen den rivalisierenden deutschen Geheimdiensten waren die Eifersüchteleien so erbittert und der gegenseitige Verdacht so tief, daß der Wert von Ciceros Nachrichten in Grund und Boden diskutiert wurde. Der Chef des Reichssicherheitshauptamtes, Ernst Kaltenbrunner, verteidigte diesen außerordentlichen Fang seines Dienstes, Ribbentrop dagegen behauptete, daß Cicero ganz offensichtlich britischer Agent sei. Das gegenseitige Mißtrauen machte das Gold, das Cicero den Deutschen gab ebenso wertlos wie das Papier, mit dem sie ihn dafür bezahlt hatten.

Ob nun die Engländer wußten, was es mit Cicero auf sich hatte, oder ob die Deutschen ihn schätzten, Fritz Kolbe hatte jedenfalls, indem er diesen Meisterspion entlarvte, gezeigt, was für eine strategische Position er in den Nervenzentren Deutschlands einnahm.

Kolbe erweiterte auch seine Kontakte in Berlin über das auswärtige Amt hinaus. Zu Beginn des Jahres 1944 hatte er zwei Dutzend Informanten in guten Positionen. Eine Gruppe nannte er seinen „inneren Kreis“. Neben dem verläßlichen Fräulein von Heimerdinger umfaßte der Ring Industrielle, Offiziere, Geistliche einschließlich des Abtes Schreiber vom bayrischen Kloster Ottobeuren.

Das Leben, das Kolbe führte, war weiß Gott gefährlich, seine Angst entdeckt zu werden, war eine dauernde, nervenaufreibende und völlig gerechtfertigt. Einmal, als er gerade im Keller einer Klinik Dokumente fotografierte, erhielt Kolbe Nachricht, daß Himmler von Ribbentrop genau jene Akten verlange, die eben unter seiner Kamera lagen. Er eilte in die Wilhelmsstraße zurück und durchwühlte diverse Aktenschränke, angeblich um eben jene Akten herauszusuchen, die er in Wirklichkeit aus seiner Manteltasche zog.

Beim dem OSS in Bern wurde Fritz Kolbe mit ungläubiger Bewunderung betrachtet. Für viele im Stab war er ein vom Himmel gesandter Fanatiker, für Mary Bancroft blieb er ein absurder Held, der Chef des OSS Bern hatte objektivere Ansichten. Die Informationen dieses Mannes waren unvergleichlich und unschätzbar, nichts anderes zählte für Allen Dulles.

Am 11. April, während der Osterzeit, telegrafierte Dulles nach Washington, daß „Wood" angekommen sei „mit mehr als zweihundert höchst wertvollen Ostereiern". Washington antwortete: „Braver Osterhase!" Die nächsten drei Monate dauerte der Strom, dann, nach dem 20. Juli, riß er plötzlich ab.

5. KAPITEL

Lautlose Invasion

Im Jahre 1928 war eine puritanische Gruppe aus der Deutschen Sozialistischen Partei ausgeschlossen worden, deren Mitglieder daraufhin eine eigene Organisation bildeten, den Internationalen Sozialistischen Kampfbund (ISK). Ihr Streit mit den übrigen Sozialisten ging um die marxistische Interpretation der kapitalistischen Gesellschaft: Der ISK war der Meinung, daß Kapitalismus moralisch schlecht und daher schließlich und endlich auch aus diesem Grund zum Untergang verurteilt sei und lehnte die marxistische Erwartung ab, daß der Kapitalismus auf Grund seiner eigenen inneren Widersprüche zusammenbrechen werde. Er lehnte auch die materialistischen Wirtschaftstheorien des traditionellen Sozialismus ab, denn sein Ziel war eine von ethischem Humanismus regierte Welt.

Die asketische Haltung des ISK zeigte sich auch im Alltagsleben seiner Mitglieder, die Alkohol, Rauchen und das Essen von Fleisch ablehnten. Vor dem Krieg hatte er in Deutschland vegetarische Restaurants organisiert, die auch zugleich Zentren seiner politischen Aktivität waren. Er beschränkte seine Mitgliedschaft auf Ganztagsarbeiter und suchte weniger eine Massengefolgschaft, als vielmehr den Einfluß auf die Führer anderer sozialistischer Gruppen. Die Mitglieder des ISK mieden die Öffentlichkeit und beherrschten die Technik der Infiltration und der Untergrundmanöver lange bevor noch die Nazis zur Macht kamen und sie aus Deutschland vertrieben.

Willi Eichler, ein Bär von einem Mann, führte die Emigranten des ISK in England und beherrschte sie kraft seiner körperlichen und intellektuelle Persönlichkeit. Widerwillig bewunderte er die brilliante Manipulation des deutschen Volkscharakters durch die Nazis. Sklavischer Gehorsam gegenüber der Autorität war eine natürliche Eigenschaft des deutschen Volkes, das mußte er wohl zugeben. Wenn ein Polizist sagt: „Tu das!", so tun es Deutsche, ohne zu fragen warum. Eichler beklagte zwar die Gefügigkeit seiner Landsleute, erwartete selber aber von seinen ISK-Mitgliedern absoluten Gehorsam.

Aus den Reihen dieser militanten Gruppe hatte George Pratt, noch als Leiter der Labor Division, den ersten OSS-Agenten, der mit Fallschirm über Deutschland abspringen sollte, ausgesucht. Es war Jupp Kappius, der in der Nähe von Sögel in der Nacht des 2. September 1944 aus einem britischen Lancaster-Bomber absprang.

Kappius war selbst seit früher Jugend Organisator im ISK gewesen und hatte deshalb sogar auf eine Karriere als Bauingenieur verzichtet. Er und seine Frau Anna wurden von der Gestapo als politische Gegner gesucht; 1937 floh das Paar aus Deutschland und kam über Österreich schließlich nach England.

Schon im März 1944 hatte die Londoner Labor Division verschiedene miteinander im Zusammenhang stehende Unternehmungen geplant, deren Deckname *Downend* war. Die Aufgabe bestand darin, das Ruhrgebiet, das Herz der deutschen Industrie und Zentrum des deutschen Gewerkschaftswesens, zu infiltrieren. Ursprünglich hatte der Plan vorgesehen, vier Agenten, zwei Männer und zwei Frauen aus der Gewerkschaftsbewegung, dort einzuschmuggeln.

Aber OSS London war zu jenem Zeitpunkt noch nicht so weit, daß er selbst solche Unternehmungen nach Deutschland hätte durchführen können, weshalb die Amerikaner dem englischen SOE ein gemeinsames Unternehmen vorgeschlagen hatten. Sie würden Agenten und Finanzierung stellen, die Engländer sollten ausbilden und für Transport und Nachschub sorgen.

Willy Eichler drängte George Pratt, seine Leute als erste einzusetzen. Die sozialistische Bewegung in Deutschland sei nach einem Jahrzehnt der Unterdrückung beinahe weißgeblutet und er fürchtete, daß, sollte es nicht möglich sein in Deutschland noch vor Kriegsende eine neue Führungsschicht zu bilden, ein Wiederaufleben des Kapitalismus die sozialistische Revolution blockieren würde.

Die drei ersten ausgesuchten Agenten waren Jupp und Anne Kappius, sowie Hilde Meisel, die alle zum ISK gehörten. Hilde Meisel war eine stille Frau von Anfang dreißig, die die entschlossene Schlichtheit dieser sozialistischen Sekte verkörperte. Ihr braunes Haar war zu einem festen Knoten nach rückwärts frisiert, sie trug kein Make-up und kleidete sich ohne Konzession an die Mode. Der vierte Agent war Willy Drucker, ein deutscher Polizist mit liberalen Ansichten. Drucker, der nicht zum ISK gehörte, war schon früher von Gary Van Arkel in Nordafrika rekrutiert und nach Italien, schließlich nach England geschickt worden.

Der ursprüngliche Plan sah vor, in Jupp Kappius' Heimatstadt Bochum zwei Leute arbeiten zu lassen. Sie sollten über Deutschland mit dem Fallschirm abspringen, die Frauen dagegen als ihre Kuriere arbeiten und zwar mit der Schweiz als Stützpunkt. Im Frühjahr und Sommer 1944 wurden die Agenten in London und in einem entlegenen Gebiet in Schottland für ihre Aufgabe vorbereitet.

Im Spätsommer berichteten ISK-Mitglieder in der Schweiz, daß sie in Bochum für sichere Unterkunft gesorgt hätten, aber nur für einen Agenten. Der enttäuschte Pratt erklärte nun Eichler, daß die Entsendung eines einzigen Agenten kaum die gemeinsame Unternehmung der britischen und der amerikanischen Geheimdienste im *Downend* Projekt rechtfertige. Eichler aber blieb hart, er wollte einen Fuß des ISK in die Tür des Reiches stellen und ein Mann würde für den Anfang genügen. Der andere Agent könne nachkommen, sobald eine sichere Unterkunft für ihn gefunden sei, starten. Jener Erste aber hieß Jupp Kappius.

Während des Trainings im Sommer hatte sich eine enge Freundschaft zwischen Willy Drucker und Kappius entwickelt. Allerdings hielt Drucker die Abstinenzgewohnheiten der ISK-Leute für baren Unsinn. Was hatte ein Bier, eine Zigarette oder eine Wurst mit dem Kampf um soziale Gerechtigkeit zu tun? Kappius, so fand Drucker, war aber nichtsdestoweniger ein harter, intelligenter und fanatischer Mann. Einmal sagte er Drucker, er sei bereit sogar eine Gesichtsoperation über sich ergehen zu lassen, wenn das seine Chancen für einen Erfolg in Deutschland vergrößern sollte. Kappius hatte sich geweigert, für seine Arbeit ein Gehalt anzunehmen und ließ sich nur fünf Pfund in der Woche für Spesen ausbezahlen.

Über Kappius hieß es in einer Personalakte des OSS: „Überdurchschnittlich intelligent, besitzt einen scharfen, berechnenden Verstand und ein ausgeglichenes Urteil. Er denkt klar und logisch und drückt dementsprechend auch seine Gedanken aus. Ist durchaus imstande, sich durchzusetzen und besitzt Phantasie und Initiative. ... erweckt den Eindruck physischer und moralischer Kraft, ist verläßlich und vertrauenswürdig, ernsthaft, hat einen stillen Humor und würde als Führer sicher Vertrauen einflößen. Er ist eifrig, arbeitet hart und hat den Kurs mit Gewinn absolviert. Er ist einer unserer ernsthaftesten, sorgfältigsten und entschlossensten Auszubildenden und wird wohl erstklassige Arbeit leisten."

Die Mission, die OSS und SOE für Kappius festgelegt hatten, war für einen Mann allein recht ehrgeizig:

„Sie werden eine Untergrundorganisation mit folgenden Zielen bilden:

1.) Inneren Widerstand gegen das Naziregime.

2.) Sabotageakte gegen die Kriegsrüstung.

3.) Sie werden Subversion in allen Formen ermutigen. Sie werden Gerüchte ausstreuen in folgende Richtungen:

1. Um Keile zwischen die Wehrmacht und alle politischen und halbpolitischen Formationen wie etwa die Waffen-SS, die Gestapo und die Hitlerjugend zu treiben.

2. Um finanzielle Panik an der deutschen Heimatfront und unter der Truppe auszulösen, die in einem Sturm auf die Banken mündet.

3. Um Kapitulation oder Desertion zu ermutigen."

Kappius sollte die Verbindung zunächst mittels gelegentlicher Kuriere halten und den OSS benachrichtigen, sobald er soweit war, daß ein Funker zu ihm abspringen konnte. Die Verbindung lief über Schweden, wofür eine peinlich genaue Prozedur vorgesehen war.

„Sie dürfen niemals versuchen, einen Brief direkt an das Postfach zu richten: Sie werden vielmehr durch einen verläßlichen Kurier und auf folgende Weise arbeiten: Der Brief, der eine chiffrierte Botschaft enthält, ist an den Kurier in Deutschland zu adressieren und zwar vorzugsweise mit der gewöhnlichen deutschen Post, in einem deutschen Umschlag, mit einer deutschen Briefmarke, so daß es durchaus unauffällig ist, wenn ihr Kurier einen solchen Brief bei sich hat. Sobald der Kurier in Schweden ankommt wird er den Brief in einem neuen Umschlag an das Postfach adressieren. Sollte eine Antwort auf die Botschaft notwendig sein, wird der Kurier eine entsprechende Absenderadresse auf die Rückseite des Umschlages schreiben."

Lazare Tepers *Bach*-Einheit entwarf eine Tarngeschichte für Kappius, in der auch entsprechende Einzelheiten aus seiner Vergangenheit verwendet wurden. Er wurde „Wilhelm Leineweber", Bauingenieur und Abteilungsführer in der Organisation Todt, die auch militärische Bauvorhaben durchführte. Er kam aus Frankreich über Holland nach Sögel um seine Mutter zu suchen, die ausgebombt worden war, und sollte sich dann weiter nach Bochum zu einer neuen Dienststellung zu begeben. Er besaß neun gefälschte Dokumente, einschließlich Kennkarte, Lebensmittelkarten und Blanko-Reiseausweisen für Notfälle.

Henry Sutton zog seine Bochum-Akte aus den *Bach*-Unterlagen und unterrichtete Kappius über den Stand der Dinge in dieser Stadt. OSS Londons erster Agent für Deutschland war bereit; Jupp Kappius kehrte heim.

Der *Downend*-Flug klappte wie im Manöver und hatte noch dazu Glück. Kappius landete in einem frischgepflügten Feld in der Nähe eines Waldes, wo er rasch seinen Fallschirm verstecken konnte. Dann überkam ihn unbegreiflicherweise eine gewaltige Lethargie. Obwohl er während des ganzen Fluges praktisch geschlafen hatte, fiel er nun im Wald neuerdings in Schlaf. Zwei Stunden später wachte er auf, vergrub seinen Fallschirm und seinen Sprunganzug. Etwas fehlte ihm. Er begann zuerst sorgfältig, dann immer nervöser nach seiner metallenen Erkennungsmarke zu suchen. Nach ergebnisloser stundenlanger Suche fiel er, von Verzweiflung gepackt zu Boden. Wie, so dachte er, sollte er in Deutschland als Spion überleben können, wenn er schon am Anfang einen so schweren Fehler beging? Das Bewußtsein der Kühnheit dessen, worauf er sich eingelassen hatte, überfiel ihn plötzlich; ihm fehlte der Wille weiterzumachen.

Aber als dann die Dämmerung kam, fühlte er seine Kraft wiederkehren. Er fand eine Straße und wanderte in der Richtung, in der er hoffte, daß Sögel liege. Die Straße war zu dieser frühen Morgenstunde durch Bauern, Schulkinder, Kriegsgefangene und deren Bewacher erstaunlich belebt. Er war sich zunächst nicht sicher, wie die übliche Begrüßung sei in dieser Gegend etwas nördlich seines Zieles Bochum. Als er dem ersten Mann begegnete, tat er als wolle er ihn grüßen, zögerte aber dann: „Guten Morgen!“ sagte der Mann. Kappius gab den Gruß zurück. Er hatte gedacht, daß es vielleicht „Heil Hitler“ sein würde.

Er bestieg ohne Schwierigkeiten in Sögel einen Zug. Unterwegs beging er einen anderen furchtbaren Fehler. Als der Schaffner kam, gab ihm Kappius seine Fahrkarte und sagte auf englisch: „Do you want this?“, aber der Schaffner bemerkte es gar nicht.

Nachts um 11,30 Uhr kam Jupp Kappius in Bochum an und begab sich in die Burgstraße 15, ein Dreifamilienhaus am Stadtrand. Dies war das Heim eines jungen ISK-Paares, das wegen seiner Antinaziaktivitäten bereits Gefängnisstrafen abgebüßt hatte. Die Identifizierung des Paares als bekannte Regimegegner stellte ein Risiko für sie und Kappius dar, aber es hatte sich keine andere Alternative ergeben.

Der 26 Jahre alte Mann besaß ein Geschäft für Küchengeräte, war lungenkrank und daher vom Militärdienst befreit. Das Paar war bereits darauf aufmerksam gemacht worden, daß es Besuch zu erwarten habe, wußte aber nicht wen. Es war für sie eine große Ehre, Kappius zu beherbergen, der innerhalb des ISK ein sehr bekannter Mann war.

Das Haus in der Burgstraße erwies sich als besonders glückliche Wahl denn, das Geschäft des Mannes gestattete ihm völlige Bewegungsfreiheit und auch ungewöhnliche Arbeitsstunden. Er wurde schon bald als Kontaktmann für Kappius tätig, während dieser selbst zu Hause blieb. Der Mann hatte sein Büro in demselben Haus, so daß das Kommen und Gehen fremder Leute kaum Verdacht erwecken konnte.

Jupp Kappius begann nun eine sonderbare, fast unwirkliche Existenz. Sein Leben bestand aus Tagen der Monotonie, hie und da Stunden, in denen etwas zu erreichen war, und Augenblicken des Entsetzens. Durch seinen Gastgeber verschaffte er sich verschiedene Ausweise,die ihn entweder als Angestellten der Krupp-Werke identifizierten, als Bergarbeiter oder als Arbeiter einer Bochumer Fabrik. Aber er versuchte niemals eine Anstellung zu bekommen, denn ein Posten würde ihn in seiner Aufgabe behindert haben. Außerdem konnte eine Anmeldung bei den örtlichen Behörden die Einziehung zur Wehrmacht oder zum Volkssturm zur Folge haben. Kappius verließ das Haus niemals bei Tag; nur nach Einbruch der Dunkelheit unternahm er kurze Spaziergänge. Außer seinen Gastgebern lebten sieben andere Leute in dem dreistöckigen Gebäude, denen seine Anwesenheit völlig verborgen blieb; im Nachbarhaus lebte ein militantes Parteimitglied.

Wenn seine Freunde ausgegangen waren, so tat er selber nichts, das die Leute, die oberhalb wohnten, hätte aufmerksam machen können. Er unterließ es zu summen oder zu singen, er ging nur in Strümpfen und wagte solange er allein war nicht einmal, einen Wasserhahn aufzudrehen, oder die Wasserspülung in der Toilette zu betätigen. Waren seine Beschützer im Hause, sprach er immer noch kaum lauter als im Flüsterton. Läutete während des Essens die Türglocke, so nahm Kappius Teller und Besteck und verschwand, bevor die Besucher kamen.

Jupp Kappius war in den denkbar strengsten Polizeistaat abgesprungen. Das deutsche Volk befand sich seit elf Jahren im eisernen Griff der Geheimpolizei und die Rückschläge des Krieges hatten diesen Griff nicht geschwächt, nur etwas verändert. Bis zu einem gewissen Grad hatte nur die Angst den Nationalismus als Motiv der Loyalität zum NS-Regime ersetzt und die grausame Ausrottung der Verschwörer des 20. Juli hatte diese Angst noch spürbarer gemacht. Hauptinstrument des Terrors des Regimes war die Geheime Staatspolizei, die Hermann Göring 1933 als einen Zweig des preußischen Innenministeriums geschaffen hatte, um den Willen Hitlers allen Gegnern, aber auch Rivalen innerhalb der NSDAP, aufzuzwingen. Die Gestapo, ursprünglich Geheimes Feldjäger-Korps genannt, war also anfangs Teil der Verwaltung Preußens, eines Staates, der mehr als die Hälfte Deutschlands ausmachte und Berlin zur Hauptstadt hatte.

Innerhalb eines Jahres war der „Reichsführer SS“, Heinrich Himmler, durch Intrigen stellvertretender Chef der Gestapo geworden und schließlich erlangte er sogar die vollständige Kontrolle über diese Organisation. Innerhalb zweier Jahre machte er die Gestapo zur politischen Polizei ganz Deutschlands und erhielt schließlich für sie auch außerordentliche Vollmachten. Das Statut vom 10. Februar 1936 verbot jede Berufung gegen Entscheidungen der Gestapo und untersagte den Gerichten Fälle, die die Gestapo erledigt hatte, neuerlich zu verhandeln; Aktionen der Gestapo konnten weder untersucht noch in Frage gestellt werden. Wenn die Gerichte einen Angeklagten freisprachen, so konnte ihn die Gestapo dennoch beim Verlassen des Gerichtssaales verhaften und in ein Konzentrationslager bringen, ohne sich weiter um die Gesetze kümmern zu müssen. Die Gestapo hatte ihre eigenen Gesetze und war niemanden verantwortlich außer sich selbst. Himmler gliederte die Gestapo der SS ein, dem Elitekorps der Partei. Die Geheimpolizei wurde so ein bürokratisches Zwitterwesen, halb Regierungsorganisation, halb politische Organisation.

Um das Ineinandergreifen der Nazimaschinerie zu verstehen, was keineswegs einfach ist, beginnt man am besten mit der SA. Die SA, Abkürzung für Sturmabteilung, war der militärische Arm der NSDAP. Innerhalb der SA war eine Elite entstanden, zunächst als persönliche Leibgarde für Hitler, die SS, Schutzstaffel, genannt wurde. Die schwarz uniformierte SS sah sehr bald mit Herablassung auf ihre Mutter, die SA.

Der SA gehörten Männer an, die naiv glaubten, daß es in der NSDAP tatsächlich Sozialismus geben werde; sie besaß auch echte revolutionäre Impulse. Ihre Führer wollten die Herrschaft über die Wehrmacht deren traditionellen Herren, den preußischen Junkern, entwinden. Diese Drohung war es, die die Reichswehrführung dazu brachte, den ansonsten mißachteten Hitler zu unterstützen falls Hitler bereit war, sich gegen seine radikalen Anhänger zu wenden und die SA zu unterdrücken. Hitler verhielt sich dementsprechend. Er entmachtete 1934 die SA durch ein Blutbad unter ihren Führern, gewann dadurch eine neue Gruppe einflußreicher Anhänger und liquidierte auch Rivalen innerhalb und außerhalb der SA; alles mit einem einzigen Schlag. Die Generale waren nun die Gefahr der SA los, Deutschland aber war unterjocht, nur statt von der SA nun von der SS und der Gestapo, denn die SS hatte das Erbe angetreten.

Himmler baute allmählich die SS zu einem Staat im Staate aus. Ihre Abteilungen umfaßten Eliten auf verschiedenen Gebieten der deutschen Gesellschaft. Der „allgemeinen SS" gehörten neben wichtigen Regierungsbeamten auch Diplomaten, Industrielle, Anwälte, Ärzte und andere Persönlichkeiten aus den oberen Gesellschaftsschichten an; es war vielfach eine bloße Ehrenmitgliedschaft. Die „Waffen-SS" dagegen war eine rein militärische Formation; viele ihrer Eliteeinheiten kämpften tapfer und ehrenhaft. Die „Totenkopfverbände" wieder waren SS-Einheiten, die u.a. die Konzentrationslager betrieben und bewachten. Das mächtigste Element der SS war aber das Reichssicherheitshauptamt (RSHA), dessen Chef ursprünglich Reinhard Heydrich war.

Die Gestapo war der geheimpolizeiliche Arm des RSHA und warf den dunkelsten Schatten über das Alltagsleben der Deutschen. Sie war zuständig für die politische Sicherheit, Nachrichtendienst, Gegenspionage, Grenzkontrolle, für die Presse, für die Juden, für Sabotageabwehr, für Devisenvergehen, Währung, für Konzentrationslager, für russische Kriegsgefangenenlager, für Kommandoeinheiten und, – wie der OSS nur zu gut wußte –, für feindliche Fallschirmspringer. Die Gestapo war das beste Beispiel für das Motto der SS: „Gelobt sei was hart macht."

Innerhalb der RSHA gab es wiederum eine Elite, nämlich den Sicherheitsdienst oder „SD", eine im wesentlichen unabhängige Organisation für Auslandsspionage. Er hatte 3000 sorgfältig ausgewählte Mitglieder, die man sowohl innerhalb als auch außerhalb Deutschlands als außergewöhnlich fähige Geheimdienstleute einschätzte. Normalerweise hatte aber die Abwehr, der militärischen Nachrichtendienst der Wehrmacht, gegenüber dem SD den Vorrang. Infolgedessen waren SD und Abwehr eifersüchtigste Rivalen bis zum Februar 1944. Entsprechend dem Drängen Himmlers, die deutsche Geheimdienste zu vereinigen, entließ Hitler damals Admiral Canaris als Chef der Abwehr und unterstellte die militärische Organisation der SS, wenngleich es einigen Einheiten der Abwehr für mehr als ein Jahr gelang, sich eine gewisse Selbständigkeit zu erhalten. Die Kompetenzteilung zwischen Gestapo und SD war unklar, vielleicht sogar absichtlich, durch den Mann, dem sie beide zu gehorchen hatten, nämlich den eiskalten Reichsführer SS Himmler, der ein viel zu guter Spezialist für Gewalt war, um auch nur ein einziges seiner tödlichen Instrumente ohne Kontrolle zu lassen.

Obwohl Göring der Vater der Gestapo war und Himmler ihr Adoptivvater, so war es doch ein Mann namens Heinrich Müller, der die Geheimpolizei zu der gefürchteten Waffe machte, die sie im Krieg war. Ihre Kommandostruktur sah folgendermaßen aus: Befehlshaber der gesamten SS war der Reichsführer SS Himmler; Chef der RSHA und der Sicherheitsdienste zuerst Reinhard Heydrich, später, nach dessen Ermordung, Ernst Kaltenbrunner; Chef der Gestapo Heinrich Müller.

Müller war ein Bewunderer russischer Methoden und modellierte die Gestapo nach dem Vorbild des NKWD, der sowjetischen Geheimpolizei. Er errichtete eine Zellenstruktur in Pyramidenform, die buchstäblich bis in jedes deutsche Heim reichte.

Die spontane Denunziation wurde als Akt des Patriotismus ermutigt, freiwillige Informanten waren im allgemeinen durch Neid oder durch den Wunsch, sich bei den Behörden beliebt zu machen, motiviert. Ihre Informationen waren zwar meist wertlos, doch erzeugte das Wissen, von buchstäblich jedermann denunziert werden zu können das erwünschte Angstklima. Jedermann hatte irgendwann einmal eine Ungeschicklichkeit begangen und fürchtete nun, deswegen angezeigt zu werden. Das Bewußtsein, ständig überwacht zu werden trug dazu bei, das gesamte Volk unter Kontrolle zu halten und zerstörte den Willen zum Widerstand selbst jener, die das System am meisten verachteten. Ein anderer Vorteil dieses reichsweiten Netzes an freiwilligen Denunzianten war, daß es die Regierung nichts kostete.

Jene, die mit der Gestapo zusammengerieten, erlebten ziemlich überall ähnliche Behandlung. Ob diese Einheitlichkeit offiziell vorgeschrieben war, oder ob sie nur sadistischer Mentalität entsprach ist unklar. Jedoch war die Art der Folter, ob sie sich nun im Reich oder in den besetzten Gebieten abspielte stets dieselbe, so daß es so aussah, als ob die Gestapo ihre Barbarei nach amtlichen Richtlinien betrieb.

Bevor das Verhör begann, wurde der Verdächtige zunächst einmal um des Schocks willen verprügelt. Dies hatte den Zweck den Gefangenen zu verwirren, zu erniedrigen und schon zu Beginn der Auseinandersetzung mit seinen Inquisitoren aus dem Gleichgewicht zu bringen. Jedermann, den die Gestapo festnahm, sollte, so lautete die Annahme, irgendwelche Informationen über subversive Aktivitäten besitzen, auch wenn es eine noch so entfernte Kenntnis war. Selbst Verdächtige, gegen die buchstäblich überhaupt keine Beweise vorlagen wurden gefoltert, da ja doch eine gewisse Chance bestand, daß sie irgend etwas gestehen würden. Ein Gefangener wurde oft über Dinge verhört, von denen er gar nichts wissen konnte. Das Verhör ging zuerst in eine Richtung; diese wurde dann fallen gelassen und scheinbar zufällig wurde auf eine andere Richtung übergegangen. Sobald dieser Ablauf einmal begann, war er kaum mehr zu ändern. Hatte der Gefangene auch unter einer milden Folter nichts ausgesagt, so wurden die Schrauben eben immer mehr angezogen. Er konnte tot sein oder im Sterben liegen, bevor seine Quäler zu der Überzeugung gelangten, daß er tatsächlich nichts wußte.

Es gab aber merkwürdigerweise bei der Gestapo so etwas wie einen Ehrenkodex, eine Art von Schutz gegen Selbstbezichtigung. Eine Person konnte gefoltert werden, um ihr Informationen über subversive Organisationen, andere Personen oder Aktivitäten zu entlocken. Aber um einen Verdächtigen zum Eingeständnis seiner eigenen Schuld zu zwingen, wurde nicht gefoltert!

Die einzige Körperstrafe, die offiziell bei der Gestapo entsprechend den RSHA-Regeln gestattet war, war das sogenannte „geschärfte Verhör", das aus nicht mehr als 25 Stockschlägen bestand. Die Gestapo allerdings erwies sich als weitaus einfallsreicher.

Gefangene wurden routinemäßig geschlagen, bis ihre Nieren sich aus ihrer schützenden Hülle lösten, sie wurden getreten und geschlagen, bis ihre Gesichter zu einer zahnlosen Masse wurden.

Zu den Folterwerkzeugen gehörten auch eine Art kleiner Schraubstock, um Hoden zu zerquetschen, Elektroden, die einen Stromstoß aus dem Penis in den After schickten, einen eisernen Ring, den man um den Kopf legen und durch Anziehen von Schrauben verengen konnte, und schließlich ein Löteisen, um das Fleisch zu versengen.

Der Gestapo-Chef von Mailand ließ Gefangene in Handschellen von einer Stange hängen, dann einen Stock von der Stärke eines Besenstiels in das Rektum einführen und auf das herausragende Stockende schlagen.

Am 18. Oktober 1942 erließ Hitler eine streng geheime Anweisung, die jede etwa bestehende Unklarheit über die Behandlung von Geheimagenten, die auf Reichsgebiet festgenommen wurden, beseitigen sollte: Es war das der sogenannte „Kommando-Erlaß". Dort hieß es, alle Gegner, die bei einem Kommandounternehmen, in Uniform oder nicht, bewaffnet oder unbewaffnet, im Kampf oder auf der Flucht gefangen genommen würden, seien auf der Stelle niederzumachen. Sollte es notwendig sein, zunächst noch ein oder zwei Leute zum Verhör am Leben zu lassen, dann seien sie unmittelbar nach dessen Abschluß zu erschießen.

Zur Zeit, als die Vereinigten Staaten die Infiltration Deutschlands in großem Maßstab zu planen begannen, hatte der Fehlschlag der Verschwörung vom 20. Juli die Macht der Gestapo im Reich weiter vergrößert. Sie nahm über 7000 Verhaftungen vor und in Folge des Fehlschlages würden schätzungsweise 4980 Menschen getötet. Von dieser brutalen Liquidierung der Führer der Verschwörung griffen Wellen der Angst auch auf jenen Teil der Bevölkerung über, der Hitler ablehnte. Das Ergebnis war, daß nahezu jede Spur eines Widerstandes gegen das NS-Regime im Reich erlosch. Die Macht des deutschen Generalstabes war gebrochen, Admiral Canaris, früher Chef der Abwehr und Hauptrivale des SD auf dem Feld des Geheimdienstes, wurde im KZ gehängt, weil er angeblich den Verschwörern geholfen hatte. Die Mehrheit der Deutschen begriff immer noch nicht, welches Unheil Hitler über ihr Vaterland heraufbeschworen hatte. Sie betrachteten den Führer noch als den Erretter und waren empört, daß die Männer des 20. Juli versucht hatten ihn zu töten. Der aktive Widerstand gegen Hitler war buchstäblich tot; die Kontrolle über das Reich lag unangefochten in den Händen der Gestapo. Dies war das Land, in das der OSS nun seine Agenten infiltrieren ließ.

Leutnant Anthony Turano hatte den Auftrag, zwei Agentinnen nach Frankreich zu bringen, von wo sie über die Schweiz ins Reich einreisen sollten.

Turano holte die beiden Frauen Ende September 1944 im „Area O" ab, einem hübschen englischen Landschlößchen, das als Stützpunkt des OSS diente. Turano fand, daß die beiden betont einfach gekleideten Frauen etwas nonnenartig wirkten; sie sprachen präzises Englisch mit deutschem Akzent. Die eine war Anne Kappius, die Frau von Jupp Kappius, dem OSS-Agenten in Bochum, die andere Hilde Meisel, ebenfalls Mitglied des ISK.

Arthur Goldberg hatte Hilde Meisel während seines Dienstes in London kennengelernt und war von ihrem schlichten Idealismus und der Ruhe, mit der sie ihrer Mission entgegensah, beeindruckt. Er hatte unmittelbar vor der Abreise mit ihr gesprochen und fühlte, als er ihr ruhiges Gesicht betrachtete, die merkwürdige Vorahnung, als ob der OSS Hilde Meisel in den Tod schicke.

Anne Kappius sollte als Rot-Kreuz-Schwester verkleidet aus der Schweiz ins Ruhrgebiet reisen und als Kurier für ihren Mann arbeiten, während Hilde Meisel in den Raum Wien fahren und dort mit Hilfe ihrer radikal-sozialistischen Genossen ein Spionagenetz errichten sollte. Ihr Deckname lautete „Crocus".

Sie flogen mit einem C-47 Frachtflugzeug von England nach Thonon am französischen Ufer des Genfer Sees, wo sie ein OSS-Offizier erwartete, der die Gruppe für die Nacht im Haus eines französischen Professors unterbrachte. Der Franzose und seine Frau hatten strahlend einen großen Braten und Weißbrot auf den Tisch gestellt, doch Turano bemerkte, – und sein französischer Gastgeber übersah es höflich –, daß die beiden Frauen nichts von dem Braten nahmen und still nur Brot aßen. Am folgenden Morgen verabschiedete sich Turano von den beiden. Unter normalen Umständen hätte er weibliche Agenten wohl geküßt, aber diese politischen Nonnen entmutigten jede derartige Intimität. Er schüttelte ihnen die Hand und sie gingen in die Schweiz.

Die Ankunft von Jupp Kappius hatte eine elektrisierende Wirkung auf die nahezu abgestorbene antinazistische Widerstandsbewegung im Ruhrgebiet. Nur ein besonderer Glückszufall hatte nach dem Fehlschlag der Verschwörung vom 20. Juli ihre Mitglieder vor der völligen Vernichtung gerettet. Die Sozialisten glaubten, daß sie in Deutschland regieren würden, sobald die Nazis einmal gestürzt seien. Aber der ISK-Kurier, der ausgesandt worden war, um den Aufstand im Ruhrgebiet auszulösen, merkte, daß etwas schief gegangen war und gab das Signal dazu nicht.

Kappius fand die Nazigegner im September 1944 zutiefst demoralisiert. Wenn es den Generalen mit all ihrer Macht nicht gelungen war, Hitler zu stürzen, was konnte eine verfolgte Gruppe von Sozialisten tun? Es war ihnen auch schmerzhaft bewußt, daß selbst die gut bewaffneten Aufstände in Warschau und in der Slowakei von der SS rücksichtslos niedergeschlagen worden waren. Sie lebten immer noch in Angst vor der Gestapo, die zu Tausenden Verdächtige verhaftet hatte. Einige Sozialisten schliefen mit der Pistole neben dem Bett, entschlossen lieber Selbstmord zu begehen, als sich von der Gestapo verhaften zu lassen. Durch das Vordringen der Alliierten im Westen und die Ankunft von Kappius waren jedoch die Kühneren unter ihnen wieder so weit ermutigt, daß sie an eine militärische Aktion dachten, um die Eroberung des Ruhrgebietes zu beschleunigen.

Zum unmittelbaren Kreis des Agenten gehörten schließlich fünfzehn Leute; jeder von ihnen leitete wiederum eine Untergruppe. Dreiviertel der Mitglieder dieses Netzes waren Fabrikarbeiter oder Bergleute, andere gehörten zum Mittelstand, leitende Angestellte, manche in wichtigen Positionen. Kappius warb sogar den Direktor der „Deutschen Bank“ in Essen an, ferner den Direktor einer Bergwerksgesellschaft, einen Verleger, leitende Angestellte der Krupp-Werke und der Stinnes-Werke, sowie einen Beamten der Deutschen Reichsbahn mit genauer Kenntnis des Eisenbahnwesens.

Er gewann als Verbündete Liberale, Sozialisten und vereinzelt Kommunisten, lehnte es aber ab mit dem kommunistischen Apparat im Untergrund zu tun zu haben, denn diese Partei war bekanntermaßen von der Gestapo unterwandert.

Gegen Ende September kam seine Frau Anne aus der Schweiz an. Obwohl Kappius kaum einen Monat in Deutschland war, konnte er ihr doch schon über die Widerstandsorganisation berichten, die er in Bochum, Essen, Witten und anderen Städten des Ruhrgebietes aufgezogen und mit Köln, Hannover, Breslau, Hamburg, Göttingen, Frankfurt und Berlin in Verbindung gebracht hatte. Kappius hatte auch eine sichere Adresse im benachbarten Dortmund gefunden, wo sein Londoner Freund Willi Drucker unterkommen konnte, sobald er eingeschmuggelt war.

Kappius' wichtigste Botschaft lautete, er sei bereit, einen bewaffneten Aufstand auszulösen. Durch Einzeldiebstähle in den Krupp-Rüstungswerken war es Kappius gelungen, sich 250 Gewehre zu verschaffen und der Polizeichef von Witten hatte zugesagt, alle seine Waffen auszuliefern. Der Plan lief darauf hinaus, das Chaos jenes Zeitpunktes auszunutzen, bevor die alliierten Armeen in die Ruhr eindrangen und die deutschen Armeen aber schon den Rückzug einleiteten. Kappius' Partisanen sollten Bahnlinien in die Luft sprengen und den Parteiführern die Fluchtwege abschneiden. Fabriken, Nahrungsmittel und wichtige Versorgungsgüter sollten vor der von den Nazis angedrohten Politik der verbrannten Erde gerettet werden.

Kappius hatte einen Abwurfplatz ausgesucht. Alles, was noch notwendig war, um den Plan ausführen zu können, waren etwa hundert Maschinenpistolen, fünfzig Pistolen, fünfzig Handgranaten und fünfzig Brandsätze, die die Alliierten per Fallschirm liefern sollten. Kappius hatte einen Abwurfplatz gefunden und schickte seine Frau in gespannter Erwartung der Instruktionen für sein nächstes Unternehmen in die Schweiz zurück.

Kappius verbrachte aufreibende Stunden beim Abhören des chiffrierten Unsinns, der über BBC gesendet wurde: „Tropft ihre Feder?“, „Rosen werden heuer im Frühling blühen“, „Marie's Mandeln sind entfernt worden.“ Diese, häufig wiederholten, Botschaften wurden über die normalen Sender durchgegeben und konnten von jedem Deutschen, der ein entsprechendes Radio besaß, abgehört werden. Eine Botschaft, die lauten sollte: „Großmutter hat drei Kinder“, war das Chiffresignal, das ihm sagte, er habe nun den Abwurf der Waffen zu erwarten.

Aber aus Tagen wurden Wochen und die Leute in seiner Organisation wurden skeptisch. Kappius hoffte, um die Enttäuschung seiner Leute über das Ausbleiben einer Reaktion zu beenden, schließlich nur noch auf die Nachricht, daß das Unternehmen „Großmutter“ abgeblasen sei. Er wußte nicht, daß die Royal Airforce den Abwurfplatz, den er ausgewählt hatte, ablehnte, weil sich dort eine Flakbatterie samt Scheinwerfereinheiten befand, ohne zu ahnen, daß Kappius Vorsorge getroffen hatte, diese auszuschalten.

Kappius berichtete auch über die sozialen Zustände im Reich während des sechsten Kriegsjahres. Was ihn bei seiner Ankunft im September am stärksten beeindruckt hatte, war die Alltäglichkeit des Lebens an der Ruhr. Fabriken und Bergwerke waren in Betrieb, Eisenbahnen und Omnibusse fuhren pünktlich, Post und Zeitungen wurden ebenso pünktlich ausgeliefert. Das Telefon funktionierte, Gas, Wasser und Elektrizität wurden ohne Einschränkung geliefert, Lebensmittel waren zwar rationiert und manche Dinge gelegentlich etwas knapp, aber niemand hungerte. Kappius war erstaunt, daß er stets echte Butter und niemals Margarine bekam. Auch waren die Leute gut angezogen, was ihn verblüffte, bis man ihn daran erinnerte, daß Deutschland ganz Europa nach Stoffen ausgeplündert hatte. Jedenfalls herrschte im Ruhrgebiet durchaus ein gedämpfter Wohlstand.

Dann jedoch, am 4. November 1944, lernte Bochum die Gewalt alliierter Luftangriffe kennen. Über 3500 Tonnen Bomben wurden in vierzig Minuten auf die Stadt abgeworfen. Von da an verschlechterten sich die Lebensbedingungen in Bochum. Der Eisenbahn- und der Straßenbahnverkehr funktionierte unregelmäßig und auch die Postzustellung hörte praktisch auf. Elektrischer Strom war zeitweise nicht mehr vorhanden: Kappius bemerkte, daß Kerzen die heißbegehrtesten Dinge auf dem Schwarzmarkt waren, der bald den normalen Handel ersetzte. Die Lebensmittelversorgung wurde unregelmäßig und manchmal gab es kein Wasser.

Die Bombardierung hatte den Effekt, daß die Menschen besser angezogen waren. Sie hatten Angst, durch Luftangriffe ihre beste Kleidung zu verlieren und zogen es vor sie zu tragen. Kappius war erstaunt, daß jede Frau an der Ruhr einen Pelzmantel zu besitzen schien.

Seine Nachbarn „lebten aus Koffern“, in die sie Kleidung, Wertsachen und wichtige Papiere verpackt hatten, stets in Bereitschaft sofort aufzubrechen; Betten ließ man gewöhnlich im Keller, Kleidung hing man ebenfalls im Keller auf ohne daran zu denken, daß irgend jemand sie wegtragen könnte. Die Kleider eines Nachbarn zu stehlen war in dieser Zeit unvorstellbar. Die Bauernhäuser in dem ganzen Gebiet waren bis unters Dach mit Möbeln vollgepackt, die Freunde oder Verwandte aus den bombengefährdeten Städten geschickt hatten.

Über den ersten großen Angriff schrieb Kappius: „Es war furchtbar, das Donnern und die Auswirkungen der Benzin- und Phosphorbomben. Ich sah das Ganze, aufrecht stehend, gelehnt an einen Telefonmast. Das nächste brennende Haus war etwa zweihundert Meter entfernt. Verflucht, dachte ich, die Welt geht unter.“

Kappius konnte es nicht riskieren einen Luftschutzbunker aufzusuchen aus Angst, den Argwohn eines Luftschutzwartes zu erregen. Bei seltenen Gelegenheiten, wenn er doch Schutz suchte, fand er meist einen Keller voll mit Frauen, die vor Entsetzen schrien, wenn das Gebäude bei jeder Explosion schwankte. Das Schreien machte ihn weitaus nervöser als im Freien und exponiert zu bleiben.

Die Angriffe erweckten in den Deutschen keineswegs Zorn. Sie versetzten die Leute eher in eine Art Apathie, ein Gefühl, hilflose Werkzeuge zu sein. Die Probleme des Alltagslebens wurden für die Bevölkerung zur Hauptsorge: Wo sollte man die Nacht verbringen, wenn man ausgebombt wurde? Wie konnte man die Zuteilungskarten so ausnützen, daß man ein Extrastück Seife bekam? Solche Fragen standen elementar im Vordergrund. Es gab Deutsche wie Kappius, die durchaus bereit waren ihr Leben in die Schanzen zu schlagen, weil sie den Nationalsozialismus haßten, aber sie waren selten. Nachdem er die Passivität der Masse der Menschen beobachtet hatte, kam er zu der Ansicht, daß Widerstand eine Angelegenheit von Narren sei, wenn auch vielleicht von heiligen Narren.

Die Nationalsozialisten hatten, das mußte Kappius zugeben, saubere Arbeit geleistet. Die Jahre der Tyrannei hatten dem Volk den Willen, oder vielleicht auch die Fähigkeit, zu unabhängigem Denken genommen. Das sonst so intelligente und gebildete Volk der Deutschen lebte unter Hitler in einer Art intellektuellem Nebel. Die Propaganda hatte ihnen eine einseitige Sicht der Dinge eingehämmert und die Unterdrückung jeden freien Wortes, die Vernichtung jeder anderen Meinung ließen keinen Raum für unabhängiges Denken. Die Leute waren verunsichert und mißtrauten dem eigenen Urteil.

Selbst Hitlergegner verfielen einer intellektuellen Angstpsychose. Viele gebildete Deutsche hatten seit Jahren keine Zeitung mehr gelesen, seitdem das NS-Regime Zeitungen zu Parteiorganen prostituiert hatte. Da man nichts glauben konnte, was das NS-Regime sagte, es aber auch keine Gegenmeinung gab, so wußte der einzelne nicht, was er glauben sollte. Da es an Tatsachen fehlte, aber auch am Glauben an die offizielle Propagandalinie, so neigten die Leute dazu, gefühlsmäßige Klischees an die Stelle rationeller Analyse zu setzen. Das Denken wurde unscharf.

Buchstäblich jedermann, einschließlich der Nationalsozialisten, hörte fremde Sender, besonders die englischen, obgleich auf Abhören Zwangsarbeit stand und die Verbreitung der Informationen ausländischer Sender sogar mit Todesstrafe geahndet wurde. Aber auch hier wirkte die psychologische Konditionierung dem Vertrauen in das, was man hörte, entgegen. Wie sollte man denn wissen, was man den Engländern oder Amerikanern glauben konnte?

Der systematische Terror des Nationalsozialismus hatte auch die Menschen physisch und geistig isoliert. Es gab nur wenig Gelegenheit, Ideen mit anderen auszutauschen. Die politische Diskussion in Bierstube oder Kaffeehaus, früher gang und gäbe, war völlig erloschen, jede nicht autorisierte öffentliche Zusammenkunft war verdächtig. Eine ganze Nation zeigte die Symptome gesellschaftlichen Exils, ähnlich dem „Ausgeschlossensein“, unter dem Taubstumme leiden.

Es war dies kaum ein günstiges Klima für die Rekrutierung einer starken Gefolgschaft, um dem System Widerstand zu leisten. Die Nazis hatten parallel eine Politik der Angst und der vollen Mägen betrieben; Facharbeiter wurden gut bezahlt und genossen einen sehr angenehmen Lebensstandard, bekamen Sonderzuteilungen an Schnaps, Zigaretten, Fleisch und Schokolade. Gut bezahlt und gut ernährt hatten sie wenig gegen den Nationalsozialismus einzuwenden.

Kappius war auch enttäuscht, wie gering die Möglichkeit war, Zwangsarbeiter zu rekrutieren. Der Ausdruck war außerdem irreführend: Entgegen seinen Erwartungen waren nur wenige Fremdarbeiter im Ruhrgebiet gewaltsam herbeigeschafft worden, die meisten hatten sich freiwillig anwerben lassen. Viele kamen mit den deutschen Arbeitern gut aus und hatten den Wunsch, auch nach dem Krieg in Deutschland zu bleiben.

Kappius lebte inmitten einer Nation, auf die die Bomben herabregneten und deren Gesellschaftsstrukturen im Zusammenbruch waren, aber wenig ernsthafte Gespräche galten dem Krieg. Zynischer Spott schien das Ventil für politische Kommentare zu sein. Ein Witz machte die Runde, der von der letzten Geheimwaffe erzählte, der „V 5“, einem gigantischen Unterseeboot aus Radiergummi, das die englischen Küsten so lange umfahren solle, bis England ausradiert war. Eine andere Geschichte beschrieb die „V 6“, einen ausgehöhlten Eichenstamm, der, mit Sprengstoff gefüllt, an der Küste ins Wasser geworfen wurde, um nach England zu treiben. Das Problem dabei war nur der kritische Engpaß an Eicheln, um die Eichen zu pflanzen.

Die meisten Deutschen, so meinte Kappius, gaben zu, daß der Krieg verloren sei, begnügten sich aber darüber grimmig zu lachen und als gute Deutsche weiter zu tun, was man ihnen befahl.

In London wartete unterdessen die Labor Division ungeduldig auf einen zweiten Bericht von Jupp Kappius. Der ursprüngliche Plan war gewesen, ihn mit Sender und Funkgerät auszustatten. Doch Kappius wollte so lange nicht das Risiko auf sich nehmen, das ein Sender darstellte, als seine Frau noch als Kurier dienen konnte. Erst Mitte Januar 1945 gelang es Anne Kappius, verkleidet als Krankenschwester, Bochum wieder zu erreichen und diesmal brachte sie dem OSS einen eng beschriebenen, dreizehnseitigen Bericht über den aufblühenden Widerstand.

Kappius berichtete über die Zunahme an industrieller Sabotage. Eisenbahnern der verbotenen Gewerkschaften gelang es, Züge mit Panzern und Geschützen, die für die Front bestimmt waren, aufzuhalten. Der pazifistische Eigentümer einer Bochumer Dampfturbinenfabrik, der „Luftkühler AG", hatte es verstanden, die Arbeit zu verzögern, indem er den tatsächlichen Bombenschaden übertrieb und Rohstoffknappheiten erfand, bis schließlich die Fabrik 1945 überhaupt nicht mehr arbeitete. Die „Luftkühler AG" hatte Kühlsysteme für Dampfturbinen, für Schlüsselindustrien und auch für deutsche U-Boote produziert. Ein anderer Sympathisant der Nazi-Gegner, der Urlaubsanträge von Arbeitern in kriegswichtigen Betrieben bearbeitete, gab solche Zuweisungen wie Flugzettel aus, ja er überzeugte sogar Arbeiter selbst davon, daß sie Erholung brauchten.

Kappius berichtete, daß die IG-Farbenwerke in Frankfurt am Main mit 25 000 Arbeitern voll arbeiteten und ein Kraftwerkkomplex in der Nähe von Köln, der zwei Drittel des Stromes für das Ruhrgebiet erzeugte, bis zum Dezember 1944 nur fünf kleine Bombentreffer erhalten hatte. Danach machten alliierte Luftangriffe die Farbenwerke und die Kraftwerke dem Erdboden gleich. Aber Kappius berichtete auch über eine erstaunliche Tatsache: Mit nahezu unveränderter Beständigkeit war jede dritte Fünftausend-Pfund-Bombe, die von alliierten Flugzeugen abgeworfen wurde, ein Blindgänger. Bei einem Tagesangriff auf den Bahnhof von Göttingen hatten dreihundert Bomben die Bahn verfehlt und einen Acker getroffen. Einhundert von ihnen waren nicht explodiert.

Nachdem er viereinhalb Monate in der Burgstraße Nr. 15 verbracht hatte erhielt Kappius den Hinweis, daß eine Hausdurchsuchung der Gestapo bevorstehe. Er mußte daher das Haus des Kücheneinrichtungshändlers verlassen. Danach war er ständig in Bewegung, ohne länger als eine Woche an einem Ort zu bleiben, wechselte Quartiere in fünf benachbarten Städten des Ruhrgebietes.

Während Kappius umherreiste, entstand in ihm hoher Respekt für die Vorbereitung seiner Mission durch Lazare Tepers *Bach*-Sektion in London. Seine Kleidung war entsprechend unauffällig. Er fand, daß er über frühere Ereignisse in Bochum und anderen

Städten so gut informiert worden war, daß er darüber fließend und ausführlich sprechen konnte, so als sei er niemals weggewesen.

Er wurde ein Experte in der Technik des „Frag'-ihn, bevor-er-Dich-frägt", um Verdacht von Polizeibeamten zu beseitigen. Mehrmals hatte er das Gefühl, daß Polizisten ihn beobachteten; sogleich wandte er sich an den Beamten mit einer harmlosen Frage. Jedesmal wurde der Mann von seinem ursprünglichen Argwohn abgelenkt. Die *Bach*-Sektion hatte ihn in einem einzigen Punkt falsch informiert: Fast kein jüngerer Mann in Deutschland trug einen Schnurrbart; rasch verschwand nun auch seiner.

Beide Frauen des ISK, Anne Kappius und Hilde Meisel, führten ihre Missionen durch. Frau Kappius war zweimal aus der Schweiz nach Deutschland eingereist, um die Nachrichten, die ihr Mann in Bochum gesammelt hatte zurückzubringen. Bevor sie in die Schweiz zurückkehrte, besuchte sie auch noch ISK-Kontakte in sechs anderen größeren deutschen Städten und holte dort Nachrichten ein. Hilde Meisel, die einfache junge Frau, die Arthur Goldberg so sehr bewundert hatte, wurde Anfang 1945 nach Wien geschmuggelt, wo sie eine Nachrichtenkette aus ISK-Sympathisanten organisierte. Bei ihrer Rückkehr hatte sie die österreichische Grenze zur Schweiz schon erreicht, wo zwei Helfer warteten, um sie zurück und in Sicherheit zu bringen. Gerade als sie im Begriff war die Grenze zu überschreiten, stieß Hilde Meisel auf eine SS-Patrouille; der Schuß eines Scharfschützen zerschmetterte ihr beide Beine. Bevor die Deutschen sie noch erreichen konnten, hatte Hilde ihre „L"-Pille, eine Kapsel mit Zyankali genommen, die sie sofort tötete.

6. KAPITEL

Die Geburt des Feldwebels Steinhauser

Die Verbindung zur äußeren Welt stellte auch weiterhin eine Hauptaufgabe für den OSS-Stab in Bern dar. Nichts von vertraulicher Natur konnte der Post anvertraut werden, keinem Militärflugzeug war es gestattet, in die Schweiz einzufliegen und der Schweizer internationale Flugdienst, mit Ausnahme des Verkehrs mit Deutschland, war eingestellt worden.

An Verbindungsmöglichkeiten blieb nur der Telegraphenverkehr und das transatlantische Radiotelefon. Das Chiffrieren und Dechiffrieren der Botschaften für die normalen Postlinien machten diese Methode schwerfällig und aufreizend langsam. Dulles verließ sich in der Hauptsache auf Radiotelefongespräche mit Washington, die er wöchentlich vier oder fünfmal abends direkt von seiner Wohnung aus führte. Die Gespräche wurden von einem elektronischen Zerhacker unverständlich gemacht und waren daher für deutsche Abhörer unverständlich, aber offenbar nicht für die Schweizer. Bei einem Abendessen saß Dulles neben einem Mitglied des Schweizer Bundesrates, der dann Dulles in erschreckenden Einzelheiten den Bericht des Amerikaners vom Abend zuvor nach Washington widergab.

Der Stab von Dulles war sich bewußt, daß nicht nur transatlantische Gespräche, sondern überhaupt alle ihre Telefongespräche von den Schweizern abgehört wurden, daher galt das eherne Gesetz, niemals vertrauliche Dinge über Telefon zu erörtern. Bei einer Gelegenheit war diese Regel durchbrochen worden und zwar bei einem Notfall, wo der Versuch gemacht werden mußte, ein Rendezvous zu arrangieren. Aber die Schweizer Polizei hatte den Agenten innerhalb weniger Stunden verhaftet.

Die Deutschen hörten auch mehr Botschaften ab, als die Amerikaner wußten. Wilhelm Höttl, ein Offizier des SD, der nach dem Krieg ein Buch schrieb, enthüllte das Ausmaß, in dem die Deutschen den Geheimcode entziffert hatten und gab unfreiwillig einen Kommentar zu den Unternehmungen von Dulles. Er schrieb, seit dem Herbst 1944 habe der SD ziemlich regelmäßig die Berichte der amerikanischen Botschaft in Bern abgehört. Jene, die unter dem Namen des Botschafters Harrison liefen, waren nur von geringem Interesse für den SD, aber es gab andere, die in ihrem Erfassen der politischen Situation so verständig und so ungewöhnlich waren, daß sie „sehr bald auch bei uns tiefen Eindruck machten". Der SD entdeckte, daß sie von dem Chef des amerikanischen Geheimdienstes OSS für Mitteleuropa stammten.

Für Gary Van Arkel mit seinen 37 Jahren schien der Krieg ein Spiel für jüngere Leute. Van Arkel hatte Befehl erhalten, von London nach Bern zu gehen, seine vierte Versetzung im Laufe des Krieges. Im September 1944 flog er über Paris auf einen französischen Flugplatz nahe der schweizer Grenze. Seit der Befreiung Frankreichs war auch die Grenze mit der Schweiz wieder geöffnet worden und Van Arkel konnte ganz offiziell in die Schweiz einreisen. Er war für Bern ausgesucht worden, weil Allen Dulles einen Zivilisten haben wollte, der dort legal arbeiten konnte. Der Schweizer Beamte am Grenzposten hatte seit Jahren keinen amerikanischen Paß gesehen. Er warf einen Blick auf die Unterschrift auf Van Arkels Dokument und trug in seine Listen ein, daß zu diesem Datum ein gewisser Mr. Cordell Hull, (Cordell Hull war damals US-Außenminister. Der Paß trug seine Unterschrift, A. d. Ü.) die Schweiz betreten habe.

Van Arkel gehörte zu jenen Offizieren des OSS, die als erste mit der Ausspähung Deutschlands befaßt waren. Er sollte eine Gewerkschaftergruppe in der Schweiz organisieren, wie er das früher schon in Nordafrika und Italien getan hatte. Aber in Bern wurde Van Arkel in den Arbeitsstil von Allen Dulles hineingezogen, der darin bestand, daß jeder, der gerade greifbar war, das tat, was gerade zu tun war, und so fand er sich nun mit „Kutters Formel“ beschäftigt. Er mußte an die 6. und 12. Armeegruppe in Frankreich täglich den Wasserstand des Rheins berichten. Die Alliierten fürchteten, daß die Deutschen am Oberrhein und an dessen Zuflüssen Dämme in die Luft sprengen würden, um alle Ponton-Brücken oder Landefahrzeuge wegzuschwemmen. Änderungen im Wasserstand am Oberlauf des Flusses, berichtet von Van Arkel, wären eine Warnung gewesen.

Dulles fand in dem diskreten Van Arkel einen guten Kontaktmann für seinen Stall von Auslandsagenten. Er durfte mit diesen Kontakten weder telefonieren noch ihnen schreiben; er enthüllte niemals seinen Namen, noch wußte er die Namen der Agenten. Alle Zusammenkünfte wurden für eine bestimmte Zeit und einen bestimmten Platz im voraus verabredet. Wenn die Zusammenkunft nicht zustande kam, so war der Kontakt, an dem man möglicherweise monatelang gearbeitet hatte, abgebrochen und war nicht mehr so leicht zu reparieren.

In der kleinen Schweizer Hauptstadt war ein Treffen in Kaffees, Restaurants oder Hotels zu riskant. Van Arkel zog es vor, seine Leute auf den Straßen außerhalb der Stadt zu treffen. Er fuhr durch die Stadt bis er sicher war, daß niemand ihm folgte, und ließ er an dem vereinbarten Punkt den Agenten zusteigen; dann verhandelten sie ihre Angelegenheiten im Fahren und Van Arkel ließ den Agenten an einer anderen Stelle aussteigen, aufatmend, wenn der Passagier weg war.

Gary Van Arkel fand Tarnung, Geheimhaltung, Anonymität, den gegenseitigen Argwohn, das Leben mit dem Blick ständig über die eigene Schulter nicht besonders ruhmreich. Es war für ihn ein nervenverzehrendes Gefühl, eine erschütternde und schließlich entmenschlichende Arbeit. Doch in Kürze stand ihm die anstrengendste Erfahrung auf dem Gebiet der Spionage durch einen recht bemerkenswerten jungen Österreicher bevor.

Alliierte Agenten, die nach Österreich eindrangen, standen vor keineswegs geringeren Gefahren als in Deutschland selbst. Seit 1938 war Österreich ein integrierter Teil des Reiches und zu den prominenten Nationalsozialisten, die in Österreich geboren oder aufgewachsen waren, gehörten Ernst Kaltenbrunner, der Nachfolger Heydrichs als Chef des Reichssicherheitshauptamtes, der tollkühne Befreier Mussolinis, SS-Führer Otto Skorzeny, Adolf Eichmann, Chef der Juden-Sektion der Gestapo und natürlich Hitler selbst. Die Alpenfestung, dieses letzte Bollwerk des Nationalsozialismus, lag der Annahme nach in Südbayern und Westösterreich.

Als Hitler im März 1938 seinen Einzug in Österreich gehalten hatte, war ihm ein begeisterter Empfang bereitet worden. Wohin immer er kam, begrüßten ihn ein Meer emporgereckter Arme und strahlender Gesichter. Aber es gab auch Österreicher, die nicht jubelten. Es waren sehr ungleichartige Gruppierungen, die nichts anderes verband als ein gemeinsamer Haß auf den Nationalsozialismus. In ihren Reihen standen Monarchisten und Patrioten, die Österreichs Unabhängigkeit verfochten, sie umschlossen Anhänger der Demokratie ebenso wie Kommunisten. Manche waren Großdeutsche, die glaubten, daß eine Vereinigung mit Deutschland zwar wünschenswert, aber ein Anschluß unter Führung Hitlers und seiner Banditen verabscheuungswürdig seien. Zu ihnen gehörten viele der besten und tapfersten Führer der österreichischen Gesellschaft. Im ersten Sturm des Anschlußjubels konnten sie wenig tun, aber im Laufe der Zeit begannen aus Österreich geflohene Gegner des NS-Regimes und solche, die in der Heimat geblieben waren, den Kampf aufzunehmen.

Die Soldaten der 356. Deutschen Infanteriedivision waren nach Wochen erbittertster Kämpfe um Monte Cassino in Reservestellungen zurückgenommen worden, doch am 22. Januar 1943 war es mit ihrer Ruhe zu Ende. Die Division wurde gegen die Überraschungslandung der Amerikaner und Engländer bei Anzio eingesetzt.

Die amerikanischen Truppen gingen zuerst sehr langsam vor und hielten zehn Tage lang nur einen kleinen Brückenkopf an der Küste, dann brachen sie durch. Unter den Soldaten der 356. Division, die sich ihnen entgegenstellten, war ein junger Mann aus Wien namens Fritz Molden, der ebenso erbittert kämpfte wie seine Kameraden, aber die Feinde vor ihm waren nur eine augenblickliche, unpersönliche Lebensbedrohung. Er kämpfte wie einer kämpft, um aus einem brennenden Gebäude herauszukommen, aber sein wahrer Feind war das System, das er nun perverserweise verteidigte, denn im Alter von 19 Jahren war Molden schon seit fünf Jahren ein aktiver Nazigegner und hatte bereits als „Politischer" im Gefängnis gesessen.

Fritz Molden wurde in Wien als Sohn einer kultivierten und politisch interessierten Familie geboren, die in heftiger Gegnerschaft zum Nationalsozialismus stand. Sein Vater, Ernst Molden, war ein prominenter Journalist der „Neuen Freien Presse" und seine Mutter eine begabte Schriftstellerin. Er hatte sich freiwillig zur Wehrmacht gemeldet, weil ihm dies die Möglichkeit bot, den Rest seiner Gefängnisstrafe nicht abbüßen zu müssen. Ursprünglich war er einem Strafbataillon in Rußland zugeteilt worden, wo SS-Einheiten Männer der Strafbataillone als Spähtrupps verwendeten. Die Lebenserwartung in diesen Einheiten lag bei einigen Monaten.

In Rußland erlebte Molden die unerklärliche Freundschaft von Fremden, – unter Deutschen und Österreichern während des Krieges recht häufig, – die einer, wenn auch unausgesprochenen, gemeinsamen Gegnerschaft zum Nationalsozialismus entsprang. Während er im Feldlazarett eines Herzleidens wegen behandelt wurde, nahm ein Wehrmachtsarzt das ihn belastende Material aus seiner Stammrolle. Dadurch konnte er dem Strafbataillon und den Pripjetsümpfen entgehen und kam als Dolmetscher nach Paris, wo er Verbindung mit österreichischen Nazigegnern aufnahm. Aber nach einigen Monaten drohte wiederum das Gespenst der russischen Front; noch einmal intervenierte ein unbekannter Wohltäter. Tausende von Soldaten, die bis dahin in Paris und anderwärts ruhigen Etappendienst genossen hatten, wurden nun nach Rußland versetzt, Molden aber erhielt Marschbefehl nach Italien.

Nach den Kämpfen um Anzio nahm er mit italienischen Partisanen Kontakt auf und auch in seiner eigenen Einheit fand er Freunde, die dem Widerstand angehörten. Im Sommer 1944, nach einem kurzen Urlaub in Florenz, erhielt er die Warnung, daß einige seiner Kameraden verhaftet worden seien. Da es für ihn lebensgefährlich gewesen wäre, zu seiner Einheit zurückzukehren floh er in die Berge des Apennin.

Nahe einer Paßhöhe war ein deutscher Geleitzug angegriffen worden, verschiedene Fahrzeuge waren liegen geblieben und ebenso in den rauchenden Trümmern ihre toten Insassen. Molden zerrte eine der Leichen in den nahen Wald, wechselte Uniform und Ausweispapiere mit dem Toten und schleppte ihn dann zurück in seinen eigenen Wagen, den er in Brand setzte.

Molden ging mit Hilfe der italienischen Partisanen zunächst nach Bologna und von dort nach Mailand, wo er von einem früheren Aufenthalt her Verbindungen besaß, vor allem zu einer brillianten und schönen jungen Frau namens Adriana Del Piano, (Pseudonym). Sie war eine der jüngsten Frauen in Italien, die ein Doktorat der Rechte erworben hatte, eine Idealistin von großem persönlichem Mut und einem extravaganten Stil, der Molden gefangen nahm. Ihr Bruder Giancarlo war als Partisan bei einem Gefecht im Winter 1943 in Piemont getötet worden. Sie und Fritz Molden verband nun die Politik und die Liebe. Er lebte zunächst bei Adriana und ihrer Mutter, wo er sich Papiere auf den Namen des Studenten Luigi Brentini verschaffte und wieder mit der Widerstandsbewegung zu arbeiten begann.

Von einer noch in den Kinderschuhen steckenden österreichischen Widerstandsbewegung beauftragt, mit den Engländern durch deren Konsulat in Lugano Verbindung aufzunehmen, reiste Molden im August 1944 in die Schweiz. Er hatte zwei Schmuggler bezahlt, ihn über die Grenze zu bringen. Als er glücklich im ersten Schweizer Bahnhof saß und eine Zigarette rauchte, bat ihn plötzlich ein Mann um Feuer. Molden bemerkte seinen Irrtum sofort: Seine italienischen Zündhölzer verrieten, daß er soeben erst aus Italien gekommen war. Der Mann wies sich als Polizeibeamter aus und verhaftete ihn.

Während des Verhörs vertraute Molden den Schweizern an, daß er Vertreter einer recht umfangreichen, wenn auch weithin unbekannten, österreichischen Widerstandsbewegung sei. Die Schweiz saß damals wie ein ängstlicher Sperling zwischen den Klauen des nazistischen Adlers und hungerte nach Informationen über Truppenbewegungen entlang der deutschen Grenze. Dieser offenkundig intelligente junge Mann konnte nützlich sein; anstatt interniert zu werden wurde Molden Mitarbeiter des Schweizer Nachrichtendienstes.

Er machte Zürich zur Basis seiner Unternehmungen und gehörte bald zu den österreichischen Nazigegnern, die Kurt Grimm's Appartement im Hotel „Belle Rive au Lac“ frequentierten. Er und andere junge österreichische Emigranten betrachteten Grimm als einen väterlichen Freund, der sich ihrer annahm, wenn sie Schwierigkeiten mit den Schweizer Behörden hatten, Geld brauchten, oder eine sichere Unterkunft, einen nützlichen Kontakt. Grimm war besonders beeindruckt von den erfolgreichen Unternehmungen, die Molden im Auftrag der Schweizer in Italien ausführte. Hier, so dachte Grimm, war ein junger Mann, den Allen Dulles kennenlernen sollte.

Die erste Zusammenkunft fand im September 1944 statt. Molden sollte zwei Stationen vor Bern aus dem Zug aussteigen, einen Autobus nehmen, sodann einen der Nahverbindungszüge nach Bern und schließlich zu Fuß bis zu einem bestimmten Bogen in den Arkaden der mittelalterlichen Stadt marschieren. Dort würde er den deutsch-amerikanischen Geschäftsmann Gero von Gaevernitz treffen, der ihn in Dulles Wohnung in der Herrengasse Nr. 23 brachte, wo der Österreicher und der Amerikaner bei diesem ersten Zusammentreffen einander behutsam auszuloten versuchten. Molden war von den Schweizern gewarnt worden, daß der amerikanische Geheimdienst durchlässig wie ein Sieb sei. Sie waren besonders wegen der Zusammenarbeit Dulles‘ mit Gisevius, dem Ex-Gestapobeamten, besorgt und auch Moldens Mentor, Kurt Grimm, war darüber beunruhigt. Nach Ansicht Grimms lebte der Deutsche ganz offenkundig weit über die Verhältnisse eines bloßen Abwehrmannes.

Obwohl Molden trachtete, reserviert zu erscheinen, wollte er doch auf Dulles Eindruck machen. Er begriff die außerordentlichen Möglichkeiten einer Zusammenarbeit mit den Amerikanern und empfand Dulles sogleich als sympathische und magnetische Persönlichkeit. Er erklärte ihm, er vertrete ein antinazistisches „Österreichisches Nationalkomitee“, aber der Amerikaner war nicht so leicht zufriedenzustellen. Wer, wollte er wissen, seien dessen Mitglieder? Molden zählte eine ganze Reihe von Österreichern auf, von denen die meisten oder alle höchst überrascht gewesen wären, Mitglieder einer Organisation zu sein, von deren Existenz sie nicht einmal wußten. Es waren zwar alles

Gegner des Nationalsozialismus, aber keineswegs so förmlich und organisatorisch zusammengeschlossen wie er das behauptete. Moldens vertrauliche Mitteilungen hätten ihre Hälse in die Schlinge der Nazis stecken können, aber als er in dieser Herbstnacht die Wohnung von Dulles verließ, war Molden höchst euphorisch. Hier war der Mann mit der Autorität, mit der Verantwortung und dem notwendigen Glauben: „Jetzt werden wir den Krieg gegen die Deutschen gewinnen".

Molden hatte sich ebenso wie Kolbe und Gisevius zunächst an die Engländer gewandt und wie diese war er von ihnen abgewiesen worden. Die Engländer warnten die Amerikaner vor diesem großmäuligen Kerl, höchstwahrscheinlich sei er ein *agent provocateur,* Dulles sollte ihn einfach der Schweizer Polizei übergeben. Aber Dulles entschloß sich für das Risiko und reichte Molden weiter an Gary Van Arkel, der sich einem großen, schlanken, blassen jungen Mann gegenübersah, mit schmalem, intelligenten Gesicht und schwerlidrigen Augen, die stets ihre Umgebung abzutasten und das Gegenüber zu prüfen schienen.

Doch was Van Arkel an Molden am meisten auffiel, war dessen totale Selbstbeherrschung. Er bat den Amerikaner buchstäblich um nichts, wollte nur, daß man die Existenz der österreichischen Widerstandsbewegung akzeptiere und die entsprechenden Vorteile für den Geheimdienst daraus ernte. Er verlangte keine Dokumente, kein Geld, keine Kleider. Fast alles, was er brauchte, hatten ihm schon die Schweizer gestellt und die Amerikaner waren durchaus bereit, sich in dieses fertige Arrangement einzukaufen.

Anfang September fuhr Molden mit dem Zug von Zürich an die italienische Grenze am Como-See. Der Schweizer Geheimdienst hatte ihn schon vorher mit einer deutschen Wehrmachtsuniform, entsprechenden Ausweisen und Marschbefehlen ausgerüstet, von italienischen Schmugglern nach Mailand gebracht worden, die Patriotismus und Profit kombinierten. In der Wohnung seiner Freundin und Mitarbeiterin, Adriana Del Piano, vollendete er seine Verwandlung in Hans Steinhauser, Feldwebel der Großdeutschen Wehrmacht.

Molden zog militärische Tarnung jeder anderen vor, weil sie für einen gesunden jungen Mann, der in der Kriegszeit im Deutschen Reich herumreiste, am wenigsten verdächtigt war. Er nahm den Rang eines Feldwebels an, weil dieser eine strategische Position zwischen den Soldaten und Offizieren bedeutete. Kein niederer Rang wagte es gegen einen Feldwebel aufzutreten und da jene für Leutnants und Hauptleute die Kompanien führten, so wurden sie von ihren Vorgesetzten geschätzt und respektiert. Die Feldgendarmeriestreifen, die die Reisedokumente überprüften, wurden für gewöhnlich von Feldwebeln geführt und es gab eine Art von Kollegialität unter den Männern dieses Ranges. Vielleicht war Molden ein bißchen jung für einen bärbeißigen Feldwebel, aber er strahlte Selbstsicherheit aus, im Alter von zwanzig Jahren war an Fritz Molden nur mehr wenig von einem Knaben zu entdecken.

Am 7. September 1944 erhielt Paula Molden einen aufgeregten Telefonanruf ihrer Nichte: Sie solle rasch zu ihr kommen. Im Hause dieser jungen Frau erfuhr Frau Molden, daß ihr Sohn, der ein Jahr zuvor in Italien als vermißt gemeldet worden war, am Leben sei und sich in Wien befinde.

Bei seiner Ankunft hatte Fritz Molden ordnungsgemäß seine Reisepapiere der entsprechenden Wehrmachtkommandatur vorgelegt und ein Zimmer in einem Hotel zugewiesen erhalten. Von dort aus hatte er seine Kusine angerufen und traf später seine Mutter im Stadtpark, am nächsten Tag auch seinen Vater an einer Straßenbahnstation im 3. Bezirk.

Beraten von seinem Vater ging er nun rasch daran, jene Widerstandsorganisation zu schaffen, von der er den Amerikanern erzählt hatte, daß sie längst bestehe. Rasch erkannte er, welche Schwierigkeiten diese Aufgabe mit sich brachte. Am 20. Juli 1944 war das Unternehmen „Walküre“ in Wien zunächst erfolgreich verlaufen: Die „Bonzen“ waren verhaftet, Schlüsselstellungen besetzt worden. Dann, als der Staatsstreich gegen Hitler fehlgeschlagen war, hatten die Nazis in Wien ebenso hart zurückgeschlagen wie in Berlin. Widerstandsführer waren erschossen worden oder befanden sich, als Molden in Wien ankam, im Gefännis oder im KZ.

Einer der Männer, die er Allen Dulles als Mitglied des Österreichischen Nationalkomitees genannt hatte, war ein sehr bekannter Wiener Universitätsprofessor für Internationales Recht. Zu Anfang seines Besuches in Wien hatte Molden im dunklen Hauseingang auf die Rückkehr dieses Herrn gewartet.

„Mein Gott", rief der Professor überrascht, „ich habe geglaubt, du bist tot!"

„Nein, ich bin in der Widerstandsbewegung."

„Bist du wahnsinnig? Du wirst uns alle an den Galgen bringen."

Der Professor befahl ihm, sofort sein Haus zu verlassen und niemals wieder zu kommen.

„Es ist zu spät," sagte Molden, weggehend. „Du bist schon ein Mitglied des Österreichischen Nationalkomitees."

Moldens politisches Ziel war klar. Alle von den Nazis besetzten Länder besaßen Exilregierungen, die geachtete Positionen gegenüber den alliierten Regierungen einnahmen und mit diesen verhandelten. Wollte Österreich in einer Nachkriegswelt nicht als Provinz des Dritten Reiches behandelt werden, so bedurfte es auch einer provisorischen Regierung, die von den Alliierten anerkannt war. Dazu mußte es aber auch eine glaubwürdige Widerstandsbewegung geben.

Molden kannte die Bedingung, auf die die Russen bei der alliierten Moskauer Deklaration vom Oktober 1943 bestanden hatten: In der Nachkriegswelt sollte Österreich als befreites Land betrachtet werden und nicht als ein geschlagener Feind, aber die Sieger würden in Rechnung stellen, in welchem Ausmaß es selbst zu seiner Befreiung beigetragen hatte.

Er suchte daher unter jenen, die das Blutbad nach dem 20. Juli überlebt hatten, nach Leuten, aus denen man eine eigene österreichische Widerstandsbewegung bilden konnte. Die Überreste mit denen er zu arbeiten hatte, waren in kleine Gruppen gespalten, Individuen, nur verbunden im Haß auf den Nationalsozialismus. Er erfuhr allerdings von einem vielversprechenden Kern von Nazigegnern, den im Frühjahr 1944 einzelne Widerstandsgruppen mit militärischen Beziehungen gebildet hatten. Als Molden im September in Wien ankam, waren sie unter dem Namen „0 5" zusammengeschlossen. In Wirklichkeit war „0 5" mehr ein Symbol als eine Organisation, aber die Existenz dieser Gruppe gab Molden etwas Greifbares, das er den Alliierten berichten konnte, um seine Behauptung, die Österreicher seien bereit gegen Hitler zu kämpfen, zu belegen. Er hoffte, die uneinigen Elemente der Nazigegner in Österreich unter einem Dach zu vereinen, damit er bei seiner Rückkehr diese Gruppe mit einem klaren Programm den Alliierten präsentieren und so für Österreich die Behandlung als unabhängige, wenn auch vorübergehend unterworfene Nation erreichen könne.

Bevor er die Schweiz verließ, hatte ein Freund Molden vorgeschlagen, er solle doch in Wien versuchen, Kontakt mit einer Frau aufzunehmen, die den Decknamen „Circe“ trug; sie könne sich als nützlich erweisen. Molden verabredete eine Begegnung mit ihr im Hotel Exzelsior.

Circe war eine katzenhafte Frau Ende der Dreißig, klein, schnell, deren Attraktivität etwas Verwirrendes hatte. Sie war eine der führenden Fotografinnen Berlins gewesen und hatte viele prominente Deutsche, aber auch Mussolini und den Grafen Ciano portraitiert, eine typische Vertreterin des Berlin der zwanziger Jahre. Sie war dreimal ausgebomt worden und hatte sich darum für kurze Zeit in Wien niedergelassen.

Circe war früher bei der Abwehr gewesen und hatte nun eine Aufgabe, die Moldens Interesse an ihr noch erhöhte. Sie sollte nach Norditalien reisen, um Industriebetriebe, die die Deutschen beschlagnahmen wollten, zu fotografieren, wofür Sie zwischen Turin und Mailand hin und herreisen mußte. Diese offensichtlich kluge Frau konnte Molden eine neue Basis in Norditalien bieten und sie war gerne bereit, ihm zu helfen. Er war zwar zu jung, um erotisch für sie anziehend zu sein, aber er interessierte sie als jemand, der sich gegen die Nazis wehrte und schlauer war als sie. Eine gewisse Verrücktheit an Molden faszinierte sie, sie vereinbarten, sich in Mailand wieder zu treffen.

Moldens Hauptarbeit in Wien galt der politischen Zukunft Österreichs. Es war ihm aber klar, daß die Amerikaner ihn vor allem als Nachrichtenquelle schätzten. Er arbeitete daher auf zwei Ebenen: Mit seinem Vater und anderen führenden Österreichern bemühte er sich Liberale, Monarchisten, Christlichsoziale, Sozialdemokraten und Wehrmachtsoffiziere im Österreichischen Nationalkomitee zusammenzufassen, gleichzeitig aber organisierte er ein geheimes Nachrichtennetz.

Vor seiner Ankunft in Wien hatte Molden Innsbruck, Salzburg und Linz besucht und dort Nachrichtenzellen gebildet. Bei seiner Rückkehr in die Schweiz reiste er zum selben Zweck über Graz und Klagenfurt. In jeder Stadt baute er die klassische Spionagepyramide auf, eine Gruppe von drei bis fünf Agenten, von denen nur jeweils der Führer Molden kannte. Jeder dieser Agenten seinerseits schuf ein Netzwerk, dessen Mitglieder einander nicht kannten.

In Innsbruck besaß Molden einen Onkel, Physik-Professor an der Universität, der im Ersten Weltkrieg erblindet und als über jeden Verdacht erhaben galt. Seinen Sender stellte Molden im Büro dieses Professors auf, das bequemerweise dem universitätseigenen Radiolaboratorium benachbart war.

Zwanzig Tage nach seiner Abreise war Fritz Molden wieder in der Schweiz und berichtete zum ersten Mal an Van Arkel.

7. KAPITEL

Der Eid auf Adolf Hitler

Innerhalb des OSS wurde nur einer der feindlichen Geheimdienste wirklich geachtet: Nicht etwa die Gestapo, die nur durch brutale Gewalt sich durchzusetzen wußte, sondern vielmehr der „SD", eine ausgewählte, kleine Elite, dem Spionagedienst jedes anderen Landes durchaus gewachsen. Einen Agenten in das SD-Hauptquartier in Berlin einzuschmuggeln war eine gewaltige Verlockung und hätte reiche Ernte bedeutet. Die wichtigsten Geheimnisse einer totalitären Gesellschaft wurden durch Eindringen in deren Geheimdienste in Erfahrung gebracht. Früher oder später liefen dort alle Geheimnisse ein: Was immer sich militärisch, politisch oder diplomatisch in Deutschland ereignete, im SD wußte man es. Im Herbst 1944 fand Bert Jolis von der OSS-Einheit in Saint-Germain-en-Laye langfristig eine Möglichkeit, in den SD einzudringen.

Nahezu zwei Jahre zuvor hatte Arthur Goldberg auf Rat von Omar Becu, des belgischen Sekretärs der „International Transport Workers Federation" nach Jolis zu suchen begonnen. Goldbergs Stab nahm keinen Anstoß, daß ein Gewerkschaftsführer einen internationalen Diamantenhändler empfahl, um durch ihn Seeleute, Lastwagenfahrer und Eisenbahnarbeiter zur Spionage anzuwerben.

Der Diamantenhändler war inzwischen amerikanischer Soldat geworden, der in einem Lager im Staat New York zum Militärpolizisten ausgebildet wurde. Jolis erinnert sich, er habe damals gefürchtet, er werde den Rest des Krieges auf Brückenwache in Maine verbringen.

Als er eines Tages gerade an der Exerzierausbildung teilnahm, sollte er sich beim Kommandeur melden. Dieser blickte ihn prüfend an und übergab ihm einen Streifen Papier worauf stand, daß Jolis sich sofort nach New York City begeben solle, wo er in einem Restaurant neben dem Eislaufplatz des Rockefeller-Centers einen Mann namens Morton Kollender treffen werde. „Sonst weiß ich nichts,“ sagte der Offizier, „melden Sie sich zurück, wenn Sie mit der Sache fertig sind.“

Das war im Winter 1942. Jolis und Kollender trafen sich in dem Restaurant. Kollender sagte nichts über sich selbst, horchte aber Jolis sehr genau über seinen Hintergrund aus und erfuhr, daß Bert Jolis dreißig Jahre alt, in England geboren, aber jetzt amerikanischer Staatsbürger sei. Seine Familie war seit Generationen im Diamantengeschäft und hatte, wie viele Familien, die sich mit Diamanten befaßten, ihre Wurzeln in Amsterdam.

Durch die Unternehmen seiner Familie hatte Bert Jolis umfangreiche Kontakte mit nichtkommunistischen Gewerkschaftsführern, besonders in der Transportindustrie, und hatte so auch Omar Becu von der ITWF kennengelernt. Die beiden entschiedenen Antikommunisten, der eine Kapitalist, der andere Gewerkschaftler, hatten 1940 zusammengearbeitet, um eine höchst gefährliche Strategie der Sowjets zu bekämpfen:

In der Zeit, in der die Russen in unheiliger Allianz mit den Nazis verbunden waren, hatten sie eine heftige Propagandakampagne gegen Großbritannien geführt. Die Russen predigten, der Krieg sei ein imperialistisches Betrugsmanöver und kein ehrlicher Arbeiter dürfe sich an diesem Kampf zur Rettung des Kapitalismus beteiligen. Die Engländer, so behaupteten die Russen, verlängerten auf grausame Weise den Krieg, indem sie Hitlers ehrliche Friedensangebote ablehnten.

Außenminister Wjatscheslaw Molotow hatte die 7. Sitzungsperiode des Obersten Sowjet der UdSSR mit einem eindringlichen Appell an die kommunistischen Parteien in aller Welt eröffnet, die Arbeiter in den kapitalistischen Ländern zu Streiks und Arbeitsniederlegungen in Rüstungswerken zu veranlassen, ferner das Beladen von Schiffen zu behindern und Matrosen der Handelsmarine dazu zu bringen, an den Küsten der Vereinigten Staaten, der Karibischen Inseln und Lateinamerikas ihre Schiffe im

Stich zu lassen. Bei einem Erfolg dieses Appells hätte sich wohl der Strick um den Hals Großbritanniens zusammengezogen.

Nach seiner Arbeit mit Becu war Jolis in die Vereinigten Staaten übersiedelt, wo er aber zum Militär eingezogen worden war. Nun fragte ihn Mort Kollender: „Wären Sie bereit, freiwillig eine geheime und gefährliche Arbeit zu übernehmen?"

„Sicher," antwortete Jolis, „wenn ich nur von der Militärpolizei wegkomme."

Erst jetzt enthüllte Kollender, daß er unter General Donovan arbeite, den Präsident Roosevelt erst kürzlich mit der Leitung des Büros des „Coordinator of Information", der ursprünglichen Bezeichnung für den OSS, betraut hatte. Bert Jolis hatte nicht die geringste Idee, wovon der Mann eigentlich redete, kehrte in sein Military-Police-Lager zurück und fürchtete, als Woche um Woche verging, daß auch diese sonderbare Möglichkeit, der Militärpolizei zu entrinnen, nun dahin sei. Schließlich wurde er aber doch vom OSS nach Washington angefordert, wo er Arthur Goldberg kennenlernte und der OSS-Gewerkschaftsorganisation zugeteilt wurde. Er kam in die Ausbildungskurse und erinnert sich heute noch sehr lebhaft, wie er Seeminen an die Mauern von Swimming-Pools luxuriöser Besitzungen in der Umgebung Washingtons montierte.

Jolis arbeitete einige Zeit mit Van Arkel in Nordafrika, wurde zu Pratts Labor Division nach London und nach der Befreiung Frankreichs nach Paris versetzt.

Dort meldete sich bei ihm ein weißrussischer Emigrant namens Juri Winogradow, schlank, blond, gut aussehend, Anfang der zwanzig, mit den einschmeichelnden Manieren eines Mannes, der verarmt am Rand der guten Gesellschaft aufgewachsen war. Seine Eltern waren vor der Revolution aus Rußland geflüchtet und hatten sich zunächst in Berlin angesiedelt, wo Juri zur Welt kam und den größten Teil seines Lebens verbracht hatte.

Nach der Befreiung von Paris war es ihm gelungen, sich durch die Frontlinien in die französische Hauptstadt durchzuschlagen, wo er sich von Schwarzmarkt-Geschäften ernährte.

Für Jolis klang dies alles verdächtig schön: Ein junger Russe flüchtet aus Deutschland in den Westen, erklärt er sei Nazigegner, behauptet interessante Verbindungen zum SD zu haben und erzählt das einem amerikanischen Geheimdienstoffizier. Wieso, wunderte sich Jolis, war dieser gesunde junge Mann in Deutschland nicht zur Wehrmacht eingezogen worden? Wie war er durch die Front geschlüpft? Und wie kam er zu SD-Kontakten?

Winogradow war für Jolis ein klassisches Geheimdienstdilemma:

„In all diesen Fällen," so notierte Jolis, „ist es außerordentlich schwierig, das Ausmaß der ideologischen Bindung gegenüber dem Ausmaß an Opportunismus bei jemandem abzuschätzen, der sich als Agent anbietet. Vor allem möchte man natürlich das Motiv des Mannes kennenlernen. Ist er ein Doppelagent? Ganz sicher ist man nie. Man muß ihn als Individualität erfassen und dabei ist Zeit der entscheidende Faktor."

Jolis brachte den Russen in sein Hauptquartier in einer Villa außerhalb von Paris, um ihn zu beobachten und zu entscheiden, ob Winogradow den kühnen Unternehmungen, die er vorschlug, auch tatsächlich gewachsen sei. Der Russe hatte nämlich Jolis im Vertrauen mitgeteilt, er könne das Hauptquartier des SD in Berlin infiltrieren. Schließlich schob Jolis seine Zweifel beiseite. „Wir suchten ja schließlich und endlich nicht nach engelsreinen Motiven, sondern wir suchten jemanden, der eine besondere Aufgabe durchführen konnte." Juris Mission bekam den Namen *„Ruppert"*.

Winogradow war zweifellos ein Abenteurer und Opportunist und, so meinte Jolis, erst nach Paris gekommen, als die Invasion Frankreichs den endgültigen Sieg der Alliierten verhieß. Aber er besaß politischen Verstand, war ein begabter Heuchler und es war durchaus möglich, daß er seine Prahlereien auch wirklich in die Tat umsetzte. Der eitle Russe bekam, während er sich für seine Mission vorbereitete, die Uniform eines einfachen Soldaten und war damit zur Anonymität eines amerikanischen Rekruten reduziert.

Im September 1944 hatte der OSS noch nicht die Möglichkeit, einen Agenten nach Berlin einzufliegen, Juri mußte vielmehr durch die Frontlinien geschleust werden. Er sollte seine eigene Identität benützen, aber vorgeben SD-Agent zu sein, um die deutschen Linien überschreiten zu können. Dann, sobald er einmal in Berlin war, sollte er versuchen, den SD dazu zu bringen, ihn einzusetzen.

Seine Geschichte lautete, er sei in Paris vom alliierten Vormarsch überrollt worden, habe keine Arbeit gefunden und mit französischen Behörden Schwierigkeiten gehabt. Außerdem lebe seine kranke Mutter in Berlin, die er wiedersehen wolle, was sogar der Wahrheit entsprach. Vor allem aber sei er nach Deutschland zurückgekehrt, weil er über das Aufleben des Kommunismus im befreiten Frankreich entsetzt war. Als Weißrusse fürchtete er die Partnerschaft der Sowjets mit den westlichen Alliierten und war daher nach Deutschland zurückgekehrt, dem einzigen Land, das seine Abscheu vor dem Bolschewismus teilte.

Unmittelbar vor seiner Abreise weigerte sich Winogradow, eine größere Summe Reichsmark hinter die deutschen Linien mitzunehmen. Stattdessen überredete er seine Vorgesetzten, ihm Gold- und Silberschmuck etwa im Wert von zehntausend Dollar zu geben, den er in das Futter seiner Kleidung einnähte.

Im September 1944 war der rasche Vormarsch der 7. Armee das Rhônetal aufwärts in Kälte und Schlamm und wegen der unerwarteten Härte der deutschen Verteidigung in den Vogesen, etwa 50 Kilometer vor der deutschen Grenze, stecken geblieben. Einen Agenten durchzuschleusen war ein schwieriges Kunststück, denn zuerst mußte man ihn durch die alliierten Linien und dann durch die deutschen bringen.

Jolis und Winogradow kamen am 31. Oktober an die Front. Jolis hatte mit der OSS-Abteilung der 7. Armee die notwendigen Verabredungen getroffen, um die Durchschleusung möglich zu machen. Mit einem Fahrer und Jack Nyle, dem OSS-Offizier der 4. Armee, der die Planung entworfen hatte, verließen die beiden Epinal am späten Nachmittag des 2. November in heftigem Regen. Während sich ihr Jeep über die schlammigen, gewundenen Straßen der Vogesen kämpfte, war Jolis von der Szene fasziniert: Sie fuhren durch Reihen vor Nässe triefender amerikanischer Soldaten, die zur Front marschierten. Die Stille wurde nur von Rufen und Flüchen der Militärpolizei, die den Verkehr dirigierte, unterbrochen. Auf der anderen Straßenseite marschierte eine Kolonne Goums, Berber, von den Franzosen in Marokko rekrutiert, in Turban und regendurchnäßten Mänteln, auf Pferden oder mit Maultieren. Für Jolis schien dieser Regen, die schlammbedeckten, schweigenden Männer, die mageren Tiere ein gespenstisches Bild aus dem Ersten Weltkrieg. Bis zu diesem Moment war alles Theorie gewesen, nun begann ihn die Erregung zu packen, daß er nun tatsächlich seinen ersten Agenten führte. Winogradow aber blieb vollkommen unbeeindruckt.

In seinem vier Tage später verfaßten Bericht beschrieb Jolis die letzten Augenblicke, bevor er den Russen ins Niemandsland entließ:

„Infiltrationspunkt lag im Gefechtsstreifen der 1. französischen Armee. Vor dem Bataillonsgefechtsstand wurden wir von einem französischen Posten aufgehalten. Der Feind habe gerade begonnen, die vorausliegende Straße zu beschießen, daher könnten Fahrzeuge nicht weiterfahren. Dementsprechend verließen wir den Jeep und legten die letzten zwei Meilen bis zum Vorposten zu Fuß zurück. Teile der Straße wurden vom Feind eingesehen, daher mußte der Agent einen Helm und einen GI-Mantel über seinen Zivilkleidern tragen. Angesichts der schlechten Sicht und des strömenden Regens, besteht guter Grund anzunehmen, daß wir vom Feind nicht gesehen wurden.

Der Agent wurde dann dem Bauern weitergereicht, der im ersten der drei Höfe wohnte. Es war geplant, daß er die Nacht dort verbringen sollte, um sich bei Tagesanbruch über die anderen beiden Häuser nach Gérardmer auf den Weg zu machen, von wo aus er dann nach Saint-Dié weitergehen sollte".

Der Bauer ließ sie wortlos ein. Jolis und Nyle blieben nur so lange, um Winogradows GI-Helm und Mantel mitzunehmen. Jolis schüttelte dem Russen die Hand und umarmte ihn kurz. Dann gingen die Amerikaner.

Um acht Uhr am nächsten Morgen brach Winogradow auf und folgte einem Weg in Richtung der deutschen Linien, bis er von einem Posten in einem Blockhaus aufgehalten wurde. Er zog seine Papiere hervor und gab das richtige SD-Losungswort. Dann befahl er dem Soldaten, ihn zum nächsten Abwehroffizier zu führen. Der Soldat ließ ihn durch und schickte ihn zum Kompaniegefechtsstand.

Dort gab er sich ungeduldig und arrogant, sodaß ein Offizier, der ihn verhörte, sich dafür entschuldigte, daß er sein Gepäck untersuchen müsse. Seine Leute, so sagte er, hätten zwei Franzosen dabei erwischt, als sie in der Nacht zuvor die Linien durchqueren wollten und zwar auf demselben Weg, den Juri benützt hatte. Man hatte bei den Franzosen einen Sender gefunden und sie erschossen.

Winogradow weigerte sich, dem Offizier irgend etwas über seine Tätigkeit zu sagen, bestand darauf, daß er mit niemandem auf Kompanieebene sprechen könne und verlangte, zum Divisionshauptquartier gebracht zu werden. Tatsächlich fuhr er nun mit einem deutschen Major und dessen Fahrer in einem Stabswagen nach Gérardmer. Auf der Fahrt schlug eine amerikanische Granate in der Nähe ein und verwundete den Major tödlich, Juri blieb unverletzt. In Gérardmer wurde er einem Routineverhör durch einen Nachrichtenoffizier des Heeres unterzogen und bestand diese erste Prüfung.

Von Gérardmer fuhr er mit der Bahn nach Straßburg, und meldete sich beim SD-Hauptquartier. Dort, während einer Befragung durch zwei SD-Leute, schien ihm eine Katastrophe zu drohen, denn sie wollten mit dem SD-Hauptquartier in Berlin telefonieren, um seine Geschichte zu verifizieren. Juri sagte ihnen kühl, sie sollten nur weitermachen, aber nicht erwarten, ihn im regulären SD-Register zu finden. Er habe für einen Mann namens Michael Kedia gearbeitet, der wie er selbst antikommunistischer Russe sei und zu dem im Osten eingesetzten Spionagedienst des SD gehörte. Kedia war tatsächlich einer der Namen, den Winogradow genannt hatte, als er sich dem OSS in Paris verkaufte und dieser Trick war immerhin so erfolgreich, daß er Winogradow über das Straßburger SD-Amt hinausbrachte. Er erhielt nun Weisung sich in Baden-Baden zu melden, wo Standartenführer Bichler, der oberste SD-Chef für Westeuropa, ihn persönlich kennenlernen wollte.

In Baden-Baden wurde Winogradow einem ersten professionellen Verhör unterzogen. Seine SD-Befrager quetschten ihn bis ins kleinste Detail über seine Reise von Paris her aus, über Zeiten, Daten, Orte und Transportmittel. Man befragte ihn über die Standorte und Bewegungen alliierter Einheiten in dem Gebiet, das er angeblich passiert hatte, aber darauf war er vorbereitet. Offiziere der 7. Armee hatten ihn mit veraltetem, aber richtigem Nachrichtenmaterial versorgt, damit er etwas habe, was er den Deutschen mitteilen könne.

Schließlich wurde er Bichler vorgestellt und entdeckte, daß er so etwas wie eine Berühmtheit war: Er war der erste SD-Mann, der seit dem Fall von Paris zurückgekehrt war und seine „Kollegen" gierten nach Informationen über die französische Hauptstadt.

Juri Winogradow blieb drei Tage Gast des SD in Baden-Baden und hörte dort reichlich interne SD-Gespräche, die sich als unschätzbar sowohl für die OSS-Gegenspionage als auch für ihn selbst erweisen konnten, bei seinem Versuch, das Hauptquartier des SD in Berlin zu infiltrieren.

Einige Tage nach Juris Abreise las Van Arkel in Bern eine Nummer der „Berliner Morgenpost". Im Inseratenteil fand er eine Anzeige, in der ein möbliertes Zimmer gesucht wurde. Die angegebene Telefonnummer war 66-87-46. Er sandte sofort eine Botschaft an Jolis: Juri befand sich sicher in Berlin. Die Anzeige war am 7. November erschienen, fünf Tage nachdem Jolis den Russen im Bauernhaus bei von Gérardmer verlassen hatte.

Das OSS-Detachement der 7. Armee, das dafür gesorgt hatte, daß Juri die Frontlinie passieren konnte, war eine merkwürdige Mischung. Seine Männer gehörten zu jener privilegierten Spitze der amerikanischen Gesellschaft, aus der der OSS vorzugsweise seine Mitarbeiter holte: Der Enkel eines Milliardärs, der Sohn eines berühmten Filmregisseurs, der Sprößling einer reichen Weinkellereifirma, die Tochter einer der ersten Familien Philadelphias. Aber das Detachement der 7. Armee operierte nicht von Londoner Stadthäusern aus, sondern in Hörweite des Artilleriefeuers und ging unmittelbar hinter der Front mit den Truppen vor. Seine Mitglieder tranken billige Apéritivs in obskuren Bergdörfern in den Vogesen, übernahmen aber dann vielleicht den Weinkeller eines prachtvollen Schlosses. Seine Agenten rekrutierte das Detachement nicht aus intellektuellen Nazigegnern und emigrierten Sozialtheoretikern in Bern oder London, sondern aus den Reihen unzufriedener deutscher Soldaten in freudlosen Gefangenenlagern wie Saargemünd oder Nancy.

Der OSS hatte den Kampftruppen auch noch andere Einheiten zugeteilt. Bei der 3. und 9. Armee wirkten recht erfolglose Abteilungen, die 1. Armee hatte ihr OSS-Detachement sehr bald nach der Landung nach Hause geschickt, – und war später durch den Ausbruch der Ardennenoffensive völlig überrascht worden. Nur die OSS-Einheit der 7. Armee wurde auch im Feld respektiert, ein Ruf, den sie sich hauptsächlich durch eine detailierte Liste deutscher Verteidigungsstellungen bei der Invasion Südfrankreichs erworben hatte.

Der Vormarsch der 7. Armee, von der Riviera bis zu ihrer Vereinigung mit der 3. Armee bei Epinal, hatte sich in zwei Etappen vollzogen. In den ersten sechs Wochen war es ein Galopprennen über 460 Kilometer, tief in das besetzte Frankreich hinein, gewesen. Am 21. September wurde der Oberlauf der Mosel überschritten, nur 80 Kilometer vor der deutschen Grenze. In der zweiten Phase jedoch war die deutsche Gegenwehr härter geworden, der alliierte Vormarsch kam zu Stehen.

Als die Wochen dieses Stillstandes sich in Monate verwandelten, wandte sich der Befehlshaber der 7. Armee, Generalleutnant Alexander Patch, an einen Schöpfer des Nachrichtenapparates, der den Weg für die Invasion Südfrankreichs gebahnt hatte, nämlich an Henry Hyde, den SI-Chef des OSS-Detachements. Hyde, damals kaum dreißig, aber schon fast kahl und daher älter aussehend, war ein Auslandsamerikaner, der vor Besuch der Harvard Law School die Vereinigten Staaten kaum gekannt hatte. Sein Großvater hatte als Gründer der „Equitable Life Assurance Society of the United States" ein Vermögen angehäuft, aber als die US-Regierung eine besonders unangenehme Untersuchung seines Unternehmens einleitete, hatte Hydes Vater ein elegantes Exil in Frankreich gewählt. Dort, in Paris, wurde Henry Hyde geboren. Bevor er nach Harvard ging, war er in Internatsschulen in England erzogen worden und wuchs, was Ansichten und Stil betraf, völlig kosmopolitisch auf.

General Patch rief Hyde im November 1944 in sein Hauptquartier und verlangte zu wissen, warum die 7. Armee nicht länger jene Art von Nachrichtenmaterial bekomme, das ihren Marsch nach Frankreich hinein so erleichtert hatte. Es sähe aus, als sei der OSS ausgetrocknet. Was, so wollte Patch wissen, war geschehen?

Die ehrliche Antwort lautete, daß Hyde keine Agenten mehr hatte. Die Franzosen, die so außerordentlich gute Arbeit bei der

Vorbereitung für die Invasion ihrer Heimat geleistet hatten, waren natürlich völlig ungeeignet, um nach Deutschland geschickt zu werden und dort jene Art taktischer Nachrichten zu sammeln, die Patch und die ihm unterstellten Befehlshaber wünschten. Aber Patchs Klage bedeutete für Hyde einen gewissen Hoffnungsschimmer für einen seit langem gehegten Plan und er ergriff sogleich die Gelegenheit.

„Herr General, es wird sehr schwierig. Hier ist alles leer, die Elsässer haben einen falschen Akzent, wir haben keine guten Papiere und Tarngeschichten für sie; außerdem haben die Nazis alle arbeitsfähigen Leute nach Deutschland verschickt. Es ist niemand übrig, als alte Männer, Frauen und Kinder." Nun spielte Hyde seine Karten aus.

„Wir könnten aber versuchen, geeignete deutsche Kriegsgefangene zu verwenden."

Ein paar Wochen zuvor hatte Hyde Allen Dulles in Frankreich getroffen und der Chef des OSS-Schweiz hatte ihm gesagt: „Wissen Sie, es gibt eine Menge Nazigegner unter den Deutschen. Ihr solltet versuchen, daraus Vorteile zu ziehen."

Aber SHAEF, das Alliierte Oberkommando in Europa, hatte ausdrücklich die Verwendung von Kriegsgefangenen als Agenten verboten und die Engländer hatten dieses Verbot auch genau beachtet. Außerdem war es auf Grund der Haager Landkriegsordnung verboten, unter Kriegsgefangenen Spione anzuwerben, aber Patch war ein praktischer Mann. Er sagte Hyde, er solle nur damit beginnen sich der Kriegsgefangenen zu bedienen. Er erinnerte ihn allerdings an das Verbot der Obersten Kommandos und fragte, wer denn eigentlich die Schlüsselperson sei, um dieses Hindernis zu umgehen. Hyde sagte, das sei General Donovan und flog nach London, um mit Donovan zu sprechen. Patch hatte ihm vor seinem Abflug mit einem gewissen Zwinkern erklärt, sollte Hyde nicht imstande sein, seine Befehle zu befolgen, dann habe der OSS bei der 7. Armee nichts mehr zu suchen. General Donovan stimmte dementsprechend zu, daß Hyde gar keine andere Wahl habe, als die Befehle seines Kommandeurs zu befolgen, und so waren auch Donovans Hände nun sauber. Das Verbot der SHAEF, Kriegsgefangene zu verwenden, wurde einfach stillschweigend umgangen.

Bei seiner Rückkehr informierte Hyde seine Leute, daß ihr Ziel nun jenseits des Rheines liege und man begann sofort mit der Rekrutierung.

Hyde hatte in seinem Stab drei Amerikaner, die fließend deutsch sprachen, und denen nun die Rekrutierung übertragen wurde. Peter Viertel, Sohn eines Hollywood-Regisseurs, war ein tatkräftiger junger Mann mit Appetit auf Abenteuer, der ihn zuerst zur Marineinfanterie und dann zum OSS geführt hatte. Er war im „Sündenpfuhl" Hollywood der dreißiger Jahre aufgewachsen, seine Freundinnen waren Filmstars gewesen. Im Alter von vierundzwanzig Jahren war Viertel welterfahrener als es seinem Alter zukam.

Ein zweiter gelegentlicher Rekrutierungsoffizier war der Schatzmeister der Einheit, Peter Sichel, aus einer bekannten deutschen Weinhändlerfamilie. Die Sichels hatten ihren Besitz einfach im Stich gelassen als offenkundig wurde, welches Schicksal die Juden erwartete. Er war in England erzogen worden, seit 1941 lebte die Familie in den USA.

Der dritte Rekrutierungsoffizier, Carl Mücke, sprach, obwohl in Amerika geboren, sehr gut deutsch, das er von seinen emigrierten Eltern gelernt hatte.

Diese drei Männer arbeiteten vor allem in den Auffanglagern, durch die die deutschen Soldaten gleich nach ihrer Gefangennahme geschleust wurden, nur selten dagegen in den ständigen Lagern. Was den Amerikanern beim Betreten der Lager am meisten auffiel, waren die körperlichen Unterschiede. Die Deutschen waren im großen und ganzen kleiner und viel blonder als die Amerikaner. Im allgemeinen herrschte bei den meisten Gefangenen in den Lagern als Ergebnis von Resignation Verdrossenheit, aber es gab auch bei einigen, vor allem bei SS-Leuten, Entschlossenheit zum Widerstand. Die Gefangenen hatten die Tendenz, sich nach Waffengattungen zusammenzuschließen, sie zogen es vor, untereinander zu bleiben und vermieden engere Kontakte mit der SS.

Der OSS ließ Nachrichtenoffiziere der Armee mögliche Agenten überprüfen. Hinweise kamen oft unerwartet: So ließ ein Gefangener bei der ärztlichen Untersuchung plötzlich eine Bemerkung fallen oder ein anderer flüsterte der Wache in Speiseraum zu, daß er etwas Wichtiges mitzuteilen habe. Die Lagerleitung war darauf bedacht, solchen Anzeichen nachzugehen.

Manchmal konnten deutsch sprechende Offiziere Nazigegner dazu provozieren, sich zu erkennen zu geben. Sie begannen ein beiläufiges Gespräch und bekannten darin plötzlich eine neidvolle Bewunderung für Hitler. Nun warteten sie, ob der Partner zustimmte oder nicht. Ein besonderer Fall waren Gefangene, die in einem Strafbataillon gedient hatten. Aus dieser Gruppe schied man dann die echten Kriminellen aus und konzentrierte sich auf jene, die wegen ihrer politischen Gesinnung ins Strafbataillon gekommen waren. Peter Sichel hatte da einen besonderen Vorteil, denn er besaß schauspielerische Begabung und ein gutes Ohr.

Die Kandidaten fielen grob gesprochen in drei Klassen: Die Jungen, die Alten und die Opportunisten aller Altersstufen. Jüngere Rekruten waren meist Deutsche aus guten Mittelklassefamilien; in letzter Minute zur Wehrmacht eingezogen, teilten sie die Abneigung ihrer Eltern gegen Hitler. Die älteren Kriegsgefangenen entpuppten sich häufig als Sozialisten aus den Industriegebieten.

Doch auch bloße Opportunisten konnten wertvoll sein, vorausgesetzt, daß sie im Einsatz nicht wieder überliefen. Die Werber lockten mit der Aussicht etwa auf einträgliche Geschäfte, einem guten Job nach dem Krieg oder mit der mächtigsten Versuchung, der Möglichkeit in die Vereinigten Staaten zu emigrieren.

Jenen mit edleren Motiven mußte man helfen, das Odium des Verrates zu überwinden. Diese Deutschen hatten beim Eintritt in die Wehrmacht den Eid auf Adolf Hitler als Führer des Deutschen Reiches und Volkes geschworen. Nun mußten ihnen die Werber einen ehrenhaften Ausweg weisen, um die Seite wechseln zu können.

Die Amerikaner begannen damit, daß sie betonten, die deutsche Sache sei verloren: „Wenn Sie wirklich etwas für ihr Vaterland tun wollen, dann müssen Sie helfen, diesen Krieg zu beenden. Je länger er dauert, umso mehr Städte werden zerstört, umso mehr Leben werden geopfert. Wenn Sie ein wirklich guter Deutscher sind, dann müssen Sie dazu beitragen, den Krieg abzukürzen."

Henry Hyde konnte mit aussichtsreicheren Kandidaten wunderbar überzeugend sein. Bevor er den Gefangenen empfing, informierte sich Hyde über den Hintergrund des Mannes, studierte alle Einzelheiten über seine Frau, Kinder, Politik und Eitelkeiten.

Im Gespräch blickte er dem Mann intensiv in die Augen, mit einem wissenden Lächeln um die Lippen:

„Wir haben einen gemeinsamen Feind, den verrückten Hitler, er ist schuld an der Zerstörung eurer Häuser, an der Todesgefahr, in der sich eure Familien befinden. Er wird noch mehr Menschen töten lassen, er ist ein tollwütiger Hund. Wir müssen diesen Menschen loswerden und mit dem Wiederaufbau Deutschlands beginnen".

Hyde kannte die Einwände im voraus. Fürchteten die Deutschen eine Vergeltung, so versprach er ihnen, daß sie weit entfernt von ihrer Heimatstadt eingesetzt werden würden, oder er würde sie nach dem Krieg „desinfizieren", indem er sie in einer neuen Gegend ansiedelte.

Selbst durch einen Dolmetscher konnte Hyde noch magnetisch wirken. „Der Krieg ist für Deutschland verloren. Sie wissen es und wir wissen es. Aber Hitler will nicht aufhören, sondern in einer Götterdämmerung untergehen." Es war nicht Verrat, es war Vernunft und ein vernünftiger Patriotismus, was die Amerikaner predigten.

Trotz aller Beschönigung waren die Argumente doch elementar: Du willst aus dem Kriegsgefangenenlager heraus? Du willst besser essen? Du suchst Abenteuer? Du möchtest einen Job nach dem Krieg? Du willst nach Amerika gehen? Hier ist die Möglichkeit dazu!

Carl Mücke wunderte sich manchmal, ob nicht das stärkste Argument einfach die teutonische Autoritätsgläubigkeit war. Diese Amerikaner waren die neuen Herren und die braven Deutschen gehorchten. Mücke war einmal in ein Lager gegangen, um Dokumente für die Tarngeschichte eines Agenten zu sammeln. Er stand auf einem Jeep vor zehntausend Kriegsgefangenen und sagte ihnen durch einen Lautsprecher, sie sollten ihre Urlaubsscheine, Lazarettpapiere, Reisebefehle und Lebensmittelmarken abgeben. Ein Soldat widersprach: „Laut der Genfer

Konvention sind wir nicht verpflichtet, Ihnen die Sachen zu geben." Ein Dutzend anderer schrie den Mann nieder: „Sei still, siehst Du nicht, daß ein Offizier redet?"

Die Amerikaner kümmerten sich bei der Agentenrekrutierung in der Tat nicht viel um die fünf Punkte der Genfer Konvention. Die Offiziere der 7. Armee verwischten jede Spur des Gefangenen, der sich in ihrer Obhut befunden hatte, indem sie dem OSS alle ihn betreffenden Papiere übergaben, sobald der Mann als möglicher Agent ausgewählt worden war.

Er wurde mit verbundenen Augen zu einer sicheren Unterkunft gebracht, und unterzeichnete dort einen Vertrag, der in ein Safe gesperrt wurde. Mit der Unterschrift und der Archivierung des Vertrages hatte der Mann seine Identität abgelegt und war nur noch unter seinem Codenamen bekannt.

Nachdem Hyde alle Mittel der Überredung angewandt, alle Verlockungen und Appelle an das Gewissen hatte spielen lassen, besiegelte er das Geschäft mit der Drohung „Konventionalstrafe": Die Alliierten waren offensichtlich dabei, den Krieg zu gewinnen; sollten die Deutschen zu Doppelagenten werden, so würden die Amerikaner sie oder ihre Familien am Schluß doch erwischen. Und die künftigen Agenten glaubten ihm; sie hatten keinen Grund anzunehmen, daß sich die Amerikaner humaner verhalten würden als ihre eigenen Leute.

Spione unterschrieben Verträge wie Baseballspieler, Filmstars und Schriftsteller, zumindest nach den Regeln des OSS. Bei Kriegsbeginn waren die Abmachungen weniger formell gewesen. Zu Anfang des Italienfeldzuges Angeworbene hatten sich durch einen Vertrag verpflichtet, den ein Offizier mit poetischer Ader entworfen hatte: „Dieser Kontrakt bleibt in Kraft, bis die Alliierten die Gipfel der Alpen erblickt haben."

Aber da man alsbald herausfand, daß der Einsatz der Agenten bisher nicht erwartete Fragen juristischer Haftung mit sich brachte, bemühten sich die Anwälte des OSS, in die Beschäftigungsbedingungen gewisse Einheitlichkeit, aber auch Fairneß zu bringen, denn ein Kontrakt konnte spätere Konflikte und Mißverständnisse ausschalten. Welche Verpflichtungen bestanden etwa gegenüber der Familie im Fall des Todes des Agenten? Wie waren Ansprüche gerichtlich durchzusetzen? Wie waren OSS-Agenten der ersten Linie zu behandeln, im Gegensatz zu Subagenten, die von den Primäragenten erst nach ihrer Landung hinter der Front angeworben wurden?

OSS-Anwälte arbeiteten schließlich eine einheitliche Sprachregelung aus:

„Zwischen dem Agenten und der Regierung der Vereinigten Staaten wird vereinbart: Der Arbeitgeber bezahlt dem Arbeitnehmer während der Vertragsdauer die Summe von ... Dollar monatlich. Der Arbeitnehmer wird alle Aufgaben, die ihm vom Auftraggeber übertragen werden, getreulich erfüllen und stimmt ferner zu a) jeden Eid, der vom Arbeitgeber vorgeschrieben wird, freiwillig und ohne Rückhalt zu leisten und b) seine Anstellung und alle Informationen, die er auf Grund dieser erhalten sollte, für immer geheim zu halten. Außerdem ist dieser Vertrag ein freiwilliger Akt des Arbeitnehmers, den er ohne jeden Zwang eingeht ..."

Der Kontrakt lautete üblicherweise auf das Pseudonym des Agenten, die meisten Angeworbenen zogen vor, nicht mit ihren eigenen Namen in den Verträgen aufzuscheinen. Im Falle der Franzosen war es so, daß die Gaullisten jeden, der für einen fremden Nachrichtendienst arbeitete, automatisch zum Verräter an Frankreich erklärten; deutsche Agenten hatten verständlicherweise wenig Freude daran, wenn irgendwo schriftlich festgelegt wurde, daß sie sich als Agenten gegen ihre eigene Nation verpflichtet hatten. Wurde nun aber zum Beispiel ein Agent während seiner Tätigkeit getötet, wie sollten seine Erben Zahlungen erhalten, ohne daß die Verbindung des Agenten mit dem amerikanischen Nachrichtendienst enthüllt wurde? Die Lösung bestand darin, daß man irgend einen imaginären Verwandten, der in den Vereinigten Staaten lebte einsetzte, der nun seinerseits gestorben war und das Geld der Familie in Deutschland hinterlassen hatte. Die Entschädigung im Todesfall war vom OSS auf Grund entsprechender Leistungen an Regierungsangestellte der Vereinigten Staaten berechnet worden.

Schließlich stellte der Kontrakt auch nicht mehr dar als ein Gentlemen-Agreement. Ein Vertrag eines deutschen Staatsbürgers mit der Regierung der Vereinigten Staaten in einem Kriegsgefangenenlager in Frankreich bereitete Kopfzerbrechen hinsichtlich der gerichtlichen Zuständigkeit und war wohl kaum bei irgendeinem Gerichtshof einklagbar.

Aber für jene, die den Geheimdienst nicht bloß als eine Notwendigkeit im Kriege betrachteten, sondern als ständige Funktion im Kräftemessen der Völker, bargen diese Akten über Menschen, die für die USA gearbeitet hatten, zweifellos außerordentlich interessante Möglichkeiten, noch über das Kriegsende hinaus.

Der Mann, der im Bereich der 7. Armee für Tarngeschichten und Dokumente zuständig war, hieß Georg Howe, ein hübscher und welterfahrener Architekt mittleren Alters mit geradezu fanatischer Hingabe an seine Arbeit. Howe schien ein fast kindliches Vergnügen an seiner späten Karriere als professioneller Fälscher zu haben. Seine lebhafte Phantasie im Entwerfen von Tarngeschichten wurde von einem ungewöhnlich qualifizierten Kriegsgefangenen unterstützt: Dem Adjudant eines Wehrmachtsbataillons, früher Anwalt in Dresden, der nun für die Amerikaner dasselbe tat, was er in der deutschen Armee getan hatte, nämlich dafür sorgen, daß die Papiere der Männer in Ordnung waren.

Ein deutscher Soldat mußte glaubwürdige Antworten auf einige einfache, aber kritische Fragen geben können: „Woher kommen Sie?" „Wo haben Sie die letzte Nacht verbracht?" „Wohin gehen Sie?" Es waren einfache Dinge, aber wenn die akzeptable Antwort fehlte konnte es schlimm werden. Die Papiere eines Agenten wurden häufig geprüft; sie wurden auf jemanden ausgestellt, der sich auf Reisen befand, um dem Agenten maximale Beweglichkeit zu geben. Ein Soldat auf Reisen mußte seine Papiere täglich bestätigen lassen.

Anfangs führten die Versuche, deutsche Kriegsgefangene als Agenten zu benützen, zu Fehlschlägen. Diese Missionen waren bescheidene Übungen in taktischer Spionage: Agenten in deutscher Uniform, die gefälschte Urlausbsscheine mit sich führten, üblicherweise wegen eines Todesfalls in der Familie oder Reisebefehle nach einem kurzen Aufenthalt im Lazarett, etwa einer Geschlechtskrankheit wegen, sollten ein paar Kilometer hinter die Linien schlüpfen, dann zurückkehren und über Stellungen der Artillerie, Panzeransammlungen und Munitionslager berichten. Um diese Dinge zu erleichtern, wiesen sie ihre Papiere üblicherweise als Angehörige von Einheiten aus, die den Amerikanern gegenüberlagen.

Auf dem Weg hinüber war der Agent deutschen Landminen und Maschinengewehren ausgesetzt, auf dem Rückweg dem amerikanischen Feuer. Von 21 Frontdurchquerungen, die im Januar und Februar 1945 versucht wurden, gelangen nur zehn; Minen waren für die meisten Verluste verantwortlich. Die Rückkehr des Agenten war vielleicht noch nervenaufreibender als das Überschreiten der deutschen Linien. Deutsche Soldaten waren durchaus bereit zu warten, bis sie eine Kuh von einem Feind unterscheiden konnten, die Amerikaner, die keine Munitionsknappheit kannten, schossen auf alles was sich bewegte.

OSS Offiziere sahen sich auch bei der Truppe einer erschütternden Dickköpfigkeit hinsichtlich geheimer Operationen gegenüber. Peter Viertel brachte Agenten zur Front und bat die Infanterie um Hilfe, sie beim Feind einzuschmuggeln: „Sie wollen doch nicht ernsthaft, daß wir den ‚Kraut' durch ein Minenfeld führen?"

Ein Agent, den Viertel durch die feindlichen Linien zu schmuggeln versucht hatte, wurde angeschossen bevor er die deutsche Front erreichte. Der Mann litt außerordentliche Schmerzen, weil ein Nerv verletzt war. Als Viertel ihn zurück zur Sanitätsstation brachte, bat er die Armeeärzte, den Mann in seinen Schmerzen nicht am Ende der Reihe warten zu lassen, doch der einzige Arzt, der sich bereit zeigte, irgend etwas zu tun, war ein Jude, der Viertel fragte, warum denn der Mann diese Mission unternommen habe. Er sei Antinazi, sagte Viertel. Erst daraufhin bekam der verwundete Agent eine Morphiumspritze.

Schließlich entwarf Viertel mit Hyde ein System, um die Gefahr bei Überschreitung der Linien zu halbieren, das sie Schema *Tourist*-Mission nannten. Der Agent wurde im Fallschirm etwa achtzig bis neunzig Kilometer hinter der Front abgesetzt, folgte dann einem Reiseplan zu Punkten, die die Armee interessierten. Nach Abschluß seiner Tour, die üblicherweise eine Woche oder zehn Tage dauerte, versuchte er zur Front zurück zu gelangen. Zwanzig der ersten einunddreißig *Tourist*-Missionen waren erfolgreich.

Was da geschah, war nicht das Thema für irgendwelche Spionagemelodramen, die Agenten planten nicht einen Tyrannenmord oder stahlen Geheimnisse aus dem Safe eines Reichsministers. Was sie berichteten waren in der Hauptsache Zahlen, Kartenkoordinaten, wo Bomben und Granaten am erfolgreichsten Konzentrationen von Panzern, Flugzeugen und Truppen zerstören konnten.

Ein Agent mit dem Codenamen *Vakuum* vollendete eine typische *Tourist*-Mission: Er wurde in Bayern abgesetzt und begann eine neuntägige Reise, die ihn nach München, Ulm, Stuttgart, Pforzheim und wieder zurück zu den amerikanischen Linien führte. Er verfaßte einen Bericht, der folgende Beobachtungen enthielt:

„An der Nordseite der Eisenbahn München-Straubing stellte der Agent eine einzige, ununterbrochene Untergrundfabrik fest, zwölf Kilometer lang, die sich von Kartenkoordinate Y 711581 westlich bis zu Y 624588 zwischen der Straße und den Bahngeleisen erstreckt. Sechs einzelne Bunkereingänge in je 2 km Abstand voneinander. Geleise verbinden die Eingänge mit der Hauptbahnlinie ... Dem Agenten wurde von einem Angestellten des Salzburger Hauptquartiers gesagt, daß die Fabrik Giftgas und „V-1“-artige Gasgeschosse herstellte. Name des Gases „Influensia Inzitus Eukalyptus“. Im Hauptquartier hieß es, daß Hitler das Gas zum Zeitpunkt des letzten großen Durchbruches verwenden werde.“

Vakuums Bericht wurde dann an die Land- und Luftstreitkräfte zu entsprechender Verwendung verteilt.

8. Kapitel

Zahnarzt in geheimer Mission

Am Rande des adriatischen Hafens Bari stand eine Villa, die in glücklicheren Tagen einigen Anspruch auf Eleganz erhoben hatte. Nun, im Sommer 1944, diente diese frühere Residenz eines italienischen Generals namens Suppa dem 2677. OSS-Regiment als Unterkunft. Sie besaß zahlreiche Räume, einen großen Park und eine Mauer rundherum.

Kurz vor der Invasion Italiens hatte General Donovan General Mark Clark vorgeschlagen, einige seiner OSS-Leute als besondere Einheit Clarks 5. Armee beizugeben. So entstand im Juli 1944 das 2677. OSS-Regiment. Die ungewöhnliche Bezeichnung als Regiment für eine Spionageeinheit bezeugte die Anerkennung, die dieser OSS-Stab bei Clarks Truppen genoß. Als das alliierte Hauptquartier von Algier nach Caserta verlegt wurde, zog das 2677. Regiment ebenfalls mit und etablierte seine Feldeinsatzstelle in Bari.

Die Zähigkeit der Deutschen an der Westfront war für die alliierten Armeen in Italien keine Überraschung, denn dort hatte sich der Feind ja den Boden nur Zoll um Zoll abzwingen lassen. Während des italienischen Feldzuges hatte der OSS hunderte von Agenten in feindliches Gebiet geschleust, um die italienischen Partisanen zu stärken. Nun wandte sich die Aufmerksamkeit nördlicheren Gegenden zu, nämlich Österreich, der südlichen Grenze des Reiches und dem Gebiet, in dem die „Alpenfestung" angenommen wurde. Von Bari aus leitete der OSS eine weitere Spionageinvasion des Dritten Reiches ein.

Die deutsch-österreichische Abteilung in Bari wurde ursprünglich von Major John B. McCulloch geführt, einem wohlhabenden, angenehmen Mann, der in Oxford studiert und vor dem Krieg im Auftrag der Foreign Policy Association eine wissenschaftliche Zeitschrift über Lateinamerika herausgegeben hatte. McCulloch sprach deutsch, spanisch und französisch, war liebenswürdig aber ein recht mittelmäßiger Kommandeur, so dachten zumindest die ihm unterstellten Offiziere.

McCulloch machte das Rekrutieren von Agenten Spaß, da es ihm Gelegenheit gab sein Deutsch und seinen Charme unter den verängstigten und argwöhnischen Kriegsgefangenen zu üben. Aufgaben, wie den Gefangenen ihr persönliches Eigentum und ihre Uniformen abzunehmen, überließ er Untergebenen, die die Lager von Aversa bis Livorno durchstöberten. McCulloch nahm sich eine Liste möglicher Kandidaten, die G-2, die Nachrichteneinheiten der Kampfverbände vorbereitet hatte, und verwickelte die Leute in ein entwaffnendes Geplauder. In einem Lager hatte McCulloch erfahren, daß ein bestimmter Wehrmachtsoffizier sich wegen seiner ausgezeichneten Verbindungen in den höchsten Kreisen der deutschen Gesellschaft als nützlich erweisen könnte. Im Verhör bestätigte der Mann aber ohne irgendwelche Einschränkung seine nationalsozialistische Gesinnung. McCulloch spielte daraufhin eine andere Karte und zeigte dem Deutschen eine Zeitungsnachricht, daß der sehr bekannte Onkel des Mannes in den Nachwehen der 20. Juli-Verschwörung gegen Hitler verhaftet worden war. Der Mann dachte lange nach, dann verkündete er: „Ich war Nazi".

Bei der Rekrutierung wurde McCulloch von zwei Deutschamerikanern unterstützt, die vor dem Nazismus geflohen waren, Dyno Löwenstein und Walter Haass. Löwensteins Vater war in Deutschland Schuldirektor und glühender Sozialdemokrat gewesen. Die Familie hatte eine wahre Flucht-Odyssee mitgemacht: Zuerst nach der Tschechoslowakei, dann nach Frankreich und schließlich über Martinique in die Vereinigten Staaten durch die Intervention amerikanischer Gewerkschaften. In Amerika lernte dann Löwenstein Arthur Goldberg kennen, bevor er zur Armee eingezogen wurde. Er glaubte, daß Goldberg für seine Versetzung zum OSS verantwortlich war.

Walter Haass hatte von Jugend an gegen die Nazis gekämpft und seinem Vater geholfen, Flüchtlinge aus Deutschland herauszuschmuggeln. Die Familie war schließlich nach Amerika emigriert und er selbst durch seinen Eintritt in die Armee US-Bürger geworden.

Löwenstein und Haass bewährten sich in den Kriegsgefangenenlagern. Das Benehmen Löwensteins entsprach der klassischen Art des europäischen Intellektuellen, bis zur Zigarette, die er zwischen Daumen und Zeigefinger hielt. Er hatte ein schmales Gesicht und glattes schwarzes Haar, war schlank und sprach sehr gepflegtes Deutsch. Haass war ein kleiner, kraftvoller Mann mit Stiernacken und einem Gesicht, das durchaus auch bedrohlich wirken konnte. Beide hatten sich eine eigene Nummer ausgedacht: Sie betraten die Lager als amerikanische Abwehroffiziere, die nach deutschen Spionen suchten. Löwenstein spielte „den Polizeikommissar", kultiviert, mit leiser Stimme, verständnisvoll, der ruhig die Vorzüge hervorhob, die eine Zusammenarbeit haben würde, aber ebenso auch die Nachteile, die Sturheit mit sich brachte. Haass dagegen wartete drohend im Hintergrund, er war der „Wachtmeister", der nach Erschöpfung von Löwensteins Geduld, wenn dieser verzweifelt aufgab, mit harten, kurz angebundenen Verhörmethoden nachhalf.

Einige Gefangene beteuerten sehr schnell ihre Unschuld. Sie könnten einfach keine deutschen Spione sein, weil sie Gegner des NS-Regimes seien. Nun hatten die beiden Amerikaner schon einen Zugang und fragten diese erklärten Antinazis weiter über ihre politischen Ansichten aus, über ihren Familienhintergrund und alle Zusammenstöße mit den Nazis. Sie fragten, ob irgend welche Mitgefangenen ihre Meinung teilten.

Besonders wirkungsvoll fand es Löwenstein mit einer eisigen Stimme zu fragen: „Wissen Sie, was Ihr meinem Volk angetan habt?" Dies stellte einen fast unwiderstehlichen Eröffnungszug dar.

Der OSS Bari fand eine zwar merkwürdige, aber durchaus brauchbare Bezeichnung für künftige Agenten, die man aus den Kriegsgefangenenlagern holte. Sie wurden offiziell „Deserteur-Freiwillige" genannt; nach der englischen Bezeichnung „Deserter-Volunteer": DV. Im Herbst 1944 waren die DVs in Bari in zwei Villen untergebracht, zwanzig in der Villa Suppa und die anderen in der benachbarten Villa Pasqua. Die Wachmannschaften dieses Areals wurden von den Amerikanern, manchmal aber auch von Italienern, einmal sogar von chinesischen Matrosen gestellt, die in Bari gestrandet waren.

Innerhalb der Station trugen die Agenten während der Ausbildung Arbeitsanzüge der amerikanischen Armee und wurden von jedem Kontakt mit amerikanischem Personal, ausgenommen des OSS, ferngehalten. Der Tag war lang und die Ausbildung hart. Unvermeidlicherweise drangen Gerüchte über Unfälle bei Absprüngen zu den Ausgebildeten durch. Ein Vorfall, der große Niedergeschlagenheit im Lager erzeugte, betraf einen Agenten, den man nach Norditalien geflogen hatte; seine Fallschirmleinen hatten sich beim Abspringen irgendwie verheddert und er war am Flugzeugrumpf zu Tode geschmettert worden und nun ging die Latrinenparole um, der Agent sei so nervös gewesen, daß er absprang ohne zuerst die Reißleine einzuklinken.

Zur Erholung wurden die DVs gelegentlich in die Stadt geführt um dort zu Abend zu essen oder die Oper zu besuchen. Frauen waren, zumindest auf dem Papier, während der Ausbildung verboten, aber Verstöße gegen diese Regel wurden von toleranten Begleitern großzügig übersehen.

Die Atmosphäre in Bari war von merkwürdig angespannter Formlosigkeit. Die geheime Natur der Unternehmungen, das intime tägliche Zusammenwirken einer relativ kleinen Gruppe machten ein strikt militärisches Verhalten unpraktikabel. Den Deserteuren wurde von den amerikanischen Offizieren gesagt: „Nenn' mich einfach Al oder John“. Es war kein einfacher Übergang für ehemalige deutsche Soldaten, die an die Klassenunterschiede der europäischen Gesellschaft und an die strenge Hierarchie der Wehrmacht gewöhnt waren.

Der junge Offiziersanwärter war schlank und gerade, blauäugig, mit vollem blondem Haar, das gerade zurückgekämmt lag über einem angestrengt ernsten Gesicht: „Feldwebel, ich möchte die amerikanischen Linien erkunden“. Der kampfmüde Unteroffizier betrachtete dieses Muster eines Hitlerjungen mit Resignation und zeigte in Richtung der nahen Hügel.

Der übereifrige Offiziersanwärter war mit Verstärkungen am 7. Juni 1944 vor San Vittorio, in der Nähe des hart umkämpften Monte Cassino, an der Front angekommen. Die neuen Leute waren nur kurz über die Stellung des gegenüberliegenden Gegners informiert worden: Die deutschen Streitkräfte, so zeigte es die Karte, hielten das Hügelland besetzt, die Amerikaner dagegen das flache Land im Süden.

Nach einer halben Stunde angestrengten Marsches hatte der junge Offiziersanwärter das Gebiet verlassen und kam in das südliche Niemandsland. Er nahm sein Gewehr von der Schulter, warf es in den Busch und marschierte eine weitere Stunde, bis er unter sich eine Ansammlung von dunkelgrünen Zelten sah. Er ging auf das nächste zu, atmete langsam und tief ein, bevor er den Zelteingang öffnete. Drinnen schliefen vier amerikanische Soldaten. Er zupfte an einer Decke. Der Mann, der darunter gelegen hatte, hob den Kopf und schaute ihn verständnislos an.

„Ich bin Österreicher." Sein Englisch war ausgezeichnet mit nur einem kleinen Akzent. „Ich möchte Euch helfen."

Zwei Stunden nachdem er an die Front gekommen war, hatte Ernst Ebbing seinen einzigen Wunsch, seit er Soldat des Dritten Reiches geworden war, erfüllen können: Er war bei der ersten Gelegenheit desertiert.

Ebbing war der Sohn einer katholischen Wiener Familie, sein Vater, Anwalt und entschiedener Nazigegner, war Mitglied der „Vaterländischen Front" gewesen und persönlicher Freund des von den Nazis ermordeten österreichischen Kanzlers Engelbert Dollfuß. Der Vater hatte ferner zehn Monate wegen seiner politischen Einstellung im Gefängnis der Nazis verbracht, was ihn aber nicht davor bewahrt hatte, zur Luftwaffe eingezogen zu werden, wo er Hauptmann in der Fernmeldetruppe wurde.

Im Dezember 1942 wurde auch Ernst Ebbing zu den Fernmeldern eingezogen. Er erwies sich als geschickter Drückeberger, der Krankheit vorzutäuschen wußte und auf diese Weise ins Lazarett kam, aber schließlich trug ihm sein Verhalten eine Überstellung zur Infanterie ein. Während der junge Ebbing nun auf eine Versetzung in eine Kampfzone wartete, ließ der Vater seine Beziehungen spielen, um ihn nach Italien statt an die russische Front schicken zu lassen.

Der OSS holte sich Ebbing rasch aus dem Gefangenenlager bei Aversa und teilte ihn der Propagandaeinheit „Morale and Operations“ zu. Ebbings Englischkenntnisse und eine journalistische Begabung machten ihn zu einem außerordentlich brauchbaren Mitarbeiter für psychologische Kriegführung. Er schrieb Propagandaflugblätter und führte auch manchmal kühnere Unternehmungen durch. Wieder in deutscher Uniform schlüpfte er durch die Front, um Proklamationen, angeblich von verschiedenen deutschen Offizieren verfaßt, in Umlauf zu bringen, die allen Einheiten unter ihrem Kommando befahlen sich zu ergeben.

Im Mai 1944 wurde Ebbing aus diesem „Departement der dummen Tricks“ von Major John McCulloch gerettet. McCulloch bot Ebbing die Möglichkeit, die er sich lange gewünscht hatte: Einen wirklichen Schlag gegen die Nazis zu führen. Ebbing war durchaus bereit, falls notwendig sein Leben zu opfern, und in Bari kam er mit einem Amerikaner zusammen, der ebenso bereit war, sein Leben für diese Chance zu geben: Marineleutnant John Hendrick Taylor.

Taylor war ein 33 Jahre alter Zahnarzt, der in Kalifornien seine Praxis betrieb als Amerika in den Krieg eintrat. Taylor lehnte eine Berufung als Arzt in das Sanitätscorps ab und wurde Marineoffizier an Bord eines U-Bootjägers. Der OSS aber brauchte Männer, die sich mit kleinen Booten auskannten und auch nachts an unbekannten Küsten navigieren konnten, um in vom Feind besetzte Gebiete schlüpfen zu können, und holte sich Taylor, der ein bekannter Hochseesegler war, von der Marine. Er arbeitete in einer Schule, am Potomac-Fluß nahe von Washington, als Ausbilder für Bootsführung, Navigation und alles, was damit zusammenhängt, aber auch für Unterwassersprengungen.

Von dem Augenblick an, als er von der *Dupont*-Mission hörte, die für den Herbst 1944 angesetzt war, betrachtete Leutnant Alfred C. Ulmer junior, von der österreichisch-deutschen Sektion in Bari, das Unternehmen mit tiefster Skepsis: Vier Männer, ein Amerikaner und drei österreichische DVs, sollten nahe der Industriestadt Wiener Neustadt, etwa 50 km südlich von Wien, mit dem Fallschirm abspringen. Hier befand sich einer der Hauptschlüsselpunkte des deutschen Transportsystems, das die italienische Front versorgte und außerdem die Rax-Werke, eine wichtige Flugzeugfabrik. Hier waren die Deutschen angeblich auch dabei, ein Hauptbollwerk gegen einen alliierten Vormarsch aus dem Süden aufzubauen, nämlich den „Südostwall".

Die Alliierten wären vielleicht imstande gewesen, eine Widerstandsbewegung aus den vielen antinazistischen Österreichern rund um Wiener Neustadt zu organisieren; die amerikanischen Streitkräfte besaßen jedoch keinerlei Nachrichtenquellen aus dieser Gegend. Ein erfolgreiches Eindringen in Wiener Neustadt und in das umliegende Land konnte gute Ernte an Nachrichtenmaterial bringen. Leutnant Ulmer jedoch, der sich die Leute, die das Unternehmen durchführen sollten, ansah und den Plan selbst, bezweifelte, daß die *Dupont*-Mission die Antwort auf diese Wünsche sein konnte.

Ulmer war 28 Jahre alt, stammte aus Florida, war ein früherer Reporter und hatte im Werbegeschäft gearbeitet. Die europäischen Agenten fanden, daß er wie ein Modell für ein Werbeplakat der amerikanischen Armee aussah. Er besaß aber auch einen schnellen, harten Verstand und tödlichen Ernst hinsichtlich seiner Arbeit.

Seit seiner Ankunft in Bari hatte Ulmer über die Führung der deutsch-österreichischen Sektion, deren stellvertretender Kommandeur er war und die ihm außerordentlich ineffizient zu sein schien, Zweifel gehegt. Die Planung der *Dupont*-Mission bestätigte seine Ängste, denn die Vorbereitungen schienen ihm im besten Fall eher zufällig. *Dupont* litt aber an einem noch viel größeren Fehler, der nicht sogleich sichtbar wurde: Im Idealfall sollten die Mitglieder eines Teams, das im Feindesland operierte, gegenseitige Affinität besitzen, fast wie in einer guten Ehe, aber die österreichischen Mitglieder der *Dupont*-Mission mochten einander nicht besonders. Einer der drei war Ernst Ebbing, der neun Monate zuvor desertiert war: Führer der Mission war Leutnant Jack Taylor, der frühere Zahnarzt.

Bei einer Reise in das Kriegsgefangenenlager 326 bei Aversa hatte Major John McCulloch die Männer ausgewählt, die Ebbing und Leutnant Taylor auf die *Dupont*-Mission begleiten sollten. Aus hundert Interviewten hatte er zunächst siebzehn als mögliche Agenten ausgesucht und von diesen dann zwei bestimmt.

Ebbing mochte die beiden anderen Österreicher von Anfang an nicht. In seinem Europa, wo solche Dinge eine Rolle spielten, gehörten sie einer anderen Klasse an. Der eine war ein 23 Jahre alter, dunkelhaariger früherer Steinmetz namens Felix Huppmann aus dem Dorf St. Margarethen, das günstig in der Nähe der Absprungstelle lag; er stammte aus einer sozialdemokratischen, antinazistischen Familie. Huppmann selbst lagen freilich politische Überlegungen fern. Er hatte die Hauptschule besucht bis er 14 Jahre alt war, besaß einen starken und ziemlich wahllosen sexuellen Appetit und war Fallschirmjäger gewesen, als er im Mai 1944 desertierte. Er hatte eine Frau in Perugia dazu überredet, ihm Zivilkleider zu geben und schließlich auf diese Weise den Weg zu den Amerikanern gefunden.

Der andere von McCulloch rekrutierte Österreicher war ein gewisser Anton Graf, Gefreiter der Luftwaffe. Während seines Verhörs hatte Graf sich selbst als Medizinstudenten aus Prag und ausgebildeten Piloten mit 600 Flugstunden bezeichnet. Der Staatsbürgerschaft nach erklärte er sich als Österreicher, betrachtete sich aber im wesentlichen als Tscheche. Graf sagte, er habe im April 1944 geheiratet, eine Woche bevor er an die italienische Front ging, wo er am 1. Juli desertiert war. Major McCulloch hatte den redegewandten Graf, einen typischen Arier mit glatten blonden Haaren und grauen Augen, als vielversprechenden Agentenkandidaten angesehen.

Obwohl Graf behauptete die Universität besucht zu haben, und daß sein Vater Direktor einer Glasfabrik im Sudetenland sei, erkannte Ebbing in ihm wie in Huppmann den Proletarier. Ebbing konnte nichts über Grafs Hintergrund wissen, oder vielleicht war Grafs Geschichte reine Phantasie, jedenfalls faßte er früh genug den Verdacht, daß Graf nur schwer die Wahrheit von seinen eigenen Erfindungen unterscheiden konnte. Er war auch wechsellaunisch, übervertraulich und unterlag schwankenden Stimmungen. Den Steinmetz Huppmann hielt Ebbing für verantwortungslos, vorschnell und ein wenig verrückt.

Ebbings Vertrauen galt Jack Taylor, denn er achtete diesen stillen und vertrauenerweckenden Amerikaner aus Kalifornien außerordentlich und fühlte die Kraft, die er ausstrahlte. Ebbing wußte auch, daß Taylor einer der erfahrensten Offiziere der

OSS-Operationen hinter den Frontlinien war. Der Kalifornier hatte fünfzehnmal solche Operationen in Korfu, Jugoslawien und Albanien durchgeführt, hatte erst kürzlich 45 Tage allein auf einer Insel im Feindgebiet vor der albanischen Küste zugebracht.

Für Ebbing war es eine besondere Freude, daß Taylor ihn höher schätzte als die beiden anderen. So schien es jedenfalls, denn Taylor behielt Ebbing während der Vorbereitungen für *Dupont* ständig an seiner Seite, was auch aus der Tatsache zu erklären ist, daß Ebbing als einziger der drei Österreicher fließend Englisch sprach, während Taylor, der nun bald über dem Reich abspringen sollte, überhaupt kein Deutsch konnte.

In ihren Alltagsbeziehungen schien Taylor alle drei Mitglieder seines Teams mit derselben Wärme zu behandeln. Ebbing fragte sich manchmal, ob dieser stille Amerikaner wirklich begriff, was er da für merkwürdige Mitteleuropäer zugewiesen bekommen hatte, aber er behielt diese Frage für sich.

Nicht jedermann in Bari teilte Ernst Ebbings uneingeschränkte Verehrung für Jack Taylor. Captain George Vujnovich, der Luftwaffenoperationsoffizier in Bari, erinnert sich an Taylor als einen ständig gespannten Mann mit vagem Blick, der dauernd mit der Zunge über trockene Lippen fuhr. Taylor war für ihn ein humorloser Einzelgänger, der eine innere Impulsivität durch eiserne Selbstkontrolle in Schranken hielt. Er sagte wenig, aber wenn er sprach, dann mit außerordentlicher Intensität.

Captain Rob Thompson, der mit Taylor schon früher bei jugoslawischen Missionen gearbeitet hatte, hielt ihn für einen Draufgänger, der seine eigenen Unternehmungen durchführen wollte, je aufregender desto besser, voll Ungeduld gegenüber den sorgfältigen Vorbereitungen, die eine gute Mission erfordert.

Ein anderer Offizier, der Taylor kurz gekannt hatte, war John Hamilton, der den jugoslawischen Partisanen Waffen über die Adria brachte. Hamilton, in Friedenszeiten besser bekannt als der Schauspieler Sterling Hayden, fand, daß Jack Taylor eine „merkwürdige Kälte“ ausstrahlte.

Ulmer vertraute Taylor so offen, als es der Takt erlaubte, seine Zweifel über die *Dupont*-Mission an. Dieser erwiderte mit einer knappen Aufzählung seiner außerordentlichen Erfahrungen bei Unternehmungen hinter den Frontlinien und Ulmer bestand nicht darauf hervorzuheben, daß Taylors bisherige Bemühungen kaum brauchbares Nachrichtenmaterial erbracht hatten und daß er beim letzten Mal von einer Insel vor Albanien gerettet werden mußte, auf der er gestrandet war.

Ulmer erwähnte auch die Frage der Sprachbarriere, doch Taylor machte sich über seine Unkenntnis des Deutschen keinerlei Sorgen. Die Anwesenheit eines Amerikaners war es, worauf es ankam, sein bloßes Dasein schon würde dafür sorgen, daß die anderen Agenten nicht absprangen und den OSS nur für eine Gratis-Heimfahrt benützten. Die Anwesenheit eines amerikanischen Offiziers war auch von wesentlichster Bedeutung, um Gegner der Nazis zu beeindrucken und die Bildung von Widerstandsgruppen zu ermutigen. Aber Taylors stärkstes Argument war einfach: „Man hat mir diese Mission versprochen und ich will sie führen."

Ebbing war überzeugter Nazigegner und unabhängig genug, um aus eigener Überzeugung zu handeln, aber er war erst zwanzig und das Produkt einer autoritären Gesellschaft, sonst hätte er vielleicht seine Zweifel an *Dupont* mit mehr Überzeugungskraft geäußert. Es war ein zu Kopf steigendes Erlebnis für einen Soldaten, der kurz zuvor noch Kriegsgefangener gewesen war, hier mit amerikanischen Offizieren zusammenzusitzen und einen kühnen Plan gegen die Nazis auszuarbeiten, ganz besonders angesichts der Tatsache, daß die beiden anderen Österreicher, die für *Dupont* ausgesucht waren, an diesen strategischen Sitzungen nicht teilnahmen. Wenn er um seine Meinung gefragt wurde, strich er die Vorteile heraus, die ein Absprung in von Partisanen besetztes Gebiet bringen würde, statt tief innerhalb Österreichs. Solch ein Absprung im nördlichen Grenzgebiet Jugoslawiens würde immer noch gestatten, nach Österreich hineinzuschlüpfen. Jugoslawien würde eine Basis für die Unterstützung der Partisanen bieten und eine Zufluchtsstättte, wohin man sich zurückziehen konnte. Aber Ebbing brachte seine Einwände ohne große Entschiedenheit vor.

So wurde entschieden, daß sie in dem öden Moorgebiet am östlichen Rand des Neusiedlersees abspringen sollten, etwa 50 km südöstlich von Wien. Sie würden blind landen, nur darauf zählend, daß Huppmanns Familie, die nichts davon wußte, und ein paar andere Kontakte, die völlig unsicher waren, ihnen Zuflucht und Unterstützung gewähren würden.

Der Hauptbefürworter des *Dupont*-Planes war ein OSS-Zivilist im mittleren Alter, der nach dem Ersten Weltkrieg mit der Hoover-Kommission in Österreich gewesen war. Auf Grund seiner zwanzig Jahre zurückliegenden Erfahrungen galt er als Österreichfachmann. Ebbing ertrug die Unsinnigkeiten dieses Mannes still und kein anderer stellte ihn ernsthaft in Frage, schon garnicht Taylor, dessen Ungeduld, mit seiner Mission endlich weiterzukommen, täglich wuchs.

Doch aus für das österreichische Team unbegreiflichen Gründen reagierte Taylor besonders ärgerlich, als die Mission schließlich ihren Termin erhielt und argumentierte mit ungewöhnlicher Leidenschaft für ein neues Datum. Aber die nächste Mondperiode war zu spät. Unwillig akzeptierte Taylor nun den Aufbruch der *Dupont*-Mission ins Reich für Freitag, den 13. Oktober 1944.

Die Befehle lauteten, daß kein OSS-Offizier, ausgenommen Mitglieder des eigentlichen Teams, Agenten bei Flügen in deren Zielgebiet begleiten dürfe und sollten verhindern, daß Männer mit einem Wissen, wie etwa John McCulloch es besaß, in Feindeshand fielen. Aber McCulloch hatte nun doch die Absicht, das *Dupont*-Team wenigstens bei der Fahrt von Bari zum Flugfeld bei Brindisi zu begleiten. Das war er doch Jack Taylor schuldig. McCulloch hatte diesen stillen Mann liebgewonnen und nun sollte Taylor immerhin mit dem Fallschirm tief im Feindesland abspringen, zusammen mit drei Fremden. In Bari standen die Wetten, ob das *Dupont*-Team überleben werde, 1 : 10.

Kurz vor ihrer Abreise unterzeichneten die drei Österreicher die letzten Urkunden: „Im Falle meines Todes bezeichne ich hiedurch zum Empfänger aller Zahlungen, die mir seitens des Office of Strategic Services zustehen, die folgende Person ...“ Dann erhielten sie Geld für die Mission, Taylor 200 goldene Napoleons, 200 Dollar in amerikanischem Geld, 100 Schweizer Franken und 10000 Reichsmark, die drei Österreicher je fünf Goldnapoleons und 1000 Reichsmark. Die Reichsmark, noch tief bis in den Krieg hinein 40 Cents wert, war mit dem Kriegsglück der Deutschen gefallen und wurde nun beim OSS zum Kurs von 10 Mark je Dollar gewechselt.

Sie fuhren schweigend auf der Ladefläche eines recht zerbeulten amerikanischen LKW's durch die italienische Landschaft. In Brindisi hielten sie vor einer Baracke in der Nähe des Flugfeldes, wo sie eine Mahlzeit sowie die Sprungausrüstung erhielten.

Jack Taylor trug eine selten verwendete, für den Kampf zu Lande bestimmte, braune Marineoffiziersuniform, dazu eine schwarze Krawatte und ein kleines, silbernes Abzeichen an einem der Kragenaufschläge. Für einen Europäer mochte sein Anzug wie ein eher merkwürdig aussehender Arbeitsanzug wirken, technisch entsprach er den Uniformerfordernissen der Genfer Konvention, um ihn als Kombattanten auszuweisen. Die Österreicher legten ihre GI-Drillichanzüge ab und zogen Wehrmachtsuniformen an, über die sie dann die Sprunganzüge zogen. Der Absetzer (Dispatcher) half ihnen die Fallschirme anzuschnallen und sie stiegen in ein Flugzeug der Royal Air Force, wo Taylor sehr erleichtert herausfand, daß der polnische Pilot recht gut Englisch sprach. Dagegen beunruhigte dieses Mannes Taylor totale Unkenntnis der ungewöhnlichen Erfordernisse der *Dupont*-Mission. Der Pole betrachtete Taylor mit amüsiertem Unglauben, als der Amerikaner erklärte, es werde keine Signallichter am Boden geben, um das Flugzeug zum Absprungpunkt zu führen, und auch die Sprungprozedur sei diesmal umgekehrt als sonst. Üblicherweise sprangen zuerst die Agenten, dann, wenn das Flugzeug am Himmel seine Kreise zog, bereiteten sich die Männer am Boden vor, um beim nächsten Anflug die Fallschirme mit der Ausrüstung zu empfangen. Bei dieser Mission, so erklärte Taylor, würde es nur einen Anflug geben: Die Agenten würden aus der Flugzeugtüre springen, während die drei Fallschirme mit der Ausrüstung gleichzeitig aus dem Bombenschacht abgeworfen werden sollten. In zweien der Behälter befanden sich identische Funksendeanlagen, der dritte enthielt die übrige Ausrüstung. Vor allem aber bestand Taylor darauf, daß das Flugzeug nicht kreisen dürfe. Ein einziger Anflug, ein einziger Absprung, nichts weiter. Die Sache mußte in die kürzest mögliche Zeit gepreßt werden, um die Möglichkeit der Entdeckung durch den Feind zu verringern.

Als Taylor aufblickte sah er, wie John McCulloch in das Flugzeug stieg. Obwohl es gegen die Vorschrift war, so hatte McCulloch doch den britischen Absetzer gebeten, ob er ausnahmsweise als Beobachter mitfliegen dürfe. „Klar, old man", sagte der Engländer. Um 19 Uhr 15 startete das Flugzeug. Fast sofort entdeckte Ebbing, daß er seine Goldstücke in Brindisi zurückgelassen hatte. Major McCulloch meinte freundlich väterlich, das mache nichts, er werde Ebbings Napoleons beim Rückflug mitnehmen.

Um 22 Uhr 15 leuchtete ein rotes Licht auf und der Absetzer zog eine Sperrholzplatte von der Sprungtür. Rasch schüttelte McCulloch allen die Hand und zog sich zurück, um nicht im Weg zu sein. Die Agenten standen auf, Taylor setzte sich an den Rand des Loches und sah unter sich Nebelfetzen, die über die schwarz glänzende Oberfläche des Neusiedlersees zogen. Um 22 Uhr 30, eben als sie die Küste überflogen, wurde das Einsatzzeichen gegeben. Das Flugzeug ging auf niedrigste Sprunghöhe, 120 Meter, ein grünes Licht leuchtete auf und Taylor sprang. Die drei anderen sprangen knapp hinter ihm. Das Signal hatte Ebbing aus dem Schlaf geweckt, er wußte nicht, ob das Flugzeug nun seit Minuten oder Stunden in der Luft war. Als die Reihe an ihn kam, dachte er: „So, das ist das Ende."

Im hohen Schilf, das das Ostufer des Neusiedlersees säumte, erklang mitten in der Nacht der zeitlich unpassende Ruf von Reihern, das verabredete Treffsignal der Mitglieder des *Dupont*-Teams. Als sie einander fanden, lachten die Männer. Nicht so sehr wie Freunde, die sich wiedergefunden haben, sondern wic Individuen, die sich ihr Überleben bestätigen. Sie zogen ihre Sprunganzüge aus und vergruben sie zusammen mit den Fallschirmen. Taylor wies die Leute an, nach den Fallschirmen mit der Ausrüstung zu suchen, aber sie blickten auf, als das Dröhnen eines sich nähernden Flugzeuges zu hören war. Die Maschine kreiste über ihnen, nahm dann Kurs auf die ursprüngliche Absprungschneise und überflog sie direkt. Taylor erstickte einen Schrei hilfloser Wut, die Männer blickten vom Flugzeug auf ihren Führer, der ihnen befahl weiter nach der Ausrüstung zu suchen. Huppmann rief, er habe einen der Behälter gefunden. Als Taylor ihn öffnete, kam das Flugzeug zurück und flog noch einmal auf demselben Weg über ihre Köpfe hinweg, Schweinwerfer flammten auf und die rot-orangen Explosionen von Flakfeuer erleuchteten den Himmel. Der Pilot unternahm mit der Maschine ein Ausweichmanöver und verschwand nach Süden. Ebbing sagte, er habe unmittelbar, bevor er abgesprungen sei bemerkt, wie ein Mitglied der Flugzeugbesatzung zwei Behälter mit Fußtritten bedachte, die scheinbar im Bombenschacht stecken geblieben waren. Vielleicht habe der Pilot weitere Anflüge unternommen, um die Ausrüstung abwerfen zu können. Taylor schüttelte bedauernd den Kopf, die Ankunft *Dupont*'s im Feindesland war durch Feuerwerk angekündigt worden.

Während die Männer die Reste ihrer Sprungausrüstung vergruben, schwebten die Fallschirme mit ihren Sendern auf die stille Wasserfläche des Neusiedlersees herab.

Die Buchleitners hatten Anton Graf nicht mehr gesehen, seit er seinen Weihnachtsurlaub bei ihnen verbracht hatte. Nun war er wieder in das kleine Dorf Stixneusiedl zurückgekommen und erschien mitten in der Nacht bei ihnen, begleitet von einem Fremden und erzählte, daß er Spion der Amerikaner sei und einen amerikanischen Offizier mitgebracht habe, außerdem auch noch einen anderen Österreicher, die sich beide in der Nähe des Neusiedlersees versteckt hätten. Er verlangte von den Buchleitners, daß sie alle vier unterbringen sollten.

Herr Buchleitner wußte, daß Graf mit der Wahrheit recht sorglos umging, aber im Grunde mochte er den jungen Mann und vertraute ihm, denn er hatte bei ihm schon vor dem Krieg als Fleischergeselle gearbeitet, und da war auch die Sache mit der Tochter, Margrit, die Beziehungen zu Graf hatte, wenn es auch nicht gerade eine Verlobung war. Die Buchleitners wußten natürlich nicht, daß Graf sechs Monate vorher, noch bevor er an die italienische Front abgegangen war, ein Mädchen aus Brunn geheiratet hatte.

Buchleitner war durchaus hilfsbereit, sein eigener Sohn hatte sich schließlich auch eine vorzeitige Entlassung aus der Wehrmacht verschafft und er gab in etwas verklausulierter Weise seine Zustimmung. Graf und Huppmann kehrten in das Versteck im Schilf zurück, um den Rest des Teams zu holen.

Auf dem Weg nach Stixneusiedl begann plötzlich Ernst Ebbings Herz unregelmäßig zu schlagen. Er geriet außer Atem und mußte sich anstrengen, um mit den anderen Schritt halten zu können. Taylor sagte, er solle zurückbleiben bis er sich besser fühle, er könne später nachkommen.

Anton Graf war Ebbing keineswegs böse, aber die Ereignisse hatten sich offenbar so entwickelt, daß sein eigener Wert in Taylors Augen gestiegen war und dafür der Wert Ebbings abgenommen hatte. Er, Graf, hatte sofort eine sichere Unterkunft gefunden, dieser obergescheite Kerl hingegen hatte von Anfang an Pech gehabt. Ebbing hatte sich im Schilf einen tiefen Schnitt an der Hand zugefügt, als er versuchte nach dem Absprung sein Überschlagen zu bremsen. Nun mußte er zurückbleiben, während Graf mit dem amerikanischen Offizier zu seinen Freunden den Buchleitners weiterzog.

Auf ihrem Weg nach Stixneusiedl kam die Gruppe in der Nähe von Arbeitstrupps vorbei, die an einem Abschnitt des Südostwalles zwischen dem Neusiedlersee und dem Leithagebirge arbeiteten. Es war Nacht und sie umgingen das große Lager russischer Kriegsgefangener bei Kaisersteinbruch in weitem Bogen, kamen aber nahe genug, um die hohen Stacheldrahtzäune zu sehen und die Wachtürme. Das hell erleuchtete Lager war meilenweit sichtbar.

Inmitten der Nacht schlichen sie sich in das Haus der Buchleitners, die auf sie gewartet hatten. Jack Taylor verwendete die paar deutschen Worte, die er während der Ausbildung aufgeschnappt hatte, um seinen ängstlichen Gastgebern seine Dankbarkeit für die Gefahr auszudrücken, die sie auf sich nahmen, war jedoch mit seinen Gedanken eigentlich ganz woanders, denn er hatte begonnen, das Nachrichtenpotential dieses Gebietes zu begreifen. Die Arbeit am Südostwall und das russische Kriegsgefangenenlager waren Hinweise, aber ohne Sender waren seine Informationen wertlos.

Die erste Nacht in Stixneusiedl trug wenig dazu bei, um Taylors Enttäuschung zu beschwichtigen. Sie waren in dem Gästezimmer, das Buchleitner ihnen zur Verfügung gestellt hatte, kaum eingeschlafen, als ein Mann an ihre Türe pochte. Deutsche Truppen seien im Dorf, sie müßten sofort verschwinden. Taylor weigerte sich entschieden und der geängstigte Buchleitner erklärte sich bereit, sie in eine etwas sicherere Unterkunft zu bringen, und zwar in seinen Heuschober.

Als Taylor vor Kälte zitternd im Stroh lag, kam er zu dem Entschluß, daß er keine andere Wahl habe, als die Sicherheitsvorschriften zu verletzen. Er mußte den Versuch unternehmen, ein anderes OSS Team, das in diesem Raum operierte, zu kontaktieren. Wäre das Sicherheitssystem in Bari wirkungsvoll gewesen, hätte er von dieser Mission überhaupt nichts wissen dürfen. In den nächsten paar Tagen beschloß er, alles auf Margrit zu setzen, die Tochter der Buchleitners. Das Mädchen besuchte eine Lehrklasse in der Augarten-Porzellanmanufaktur in Wien, eine andere Schülerin dort reiste häufig nach Hause in die Tschechoslowakei und Taylor wußte, daß Holt Green, ein anderer Marineoffizier, eine Mission mit dem Codenamen *Dawes* in die Tschechoslowakei hatte führen sollen. Margrit sollte das Mädchen, das dorthin reiste fragen, ob sie bereit wäre, durch tschechische Partisanen eine Botschaft an Green zu übermitteln. Taylor hoffte, daß Green dann in der Lage sein werde, seinerseits eine Nachricht nach Bari durchzugeben, an einem bestimmten Punkt einen neuen Sender für die *Dupont* Mission abzuwerfen. Margrit Buchleitner übernahm die Botschaft und fuhr nach Wien, um ihre Freundin aufzusuchen.

Die Verbindung mit Holt Green war umso wichtiger geworden, als das Team nicht viel länger bei Buchleitners bleiben konnte. Ständige Angst hatte rasch den Reiz der Neuheit, feindliche Spione als Gäste zu haben, verschwinden lassen. Taylor gab zwar dem Fleischer gelegentlich ein Goldstück oder eine Handvoll Reichsmark, aber die gute Wirkung blieb nur von kurzer Dauer.

Als Margrit Buchleitner in Wien ankam, fand sie die ganze Stadt nach dem letzten amerikanischen Luftangriff in Rauch und Flammen gehüllt. Die 15. Luftflotte bombardierte unterschiedslos militärische und zivile Ziele und so fanden sich nur Ruinen des Hauses, in dem ihre Freundin gelebt hatte. Das Mädchen, das die *Dawes*-Mission für Jack Taylor hätte kontraktieren sollen, war im Bombenhagel umgekommen.

Am Abend des 19. Oktober 1944 verließen Taylor und seine Leute Stixneusiedl und zogen nach Hornstein, einem größeren Ort, etwa 30 km südlich. Felix Huppmann kannte dort den Besitzer eines Kaffeehauses, der ihnen vielleicht Zuflucht gewähren würde. Unter normalen Umständen wären sie quer durch Feld und Wald gewandert, aber die Nacht war finster, sie hatten eine verhältnismäßig große Strecke zu bewältigen und so riskierten sie es, die Straßen zu benützen. Soweit es irgendwelche Kontrollposten gab, waren es ältere Leute aus den Dörfern, zum Volkssturm eingezogen, die zufrieden waren, wenn die Vorübergehenden ihnen ein „Heil-Hitler" zuriefen, oder sagten, sie seien Soldaten. In der Morgendämmerung langte die Gruppe in den Wäldern am Rande von Hornstein an. Huppmann und Graf gingen in die Stadt, um den Kaffeehausbesitzer zu besuchen, der aber nicht bereit war, sie aufzunehmen. Es tat ihm leid, aber er hatte gerade erst eine Gefängnisstrafe hinter sich, seiner politischen Gesinnung wegen; die Gestapo hatte ihm einen ständigen Gast ins Haus gesetzt. Er wußte auch niemand in Hornstein, der hilfsbereit gewesen wäre. Die Leute, so warnte er, hatten Angst.

Der Mann hatte die Stimmung seiner Nachbarn richtig eingeschätzt. Am Ende eines Tages vorsichtiger Erkundigungen hatten die beiden Agenten schließlich einen Nazigegner gefunden, der bereit war, sie aufzunehmen, aber nur für eine Nacht. Sie gingen in den Wald zurück, um Taylor zu holen. Im Hause ihres Gastgebers lernten sie dessen Sohn kennen, einen Kriegsversehrten, der nun als Wächter in den großen, naheliegenden Munitionswerken von Blumau arbeitete und Erstaunliches erzählte. Blumau arbeitete mit nahezu voller Kapazität und mit ungefähr 10000 Arbeitern. Die Offiziere der 15. Luftflotte hatten Taylor, kurz bevor er Bari verlassen hatte, über die Situation informiert und ihm fotografische Beweise vorgelegt, wonach die Munitionsfabrik von Blumau vollkommen zerstört sei. Taylor konnte nun wieder eine weitere Information, zu der wachsenden Zahl von leider nicht ablieferbaren Nachrichten hinzufügen.

Die nächtlichen Übersiedlungen von einer Zuflucht zur anderen begannen nun schon an den Nerven des *Dupont*-Teams zu zehren und Taylor wußte, daß er seine Männer irgendwo auf Dauer unterbringen mußte. Es blieb ihm nun nur eine bisher stets zurückgewiesene Möglichkeit übrig, die Familie Huppmann in St. Margarethen. Huppmann hatte Taylor davor gewarnt, in seinem Haus Zuflucht zu suchen, weil er das Verhalten seines Vaters nicht vorauszusagen wagte. Unter Druck, so wußte er, begann sein Vater nämlich zu trinken.

Sie kamen im Haus der Huppmanns an, das sich in einer Straße gegenüber eines scheunenartigen Gebäudes befand, das inzwischen zu militärischer Verwendung umgestaltet worden war. Das Gebäude war streng bewacht. Sie sahen die völlig verwirrten Eltern Huppmanns nur kurz und der Vater versteckte sie in seinem Heuschober.

Taylor erwachte am Morgen des 22. Oktober 1944 durch scharfe Kommandorufe, die sich über einem merkwürdig gedämpften Lärm erhoben. Er kroch zur Vorderwand des Heubodens und blickte vorsichtig hinaus. Hunderte von Zwangsarbeitern drängten aus dem gegenüberliegenden Gebäude und wurden von Männern der Organisation Todt und SS-Leuten in Reih und Glied gebracht. Taylor hatte als Medizinstudent mit Leichen gearbeitet und glaubte gegenüber dem Anblick menschlicher Leiber abgehärtet zu sein, aber er war nicht auf diese gebeugten, skelettartigen Figuren vorbereitet, die apathisch einen Regen von Beschimpfungen und Schlägen erduldeten. Taylor holte seine Kamera aus dem Rucksack und versuchte Photos der SS-Offiziere zu machen, – es waren die ersten Nazis, die er bei der Arbeit sah. Die meisten Arbeiter, so erfuhr er später, waren Ukrainer, aber auch Polen, Tschechen und Franzosen, die alle am Südostwall arbeiteten.

Während sich das *Dupont*-Team in St. Margarethen versteckte, stieß Ebbing wieder zu ihnen. Nachdem sein unerklärlicher Herzanfall vorbeigegangen war hatte er sich nach Stixneusiedl auf den Weg gemacht, nur um festzustellen, daß die anderen bereits wieder fort waren. Aber sie hatten Nachricht für ihn hinterlassen und so kam er schließlich in St. Margarethen an, gerade als auch diese Zuflucht unhaltbar wurde.

Die Angst, die sie im Gesicht der Buchleitners gesehen hatten, wurde nun auch bei den Huppmanns bemerkbar. Der Vater trank ständig und klagte, daß die SS-Leute, die auf der anderen Straßenseite postiert waren, mit Sicherheit die vier Männer entdecken würden. Sein Sohn könne bleiben, aber die übrigen hätten zu verschwinden.

Anton Grafs Niedergeschlagenheit, die er in Bari gezeigt hatte, machte nun merkwürdigerweise einem völlig unbegründeten Optimismus Platz. Er meinte fröhlich zu Huppmann, man habe jetzt eben nur einfach nach einem anderen sicheren Haus zu suchen.

In Schützen, einer kleinen Eisenbahnstation nur wenige Kilometer westlich, fanden sie eine Bauersfrau, die glaubte, sie seien Soldaten, die ihren Zug versäumt hatten, und erklärte sich bereit, sie für eine Nacht unterzubringen. Früh am nächsten Morgen drängte sie die vier, sich wieder auf den Weg zu machen, aber Taylor weigerte sich. Er mußte seinem Unternehmen irgendwo einen festen Standort geben, wenn er die Mission retten wollte. Er sagte Ebbing, die Frau solle ihren Mann holen, der sich als Nazigegner entpuppte, aber nicht als einer von der heldenhaften Sorte. Dennoch drängte Taylor diesen Herrn Kaufmann, sie bei sich zu behalten und bot dem Mann eine Handvoll Goldstücke an, die jener etwas unsicher einsteckte. Sie könnten vielleicht ein paar Wochen bleiben und brachte sie in dem für sie schon gewohnten Quartier, nämlich in einem Heustadel, über einem Weinkeller unter. Nun besaß *Dupont* endlich ein Heim und Taylor hatte gleich einen Plan.

Nachdem der Versuch, die *Dawes*-Gruppe Holt Greens zu kontaktieren, fehlgeschlagen war, hatte er noch eine andere Möglichkeit in Aussicht. Leutnant Miles Pavlovich, ebenfalls vom OSS in Bari, sollte ein Team, das den Codenamen *Dillon* trug, nach Kärnten führen, etwa 300 km südwestlich. Zum Team von Pavlovich gehörte Karl Lippe, dessen Familie nicht weit von dem Wintersportort Spittal in Kärnten lebte. Ernst Ebbing hatte seiner Mutter in Wien eine kurze Botschaft zukommen lassen und sie hatte sich bereit erklärt, ihnen zu helfen indem sie versuchen wollte, Pavlovich über Lippes Familie zu erreichen. Dazu wollte sie einen kurzen Urlaub in Spittal verbringen und dieselbe Botschaft ausrichten, die Taylor schon vergeblich versucht hatte, Holt Green zukommen zu lassen: Bari sollte ihnen einen neuen Sender abwerfen.

Ebbing war über die Möglichkeit glücklich, Pavlovich zu erreichen. Er mochte ihn und fühlte sich sehr geschmeichelt, daß dieser Offizier ihn auch für die *Dillon*-Mission hatte haben wollen.

Das Bauernhaus der Kaufmanns war geräumig, ein U-förmiger Bau mit einem Hof. Taylor und Ebbing blieben im Heustadel über dem Weinkeller gegenüber den Wohnräumen der Kaufmanns, Graf und Huppmann kamen häufig um zu berichten. Der Steinmetz wohnte in seinem eigenen Haus in St. Margarethen, Graf bei einer Tante Huppmanns im selben Ort. Während sie darauf warteten, daß Frau Ebbing endlich ihre Urlaubsreise nach Spittal arrangierte, begann das Leben in Schützen für das *Dupont*-Team eine ungewohnte Regelmäßigkeit anzunehmen. Taylor und Ebbing verbrachten den Tag, indem sie endlose Variationen für eine Lösung ihrer Probleme ausarbeiteten. Jede Nacht gegen sieben kletterten sie aus ihrem Heustadl hinunter für das einfache Abendessen, das Frau Kaufmann ihnen in einem kleinen Nebenraum des Weinkellers zurückgelassen hatte. Nach Einbruch der Dunkelheit gingen sie in den Hof und machten Bewegung, um ihre steif gewordenen Muskeln zu üben. Manchmal, spät nachts, gingen sie auch in das Haus der Kaufmanns und hörten über ein Kurzwellenradio den BBC.

Herr Kaufmann hatte oft Besucher, meist Nazigegner, die vorbeikamen um über den Krieg zu diskutieren. Jenen, denen er vertraute, enthüllte Kaufmann das Geheimnis des Heubodens, dann kam auch Ebbing herunter und plauderte mit den Besuchern. Wenn sie aussichtsreich erschienen, holte er sogar Taylor herunter, der sich dann Notizen von jeder irgendwie brauchbaren Nachricht machte, die die Gäste erzählten.

Einer der Lieblingsbesucher Taylors war ein gewisser Josef Preiler, Gemeindesekretär von Schützen, ein Mann von erstaunlich vielseitigen Interessen für das kleine Provinznest. Sie führten Gespräche, bis tief in die Nacht, wobei Ebbing übersetzte. Als ihre Freundschaft enger wurde erfuhr Taylor, daß der Krieg schon das Leben eines der Söhne Preilers gefordert hatte und daß er das Risiko dieser Besuche auf sich nahm, obwohl er in den Listen der Gestapo als politisch unzuverlässig figurierte.

Graf und Huppmann meldeten ihre Mißerfolge bei der Suche nach künftigen Verstecken und ihre verhältnismäßigen Erfolge, neue Nachrichten aufzustöbern. Die Ernte war bestürzend umfangreich geworden; Taylor hatte ein komplettes Bild des Südostwalles, einschließlich der Punkte besonderer Befestigungen, Minenfelder, Panzerfallen, Bunkern und Artilleriestellungen, zusammenstellen können. Sobald es den Alliierten Armeen gelang, aus dem oberen Teil des italienischen Stiefelschaftes auszubrechen, war es dieses Bollwerk, das ihnen den Weg nach Ostösterreich versperrte. Taylor kannte auch die Unterkünfte von 50 000 Fremdarbeitern und Hitlerjungen, die in höchster Eile den Westwall bis zum 1. Januar 1945 fertigzustellen suchten, kannte die Lage der Raxwerke, einer Flugzeugfabrik, ferner getarnte Flugfelder, eine Pulverfabrik, die 2000 Arbeiter beschäftigte, die wichtigsten Wiener Depots für Nahrungsmittel, Erdöl, Benzin und Kohle und wußte, daß trotz der unaufhörlichen Luftangriffe die Lokomotivwerke in Wiener Neustadt nach wie vor täglich eine Maschine produzierten.

Worauf Taylor aber am meisten brannte war, die Informationen über die politische Lage, die er in dieser Region gesammelt hatte, senden zu können. Wenn es ihm gelang diese Informationen nach Bari zu melden, konnten die Alliierten sie verwenden, um den noch vorhandenen Wehrwillen entscheidend zu schwächen. Die Informanten hatten ihn davon überzeugt, daß auf dem flachen Lande weniger als 5% der Leute überzeugte Nationalsozialisten seien, der Rest rangierte von heftigsten Nazigegnern bis zu politisch Gleichgültigen. Man sagte ihm, daß es in Wien weniger als 20% engagierte Nationalsozialisten gäbe, aber die amerikanischen Bombenangriffe auf rein zivile Ziele, – auf Wohnviertel, auf die heißgeliebte Wiener Oper und auf Museen –, schweißten die Österreicher fester an Deutschland. Amerikanische Bomben schadeten den Gegnern Hitlers mehr als sechs Jahre Gestapoterror.

Von den Besuchern Kaufmanns hörte Taylor auch beunruhigende Berichte, wonach Graf und Huppmann ihren Auftrag durch offene und extravagante Affären mit einheimischen Frauen gefährdeten. Als er dies den Männern vorhielt, antworteten sie bloß mit wissendem Grinsen und er unterließ es, in der Sache mehr zu unternehmen, denn die beiden lieferten ja unschätzbare Informationen. Wenn er nur imstande gewesen wäre, diese Nachrichten auch weiterzubefördern ...

Am 28. Oktober brach auch Taylors letzter Plan zusammen. Ebbings Mutter kam aus Wien zu Besuch. Alle arbeitsfähigen Frauen, berichtete sie, hatten nun Befehl, sofort kriegswichtige Arbeiten zu übernehmen. Daher werde sie die Urlaubsreise nach Spittal nicht unternehmen können und daher würde auch Taylor Pavlovich nicht kontaktieren können.

Die Tage wurden zu Wochen in Kaufmanns Bauernhaus. Aus einem Spalt im Heuboden beobachtete Jack Taylor stundenlang Wehrmachtsoffiziere und Führer der Organisation Todt, die den ganzen Tag Kaufmanns Wein soffen und manchmal in der Nacht hinausgetragen werden mußten. Dazwischen ließen sie wahre Goldklumpen an wichtigen Nachrichten fallen, die Kaufmann sogleich Taylor berichtete, der sie zu seinem Vorrat legte. Einmal war es Taylor sogar möglich gewesen, von seinem Heuboden aus mit einem überraschten englischen Kriegsgefangenen zu sprechen, der in der Nähe eine Panzerfalle grub.

Gegen Ende November brachte Graf vielversprechende Nachrichten nach Schützen. Durch einen Bekannten namens Gustav Bauditsch, Fahrdienstleiter in Wiener Neustadt, glaubte Graf Taylor und Ebbing auf einem Güterzug unterbringen zu können, der nach Klagenfurt fuhr. Von dort konnten sie sich nach Jugoslawien durchschlagen und schließlich irgendwie nach Italien gelangen. Graf sagte, daß man sich auf Bauditsch verlassen könne, er werde die beiden Männer so lange verstecken, bis ein Zug für sie bereit war. Da sowohl Graf als auch Huppmann deutsche Uniformen trugen, konnten sie versuchen sich auf Wehrmachtszügen nach Udine und dann nach Bari durchzuschlagen. Taylor gefiel diese Idee das Team zu teilen, denn es verdoppelte die Chancen, daß wenigstens eines der Paare durchkommen würde.

Am 17. November kam Graf aus Wiener Neustadt zurück und behauptete, alle notwendigen Vereinbarungen getroffen zu haben. Herr Bauditsch sei zwar nicht da gewesen, aber Frau Bauditsch und deren Tochter Erika hätten sich bereit erklärt, das Team bei sich zu verstecken, während man auf eine Fahrgelegenheit wartete. Graf gab Taylor die Adresse von Bauditsch und eine etwas ungenaue Beschreibung des Hauses.

Kurz nachdem dieser Plan ausgeheckt worden war, traf Taylor den Vater von Ernst Ebbing, den Rechtsanwalt, der nun Hauptmann der Luftwaffe war. Der ältere Ebbing war aus Oberschlesien nach Wien versetzt worden und wartete dort auf seine neue Kommandierung. Zu Hause hörte er von seiner Frau, daß sein Sohn zurückgekehrt sei. Sofort hatte er sich auf den Weg nach Schützen gemacht, stellte sich nun dem Team zur Verfügung und Ebbing erwies sich als wahre Quelle wichtigen Nachrichtenmaterials. Alliierte Bomber hätten bis dahin die lohnendsten Ziele in Oberschlesien, eines der wichtigsten Industriegebiete, verschont. Gleiwitz, Oppeln, Breslau und andere Industriestädte seien praktisch unberührt geblieben. Er versorgte Taylor auch mit Informationen über die jüngsten Entwicklungen beim Bau deutscher Düsenmaschinen.

Während die amerikanischen Bomber diese industriellen Zentren verfehlten, bombardierten sie Zivilisten. Die Kommunisten nützten dies, um auf Kosten der Alliierten Propaganda zu machen. Die Russen, behaupteten sie, kämpften auf den Schlachtfeldern, während die Alliierten Krieg gegen Alte, Frauen und Kinder führten. Warum, so fragte Ebbing, hatten die Alliierten, als sich Warschau gegen die Deutschen erhob, nicht geholfen? Taylor konnte die Dinge ins richtige Licht stellen: Während des Aufstandes hatten die Alliierten allnächtlich zehn bis fünfzehn Versorgungsflugzeuge entsandt und zwar aus Italien und aus England, während die in nächster Nähe stehende Rote Armee nicht einen Finger gerührt hatte.

Zwischen den beiden Männern entstand bald gegenseitige Achtung. Taylor legte seinen Plan, nach Italien zurückzukehren dar und bat den älteren Ebbing um Hilfe. Inzwischen war er zögernd zu der Überzeugung des jüngeren Ebbing eingeschwenkt, daß man den Worten Grafs nicht automatisch trauen dürfe. Graf stand offensichtlich unter dem emotionellen Zwang, Taylor Freude zu machen, selbst wenn er dabei lügen mußte. Taylor bat nun Hauptmann Ebbing das Arrangement, von dem Graf behauptet hatte, er habe es mit dem Fahrdienstleiter Bauditsch in Wiener Neustadt abgesprochen, zu kontrollieren. Ebbing sagte zu, schüttelte Taylor die Hand, umarmte seinen Sohn und ging.

Der Mann, der an die Tür der Fischelgasse 25 in Wiener Neustadt klopfte, stellte sich als Luftwaffenoffizier vor, obgleich er

Zivil trug. Er stehe, so versicherte er Frau Bauditsch, in keiner Beziehung zur Gestapo. Sie bat ihn einzutreten; ihre Tochter Erika, eine hübsche junge Frau, stand in der Nähe der Türe. Der Mann sprach vorsichtig, entschlossen mehr Information zu erhalten, als zu geben. Ja, Frau Bauditsch kannte Anton Graf, aber sie und das Mädchen hätten ihn nicht gesehen, seit er auf dem Weg an die Front, durch Wiener Neustadt gekommen sei, schon vor Monaten.

Ebbing spielte ein gewagtes Spiel. Er erklärte, daß Graf in dieser Gegend als amerikanischer Agent mit dem Fallschirm abgesprungen sei, sein Team seine Radioausrüstung verloren habe und nun nach Italien zurück wolle. Er erinnerte sie an die Arrangements, die Graf angeblich mit ihrem Mann getroffen habe. Sie wußte nichts von all dem, aber sie könne die Männer unterbringen und ihr Gatte würde ihnen auch helfen, in einen Zug zu kommen. Ebbing dankte ihr auf das herzlichste und ging, während sie zum Bahnhof eilte und ihrem Mann von dem sonderbaren Besuch erzählte. Herr Bauditsch befahl ihr, sofort zur Gestapo zu gehen und dort die ganze Geschichte zu melden.

Ein paar Tage später bekam Taylor Nachricht von Hauptmann Ebbing, der seinen Besuch in Wiener Neustadt beschrieb. Graf habe die Bauditschs nicht, wie behauptet, besucht, auch seine Beschreibung ihrer Wohnung, dem angeblich versprochenen Versteck für das ganze Team, sei frei erfunden. Als Taylor Graf mit den Informationen Hauptmann Ebbings konfrontierte, antwortete dieser nur mit gekränktem Schweigen.

Aber schließlich hatte der geschickte Hauptmann doch den Plan, den Graf erfunden hatte, verwirklichen können. Nun besaßen sie einen Fluchtplan und würden dementsprechend handeln.

Am Tag bevor sie Schützen verlassen wollten, schickte Taylor Graf und Huppmann nach Hornstein, um sich dort nach möglichen Verstecken umzusehen, für ihre Rückkehr aus Bari. Die Gastfreundschaft der Kaufmanns hatten sie schon seit langem überzogen. Die beiden Männer sollten in der nächsten Nacht nach Schützen zurückkehren, dann wollten alle vier in der Nacht weitermarschieren, um schließlich knapp vor Morgengrauen bei Bauditschs in Wiener Neustadt einzutreffen. Taylor und Ebbing hofften dann mit Hilfe Bauditschs mit dem ersten verfügbaren

Güterzug nach Klagenfurt fahren zu können, Graf und Huppmann würden dagegen mit einem Wehrmachtszug nach Udine reisen.

Die Temperatur auf dem Heuboden lag nun schon häufig unter dem Gefrierpunkt. Taylor wickelte sich in einen alten Mantel, zog ein extra Paar Hosen an, deckte sich mit einer dünnen Decke zu und vergrub sich in dieser letzten Nacht in Schützen im Heu; zumindest hoffte er, daß es die letzte sein würde.

Am frühen Morgen verließen Graf und Huppmann den Heuboden und waren gegen 10,30 Uhr in Wiener Neustadt, nicht aber in Hornstein, wie ihnen Taylor befohlen hatte. Sie gingen zur Hauptpost in der Nähe des Bahnhofsplatzes, wo Graf vergeblich hoffte Erika Bauditsch zu treffen. Dann gingen sie zu ihrem Haus in der Fischelgasse 25. Graf sagte, er wolle zuerst allein in das Haus gehen. Sollte er innerhalb von zehn Minuten nicht herauskommen, so soll Huppmann nach ihm sehen. Frau Bauditsch begrüßte ihn mit steifer Höflichkeit und bat ihn herein, führte ihn in Erikas Schlafzimmer und entschuldigte sich dort. Als Erika und Graf ein wenig unsicher miteinander plauderten, stürzten zwei bewaffnete Gestapobeamte durch die Tür und warfen Graf zu Boden.

Das Tor des Mietshauses öffnete sich und eine junge Frau winkte Huppmann. War er der Freund von Anton? Wenn ja, dann möge er bitte mitkommen. Er folgte ihr hinauf in ihr Zimmer, wo ihn zwei Pistolenläufe begrüßten. Auf dem Boden sah Huppmann Anton Graf, an Händen und Füßen gefesselt. „Wo ist der Amerikaner?“ wurde er gefragt.

Taylor zog unter den Heubündeln den versteckten Geldgürtel, die Kamera, die Chiffre-Tafeln, den Signalplan und die Radiokristalle heraus. Er wußte, sollte er je gefangen genommen werden, würde diese Ausrüstung eine furchtbare Belastung bedeuten, aber er hatte noch immer Hoffnungen, selbst wenn sie nicht nach Italien zurückgelangen sollten, daß Bari doch einen weiteren Sender für sie abwerfen würde. Um 19 Uhr stiegen er und Ebbing vom Heuboden, um ihr Abendessen in dem kleinen Raum neben dem Weinkeller einzunehmen. Ein Hund bellte, jemand näherte sich dem Haus. Das war nicht ungewöhnlich, denn eine Menge Leute besuchten die Kaufmanns. Taylor drehte das Licht ab und sie blieben still. Nun kam jemand zur Tür, wahrscheinlich ein Mitglied der Familie, denn das Signal „alles ist in Ordnung“ war zu hören. Die Tür öffnete sich langsam. Acht Kriminalbeamte stürzten herein. Die beiden Agenten kämpften erbittert wurden aber schließlich in die Nacht hinausgeschleppt, wo andere Gestapobeamte Maschinenpistolen auf sie richteten.

Nachdem Major McCulloch nach dem Abwurf des *Dupont*-Teams zurückgekehrt war, traf er am nächsten Abend in der Bar des Offiziersclubs seinen Vorgesetzten, Robert Joyce. „Ich höre, daß sie letzte Nacht eine nicht autorisierte Reise unternommen haben.“ McCulloch schwieg.

„Ich sollte Sie tadeln“. Aber Joyce grinste breit. „Ich habe genau dasselbe gemacht, ich glaube, ich werde Ihnen stattdessen einen Drink spendieren.“

Dann verging ein ganzer Monat, ohne daß auch nur das geringste von der *Dupont*-Mission zu hören war. Die übliche Regel war, die Radiofrequenzen eines Teams nicht mehr abzuhören, wenn es dreißig Tage lang nichts mehr von sich hatte hören lassen, aber da die *Dupont*-Mission einem ungewöhnlichen Risiko ausgesetzt gewesen war, wurde die Radioüberwachung noch zwei weitere Wochen fortgesetzt; dann, auf McCullochs Betreiben, noch einmal verlängert. Schließlich, am 22. Januar 1945, 101 Tage nachdem er über Österreich abgesprungen war, verzeichnete der OSS Italien offiziell den Leutnant Jack Taylor als „missing in action“, zu deutsch, „vermißt vor dem Feind.“ Aus Sicherheitsgründen wurde seinen Verwandten keinerlei Mitteilung gemacht.

Das *Dupont*-Team war in die Hände von Johann Sanitzer gefallen, einem Gestapo-Experten im Aufspüren von feindlichen Agenten und darin, sie „zu überreden“ ihre Sender unter seiner Kontrolle zu betätigen. Er war Chef aller „Funkspiele“ in Österreich und hatte seit Monaten gewußt, daß in der Gegend von Wiener Neustadt ein Team gelandet war, denn im Oktober hatte er Berichte erhalten, daß man auf dem Neusiedlersee Fallschirme treiben gesehen hatte. Er hatte eigentlich erwartet, daß seine Beute ein französisches Team sei, war erstaunt einen Amerikaner im Netz zu finden und hatte sofort das Reichssicherheitshauptamt in Berlin informiert. Am Abend ihrer Festnahme brachte Sanitzer Taylor in seinem Wagen nach Wien, während er Ebbing, Huppmann und Graf seinen Untergebenen überließ.

Das *Dupont*-Team wurde im Gestapo-Hauptquartier im Hotel Metropol eingeliefert, wo Sanitzer Ebbing und Taylor seinen fachkundigen Stil rasch fühlen ließ. Er deutete auf das Abzeichen an Taylors Kragen und fragte, was das sei. Taylor antwortete: „Hauptmann", was seinem Rang in der Marine entsprach. Sanitzer schlug Taylor heftig ins Gesicht: „Falsch!" und wiederholte diese Prozedur, indem er mit Schlägen und Fußtritten abwechselte, dabei aber niemals seine Stimme erhob. Dann prügelte er Ebbing, bis der Österreicher aufhörte, seinen Codenamen „Underwood" zu nennen und seinen wirklichen Namen zugab.

Für Sanitzer war dieses Verhör eine Art Scharade, eine psychologische Konditionierung, eine Kraftprobe. Er wußte ja alle Antworten auf seine Fragen längst, denn Graf und Huppmann hatten, wie Sanitzer es nannte, „geredet wie ein Buch". Er respektierte Taylor und Ebbing, die bis dahin nichts gestanden hatten.

Sanitzer riet aber den beiden Männern, sie sollten sich weitere Schmerzen ersparen und sagte ihnen nun, daß er Graf und Huppmann schon in Wiener Neustadt festgenommen habe. Taylor lächelte bitter. Er hatte Graf und Huppmann nach Hornstein geschickt, um dort eine sichere Unterkunft zu finden. Stattdessen waren sie in Wiener Neustadt im Haus von Bauditsch gefangen genommen worden. Als sich Taylor erinnerte, daß Bauditsch eine anziehende Tochter besaß, wurde ihm schmerzlich klar was geschehen war. Als man Graf und Huppmann befragt hatte, wer denn außerdem im österreichischen Raum operiere, hatten sie ohne Zögern alles erzählt, was sie über Miles Pavlovichs *Dillon*-Mission wußten. Sie sagten, daß das Team in Kärnten, nördlich von Spittal, in der Nähe des Katschberg-Passes hätte abspringen sollen, daß einer der Agenten namens Karl Lippe aus dieser Gegend stamme, und wo dessen Familie zu finden sei. Sanitzer triumphierte: Nun würde er imstande sein, ein doppeltes Funkspiel durchzuführen, sobald seine Leute das *Dillon*-Team festgenommen hatten.

Da nun die Notwendigkeit zur Täuschung gar nicht mehr vorhanden war, nahmen Sanitzer und seine Untergebenen eine etwas weniger brutale Haltung an. Verhör und Gespräch wechselten einander ab. Taylor gab zu, Zahnarzt gewesen zu sein und Amateurradiofunker, und erfuhr, daß er vor dem Krieg schon als Funkamateur in Verbindung mit einem seiner Inquisitoren gestanden hatte, mit dem jetzigen Fliegerhauptmann Hannes Bauer. Die Deutschen waren hinsichtlich Amerika sehr neugierig. Durch eine Dolmetscherin stellten sie erstaunliche Fragen an Taylor: „Warum bombardieren die Amerikaner Deutschland?" fragten sie in geradezu gekränktem Ton. Deutschland bombardiere doch nicht Amerika! Ja, gab Taylor zu, aber doch nur, weil sich die Vereinigten Staaten außerhalb der Reichweite deutscher Bomber befänden. Aber warum führe Amerika überhaupt Krieg gegen Deutschland? Taylor bedeutete, daß nach Pearl Harbor ja Deutschland den Vereinigten Staaten den Krieg erklärt habe. Sanitzer fragte ihn, wie lange er glaube, daß der Krieg noch dauern werde. Taylor schätzte etwa sechs Monate, die Deutschen stimmten ihm zu, obwohl sie zu Taylor's Erstaunen glaubten, daß die Alliierten zu diesem Zeitpunkt aufgeben würden. Wußte denn Taylor nichts von den Wunder V-Waffen und daß die Amerikaner bei Aachen zurückwichen und die deutsche Wehrmacht sehr bald Frankreich zurückerobern werde?

Die Deutschen besaßen eine detaillierte Kenntnis der OSS-Unternehmungen und zeigten Taylor Tafeln, komplett mit Namen und Titeln, die die Beziehungen zwischen den Feldorganisationen und dem Hauptquartier in Washington darstellten. Ihre Kenntnis der Aktivitäten des OSS bei den Partisanen im nördlichen Italien übertraf bei weitem alles was Taylor wußte. Vieles davon hatten sie durch Folter von Mitgliedern der *Dawes*-Mission von Holt Green erfahren, jenes Teams, auf das Taylor vergeblich seine Hoffnungen gesetzt hatte.

Sanitzer sagte Taylor, daß abgefangene Botschaften zwischen dem OSS-Hauptquartier und Partisanengruppen routinemäßig unter den Offizieren des Reichssicherheitshauptamtes in Berlin zirkulierten. Er wußte, daß einige Agenten, die über Deutschland abgesprungen waren, von OSS-London kamen, daß dagegen das südliche Deutschland und Österreich von Missionen bearbeitet wurden, die aus Bari kamen, von Brindisi starteten und unter dem Kommando eines Offiziers namens Chapin standen, der in Caserta stationiert war.

Er wußte auch recht genau, wie bestimmte OSS-Codes lauteten. Es machte ihm offensichtlich Spaß, Taylor seine Meisterschaft in der Arbeit mit dem Chiffriersystem des OSS zu zeigen, einem bis dahin für vollkommen sicher gehaltenen System, bei dem Botschaften dadurch verschlüsselt wurden, daß man bestimmte Listen ständig wechselnder, nach einem zufälligen System ausgewählter Buchstaben verwendete. Auf den Block, auf dem Sanitzer seine Kennnerschaft demonstrierte, war das Wort *Houseboat* gestempelt, der Name eines anderen Teams, das zusammen mit den *Dawes*-Leuten gefangen genommen worden war.

Taylor schlug ein Geschäft vor: Die Hauptsorge der Deutschen schienen die alliierten Luftangriffe zu sein. Taylor glaubte die 15. Luftflotte davon überzeugen zu können, daß das unterschiedslose Bombardieren von Wohnvierteln das Gegenteil des Erwünschten bewirke und erklärte, falls die Deutschen alle Mitglieder seines Teams am Leben ließen, wolle er Kontakt mit der 15. Flotte aufnehmen: Er garantiere, daß sich von da an die Bomber auf militärische Ziele beschränken würden.

Sanitzer übermittelte diesen Vorschlag dem Reichssicherheitshauptamt in Berlin und bekam ein paar Tage später Antwort von Kaltenbrunners Stab: Nicht nur sei der Vorschlag Taylors absurd, sondern Sanitzer wurde auch an den „Kommando"-Erlaß Hitlers erinnert, in dem es hieß, daß alle gefangen genommenen Angehörigen solcher Kommandoaktionen sofort exekutiert werden müßten, was inzwischen auch mit allen Agenten, die mit den *Dawes-* und *Houseboar*-Missionen in Zusammenhang gestanden waren, geschehen sei.

Am Tag nach der Verhaftung des *Dupont*-Teams waren zwei Gestapo-Beamte in das Heim von Josef Preiler, des Gemeindesekretärs von Schützen gekommen, drängten Preilers Tochter Angela beiseite und gingen in das Schlafzimmer des Mannes, wo sie ihn auf dem Bettrand sitzen fanden, eben dabei sich die Schuhe anzuziehen. Einer der Beamten zog eine Pistole, ein Schuß fiel und Preiler sank zusammen. Als seine Tochter Angela hereinkam, wurde ihr mitgeteilt, ihr Vater habe Selbstmord verübt und der Gestapo-Beamte deutete auf eine Pistole auf dem Nachttischchen ihres Vaters. Diese war nicht dort gelegen, dessen war Angela sicher, als sie am Morgen ins Zimmer des Vaters gekommen war.

Nachdem Johann Sanitzer aus Graf und Huppmann herausbekommen hatte, daß ein weiteres amerikanisches Team in Kärnten operiere, schickte er einen seiner Leute zum Katschberg, um nach der Familie des *Dillon*-Mitgliedes Karl Lippe zu suchen. Sanitzer kam unwissentlich dem Ziel sehr nahe, jedoch gelang es ihm nicht die Familie zu finden. Lippe's Mutter lebte etwa fünf Kilometer südlich des Katschberges und ihr Sohn war in der Tat mit der *Dillon*-Mission in den nahe gelegenen Bergen abgesprungen, aber *Dillon* hätte Taylor in keinem Fall nützen können, denn das *Dupont*-Team war gefangen genommen worden, noch bevor die *Dillon*-Mission Italien verlassen hatte.

Dillon, geführt von Leutnant Miles Pavlovich, war die größte Mission, die in das Reich entsandt wurde. Wie *Dupont* war auch dieses Unternehmen schon viel zu weit fortgeschritten, als daß man es hätte aufgeben können, obwohl Leutnant Al Ulmer auch hinsichtlich *Dillon* größte Bedenken hatte, wobei die Hauptgründe in der Person von Miles Pavlovich lagen. Pavlovich, Ende Zwanzig, jugoslawischer Abstammung, schlank und blond mit romantischer Vorstellung von seiner Aufgabe im OSS. Ulmer hielt ihn für einen knabenhaften Poseur, dem es an der notwendigen geistigen und körperlichen Energie für eine solche Mission fehlte, doch besaß Pavlovich unleugbar Mut und war allgemein beliebt.

Der Mann von dem Ulmer hoffte, daß er Pavlovich bei der *Dillon*-Mission unterstützen werde, war ein zäher, schweigsamer jugoslawischer Handelsmarinefunker namens Julio Prester. Er war Ende dreißig und seinem wettergegerbten Gesicht sah man ein Leben auf See an. Er sprach schlecht englisch, besaß aber Integrität und angeborene Intelligenz. Sein Schiff war zu Beginn des Krieges im New Yorker Hafen von den amerikanischen Behörden beschlagnahmt worden, wo ihn OSS-Offiziere verhört hatten, die Nachrichtenmaterial über europäische Häfen sammelten. Da sich herausstellte, daß Prester ein entschiedener Nazigegner war, rekrutierte ihn der OSS für Operationen in Jugoslawien. Später wurde er dann zu den österreichischen Unternehmen versetzt. Außer Pavlovich und Prester sollten drei Deserteur-Freiwillige der deutschen Wehrmacht im Raum zwischen Malta- und Liesertal nördlich von Spittal abspringen, ungefähr 50 km Luftlinie nordnordwestlich der jugoslawischen Grenze.

Zwei Deserteur-Freiwillige machten Ulmer fast ebensoviel Sorge wie Leutnant Pavlovich. Karl Lippe war klein, geschwätzig und liebedienerisch gegenüber allen, die er für sich überlegen ansah, der andere, Viktor Ruthi, schien recht schwer von Begriff, ohne irgendeine erkennbare Qualifikation oder Motivation für diese so außerordentlich bedeutende Mission zu besitzen, zu der er nun aufbrach. Der dritte Mann, Ernst Fiechter, war intelligent und wirkte verläßlich. Alle drei stammten aus der Gegend in der sie abspringen sollten und glaubten dort Kontakte herstellen zu können.

Das *Dillon*-Team startete von Brindisi an Bord eines Halifax-Bombers, zwei Tage nach Weihnachten des Jahres 1944. Die drei Österreicher trugen Wehrmachtsuniformen, Pavlovich und Prester auf das Mindestmaß reduzierte Uniformen der amerikanischen Armee. Der Absprung in den verschneiten Bergen, in einer Höhe von etwa 2000 m, ging glatt, aber ihre Senderausrüstung wurde bei der Landung beschädigt und die anderen Behälter konnten sie nicht finden.

Nach zwei Tagen fruchtloser Suche schickte Leutnant Pavlovich Karl Lippe in ein nahegelegenes Dorf, um Lebensmittel zu besorgen. Der Mann kam zwei Tage später mit leeren Händen zurück, was Julio Prester sonderbar vorkam aber Leutnant Pavlovich nichts auszumachen schien.

Nach weiteren drei Tagen vergeblicher Suche marschierte die Gruppe acht Stunden lang durch tiefen Schnee zu einem Haus, von dem Karl Lippe gesagt hatte, sie würden dort sicher sein. Während des Marsches zog sich Ernst Fiechter schwere Erfrierungen an einem Fuß zu. Als die erschöpften Männer bei dem Haus ankamen, ging Karl hinein und kam nach einer Weile mit der Nachricht zurück, sie müßten die Nacht im Stall verbringen und am nächsten Morgen weggehen. Dieser Familie könne man nicht vertrauen, verschwieg aber, daß das Haus seinem Bruder gehörte.

Am nächsten Tag stapften sie weiter zu einem Weiler namens Treffenboden und kamen auf dem Weg dorthin nahe Lippes Heimatort Eisentratten vorbei. In Treffenboden fanden sie zwei Frauen, Mutter und Tochter, die sich als Nazigegner erwiesen, deren eine gerade eine dreimonatige Haft aus politischen Gründen verbüßt hatte. Zum ersten Mal seit ihrer Ankunft vor einer Woche konnten die Männer normal essen. Die Frauen wuschen ihre Uniformen, trieben durch andere Nazigegner eine nahe Skihütte auf, die als Versteck dienen konnten, und einen Arzt, der sich um Ernst Fiechter's Fuß kümmerte.

In den nächsten vier Wochen unternahm das Team zwei oder drei Tage dauernde Vorstöße in die Abwurfzone, immer noch auf der Suche nach ihrer verlorenen Ausrüstung. Sie trampelten ein großes „V“ in den Schnee und markierten es mit den Fetzen einer deutschen Fahne, die Julio Prester gefunden hatte. Das „V“ war ein verabredetes Signal für alliierte Aufklärungsflugzeuge aus Italien, um mitzuteilen, daß man zusätzliche Radioausrüstung brauche.

Das „V“ war auch tatsächlich am 14. Januar von einem alliierten Fotoaufklärer entdeckt worden und in Bari hatte der OSS-Operationsoffizier Hart Perry einen Plan für einen genaueren Abwurf eines zweiten Senders entworfen. Statt einen hochfliegenden Bomber zu verwenden, erfolgte der Abwurf in Erdnähe durch einen P-38 Jäger.

Der 30. Januar 1945 war ein kalter Tag. Wiederum durchkämmte das *Dillon*-Team die Abwurfzone nach der verlorenen Ausrüstung. Gegen Mittag hörten sie durch das Heulen des Windes das Geräusch eines sich nähernden Flugzeuges, das nun seine Lasten abwarf. In den Behältern waren Lebensmittel, Ausrüstung und ein neuer Sender. Sie hatten allerdings die P-38 nicht allein gesichtet. Von einer Bergspitze in der Nähe von Kremsbrücke hatte ein Luftraumbeobachter der Polizei nach Gmünd und Eisentratten gemeldet, daß ein feindliches Flugzeug eben einen Fallschirmabwurf durchgeführt habe.

Das *Dillon*-Team brachte seine Vorräte zurück nach Treffenboden in das Haus der beiden Frauen, die ihnen ursprünglich

Zuflucht gewährt hatten. Dort fanden sie eine Besucherin namens Martha Frais, die offensichtlich Lippe gut kannte und dessen häufige unerklärte Abwesenheit wurde nun plötzlich verständlich. Er zeigte ein besitzerstolzes Interesse an dieser auffallenden Frau, die ihn zu tolerieren, aber keine besondere Begeisterung zu zeigen schien. Leutnant Pavlovich freilich konnte seine Augen kaum von ihr abwenden.

Sie meinte, es werde ihr vielleicht möglich sein, mehr Lebensmittel für das Team aus ihrer Heimatgemeinde Gmünd, nur eineinhalb Kilometer südlich, nach Treffenboden zu schicken. Das *Dillon*-Team zog sich dann in sein Versteck in der Skihütte auf dem Berg außerhalb von Treffenboden zurück, um diese Lieferung abzuwarten. Am nächsten Tag wurde Karl Lippe nach Treffenboden geschickt um die Lebensmittel zu holen, die Martha Frais senden wollte. Zwei Tage lang kam er nicht zurück und als er schließlich heimkehrte, behauptete er, die Lebensmittel hätten siebenhundert Reichsmark gekostet.

Julio Prester sagte den anderen nichts, aber ging nach Gmünd und fragte Martha Frais, die verwirrt und gekränkt leugnete, je Geld für die Lebensmittel verlangt zu haben. Diese seien von ihr und anderen Freunden gespendet worden.

Bei seiner Rückkehr in die Skihütte legte Prester Pavlovich den Fall vor. Daß er andere Mitglieder des Teams bestohlen hatte, wußte man; auch er war häufig ohne Erlaubnis weggeblieben. Nun versuchte er auch noch aus der Freundschaft und dem Mut der Einwohner, ohne deren Unterstützung die Mission dem Untergang geweiht war, persönlichen Profit zu schlagen. Dieser Mann sei eine Bedrohung und könne ihnen allen das Leben kosten. Er holte nun auch die beiden anderen österreichischen Agenten dazu; auch sie hatten kein Vertrauen mehr zu Lippe und wollten nicht weiter mit ihm arbeiten. Prester erinnerte Pavlovich daran, daß er als Führer des Teams absoluter Richter sei und empfahl, daß er und Miles ein Kriegsgericht über Lippe abhalten sollten. Miles Pavlovich entsprach diesem Wunsch Presters und befahl Lippe hereinzukommen während er Ruthi und Fiechter hinausschickte, um draußen zu warten. Pavlovich erklärte Lippe, wenn auch etwas unsicher, er stünde nun vor Gericht. Prester, in seiner langsamen, ernsthaften Sprechweise, zählte die Anklagen gegen ihn auf, während Lippe jede Anklage mit amüsierter Nervosität, Achselzucken und dummem Lächeln in Richtung auf Pavlovich beantwortete.

Sie schickten ihn aus der Hütte, um zu beraten. Julio rief ihn nach kurzer Zeit wieder herein und teilte ihm mit, daß das Gericht ihn für schuldig befunden und zum Tod verurteilt habe. Lippe wandte sich zitternd und verständnislos an Pavlovich, der wortlos aufstand und die Hütte verließ. Tränen überströmten Lippes Gesicht, er packte Prester's Hand und flehte den schweigsamen Jugoslawen um Gnade an. Drei Stunden lang bat er um sein Leben; endlich gab Prester nach, aber er warnte ihn, daß er sich auf Bewährung befinde.

Später an diesem Tag nahm Prester den offensichtlich reuigen Österreicher nach Treffenboden mit, wo sie Pferd und Wagen von einem Bauern ausborgten, um Lebensmittelvorräte und das neue Sendegerät vom Dorf zurück in die Skihütte zu bringen. Um ein Uhr früh, nachdem sie abgeladen hatten, schickte Prester ihn zurück nach Treffenboden, um Pferd und Wagen zurückzubringen, dann aber sofort zurückzukehren.

Lippe fuhr mit dem Pferd nach Gmünd, wo er zwei Tage mit Martha Frais verbrachte. Der Bauer hatte indessen die Polizei unterrichtet, daß Fremde, die sich in den Bergen versteckten, ihm ein Pferd gestohlen hätten.

Als Karl Lippe zurückkam, waren nur Prester und Ernst Fiechter, der immer noch an seinem erfrorenen Fuß litt, in der Hütte, Pavlovich und der andere Österreicher, Viktor Ruthi, waren nach Treffenboden gegangen. Prester bemerkte sofort, daß Lippe eine andere Wehrmachtsuniform trug, für die er keine Erklärung hatte. Er befahl ihm hinauszugehen, erklärte ihm dort, daß er seine Bewährung nicht bestanden habe. Als die beiden anderen Agenten in die Hütte zurückkamen, sagte Prester zu Pavlovich: „Ich habe das Urteil des Kriegsgerichtes an Karl vollzogen."

Sie begruben die Leiche in der Nacht und zogen nach Gmünd, wo sie hofften, für einige Tage sicher zu sein, während sie sich nach einem anderen Zufluchtsort in den Bergen umsahen, denn sie fürchteten, daß der Bauer, dessen Pferd Karl genommen hatte, die Polizei zu ihrem alten Versteck führen könnte. Im Dorf trafen sie einen anderen Bauern namens Josef Wegscheider, der bereit war, sie auf seinem weit entlegenen Hof nahe von Malta unterzubringen, einem Dorf etwa 6 Kilometer nordwestlich von Gmünd.

Anfang Februar machte sich das *Dillon*-Team auf den Weg nach Wegscheider's Bauernhof. Als sie in pechschwarzer Nacht einen Feldweg entlangstapften, bemerkte Prester plötzlich, daß Pavlovich fehlte. Es war jedoch zu spät, umzukehren und nach ihm zu suchen und so setzten sie ihren Weg fort. Dort angekommen führte sie Wegscheider zu einer anderen Skihütte in den Bergen, etwa fünf Kilometer entfernt, die sicher schien. Fünf Tage vergingen bevor Prester von einem Besucher erfuhr, wo Pavlovich steckte. Angeblich war er in der Dunkelheit von der Gruppe getrennt worden und hatte sich entschlossen, nach Gmünd zurückzukehren, wo er seither im Haus von Martha Frais blieb. Am 17. Februar ging Prester zum Haus dieser Frau und fragte dort Pavlovich: Was nun eigentlich werden solle? Pavlovich sagte, er habe noch bessere Zuflucht in den Bergen für sie gefunden, worauf Prester erkärte, daß sie ja bereits einen sicheren Zufluchtsort besäßen. Pavlovich bestand aber darauf, sie sollten ihr Gepäck zusammenrichten, er würde dann jemanden schicken, um sie und die Ausrüstung zu dem neuen Zufluchtsort zu bringen, wo er sich ihnen später anschließen wolle, in der Zwischenzeit würde er bei Martha Frais bleiben, auch Fiechter könne dort bleiben, da sein Fuß immer noch in schlechtem Zustand war.

Prester ging höchst verwirrt fort; keiner der Pläne, die Pavlovich entworfen hatte, schien sich mit der Wirklichkeit zu decken. Nichtsdestoweniger gingen er und Ruthi zu dem Versteck zurück und unterbrachen ihren Marsch nur, um den Bauern Wegscheider davon zu informieren, daß sie umzögen. Der Mann schien erregt, sagte aber nichts. Sobald sie gegangen waren, ging Wegscheider zu seinem Bruder, einem Dorfbeamten in Malta und zeigte sie an.

Prester und Ruthi warteten fast den ganzen nächsten Tag daß jemand kommen werde, um ihre Ausrüstung in das Versteck zu bringen, das Pavlovich ausgewählt hatte. Gegen drei Uhr nachmittags hörten sie Stimmen vor der Hütte, drei Polizisten mit

Maschinenpistolen stürmten plötzlich durch die Tür, hinter ihnen wartete eine Abteilung Volkssturm. Die beiden Agenten wurden mit auf dem Rücken gefesselten Händen die Bergstraße hinunter, vorbei an den spöttelnden Dörflern, auf die Polizeistation von Gmünd gebracht.

Während des Marsches konnte Prester die Angst in Viktor Ruthi's Gesicht sehen. „Es ist alles Schicksal," tröstete ihn Prester. „Im Krieg werden manche Leute an der Front getötet und manche eben so. Wenn sie uns erschießen, spielt das keine Rolle. Halt' nur den Mund und sag' nichts." Ruthi versprach nichts zu sagen, aber seine Situation war natürlich anders als jene Presters, der echter Angehöriger eines feindlichen Heeres, während Ruthi in den Augen der Deutschen ein Verräter war.

Bei ihrer Ankunft auf dem Polizeiposten in Gmünd wurde den Gefangenen befohlen, ihre Taschen auf den Tisch zu leeren. Sobald Ruthi sein Soldbuch auf den Tisch gelegt hatte gestand er freiwillig, daß es eine Fälschung sei und nicht seinen wahren Namen trage. Prester hörte ihm in hilflosem Zorn zu. Der Polizeichef rief daraufhin die Gestapostelle in Spittal an und unterrichtete die Geheimpolizei von seinem Fang. Gegen Mitternacht traf der Gestapochef aus Spittal ein und nahm Ruthi mit, Prester blieb mit dem Polizisten zurück, der ihm die Hände losband und eine Zigarette anbot. Er saß stundenlang auf dem Polizeiposten und schließlich schlief er ein. Gegen drei Uhr früh wurde er von Schüssen geweckt. Ruthi hatte, sobald er von Prester getrennt war dem Geheimpolizisten gesagt, daß es noch andere Mitglieder des *Dillon*-Teams in Gmünd gäbe, einen amerikanischen Führer und einen anderen Österreicher. Er wurde nun an ein zehn Meter langes Seil gebunden und mußte vorausgehen und den Gestapochef und eine Gruppe der örtlichen Polizei zu dem Haus der Martha Frais führen. Er näherte sich der Tür, begleitet von einem Polizisten namens Josef Hartlieb, dort gab Ruthi das geheime Klopfsignal des *Dillon*-Teams. Pavlovich, der mit Martha Frais im Bett lag, weckte sie und sagte, sie solle die Türe öffnen. Als sie öffnete, stand Hartlieb in der Türe mit gezogener Pistole: „Hände hoch!" Pavlovich griff nach seiner Waffe und Hartlieb schoß den Amerikaner in den Bauch. Pavlovich feuerte unsicher zurück und der Polizist ging in Deckung.

Zwei Handgranaten wurden durch ein Fenster geworfen und explodierten im Haus. Martha Frais wurde hysterisch und schrie, daß die Gestapo sie umbringen werde. Pavlovich schoß sie durchs Herz und dann sich selbst in den Kopf, wobei Ernst Fiechter hilflos zusah. Stundenlang saß er allein in der Finsternis und der Stille des Raumes mit den beiden Leichen und wartete darauf, daß die Polizei das Haus stürme. Gegen Morgen drangen SS-Männer langsam und vorsichtig gegen das Haus vor und nahmen das letzte Mitglied der *Dillon*-Mission gefangen.

Der Bürgermeister von Gmünd, Josef Oberlechner, befahl die Leichen von Leutnant Pavlovich und Martha Frais ohne Sarg und irgendwelche Zeremonien zu vergraben. Sie wurden in zwei flache Gruben geworfen, die nicht groß genug waren, um ihre Leichen aufzunehmen, so daß Bürgermeister Oberlechner dann mit Fußtritten versuchte, die verkrümmten Leichen in ihre engen Gräber hineinzuzwängen.

Obwohl *Dupont* wie *Dillon* amerikanische Unternehmungen gewesen waren, flogen sie doch aus Italien mit Flugzeugen der Royal Air Force, die mit Polen bemannt waren, denn die amerikanischen Flieger waren damals noch nicht für derartige Missionen ausgebildet. Das 334. Geschwader der Royal Air Force, eigens für solche Geheimunternehmungen geschaffen, flog in Halifax- oder Bristol-Maschinen englische wie amerikanische Agenten von Brindisi aus. Walter Haass, der oft als Absetzer dabei war, erinnert sich vor allem an die bittere Kälte in den aus Sperrholz gebauten Bristol-Maschinen und daß kaum genug Platz zum Stehen war. Die Unbequemlichkeit wurde nur dadurch gemildert, daß unveränderlich um die Mitte des Fluges Tee und Kuchen serviert wurden.

Generalleutnant Ira C. Eaker übernahm das Kommando der amerikanischen Luftstreitkräfte im Mittelmeer im Januar 1944. Eaker wollte, wohl mit Blick auf die Nachkriegszeit, daß die Amerikaner sich „Verdienste erwerben sollten, in der Lieferung von Messern, Schußwaffen und Sprengstoff an die Patrioten auf dem Balkan, um damit Deutsche zu töten“. Diesen Wünschen Eakers entsprechend entstand die amerikanische 885. schwere Bomberstaffel, eine Spezialeinheit der 15. Luftflotte, befehligt von Oberst Monro MacCloskey. Sie traf am 2. Oktober 1944 in Brindisi ein, wo sie mit der Royal Force das Flugfeld teilen mußte. Die 885. bestand aus acht schwarzgestrichenen Maschinen und war sehr bald mit dem Abwurf von Agenten und Nachschub auf dem Balkan und in Norditalien, nicht jedoch über dem Reich befaßt.

Für die Offiziere der deutsch-österreichischen Sektion in Bari war die Lage auf dem Flugplatz von Brindisi typisch für die schweren Mängel ihrer Unternehmungen. Flugzeuge der eigenen Luftwaffe, mit ihren Vorteilen bezüglich des Nachrichtenwesens und des Nachschubes, wurden ihnen verweigert, stattdessen waren sie auf die Royal Air Force angewiesen, wo amerikanische Missionen als allerletzte drankamen.

Die Leute des OSS hatten an der britischen Luftwaffe und deren Mannschaften an sich nichts auszusetzen und daß die polnischen RAF-Piloten im besonderen zwar „verrückt", aber außerordentlich geschickt waren und auch bereit überall hinzufliegen und bei jedem Wetter. Die Schwierigkeit war nur die Agenten an Bord eines britischen Flugzeuges zu bringen. Absprungbereite amerikanische Teams mußten oft wochenlang warten, was natürlich ihren Bereitschaftszustand sehr beeinträchtigte.

Die Offiziere der deutsch-österreichischen Sektion waren über diese schlechte Behandlung durch die RAF verständlicherweise verärgert, aber auch über die amateurhafte Planung von *Dupont* und *Dillon* bestürzt. Das Problem, so glaubten sie, lag in der Führung der Einheit, die zwar sicher die besten Absichten hatte, aber unfähig war.

Hart Perry, der Stabsoffizier der Sektion, und Dyno Löwenstein nahmen all ihren Mut zusammen und besuchten Oberstleutnant Howard Chapin, den Chef des Secret Intelligence, des geheimen Nachrichtenwesens, in Caserta. Ihre Argumentation war sehr direkt: Die deutsch-österreichische Sektion funktioniere nicht. Wenn diese Abteilung überhaupt Sinn haben sollte, so müßte sie eine klarere Führung bekommen. Sie wollten in Bari einen neuen Chef für die deutschen Unternehmungen haben und zwar den Leutnant Al Ulmer. Dann gingen sie weiter zur 15. Luftflotte, um zu erreichen, daß auch ihre Sektion in Zukunft von amerikanischen Maschinen geflogen würde.

9. Kapitel

Agentenschicksal

Willy Drucker sollte am Neujahrsabend des 31. Dezember 1944 bei der kleinen Grenzstadt Stein am Rhein nach Deutschland geschmuggelt werden. Die Schweizer Grenzbeamten waren bestochen und man hoffte, daß die Patrouillen auf der deutschen Seite durch die Feier des Neuen Jahres und durch die Bekämpfung der bitteren Kälte mit Schnaps etwas in ihrer Wahrnehmungsfähigkeit beeinträchtigt sein würden. Gelang es Drucker nach Deutschland hineinzubringen, so sollte er sich ins Ruhrgebiet begeben und dort Jupp Kappius treffen.

Obwohl Drucker einem Indianer erstaunlich ähnelte, so war er doch Deutscher, und hatte erst vor elf Jahren seine Heimat verlassen. 1933 war er in Dortmund als Polizist entlassen worden weil er sich geweigert hatte der NSDAP beizutreten. Später verbüßte er eine Gefängnisstrafe weil die Gestapo ihn erwischt hatte, als er Nazigegnern zur Flucht verhalf. Er war dann selbst nach Saarbrücken geflüchtet und zog 1935 weiter nach Frankreich.

Drucker war stolz darauf einer der noch nicht einmal tausend deutschen Polizeibeamten zu sein, die sich geweigert hatten der Partei beizutreten.

Nach kurzer Dienstzeit in der französischen Fremdenlegion fand sich Drucker 1942 in Nordafrika in einem französischen Arbeitsbataillon. Als einer der ersten Agenten Van Arkels wartete er nun seit zwei Jahren auf den Tag, an dem er nach Deutschland eindringen sollte. Vorher war er, ähnlich wie Van

Arkel, eine Zeit lang in Bari gewesen und dann in England. Dort hatte er langweilige Monate beim Stab von *Bach* verbracht, Zeitungen gelesen, die aus dem Ruhrgebiet herausgeschmuggelt worden waren, Stadtpläne studiert, Informationen gelesen und sich mit den Lebensbedingungen in Dortmund vertraut gemacht, wo Kappius nun eine sichere Unterkunft für ihn besorgt hatte. Er unterzog sich auch einem simulierten Gestapoverhör. Er sollte sich vorstellen, in Deutschland gefangen genommen worden zu sein und Pläne einer Panzerfabrik bei sich zu haben. Man gab ihm fünfzehn Minuten, um seine Verteidigung zu entwerfen, dann wurde er in einen dunklen Raum gebracht, ein Scheinwerfer strahlte ihm ins Gesicht und hinter der Lichtquelle begannen unsichtbare Inquisitoren ein hartes Verhör. Drucker, der ja tatsächlich einmal von der Gestapo verhört worden war, fand die Simulation erstaunlich zutreffend.

In ihrer Freizeit diskutierten Drucker und andere Sozialisten bis spät in die Nacht über die Zukunft Deutschlands. Sie waren einig in dem Wunsch, nicht nur einfach ihre Heimat wieder aufzurichten, sondern auch eine ganz neue deutsche Gesellschaft zu schaffen. Drucker wünschte sich, ein demokratisches deutsches Polizeisystem zu organisieren.

Mit 37 Jahren war Drucker immer noch getrieben von einem geradlinigen, fast kindlichen Enthusiasmus. Sein OSS-Instruktor schrieb über ihn: „Er besitzt durchschnittliche Intelligenz, ist langsam im Erfassen neuer Ideen, sobald er sie aber verstanden hat, kann man sich darauf verlassen, daß er sie in der Praxis richtig anwenden wird. Er besitzt keine große Phantasie oder Erfindungsgabe, ist aber vorsichtig, schlau und entschlossen. Er scheint verläßlich und loyal und besitzt Selbstbewußtsein. Eine gerade und liebenswerte Persönlichkeit. Er war eifrig und arbeitete hart, ein guter Durchschnittsstudent."

Der solide, beständige Drucker hatte auch das Vertrauen des mehr intellektuellen Jupp Kappius gewonnen, der nun erwartete, daß dieser verläßliche Mann zu ihm stoßen werde.

Drucker verließ England fünf Wochen nachdem Kappius nach Deutschland gebracht worden war. Er flog nach Thonon und wurde dann in die Schweiz eingeschmuggelt, wo sich ISK-Kontakte um ihn kümmerten, während er darauf wartete, nach

Deutschland hineinzuschlüpfen. Van Arkel benützte Druckers Polizeihintergrund, um für ihn eine Tarnpersönlichkeit als Gestapobeamter aufzubauen. Van Arkel hatte einen bestechlichen Gestapo-Chef namens Kriner gefunden, der in Feldkirch, direkt jenseits der Schweizer Grenze, arbeitete. Kriner hatte bereits Van Arkel mit genügend Nachrichtenmaterial versorgt, um als verläßlich gelten zu können. Drucker sollte sich bei Kriner melden, der für ihn dann echte Gestapo-Reisebefehle ausstellen würde, die es ihm möglich machten ins Ruhrgebiet zu reisen. Der Name seines Unternehmens lautete *Ragweed.*

Im Oktober war Anne Kappius aus Deutschland zurückgekehrt und brachte den ersten Bericht ihres Mannes mit und ebenso die Adresse der sicheren Unterkunft für Drucker in Dortmund. Aber bald danach hatten die Deutschen die Schweizer Grenze hermetisch gesperrt und Drucker war auf diese Weise für Wochen in der Schweiz festgehalten. Dann, am Neujahrsabend, ging man das Risiko ein, ihn über die Grenze zu schmuggeln.

Als mitten in der Nacht die Gruppe darauf wartete das Unternehmen durchzuführen, bemerkte einer der Männer, daß Drukker einen dunklen Mantel trug, nun aber doch über schneebedeckte Felder nach Deutschland hinein sollte. Eilends gab er Drucker seinen hellen Mantel. Schließlich wanderte Drucker los in Richtung auf ein Wäldchen. Nach zweihundert Metern kam er auf dessen anderer Seite hervor und befand sich schon in Deutschland. Der Boden war weiß und die kalte Nachtluft klar; Drucker fühlte sich ruhig, geradezu euphorisch und erwartete, daß das deutsche Volk ihn nun nach zwölf Jahren der Naziherrschaft willkommen heißen würde.

Van Arkel begann sich Sorgen zu machen. Er hatte am 2. Januar, zwei Tage nach dem Grenzübertritt, eine Botschaft erhalten, daß Willy Drucker sicher in Feldkirch eingetroffen sei und Kriner aufgesucht habe, der Druckers Papiere für die Reise ins Ruhrgebiet in Ordnung bringen sollte. Dann hörte er durch Wochen hindurch nichts mehr. Mitte Januar unternahm Anne Kappius ihre zweite Kurierfahrt zu ihrem Mann in Bochum und bei ihrer Rückkehr am 8. Februar berichtete sie Van Arkel, daß Willy Drucker niemals an seinem Ziel in Dortmund eingetroffen sei.

Van Arkel nahm nun an, daß Drucker entweder gefangen oder tot sei.

In Deutschland wäre alles gut für Willy Drucker gegangen, wäre nicht die Ardennenoffensive gewesen. Nachdem er die Grenze am Neujahrsabend überschritten hatte, fuhr er mit einem SS-Offizier aus Singen nach Konstanz. Der Mann war der erste Deutsche, mit dem Drucker seit Überschreiten der Grenze längeren Kontakt hatte. Der sture Glaube des Offiziers an den deutschen Endsieg entmutigte Drucker. Der Mann sprach ekstatisch von der großartigen deutschen Offensive in den Ardennen, dem Beweis für das militärische Genie des Führers, und Drucker war froh als er Konstanz verlassen konnte; er setzte über den Bodensee in einer Fähre, um nach Friedrichshafen zu kommen. Von dort nahm er den Zug nach Feldkirch in Vorarlberg, wo er Herrn Kriner, den Gestapo-Chef in Feldkirch aufsuchte und dann durch einen vertrauenswürdigen Grenzwächter eine Botschaft an Van Arkel weitergab, daß alles in Ordnung sei.

Während ihrer ersten Zusammenkunft hatte Kriner erklärt, er könne Drucker nicht sofort mit Reisepapieren nach der Ruhr helfen, er solle am nächsten Tag wiederkommen und mit ihm Mittagessen. Die Verzögerung hatte Drucker erstaunt, aber er versuchte, seine Nervosität zu unterdrücken.

Das Mittagessen am nächsten Tag war eine Art von Katz- und Maus-Spiel. Als Kriner schließlich Drucker in die Augen blickte, sagte er: „Sie wissen, der Krieg ist noch nicht verloren," und bezog sich auf die Ardennenoffensive. „Was wird mit uns jetzt geschehen? „Nichts", antwortete Drucker. „Nichts wird denen geschehen, die mit uns arbeiten."

Kriner wollte wissen, wo Drucker die Grenze überschritten hatte und wo seine anderen Kontakte in Feldkirch seien, wohin er nun als nächstes gehen werde und andere Fragen, die an vertrauenswürdige Agenten niemals gestellt werden sollten. Drukker log und erzählte, daß er nun nach Friedrichshafen gehe und dann nach Nürnberg. Am Ende des Mittagessens sagte Kriner, er sei jetzt nicht in der Lage, die Gestapopapiere Druckers zu erneuern. Er werde noch ein paar Tage dazu brauchen.

Drucker ging sofort vom Büro Kriners zum Bahnhof. Kriner, so schloß er, hatte angesichts des plötzlichen Wechsels des deutschen Kriegsglücks an der Westfront seine Meinung geändert. Auf der Eisenbahnstation sprach Drucker eine hübsche Frau an und lud sie ein, mit ihm etwas zu trinken. Es war nicht schwierig, er besaß Geld, Lebensmittelmarken und Zigaretten, eine weibliche Begleiterin würde angenehm und sicher für die Reise sein, die er nach Dortmund unternehmen wollte.

Sie fuhren nach Friedrichshafen, stiegen dort aus und warteten auf dem Bahnhof auf einen Zug nach dem Ruhrgebiet, als plötzlich drei Männer Drucker packten und ihm Handschellen anlegten. „Wir haben auf dich gewartet," sagte einer. Die Frau fiel in Ohnmacht.

Fünf Monate nach dem Anschlag auf Hitlers Leben war Hans Bernd Gisevius immer noch in Berlin, wo er wie ein gejagtes Tier lebte. Allen Dulles fühlte eine tiefe Verpflichtung, diesen mutigen Deutschen aus den Klauen der Gestapo zu retten. Nach seinem Septemberbesuch bei General Donovan in Frankreich war Dulles zu weiteren Gesprächen mit David Bruce nach England gereist. Während er sich dort aufhielt, drängte er Bruce, einem Plan für die Rettung Gisevius' aus Deutschland Vorrang zu geben.

Der beste und kühnste Plan lautete, Gisevius nach Berlin Dokumente eines Gestapo-Beamten zu liefern, einschließlich des Reisebefehls nach der Schweiz. Diese Tarnung war nur von anderen Gestapoleuten zu durchschauen und Gisevius als früherer Gestapobeamter konnte die Rolle überzeugend spielen.

Die erste Schwierigkeit bestand darin, eine Fotografie von Gisevius aufzutreiben. Schließlich fand sich nichts anderes als ein Gruppenbild, das ein Schweizer Fotograf vergrößerte, daß sich ein Paßbild daraus herausschneiden ließ. Dieses Bild und einige gestohlene Gestapopapiere wurden nun so rasch wie möglich aus der Schweiz nach London gebracht. Die *Bach*-Abteilung und die Fälscher arbeiteten zusammen an einem deutschen Paß und einer Anzahl von Befehlen des Gestapo-Hauptquartiers, in dem deutsche Regierungsbeamte und Parteimitglieder aufgefordert wurden, „Dr. Hoffmann", auf dessen Namen die Dokumente ausgestellt waren, alle notwendige Hilfe zu gewähren. Dr. Hoffmann befand sich in geheimer Mission auf der Reise von Berlin in die Schweiz. Bob Work, einer von Bill Reddicks besten Leuten, fälschte die Befehle und auch noch einen Brief, der mit Heinrich Himmler unterschrieben war. Auch dieser kam zu den Effekten des Dr. Hoffmann.

Schwierig war es, die silberfarbige Dienstmarke der Gestapo zu besorgen, ein Medaillon aus unbekannter Legierung, das fortlaufend numeriert war und Gestapobeamten unbegrenztes Recht zur Festnahme gab. Die authentischen Marken enthielten, so glaubte man, einen kleinen, absichtlichen Fehler, um Fälschungen leichter entdecken zu können.

Diese Dienstmarke herzustellen war für OSS-London nicht möglich und er bat die Engländer um Hilfe, die sich bereit erklärten, eine solche Marke zu beschaffen, aber von der ganzen Sache nicht viel hielten. Sie arbeiteten gegen den Kalender, meinten die Briten, denn die Deutschen änderten möglicherweise das Format ihrer Dokumente alljährlich und nun war man schon im Dezember.

Aber schließlich war doch alles beisammen und Gary Van Arkel untersuchte die Fälschungen zuerst mit Bewunderung, dann mit Entsetzen. Dem Paß fehlte ein wesentlicher Stempel! Kostbare Tage gingen nun verloren, da der Paß nach London zurück mußte. So vertraute Van Arkel das Dokument einem OSS-Offizier an, der aus der Schweiz nach London zurückfuhr. In Paris, wo der OSS-Offizier das Flugzeug wechseln mußte, kontrollierte ein Mann der Militärpolizei seine Papiere. Irrtümlich zeigte der OSS-Offizier nun den deutschen Gestapo-Paß her. Der Militärpolizist beschlagnahmte ihn sofort und erklärte, ein Dokument dieser Art dürfe nur durch geheimen Armeekurier befördert werden. Der OSS hatte seit langem gelernt, daß jedes Dokument, das man der Armee anvertraute, unvermeidlich in Vergessenheit geriet. Es dauerte vier Tage, bis man dem Sicherheitsoffizier der Armee den Paß wieder entrissen hatte.

Am 20. Januar 1945, sechs Monate nach dem fehlgeschlagenen Komplott gegen Hitler, hielt sich Hans Gisevius in der Wohnung einer Freundin in Berlin versteckt. Es läutete an der Tür. Gisevius näherte sich dem Eingang nur mit großer Vorsicht. Erst als er den Motor eines abfahrenden Autos hörte, öffnete er die Tür. Das Paket, das sich auf der Schwelle vorfand, hatte die

Reise von London über die Schweiz zu dem deutschen Verleger Goverts gemacht und dieser wieder hatte es in Berlin abgeliefert. Die Gestapodienstmarke, die Reisebefehle, der Paß für „Dr. Hoffmann“, alles war in letzter Minute angelangt, denn nach dem 21. Januar gab es keine Züge für zivile Reisende mehr und selbst Reisende in offiziellem Auftrag mußten sich spezielle Reiseerlaubnisse der Polizei besorgen. Gisevius mußte also noch am selben Tag den Zug nehmen.

Er fuhr mit der U-Bahn zum Bahnhof, wo seine Papiere die erste Kontrolle überstehen mußten. Der Beamte am Kartenschalter schien ungewöhnlich lange zu zögern, bevor er Gisevius eine Fahrkarte nach Stuttgart gab, wo er umsteigen wollte, um zur Schweizer Grenze zu gelangen.

Auf dem Bahnsteig, von dem er abreisen mußte, herrschte das Chaos. SS-Männer und Offiziere drängten Zivilisten und weniger hochrangiges Militär zur Seite. Gisevius stellte ein paar Fragen und erfuhr, daß er mitten in einem Wespennest gelandet war. Ernst Kaltenbrunner, der Chef des RSHA einschließlich der Gestapo und daher auch der Vorgesetzte von Dr. Hoffmann, sollte in Kürze den Zug nach Wien besteigen.

Der Zug nach Stuttgart war unvorstellbar überfüllt. Gisevius ging zum Kopf des Zuges, um den Schaffner zu bestechen, ihn in den Zug hineinzubringen. Vor dem Gepäckwagen stieß er auf ein wütendes Gedränge, auf dem Bahnsteig brüllten der Schaffner und der Gepäckmeister auf eine Menschenmenge ein, die versuchte die Schiebetüren des Gepäckwagens zu stürmen, fluchte, schrie und die Eisenbahnbeamten beschimpfte.

Gisevius holte aus seinem tiefsten Inneren eine Autorität, die er kaum wirklich verspürte. Er drängte seine große Figur ziemlich grob quer durch die Menschenmenge, hin zu den belagerten Bahnbeamten. Er zeigte seine Gestapomarke und verlangte zu wissen, was denn los sei. Es war das erste Mal seit sechs Monaten, daß er in der Öffentlichkeit gesprochen hatte.

Der Schaffner sagte, er und der Gepäckmeister könnten nicht einmal in ihren eigenen Zug einsteigen. Der Schaffner nahm dankbar das Angebot Gisevius' an, den Gepäckwagen zu räumen. Nun begann er zu schreien. „Gestapo! Gestapo!“ und zwängte sich durch die Schiebetüre, während die Leute zu beiden

Seiten zurückwichen. Sobald er die Bank des Schaffners im Wageninneren erreicht hatte, verschwand sein offiziöses Benehmen. Er setzte sich, nahm zwei Kinder auf seine Knie und ließ die Menschenmenge hinter sich eindringen. Auf dem Bahnsteig konnte er immer noch die beiden Eisenbahnbeamten hören, die ihn um Hilfe anriefen.

Als es endlich dem Schaffner gelang, wieder Kontrolle über seinen Gepäckwagen zu bekommen, dankte er Gisevius, daß dieser versucht hatte, ihm zu helfen und informierte ihn, daß es ein besonderes Abteil weiter vorne für hohe Beamte gäbe. Gisevius sagte, er ziehe vor, zu bleiben, wo er sei. Nach einer scheinbaren Ewigkeit fuhr der Zug endlich aus dem Bahnhof, aber immer noch klammerten sich Leute verzweifelt an jedes Trittbrett.

Zwei Tage später stand Gisevius vor dem kleinen Grenzort Kreuzlingen den beiden letzten Deutschen gegenüber, die ihn noch von der Schweiz trennten. Der Zollbeamte war eine verhältnismäßig leicht zu nehmende Hürde, der andere aber war ein Gestapo-Beamter. Gisevius' Position war absurd. Er war um sechs Uhr früh zu Fuß an dieser kleinen Grenzstation eingetroffen, wo niemals irgend ein Beamter von einiger Bedeutung hinkam, dabei hatte er Papiere, die von Heinrich Himmler unterschrieben waren. Es war Winter und er trug immer noch denselben Sommeranzug, den er seit dem 20. Juli getragen hatte. Darüber trug er einen zerrissenen schmutzigen Frühjahrsmantel. Er hatte von irgend jemandem im Zug einen Hut gestohlen, der ihm allerdings schlecht paßte. Seit Monaten hatte er sein Haar mit Nagelscheren geschnitten und es entsprach keineswegs dem sauberen, kurzen Schnitt, der bei der Gestapo, einschließlich des Beamten, der nun seine Papiere kontrollierte üblich war. Gisevius war schwach vor Hunger und der Anstrengung, die Täuschung aufrecht zu erhalten. Äußerste Verzweiflung stieg in ihm auf, als der Gestapo-Beamte immer wieder von den Papieren in seiner Hand auf die große, merkwürdige Figur vor ihm blickte. Dann aber wurde plötzlich das Tor geöffnet. Gisevius erwiderte etwas schlapp den Deutschen Gruß; dann ging er in die Freiheit.

10. Kapitel

Flirt mit Joan-Eleanor

Am Neujahrstag 1945 tobten die Kämpfe in den Ardennen immer noch. Die Deutschen hatten noch eine zweite Offensive im Elsaß begonnen. Diese verzweifelten Vorstöße Adolf Hitlers mußten zurückgeschlagen werden, dann konnte die Invasion Deutschlands anlaufen. Der OSS verfügte nur über drei aktive Agenten, um innerhalb des Reiches Nachrichten zu beschaffen: Jupp Kappius an der Ruhr, Juri Winogradow in Berlin und Fritz Molden in Österreich. Die anderen hielten sich entweder versteckt, waren gefangen oder tot, und der Druck auf Bill Casey, und über ihn auf George Pratts Division of Intelligence Procurement, mehr Agenten nach Deutschland hineinzubringen wurde daher immer intensiver.

Während des ganzen Herbstes hatte DIP an dieser Aufgabe zügig und wirkungsvoll gearbeitet, aber eine Schwierigkeit blieb bestehen: Man konnte Agenten rekrutieren, ausrüsten und mit Dokumenten verstehen, konnte sie selbst aus Deutschland wieder herausbringen, aber der OSS selbst konnte seine Leute nicht mit Fallschirm im Reich absetzen, sondern war dafür auf die Luftwaffe der US-Armee angewiesen.

Während des Frankreichfeldzugs waren zwei Bomberstaffeln für Agentenabsprünge des OSS bereitgestellt worden. Diese Staffeln waren vom 492. Bombergeschwader der 8. Luftflotte abgestellt und auf dem Harrington-Flugplatz außerhalb Londons stationiert worden. Dieser Einsatz wurde als das „Carpetbagger Project“ bezeichnet.

Die Carpetbagger-Mannschaften flogen ramponierte B-24 Liberator-Bomber, meist voller nicht reparierter, rostender Schußlöcher, mit schwarzem Glanzlack gestrichen, um das Licht zu absorbieren und so nachts selbst im Strahlenkegel feindlicher Scheinwerfer praktisch unsichtbar zu bleiben. Die MG-Kanzel an der Unterseite jedes Bombers war durch eine Sperrholzabdekkung ersetzt und durch diese Schleuse mußten die Agenten abspringen. Dämpfer sollten den Feuerschein des Auspuffes verringern und die Führerkanzel war vom Rest des Flugzeuges durch Vorhänge abgetrennt, der Bombenschütze saß in völliger Dunkelheit um die Sichtbezugspunkte für den Navigator besser ausmachen zu können. Eine Küstenlinie, die Biegung eines Flußlaufes, Seen, Berge, Kriegsgefangenenlager, mit ihrer strahlenden Beleuchtung, waren besonders nützliche „Leuchttürme".

Die Feinde der Flieger waren das schlechte Wetter und die Flak, von denen sie die menschgemachten Gefahren vorzuziehen schienen. Feindlichen Jägern und Flakfeuer auszuweichen war eine alle Kräfte und Sinne beanspruchende Arbeit, die die Angst sozusagen verdrängte, aber nur auf Instrumente angewiesen über den nebelverhangenen Ärmelkanal zu fliegen, in einer kleinen Kapsel hoch über der Erde, schuf stumme, hilflose Angst.

Das 492. Geschwader hatte reiche Erfahrungen mit den Erfordernissen der Agentenarbeit gesammelt und über tausend Agenten mit ihren B 24 abgesetzt und seine Technik unterschied sich ganz außerordentlich von der konventioneller Bombenflüge, bei denen jede Maschine inmitten einer gewaltigen Armada in 6000 Metern Höhe flog, beschützt von Jägern. Die „Carpetbagger" aber flogen allein, in Höhen von nicht mehr als 150 Metern und nicht schneller als 190 Stunden-Kilometer über die Abwurfzone. Die Navigation bot bei Bomberangriffen kaum Schwierigkeiten, da Flugzeuge in der Formation nichts anderes zu tun hatten, als dem Führerflugzeug zu folgen. Für eine einzelne Maschine bei einem Absprungunternehmen aber hing es von der Navigation ab, ob der Agent sicher und richtig abgesetzt wurde.

Und ein schwerer Bomber, der mit offenen Landeklappen in geringer Höhe, knapp über der Landegeschwindigkeit, einen Agenten abspringen ließ, bot feindlichen Jägern natürlich ein großartiges Ziel.

Nachdem den Alliierten der Ausbruch aus der Normandie im Sommer 1944 gelungen war, wurde das 492. Geschwader von den Agentenmissionen abgezogen und mußte nun Treibstoff für die motorisierten, durch Frankreich und Belgien vorstürmenden Truppen, heranschaffen. Man sagte den Leuten von der 492., daß sie ihre letzte Carpetbagger-Mission am 16. September 1944 geflogen hätten, bald danach erklärte der OSS dem Geschwaderchef, daß es wahrscheinlich keine weitere Notwendigkeit für Carpetbagger-Flüge gäbe, weil der Krieg ja bald zu Ende sei. Das 492. wurde für konventionelle Bombenangriffe eingesetzt, nur einige wenige Flugzeuge für etwaige Bedürfnisse des OSS blieben zurück. Aber am letzten Tag des Jahres 1944, als das Eindringen in das Reich Vorrang erhielt, war der OSS wieder da und klopfte an die Hangars des 492. Bombergeschwaders.

Die Beziehungen zwischen dem OSS-London und der 492. Bombergruppe begannen diesmal schlecht und wurden immer schlechter, denn die Luftwaffeneinheit besaß nicht länger die Flugzeuge und die erfahrenen Mannschaften. Eine der Staffeln war im Dezember nach Italien verlegt worden, andere flogen Nachtangriffe auf Verschiebebahnhöfe und Versorgungsdepots in Deutschland und die übrigen zeigten wenig Begeisterung und Verständnis für die Unternehmen des OSS. Vor allem aber hatte das 492. im Dezember 1944 einen neuen Kommandeur erhalten, Oberst Hudson A. Upham. Er untersagte Flüge außerhalb des südwestlichen Teiles von Deutschland, dessen Grenze ungefähr durch die Städte Stuttgart, Ingolstadt und München umschrieben war, denn er fürchtete, daß eine einzelne, jenseits dieser Linie operierende Maschine für deutsche Nachtjäger und schwere Flak ein zu leichter Fang wäre und außerdem auch zu wenig Navigationshilfen fände. Im übrigen erklärte sich das 492. bereit nach Holland zu fliegen, nicht aber über die deutsch-holländische Grenze. Während neun Wochen flog das Geschwader nur eine einzige OSS-Mission.

Indessen wurde in Lyon ein neuer Standort für das 492. Geschwader gefunden, von wo Unternehmungen nach Deutschland geflogen und außerdem auch Lufttransporte für die Gruppe Henry Hydes bei der 7. Armee durchgeführt werden konnten. Zur selben Zeit, als der Bedarf an Missionen in das Reich immer dringender wurde, verschlechterte sich das Wetter dramatisch; der Winter von 1944 auf 1945 war der kälteste seit vierzig Jahren. In den ersten drei Wochen des Februar war der Himmel ständig durch Nebel, Regen und tief hängenden Wolken bedeckt und nur fünf Unternehmungen konnten von Lyon während der Mondphase Januar-Februar abgefertigt werden, weitere sechs Unternehmungen wurden im Februar und März durchgeführt, aber in diesen Wochen gab es schwere Stürme. Während immer noch Agenten ihre Ausbildung vollendeten und in immer größerer Zahl zur Verfügung standen war Lyon nicht imstande, seine Aufgabe zu erfüllen. Mehr als dreißig Operationsgruppen warteten nun schon auf ihren Einsatz.

Eines Abends im Herbst 1944 speisten Bill Casey und andere Offiziere des OSS in London mit Korvettenkapitän Stephen H. Simpson, vor dem Krieg Wissenschaftler am RCA (Radio Corporation of America) und nun, zugeteilt dem OSS London, der sich immer noch mit Problemen der Ausbreitung von Radiowellen befaßte. Bei diesem Abendessen wurde das Problem der Verbindung mit den Agenten in Deutschland diskutiert. Was in Frankreich gut gegangen war, bedeutete innerhalb des Reiches ernste Gefahr. In den besetzten Gebieten hatten sich die Agenten von sicheren Unterkünften aus mit Sendern mit der Heimat verständigt und hatten den deutschen Funkpeilgeräten durch häufigen Standortwechsel entgehen können. Der Standardsender wurde das „Koffermodell" genannt, weil er in einem Koffer befördert wurde. Ein solches Gepäckstück war aber für Deutschland ganz ungeeignet.

Dort, wo es nur wenige oder gar keine sicheren Unterkünfte gab, mußte die Sendermethode mit ihrem weit gestreuten Signal die Agenten sofort der Entdeckung durch Funkpeilgeräte preisgegeben. Funkpeilfahrzeuge konnten solche Sender auf bis zu 30 km Entfernung aufspüren, auf 100 m hörten sie schier das Klappern der Morsetasten.

Aber Simpson erklärte beim Abendessen seinen Kameraden, mit den rechten Mitarbeitern und den entsprechenden Flugzeugen könne er innerhalb einiger Monate ein Kommunikationssystem aufziehen, das auch unter deutschen Verhältnissen noch einige Sicherheit garantiere. Schon bevor er für General Donovan zu arbeiten begonnen hatte, hatte er an einer Lösung geknobelt, dessen Grundidee darin bestand, daß der Agent im Feindesland es nicht mit einem seinerseits ortsfesten Funkpartner zu tun hatte, sondern mit einem kreisenden Flugzeug sprach. So konnte die Bandfrequenz derart eng gehalten werden, daß sie nicht die Aufmerksamkeit deutscher Funkpeiler erregte. Schon 24 Stunden nachdem er Casey seinen Plan erläutert hatte lag ihm schon die offizielle Zustimmung vor. Er wandte sich sofort an einen Kollegen aus der RCA namens De Witt R. Goddard, der damals in den Laboratorien der RCA in Riverhead auf Long Island als Entwicklungsingenieur arbeitete. Goddard erhielt einen Offiziersrang der Marine und wurde so überhastet nach England geflogen, daß er noch nicht einmal eine Uniform besaß, aber er brachte die Experimentalausrüstung nach England mit, die er mit Simpson und anderen Kollegen abgesprochen hatte.

Das Simpson-Goddard Team entwickelte nun Sender und Empfänger die klein genug waren, um leicht von einem Agenten am Boden versteckt zu werden; eine andere, größere Anlage wurde in einem Flugzeug installiert und war mit einer ganz neuen Erfindung verbunden, die Gespräche auf einer Drahtspule aufzeichnen konnte. Das Sendegerät des Agenten maß etwa 20 Zentimeter Länge, 7 Zentimeter Breite und 4,5 Zentimeter Höhe, wog 340 Gramm und bezog den Strom aus langlebigen Batterien. Die Instrumente an Bord des Flugzeuges wogen etwa achtzehn Kilogramm.

Die Engländer hatten schon früher den Prototyp „S-Phone“ entwickelt, aber für den Gebrauch in Deutschland hatte dieses schwerwiegende Nachteile. Die Ausrüstung für den Mann am Boden war so umfangreich, daß sie auf den Rücken geschnallt werden mußte und die Sendereichweite betrug knapp 3000 Meter, was für ein kreisendes Flugzug eine Höhe bedeutete, die in tödlicher Flakreichweite lag.

Simpson taufte sein System „Joan-Eleanor“: Joan hieß eine Majorin bei den WAC (Womens Army Corps), die er sehr verehrte, und Eleanor war die Frau von De Witt Goddard. Den „Joan“-Sender hatte der Agent am Boden, während „Eleanor“ die Apparatur an Bord des Flugzeuges war.

Während Simpson und Goddard ihre Erfindung vervollständigten, hatten die Deutschen selbst einen technischen Sprung vorwärts gemacht. Die 8. Luftflotte informierte Simpson, daß die Deutschen ein radargelenktes Flugabwehrgeschütz entwickelt hätten, womit der ursprüngliche Plan, B 17 für die Joan-Eleanor-Missionen zu verwenden, hinfällig geworden war, denn innerhalb der Reichweite eines Geschützes mit solch tödlicher Zielgenauigkeit eine schwerfällige B 17 kreisen zu lassen, bedeutete Selbstmord.

Simpson mußte nun sein Gerät für ein anderes Flugzeug adaptieren. Er hatte bereits von der britischen „De Havilland-Mosquito" gelesen und war von ihrer Virtuosität begeistert, besonders von jenem Modell, das zur Fotoaufklärung verwendet wurde. Die kleine, schnelle und bewegliche „Mosquito", der „Jeep der Lüfte", schien für sein Projekt in etwa geeignet. Simpson und sein Team übersiedelten auf einen Flugplatz bei Watton in East Anglia, wo die amerikanische Luftwaffe ihr einziges Geschwader britischer Mosquitos stationiert hatte. Die Maschinen waren in einer Art umgekehrter „lend-lease" (Leihpacht, durch die die Engländer und Russen amerikanische Rüstungsgüter erhielten, ohne sie kaufen zu müssen. A. d. Ü.) an die Amerikaner gekommen. Anfänglich gelang es Simpson nur, eine einzige Mosquito, die Maschine Nummer 676, von der Luftwaffe für die Joan-Eleanor-Versuche loszueisen.

Zuerst befreite Simpson die Mosquito von jedem irgendwie entbehrlichen Gewicht, um für den Funker und das Gerät selbst zu kompensieren; die Mosquito würde unbewaffnet fliegen. Man warnte ihn, wenn das IFF entfernt werde, jenes System, das Identifikation von Freund oder Feind ermöglichte, riskiere er, daß das Flugzeug von eigenen Maschinen oder eigener Flak abgeschossen werde. Aber es half nichts, auch das IFF flog heraus.

Die Mosquito zu fliegen erwies sich als für amerikanische Piloten recht schwierig. Ihre Propeller drehten sich in derselben Richtung, daher hatte die Maschine in der Hand unerfahrener Piloten bei der Landung die Tendenz abzudriften. Dazu kam, daß die Engländer, die chronisch unter Knappheit an Flugzeugen gelitten hatten, nur sehr ungern auf Maschinen verzichteten und so überraschte es nicht sehr, daß die Mosquitos, die den Amerikanern überlassen wurden, in Wirklichkeit „Schwerinvaliden" waren.

Diese Maschinen flugfähig zu machen und außerdem für das Joan-Eleanor-System zu adaptieren, hätte die Talente des genialsten Mechanikers überstiegen, jedoch Simpson hatte nichts als unerfahrene Arbeiter, die wenig Verständnis für die Bedeutung des Projektes aufbrachten, und ihre Werkzeuge ungelenk handhabten. Stephen Simpson, für den eine Werkbank ein Altar war und das Dröhnen der Maschinen eine Hymne, fand diese Erfahrung erschütternd und er trieb diese gleichgültige Arbeitsmannschaft und sich selber rücksichtslos an. Einer seiner Kollegen beschrieb ihn während dieser Periode als „besessen und übereffizient" und fügte hinzu: „Er war unerschütterlich, außer wenn die Dinge nicht in Ordnung gingen."

Der Sinn der *Bobbie*-Mission war es, eine Untergrund-Route einzurichten, über die Agenten des OSS aus Holland nach Deutschland hineingeschmuggelt werden konnten. *Bobbie* hieß in Wirklichkeit Anton Schrader und war ein 27 Jahre alter Ingenieur aus Surabaja in Holländisch-Ostindien. Nachdem er die Universität von Utrecht besucht hatte war er in Holland durch die deutsche Besetzung überrascht worden, flüchtete nach England, arbeitete zuerst mit dem holländischen Geheimdienst und schloß dann einen Vertrag mit dem OSS, um diesen geheimen Weg nach Deutschland einzurichten. Am 10. November 1944 sprang *Bobbie* zum ersten Mal in seinem Leben in der Nähe von Ubrum, im von den Deutschen besetzten Holland ab, ohne Zeit für ein Sprungtraining gehabt zu haben. Er war der erste, der mit Simpsons Joan-Eleanor Radio ausgerüstet in feindliches Territorium eindrang.

Sechs Tage nachdem *Bobbie* abgeflogen war kroch Stephen Simpson selbst in das enge Heck der Mosquito Nr. 707, des zweiten Flugzeuges, das die Engländer den Amerikanern für die Joan Eleanor-Missionen zur Verfügung gestellt hatten. Zwei frühere Versuche, *Bobbie* durch das Simpson-System zu kontaktieren, waren fehlgeschlagen. Während des ersten Versuches mit der Mosquito Nr. 676, die keineswegs topfit war, hatte das Höhenruder gestreikt und der Pilot verlor die Kontrolle über das Flugzeug. Auch beim zweiten Versuch war es nicht gelungen, *Bobbie* zu erreichen, und die 676 war bei der Landung schwer beschädigt worden.

Mosquito Nr. 707 war nun in aller Eile für einen dritten Versuch ausgerüstet worden. Pilot war Captain Doroski, Leutnant Mishko der Navigator. Simpson zwängte sich auf eine Bank im Bombenschacht, wo seine Ausrüstung eingebaut war. Als sie über die holländische Küste flogen, ging Captain Doroski auf 6000 Meter herunter in dem Bemühen, ein Signal von *Bobbie* aufzufangen. Simpson riß ungeduldig die Bodenluke auf und starrte hinunter, wo sich ein grandioses Feuerwerk entfaltete. Das Flugzeug zitterte bei jedem Blitz und ihm war klar, daß er den Piloten in Kenntnis setzen mußte. Simpson griff nach dem Bordmikrophon:

„Wir sind in einem Gewitter, Captain. Sie bringen uns besser hier heraus."

„Commander, das ist kein Gewitter", Doroski war geduldig, „wir werden beschossen."

Das Flugzeug stieg nun auf etwa zehn Kilometer Höhe, der Pilot steuerte einen festgelegten Kurs, während Simpson seine Suchantenne entlang der Flugschneise hin und her drehte. Der Empfänger begann zu summen und zu krachen und Simpson stellte die Antenne auf die Richtung ein, aus der die Antwort gekommen war. Der Pilot brachte das Flugzeug in dieselbe Richtung. Simpson schaltete den Drahtspulenrekorder ein.

„Es ist jetzt 23,58." Die Stimme war gepreßt und die Betonung übertrieben genau. „Steve ruft Bobbie!" „Steve ruft Bobbie! Die Zeit ist jetzt 24,00. Steve ruft Bobbie! Steve an Bobbie!" Statik störte die Übertragung.

„Gott sei Dank! Gott sei Dank!" Simpsons Stimme war heiser. Die andere Stimme klang nur schwach, wie aus weiter Ferne. „– bin soweit in Ordnung." Simpson hörte die Worte aus dem Störlärm heraus. *Bobbie* wurde lauter als der Pilot entlang des Radiostrahles und dann einen engen Kreis flog, zehn Kilometer über dem Agenten am Boden: „Ich bin in einem großen Graben gelandet und habe einen Teil meines Gepäcks verloren, aber ich habe jetzt einen Wagen." Simpson grinste. „Ich brauche neue Karten, neue Batterien, fünf Taschenlampen, zwei Sätze von je fünf Automobilreifen, einen zu 16 × 5,25 und eines 17 × 5,50." Simpson betrachtete voll Zufriedenheit die sich drehende Spule des Rekorderdrahtes.

Bobbie berichtete, daß ein Panzerregiment in Richtung auf Arnheim unterwegs sei und identifizierte eine Eisenbahnbrücke über den Emskanal bei Leeuwarden. Falls alliierte Bomber diese Brücke zerstörten, würden sie den Verkehr an dieser Schlüsselstellung nach Deutschland lähmen. Dann bat *Bobbie* um Erlaubnis, das Gespräch abbrechen zu dürfen. „Ich stehe in der Nähe von deutschen Posten, das ist sehr gefährlich." Simpson verabschiedete sich, verständigte den Piloten über die Bordsprechanlage und wies ihn an, nach Hause zu fliegen. Joan-Eleanor hatte funktioniert.

Der OSS hatte nun ein Kommunikationssystem für seine Agenten in Deutschland, das praktisch gegen jede Funkpeilanlage sicher war und da es nahezu unmöglich war, abgehört zu werden, brauchte das Gespräch zwischen Flugzeug und Agenten nicht kodiert zu werden. Befreit von der Notwendigkeit, Botschaften zu dechiffrieren, die mühsam im Morsecode gefunkt worden waren, konnte Joan-Eleanor ebensoviele Informationen in zwanzig Minuten weitergeben wie sonst im Funkverkehr in drei Tagen; Störungen und Mißverständnisse konnte man an Ort und Stelle klären.

Die abgetakelten Mosquitos erwiesen sich, als sie endlich hergerichtet waren, als für die Joan-Eleanor-Missionen ausgezeichnet geeignet. Sie konnten in zehn Kilometer Höhe und höher fliegen, waren außerordentlich manovrierfähig und imstande dem feindlichen Radar auszuweichen. Befreite man die Mosquito von noch mehr Gewicht, so konnte sie eine Joan-Eleanor-Mission bis Berlin fliegen.

Korvettenkapitän Simpson hatte über ein Dutzend Testmissionen als sein eigener Funker zu *Bobbie* nach Holland geflogen, was ein ideales Arrangement war, denn niemand verstand das Radiosystem besser als Simpson, sein Schöpfer, und *Bobbie* sprach fließend Englisch. Aber als dann Joan-Eleanor-Geräte Agenten anvertraut wurden, die nach Deutschland gingen und nur wenig oder gar nicht englisch sprachen, mußten auch fremdsprachige Funker in den Flugzeugen arbeiten. Der erste Joan-

Eleanor-Sprachkundige, der sich in Watton am 21. Februar 1945 meldete, war Calhoun Ancrum.

Als Zivilist war Leutnant Ancrum Schriftsteller und Verleger gewesen. Er wurde vom OSS wegen seiner Kenntnisse der skandinavischen Sprachen und des Deutschen engagiert. Ursprünglich war er für einen Absprung hinter den Linien ausgebildet worden.

Nach der Befreiung Frankreichs hatte Ancrum keine besonderen Aufgaben und lief in den Korridoren der OSS-Büros in der Grosvenor-Street herum, wo er zuerst auf das aufblühende Joan-Eleanor-Projekt stieß. Es gefiel ihm sofort, besonders, da es für ihn einen neuen Start bedeutete und Simpson begann Leutnant Ancrum in der Handhabung des Joan-Eleanor-Systems zu unterrichten.

Die meisten deutschen Kommunisten im Exil gehörten einer Organisation an, die sich „Komitee Freies Deutschland“ nannte. Nach der Niederlage der Deutschen vor Stalingrad hatten die Russen gefangene deutsche Kommandeure, darunter den Feldmarschall Friedrich Paulus und General Walter von Seydlitz, dazu gebracht, mit ihnen für die Niederlage des NS-Regimes zu arbeiten. Eines der Ergebnisse dieser Anstrengungen war die Bildung des Komitees „Freies Deutschland“, das aber tatsächlich die kommunistische Herrschaftsergreifung in Deutschland nach dem Krieg vorbereiten sollte. In der Folge bildeten sich Zweigorganisationen dieses „Komitees Freies Deutschland“ in Frankreich, der Schweiz, Schweden, England, überall, wo sich emigrierte deutsche Kommunisten befanden.

Noel Field, amerikanischer Kommunist und Verbindungsmann von Allen Dulles zur äußersten Linken in der Schweiz schlug vor, der OSS solle Verbindung mit dem „Komitee Freies Deutschland“ in Frankreich aufnehmen. Er glaubte, daß von den emigrierten Deutschen eine große Menge überzeugter Nazigegner bereit sein würden als Agenten zu arbeiten.

Dulles schickte Field nach Paris um diese Idee zu verfolgen, der aber dort von Bert Jolis abgebremst wurde. Der frühere Diamantenhändler besaß eine Schlüsselposition in der Verbindung des OSS zu den nicht-kommunistischen Gewerkschaften und Jolis war es ja auch, der die Mission des Weißrussen Juri Winogradow nach Berlin veranlaßt hatte. Jolis war entsetzt über die Kurzsichtigkeit des OSS hinsichlich des Einsatzes von deutschen Kommunisten. In Sorge um die Entwicklung der Nachkriegswelt fand er es äußerst naiv, den Kommunisten Waffen und Startpositionen für eine Machtergreifung in Deutschland zu verschaffen.

Aber General Donovan, Katholik, Wallstreet-Republikaner und typischer Angehöriger des Establishments, machte sich keineswegs Sorgen um mögliche Nebenwirkungen eines Mittels, das zum Sieg verhelfen könnte. Einmal hatte er gesagt: „Ich würde Stalin in den OSS aufnehmen sollte ich glauben, daß es zur Niederlage Hitlers beiträgt."

David Bruce, der Vertreter Donovans in London, war gleicher Meinung. „Warum nicht alles ausnützen?" Und Allen Dulles in Bern sah die Sache so: „Ein Geheimdienstoffizier muß die Freiheit haben selbst mit dem Teufel zu reden, wenn er dabei nützliche Kenntnisse zur Führung oder Beendigung des Krieges erlangen kann." Die Sache wurde in aller Form durch eine Weisung gelöst, die Bill Casey am 22. Februar 1945 an den Security Intelligence-Stab herausgab. Dieses Dokument führte unter möglicherweise zu rekrutierenden Agenten auf: Das „Komitee Freies Deutschland" oder andere kommunistische Gruppen: jedermann, der im spanischen Bürgerkrieg gekämpft hat.

Unter den deutschen Gewerkschaftern in England gab es ziemlich gleichviele Anhänger der Sozialdemokraten und der Kommunisten. George Pratts Labor Division hatte sehr umfangreich Gebrauch von der Zusammenarbeit mit Gewerkschaftern gemacht, jedoch nichts getan, um Kommunisten einzusetzen. Als dann OSS London sich entschloß, auch die bis dahin unangetasteten Reserven an Kommunisten zu erschließen, fiel die Aufgabe diese Leute anzuwerben an Josef Gould, einen rundgesichtigen, bebrillten jungen Leutnant.

Goulds einzige Kontakte zum Gewerkschaftswesen hatten darin bestanden, daß er Mitglied der Gilde der Filmpublizisten (Screen Publicists Guild) war. Ohne etwas über kommunistische Organisationen in England zu wissen ging Gould daran, seine Aufgabe sehr direkt zu lösen. Als New Yorker nahm er an, daß auch jede andere Stadt ihre politische Buchhandlung haben müsse. Erkundigungen führten ihn zu einem von einem englischen Ehepaar geführten Buchladen. Dort machte er sich Liebkind und nach einer entsprechenden Frist fragte er, wer denn eigentlich im „Komitee Freies Deutschland" von größerer Bedeutung sei.

Auf diese Weise hörte Gould von Dr. Jürgen Kusczynski, einem bekannten Nationalökonomen. Gould suchte Kusczynski an einem Augustnachmittag in seiner Wohnung auf und lernte in ihm einen schlanken Mann mittleren Alters kennen, tief in seine Arbeit versunken aber von offenem und freundlichem Naturell.

Gould stellte sich als Leutnant der US-Armee vor, der mit dem Nachrichtenwesen zu tun habe. Er erklärte, daß er Freiwillige suche die imstande wären, als Agenten außerordentlich heikle und gefährliche Unternehmungen innerhalb Deutschlands durchzuführen. Kusczynski war ebenso direkt: Gould sei der erste Geheimdienstoffizier irgendeiner alliierten Nation, der ihn angesprochen habe. Aber besser spät als gar nicht, er sei jedenfalls sehr glücklich darüber. Er verstand genau was Gould wollte und meinte, sie sollten sich in einer Woche wieder treffen. Als nächstes kam Gould mit Kusczynski in einem Londoner Restaurant zusammen. Der Nationalökonom war in Begleitung einer kleinen Gruppe von Leuten, die in ihren billigen Anzügen und Krawatten sich irgendwie fehl am Platz zu fühlen schienen. Kusczynski stellte sie als deutsche Gewerkschaftsemigranten vor die bereit seien, mit den Amerikanern zusammenzuarbeiten.

In den folgenden Wochen traf Gould immer wieder mit Kusczynskis Leuten zusammen, erkundigte sich nach ihrem Hintergrund, welche Städte sie kannten, was für Kontakte sie besaßen und wer in Deutschland bereit sein könnte, ihnen Unterschlupf zu gewähren. Die Hauptfrage war aber natürlich immer wieder: Besaßen sie die notwendigen körperlichen Voraussetzungen und emotionelle Motivation, um mit dem Fallschirm über Deutschland abzuspringen?

Jeder dieser Männer wollte die Aufgabe übernehmen und außer einer minimalen Sicherheit für ihre Familien war ihr Interesse an einer Bezahlung sehr gering. Sie hatten unter den Nazis gelitten und nichts war ihnen lieber als zurückzuschlagen. Sie betonten der Welt zeigen zu wollen, daß es auch bessere Deutsche als die Nazis gab. Gould fand diese Leute beeindruckend, politisch klug und daran gewöhnt, sich wirkungsvoll für die Erreichung ihrer Ziele zu organisieren.

Er wählte sieben Männer aus, die sowohl körperlich zu einem solchen Unternehmen fähig waren, als auch die Intelligenz und den Einfallsreichtum besaßen, um sich Nachrichtenmaterial zu verschaffen sobald sie in Deutschland waren. Im Alter lagen sie zwischen 30 und 41. Alle Rekruten Goulds waren Arbeiter: Maurer, Klempner, Eisengießer, Dreher, Bergarbeiter, Schweißer und ein Prothesenbandagist. Sie alle arbeiteten in ihren Branchen als Gould sie anwarb, weshalb sie im Vergleich zu den ziemlich abgerissen wirkenden sozialistischen Emigranten, die Georg Pratt betreute, relativ gut lebten.

Goulds Unternehmungen mußten von Pratt genehmigt und seine Rekruten durch die britische Spionageabwehr überprüft werden. Wahrscheinlich hat der Chef der gesamten OSS-Labor-Division, Arthur Goldberg, der Anwerbung zugestimmt, obwohl er in späteren Jahren bestritt, daß jemals wissentlich Kommunisten eingesetzt worden seien.

Im Spätherbst 1944 begann Gould mit seinen Rekruten ein achtwöchiges Training. Abgesehen von der Ausbildung im Fallschirmspringen lebten diese Spionagelehrlinge kaum anders als hunderttausende Londoner. In der Frühe bestiegen sie die Untergrundbahn oder den Autobus und fuhren zu ihrer Ausbildung in die Büros des OSS. Die meisten waren verheiratet und wohnten daher zu Hause.

Goulds Studenten waren ein Vergnügen für ihre Ausbilder: Ernst, hart, schnell und immer mit eigenen originellen Ideen bei der Hand. Ihre politische Einstellung jedoch wurde gegenüber anderen Agenten, die zur Labor Division gehörten, nicht erwähnt, denn die sozialistischen und demokratischen Gewerkschafter waren der Meinung sich mit dem OSS zusammengetan zu haben, um den Nazismus wie den Kommunismus zu bekämpfen.

Joe Gould wurde nun Ausbildungsoffizier, was ihm ermöglichte, die ganze Zeit mit seinen Agenten zusammen zu sein. Zwischen den einzelnen Vorträgen brachte er sie zu Lazare

Tepers *Bach*-Sektion, um ihre Tarngeschichten und ihre Dokumentation auszuarbeiten. Er ließ sie im Bekleidungsdepot in der Brook-Street ausrüsten und dann fotografieren. Bob Work, der Starfälscher, arbeitete auch als Fotograf und fertigte Aufnahmen der Agenten für ihre falschen Ausweise an. Er studierte diese Gesichter und suchte in ihnen vergeblich nach irgend etwas Ungewöhnlichem, war aber immer wieder von ihrer Alltäglichkeit überrascht.

Das Haus des Agenten Paul Land wurde das inoffizielle Hauptquartier der Kommunisten. Gould verbrachte ein denkwürdiges Weihnachten 1944 in dieser bescheidenen, aber gemütlichen Wohnung. Er und die Agenten, ihre Frauen und Kinder aßen, tranken, lachten und sangen „Oh Tannenbaum" und andere deutsche Weihnachtslieder.

Es war eine glückliche Mannschaft mit guter Atmosphäre. Jedoch waren die Deutschen in bezug auf die Rolle, die das „Komitee Freies Deutschland" im politischen Leben der Nachkriegszeit spielen sollte, sehr hartnäckig. Es war dies ein sehr heikler Punkt, den die Amerikaner grundsätzlich ignorierten. Es gab weder Versprechungen noch Verpflichtungen und Gould und andere OSS-Leute, die mit kommunistischen Agenten arbeiteten, unterschieden sorgfältig: Sie verhandelten mit Einzelpersonen, grundsätzlich nicht mit dem „Komitee Freies Deutschland".

Das Bekleidungsdepot in der Londoner Brook Street diente sowohl dem OSS als auch dem britischen Geheimdienst. Entscheidend für die Verwendung der dort gehorteten Anzüge, Hemden, Krawatten, Hüte, Gürtel und Gürtelschnallen, der Manschettenknöpfe, Geldbörsen und Brieftaschen sowie der Hosenträger, Krawattennadeln und Schuhbänder war, daß dies alles in Deutschland oder in von den Deutschen besetzten Ländern hergestellt war. Stammte ein Großteil dieser Dinge auch von deutschen Emigranten, so waren, vor allem was Uniformen anbelangte, die Kriegsgefangenenlager in England eine weitere Quelle. Es gab immer Gefangene mit denen man ins Gespräch kommen konnte; meist ältere Männer, die Angst hatten oder heimwehkranke junge, die dankbar für ein freundliches Wort waren. Das Gespräch führte bald zu einem Angebot, Zigaretten gegen einen Kamm des Gefangenen oder für einen Taschenspiegel zu tauschen, vielleicht ein ganzes Paket für eine Füllfeder. Bei dieser Gelegenheit konnte man auch die Informationen verwerten, die sich nebenbei bei Gesprächen über die Zustände in den deutschen Städten ergaben.

Auf einem Rennplatz außerhalb von London, der in ein Kriegsgefangenenlager verwandelt worden war, mußten die frisch eingetroffenen Kriegsgefangenen jeweils antreten, wenn die Geheimdienstoffiziere kamen. Diese schritten dann die Reihen ab und nahmen was sie brauchten, wobei sie wohl die Buchstaben, aber zweifellos nicht den Geist der Genfer Konvention beachteten. Wenn eine Uniformmütze gebraucht wurde, so gab es dafür eine andere, war die Ersatzkappe dem Gefangenen zu groß, so gab es keine spezielle Vorschrift der Genfer Konvention über Mützengrößen. Ein Unteroffizier trug einen großen Sack hinterher, der sich alsbald mit Kleidern, Kameras und anderen persönlichen Dingen füllte.

Auch aus Schweden kam Nachschub für das Bekleidungsdepot: In Deutschland hergestelle Koffer, Rasierapparate, Parfums und Brillen wurden dort gekauft und von Stockholm im Diplomatengepäck weitertransportiert. Das Depot unterhielt seine eigene Schneiderei, die Änderungen vornahm, oder wenn notwendig, auch ganz neue Stücke anfertigte. Neue Stoffe wurden absichtlich beschmutzt und immer wieder gebügelt, bis sie ihre steife Neuheit verloren hatten.

Einer der besten „Organisatoren" für dieses Depot war Captain Edward C. Miller. Als die Vorbereitung für die Unternehmungen in Deutschland allmählich die Vorräte des Bekleidungsdepots zu erschöpfen drohten flog Captain Miller einfach an die Front und kam gerade rechtzeitig, um direkt hinter der Infanterie in Köln einzuziehen.

Er blieb zwei Wochen lang in Gegenden, die von der 1. Armee gerade befreit waren. Manche Dinge kaufte er von verängstigten deutschen Zivilisten und Kaufleuten, das Meiste aber „befreite" er. Das offizielle Inventar des OSS über diesen Beutezug wies 106 Herrenanzüge, 102 Frauenkleider, 400 Krawatten, 156 Hüte, 150 Paar Schuhe, Galoschen und Stiefel, 52 Sets Damenunterwäsche, 98 Feuerzeuge und 500 verschiedene Gegenstände von Zahnpasta bis zu Taschenlampen aus, drei vollbeladene C 47 Transportflugzeuge voll.

Der OSS hatte unter den von Joe Gould rekrutierten Agenten zwei Berliner gefunden, was Simpson, den Erfinder des Joan-Eleanor-Systems, hell begeisterte; seine Vision nahm endlich Gestalt an: Das *Hammer*-Unternehmen, das tiefer in das Reich eindringen sollte als je ein Unternehmen zuvor, nämlich bis nach Berlin. Das Unternehmen mußte die Fähigkeiten der Männer, der Flugzeuge und des Joan-Eleanor-Systems aufs äußerste beanspruchen, also auch den Beweis für die Tauglichkeit von Simpsons Gerät erbringen.

Durch die Bemühungen Simpsons war ein neues Flugzeug aufgetrieben worden, dessen Reichweite groß genug für einen Flug von England nach Berlin und wieder zurück war. Flugzeuge aufzutreiben war an und für sich nicht Simpsons Aufgabe und der OSS war bisher mit den B 24 für den Abwurf von Agenten durchaus zufrieden gewesen, aber er hatte gehört wie Piloten die Vorzüge der A 26 beschrieben, eines neuen, leichten Jagdbombers mit einer Höchstgeschwindigkeit von 600 Stundenkilometern. Die Eigenschaften der A 26 waren: Sturzflugfähigkeit bis auf Baumhöhe und steiler Aufstieg nach Bombenabwurf, um dem Flakfeuer zu entgehen. Wenn die A 26 auf diese Weise Bomben werfen konnte, warum konnten nicht auch Agenten so abspringen? Es besaß größere Manövrierfähigkeit als die B 24, war einer der schnellsten Bomber der Welt und hatte eine Maximalreichweite von über 2200 Kilometern, weit mehr als die 1800 Kilometer, die man für den Hin- und Rückflug nach Berlin benötigte.

Oberstleutnant John Bross vom Londoner OSS bearbeitete, zusammen mit Simpson, die zögernde 8. Luftflotte um ihr einige A 26 für Unternehmungen tief nach Deutschland zu entreißen und schließlich erhielten sie zwei Maschinen, doch noch stand ein Hindernis auf ihrem Weg. Die Mindestgeschwindigkeit bei der noch Flugsicherheit bestand, lag für die A 26 bei etwa 240 km/h, zu schnell für ein sicheres Öffnen der Fallschirme. Der B 24 Liberator drosselte für Absprünge seine Geschwindigkeit üblicherweise auf rund 200 km/h.

Anfang Februar 1945 wurden eiligst Änderungen in Angriff genommen, um auszuprobieren, ob die A 26 auch für den Absprung von Agenten eingerichtet werden konnte. Am 24. Februar war eine Maschine für Versuche fertig und Simpson ging selbst bei Beaulieu an Bord der Maschine, zusammen mit seinem Lieblingspiloten, Captain Robert B. Walter, und zwei Test-Springern. Bei dem ersten Anflug der A 26 wurden zwei Puppen mit Fallschirmen durch das Sprungloch gestoßen, die gegen die Kanzel des Bodengeschützes schlugen, so daß ein Fallschirmspringer tödlich verletzt worden wäre. Nun stattete man die Fallschirme mit längeren Sicherheitsleinen aus und bei dem nächsten Anflug kamen beide Puppen klar vom Absprung weg, worauf auch die beiden Test-Springer erklärten, daß sie bereit seien. Als sie absprangen wurden sie zwar von einem starken Luftstrom aus dem Bombenschacht herausgerissen, aber die Fallschirme blieben nirgends hängen.

Soweit wäre alles in Ordnung gewesen, aber die Mosquito, die der A 26 folgen und mit Hilfe des Joan-Eleanor Gerätes den Kontakt mit den Agenten aufnehmen sollte, hatte eine kürzere Reichweite, nämlich nur 1760 Kilometer.

Simpson holte sich den besten Navigator des Geschwaders, Major John W. Walch, um den Flug zu planen. Walch war mehr als ein Navigator, er war ein ernsthafter Gelehrter der Aeronautik, imstande die Fähigkeit eines Piloten mit den Eigenschaften des Flugzeugs, die Wetterlage und den Navigationen zu einem erfolgreichen Ganzen zu verweben.

Major Walch knobelte zwei Wochen an einem bis in die Details durchgearbeiteten Flugplan. Seine Berechnungen mußten die verschiedenen Wetterzonen, die das Flugzeug zu durchqueren hatte, in Betracht ziehen. Er entwarf einen kurvenreichen Kurs, der es dem Flugzeug erlaubte nur nach Instrumentenflug, im Blindflug und vorbei an deutschen Abwehrbatterien und Bergen zu fliegen, manchmal nicht höher als sechzig Meter, entlang großer Wasserstraßen, den einzigen Bezugspunkten, die auch in der Nacht sichtbar waren.

Die beiden für die Mission *Hammer* ausgewählten Berliner hießen Paul Land und Toni Ruh, waren nach England emigrierte

Kommunisten, die Joe Gould rekrutiert hatte. Sie hatten bereits zehn Jahre lang gegen die Nazis zusammengearbeitet.

Paul Land war 34 Jahre alt, ein kleiner Mann, hart und elastisch wie eine Stahlfeder, getrieben von einer unerschöpflichen Energie. Goulds Akte über Land besagte: „Gesicht eckig, klein. Hautfarbe üblicherweise blaß. Je besser sich Land fühlte, um so öfter wurde er gefragt, ob er krank sei ..." Unter „Erkennungszeichen" berichtete Gould: „Rote Narbe rechts von der Nase und unter dem linken Auge als Andenken an einen Schlagring der Nazis ... auch eine Bajonettnarbe auf der rechten Gesäßbacke von der Behandlung durch die SA im Jahre 1933."

Land hatte mit seinem Widerstand gegen die Nazis als Mitglied der Gewerkschaftsjugend begonnen. Verfolgt von der Gestapo, floh er 1935 in die Tschechoslowakei, wo er mit einer Untergrundorganisation arbeitete, die Flüchtlinge aus Deutschland herausbrachte. Als die alliierten „appeaser"* die Tschechoslowakei im Herbst 1938 an das Deutsche Reich verschacherten, ging Land nach England, wo er bei Kriegsausbruch als „gefährlicher Ausländer" interniert und dann nach Kanada deportiert wurde, wo er bis März 1942 bleiben mußte. Erst dann gestattete man ihm die Rückkehr nach England. Als Joe Gould ihn kennenlernte, arbeitete er als Werkzeugmacher in einer Fabrik. Gould meinte, daß Land Seltenheitswert besäße, ein echter proletarischer Intellektueller, der von den Linken der Mittel- und Oberschicht akzeptiert wurde.

Sein Partner für das Berliner Unternehmen war ein Jahr jünger und fast einen Kopf größer: Toni Ruh hatte ebenfalls eine blütenreine Antinazivergangenheit, war in der Nacht des Reichstagbrandes in den Untergrund gegangen, hatte wegen staatsfeindlicher Betätigung sieben Monate im Gefängnis zugebracht und war unerwartet freigelassen worden, offenbar weil die Gestapo durch ihn die anderen Mitglieder seiner Organisation aufspüren wollte. Stattdessen flog er im Mai 1934 in die Tschecho-

* „Appeaser", wörtlich „Befrieder", Bezeichnung für Politiker der Franzosen und Engländer, die den Expansionsdrang Hitlers durch Verhandlungen und Konzessionen zu beschwichtigen trachteten. In erster Linie auf Premierminister Chamberlain angewandt („peace for our time"), der mit dem französischen Premier Daladier im September 1938 in München der Abtretung des Sudetenlandes durch die Tschechoslowakei an das Dritte Reich zustimmte. (A.d.Ü.)

slowakei, wo er und Land zusammen arbeiteten. Ruh ging dann ebenfalls nach England, wurde aber als „Gefahr für die Krone“ nach Australien deportiert. Man gestattete ihm im Frühjahr 1941 zurückzukehren; er fand Arbeit als Schweißer. Beide Männer waren verheiratet, jeder hatte ein Kind.

Ruh war ein großer Mann mit schon ergrautem Haar; er wirkte ruhig, solide und bildete den notwendigen Gegensatz zu dem springlebendigen Land. Gould fühlte sich freilich mit dem anziehenden Land wohler als mit Ruh, schrieb aber in seiner Beurteilung: „.. . ein wohl ausgewogenes Team, in dem die individuellen Charakteristiken der beiden Männer sich wirkungsvoll vereinen.“

Die Deutschen besaßen auch andere Qualitäten, die ihnen bei ihrem Unternehmen dienlich sein sollten. Beide befanden sich in körperlich ausgezeichneter Kondition, Land war gewohnt, bis zu 80 Kilometer pro Tag mit dem Rad zurückzulegen, Ruh war ein begeisterter Wanderer, Ruderer und Radfahrer, beide waren eifrige Skiläufer. Sie würden Kraft und Energie für ihre Mission brauchen, denn sie sollten als Erste aus der schnellen A 26 abspringen.

Hammer wurde eine „Star-Mission“. Der komplizierte Flugplan wurde auf vier Übungsflügen nach Berlin geprobt, während der Navigator mit Stoppuhr und Kompaß genau jeden Kontrollpunkt überprüfte. Für die Nacht des 1. März, in der die Agenten abfliegen sollten, wurden besondere Vorsichtsmaßnahmen getroffen: Der Start wurde von der Rückkehr eines Wetterflugzeugs und günstigen Verhältnissen für einen Absprung über Berlin abhängig gemacht.

Paul Land und Toni Ruh trafen um 21,30 Uhr auf dem Watton-Airfield ein, begleitet von Gould. Sie waren mit den bestgefälschten Papieren ausgestattet; jeder besaß eine Kennkarte und ein Arbeitsbuch des Berliner Arbeitsamtes, Land hatte auch einen Wehrpaß, der ihn als UK auswies, als Facharbeiter in einem kriegswichtigen Betrieb vom Wehrdienst freigestellt. Außerdem besaß er eine Mitgliedskarte der NSDAP. Die *Bach*-Sektion hatte aus Land einen deutschen Werkzeugmacher namens Ewald Engelke gemacht. Sein Leben als Engelke hatte er folgendermaßen seinem Gedächtnis eingeprägt:

„Ich wurde am 10. Mai 1909 in Frankfurt an der Oder geboren, als Sohn des Paul Engelke, Möbeltischler, und der Hermine, geb. Baum, Hausfrau. Mein Vater wurde am 9. Mai 1886 in Frankfurt/O. geboren, meine Mutter am 27. Juni 1886 ebenfalls in Frankfurt/O. Wir lebten in der Görlitzerstraße 32, Frankfurt/O., wo mein Vater eine kleine Möbeltischlerei hatte. Ich bin ledig und evangelisch-lutherisch.

1915 bis 1920 besuchte ich die Volksschule in Frankfurt/Oder und 1920 bis 1923 das staatliche Friedrichsgymnasium und -Realgymnasium in Frankfurt/Oder. Ich mußte das Realgymnasium 1923 verlassen, weil die Möbeltischlerei meines Vaters zu dieser Zeit in Konkurs ging.

Ich begann als Werkzeugmacherlehrling im Jahr 1923 bei *Schmiedt und Dietrich,* Geepelstraße 59, Frankfurt/Oder, und blieb dort bis 1927. Während dieser vierjährigen Lehrzeit besuchte ich die städtische gewerbliche Berufsfachschule in Frankfurt/Oder. Nach Ende meiner Lehrzeit wurde ich entlassen und zog nach Königsberg in die Konitzerstraße 3, wohin meine Familie im Jahre 1925 übersiedelt war.

In Königsberg erhielt ich einen Posten bei dem *Odin-Werk Maschinenfabrik und Gießerei Bartlick und Roger,* Ayeider-Allee 59/65. Dort waren etwa 300 Arbeiter mit der Erzeugung von Fahrzeugteilen und Maschinen beschäftigt. Ich arbeitete in der Dreherei und Werkzeugmacherei, stellte feinmechanische Teile her, Kupplungen, Achsbüchsen usw. 1940 wurde ich Vorarbeiter in der Werkzeugmacherei dieser Firma. Am 21. November 1938 erhielt ich vom Arbeitsamt in Königsberg mein Arbeitsbuch.

Am 8. Februar 1939 wurde meine Kennkarte vom Polizeipräsidium in Königsberg ausgestellt. Im Februar 1940 wurde ich gemustert und wegen Nierenbeschwerden als untauglich zum Wehrdienst erklärt.

Mein Wehrpaß wurde vom Wehrbezirkskommando in Königsberg am 4. März 1940 ausgestellt und erhielt aus genanntem Grund einen Ausmusterungsschein.

Die *Odin-Werke* wurden während eines russischen Luftangriffes zerstört. Als ich mich beim Arbeitsamt meldete erhielt ich Weisung nach Berlin zu übersiedeln und mich dort zum Arbeitseinsatz zu melden. Ich besitze ein Schreiben des Arbeitsamtes Königsberg an das Arbeitsamt Berlin, datiert vom Februar 1944. Meine Mutter war krank und lag die letzten beiden Monate mit Rheumatismus zu Bett. Mein Vater blieb bei ihr, da es unmöglich war sie zu evakuieren. Seitdem weiß ich nicht, was aus ihnen geworden ist.

Die rote Narbe an meiner rechten Nasenseite entstand, als ich als Kind auf einen Stein fiel. Die Narbe an meiner rechten Gesäßbacke ist die Folge eines Arbeitsunfalles in den *Odin-Werken,* als ich 1932 mit Walzblech arbeitete."

Toni Ruh erhielt eine neue Identität als der tschechische Schweißer Antoni Wesely:

„Ich wurde am 20. Februar 1907 in Mährisch-Ostrau im Reichsprotektorat geboren, als Sohn des Jan Wesely, Eisenbahnarbeiter, und der Maria, geborenen Jirka, Hausfrau. Ich bin römisch-katholisch und ledig. Mein Vater wurde am 15. März 1877 geboren, starb an Angina pectoris am 22. April 1938 und wurde auf dem Stadtfriedhof von Mährisch-Ostrau begraben. Meine Mutter, Maria Wesely, Mädchennamen Jirka, geboren am 7. August 1883 in Mährisch-Ostrau als einzige Tochter des Schusters Franz Jirka in Mährisch-Ostrau, starb am 10. Jänner 1944 an Herzversagen und ist im Familiengrab zusammen mit meinem Vater begraben.

Ich besuchte die Volks- und Hauptschule in Mährisch-Ostrau von 1913 bis 1921. Nach dem Abschluß war ich vom Oktober 1921 bis Oktober 1924 Lehrling im Maschinen- und Reparaturbetrieb des Jaroslav Janiszeck in Mährisch-Ostrau. Dort lernte ich schweißen und das Bedienen einer Drehbank. Mit kleineren Unterbrechungen arbeitete ich bei dieser Firma bis zum Sommer 1940, als ich auf Empfehlung meines Onkels, Vorarbeiter bei den *Ringhoffer Tatra-Werken AG* in Prag-Smichov, Martouzska 200, meinen Posten in Mährisch-Ostrau aufgab um bei dessen Firma in der Schweißerei zu arbeiten. 1940 waren dort vier- bis fünftausend Arbeiter mit der Produktion von Personenautos und Lastkraftwagen beschäftigt. Ich wohnte in Prag-Sarchov, Zborouska 27.

Meine Kennkarte wurde von der Polizeidirektion in Prag am 4. Februar 1941 ausgestellt.

Im Mai 1944 wurde ich vom Prager Arbeitsamt in die *Junkers-Werke* in Breslau in der Strigauerstraße versetzt, um wieder als Schweißer zu arbeiten und zwar an an der Reparatur von Flugzeugrümpfen, Steuermechanismen und Tragflächen. Dort waren etwa 1800 Arbeiter, davon etwa 75% Ausländer. Die Fabrik bestand aus sechs großen Gebäuden. Ich wohnte in Breslau in der Tauenzienstraße 75.

Die Fabrikhallen wurden durch russische Luftangriffe nahezu vollkommen zerstört und die meisten Maschinen beschädigt oder zerstört. Es wurde mir gesagt, ich solle mich beim Arbeitsamt in Breslau melden, wo ich einen Befehl erhielt, nach Berlin zu fahren und mich dort beim Arbeitsamt zu melden. Ich besitze ein Überweisungsschreiben des Arbeitsamtes Breslau an das Arbeitsamt in Berlin.

Die Narbe in der Mitte der Oberlippe unter der Nase entstand, als ich als Kind auf einen spitzen Stein fiel, wodurch die Lippe durchbohrt wurde. Die Brandmale am rechten Ellenbogen sind die Folgen eines Unfalles im Jahre 1938 an meiner Arbeitsstätte in Mährisch-Ostrau."

Nach Etablierung in Berlin hatte das *Hammer*-Team drei Ziele: Kontakt mit dem „Komitee Freies Deutschland" aufzunehmen, besonders mit Mitgliedern, die in Gegenden von besonderer militärischer Bedeutung lebten, Nachrichten aus diesen

Quellen zu beschaffen und weiterzuleiten und schließlich für den Empfang weiterer Agenten Vorbereitung zu treffen, in erster Linie für Adolf Buchholz, einen weiteren Kommunisten aus der Gruppe Gould.

Land und Ruh speisten am Watton-Airfield zu abend und wurden dann in die Stabsbaracke geholt, wo schon ein Unteroffizier wartete, um ihnen beim Anschnallen ihrer Fallschirme zu helfen. Bevor sie die Sprunganzüge anlegten, wurden noch einmal ihre Dokumente, ihre Pistolen und ihr Geld überprüft. Sie führten jeder Reichsmark im Werte von 700 Dollar mit sich und außerdem je einen Diamanten im Wert von etwa 200 Dollar. Joe Gould ging noch einmal den Plan für die Verbindungsaufnahme mit ihnen durch: Das Team selbst sollte sich bei Joan-Eleanor-Kontakten als „Heinz" melden. Wurde ein anderer Name verwendet, so bedeutete das, daß sie in Schwierigkeiten waren. Der Mann am Gerät im Flugzeug werde den Namen „Vic" verwenden. Sie gingen noch einmal die Einzelheiten des Aussteigens mit Sergeant Derr, dem Absetzer durch, der sie daran erinnerte, daß sie von dem Augenblick an, da er auf ihre Sturzhelme klopfte, noch acht Sekunden hätten, um das Flugzeug zu verlassen, wenn sie in der Nähe des Zielpunktes landen wollten. Die Besatzung bestand aus den besten Leuten, die man nur finden konnte. Robert Walker war der Flugzeugführer; der beste Navigator des Geschwaders, John Walch, der den Anflugkurs entworfen hatte, würde sie nach Berlin führen, unterstützt von einem anderen, sehr fähigen Navigator, Leutnant Mishko, der schon frühere Joan-Eleanor-Versuche mitgemacht hatte.

Zehn Minuten vor Mitternacht kam das Wetterflugzeug zurück. Ein leichter Regen fiel über Watton, aber über Berlin, so berichteten die Wetterfrösche, war die Nacht klar, es herrschte Mondschein bei einer dreißigprozentigen Wolkendecke. Der Zielpunkt war festgestellt und durch Navigationshilfen bestimmt worden; Simpson gab Befehl zum Abflug. Die A 26 Nr. 524, auf deren schwarzen Rumpf der Regen glitzerte, rollte bis auf 15 Meter an die Stabsbaracke heran.

Ein Tankfahrzeug hielt neben dem Flugzeug. Das Anwärmen der Motoren hatte bereits 75 bis 100 Gallonen Kraftstoff verbraucht und nun wurden die Tanks vor dem Start noch einmal aufgefüllt, denn man rechnete damit, daß der Flug nach Berlin und wieder zurück buchstäblich den letzten Tropfen Sprit verbrauchen würde. An der Joan-Eleanor-Apparatur waren außerdem Sprengstoffpakete angebracht worden für den Fall, daß das Flugzeug in feindliche Hand fallen sollte. Als die A 26 abhob, sah Simpson auf die Uhr: Es war eine Minute nach Mitternacht.

Das *Hammer*-Team zog in aus Staunen und Unglauben geborenem Schweigen durch die Straßen Berlins. Die Hauptstadt der Hitler-Tyrannei, vor der sie zehn Jahre zuvor geflohen waren, lag unter der Keule alliierter Bomber und war ein merkwürdiges Mosaik aus Großartigkeit und Zusammenbruch, teils funktionierend, teils zerstört, wie eine schöne Frau mit klaffenden Wunden.

Das Paar war etwa fünfzig Kilometer westlich von Berlin, in der Nähe von Alt-Friesack gelandet. Sie marschierten den ganzen Weg zu Fuß und eilten am Abend des 2. März zur Wohnung der Eltern Land. Dort begrüßte man sie zuerst mit einem Schock aber dann mit Freudentränen. Später, als die Eltern Zeit gehabt hatten. ihre Haltung wieder zu gewinnen, bemerkte Paul Land voller Stolz, daß das Feuer des Widerstandes noch in ihnen brannte. Beide waren 57 Jahre alt und noch immer militante Gegner des Regimes. Der Vater sagte zu Paul: „Wir wußten, daß Du eines Tages zurückkommen würdest, um gegen die Nazis zu kämpfen."

Die Agenten fanden ein Versteck in einem leeren Bungalow, der von Nachbarn, die als Bombenflüchtlinge die Stadt verlassen hatten, Pauls Vater anvertraut worden war. Sie verbrachten ihre erste Woche damit, wieder Berliner zu werden, lernten den Katechismus des kriegszeitlichen Verhaltens in der Stadt und auch, sich in der weit ausgebreiteten Stadt wieder auszukennen. Sie waren abwechselnd beeindruckt und verärgert durch den höchst ungleichen Stand der Informationen über Berlin, die ihnen der *Bach*-Stab vermittelt hatte. In ihrer Rolle als Arbeiter fanden sie, daß sie mit unnötig schäbiger Kleidung ausgestattet worden waren, selbst Fremdarbeiter zeigten ein besseres äußeres Auftreten, das manchmal soggar dem der Berliner der Arbeiterklasse überlegen war, denn die Fremden schienen oft die besseren Kontakte zum Schwarzen Markt zu besitzen.

Ihre in London gefälschten Lebensmittelkarten jedoch erwiesen sich sowohl auf dem offiziellen als auch auf dem schwarzen Markt als vorzüglich. Der Kaffee und die 1400 Stück amerikanischen Zigaretten, die sie mitgebracht hatten aber waren die beste Währung im Tauschhandel. Bei einer Gelegenheit tauschten sie ein halbes Pfund Kaffee gegen sieben Laib Brot und ein halbes Pfund Fleisch, ein andermal bekamen sie für zwanzig Zigaretten dreißig Pfund Kartoffeln. Das Rekordgeschäft aber gelang ihnen auf dem flachen Lande, wo sie für sechzig Zigaretten und ein halbes Pfund Kaffee ein großes Schaf eintauschten.

Die Informationen, die sie aus London über das Luftwarnsystem der Stadt mitgebracht hatten, waren erstaunlich genau. Berlin zu Frühlingsbeginn 1945 war eine Stadt, deren Lebensrhythmus von den alliierten Luftangriffen reguliert wurde. Arbeit, Reisen, Einkaufen, Essen, Schlafen, all das wurde vom Heulen der Sirenen diktiert.

In den elf Wochen vor ihrer Ankunft war Berlin mehr als achtzig Mal angegriffen worden, jedes dritte Haus war zerstört oder unbewohnbar, die Straßen waren oft nichts als Pfade zwischen Trümmern. Am 16. Tag, an dem sie in Berlin waren, erzitterte die Stadt unter fürchterlicher Zerstörung durch 1300 amerikanische Bomber. Jedoch waren die Auswirkungen dieser Angriffe erstaunlich gering. Leergebrannte Häuser mit den leeren Augenhöhlen der Fenster standen neben buchstäblich unberührten Gebäuden, wie etwa dem augenscheinlich unter höherem Schutz stehende Hauptquartier der Gestapo in der Prinz Albrecht-Straße. Die Angriffe hatten schätzungsweise 50000 Berliner getötet, aber das Leben ging mit einer zähen Hartnäckigkeit weiter, Milchmänner und Postboten trugen ihre Waren und Briefe aus, die Müllabfuhr kam, die Telefone läuteten, Untergrundbahnen und Hochbahnen fuhren, wenn auch stoßweise, denn dies war natürlich der am stärksten getroffene Nerv der Stadt. Die Leute fuhren von ihren zerstörten Häusern zu ihren zerstörten Büros und Fabriken, Bäckereien öffneten ihre Gewölbe, die Krämer und auch die Schönheitssalons hielten offen. Täglich wurden Zeitungen gedruckt, die immer noch Wunderwaffen und Sieg versprachen, und über neue Konflikte zwischen den Alliierten berichteten. Die Restaurants waren überfüllt obwohl die Speisekarten eintönig wirkten, die Leute waren chronisch übermüdet, nervös und gereizt, aber niemand sprach über den Krieg. Besonders erstaunlich war für die *Hammer*-Mission, daß zwei Drittel der Industrie Berlins immer noch funktionierte.

Die psychischen Auswirkungen der Angriffe schienen außerhalb der Keller irgendwie verdrängt zu werden, aber in der Enge und der erzwungenen Untätigkeit der Schutzräume traten sie häufig zutage; hysterische Anfälle, Schreikrämpfe, Beschimpfungen und Streitigkeiten zwischen jungen und alten Leuten, Frauen, Kranken und Gesunden waren an der Tagesordnung. Bei einer Gelegenheit blieb Paul Land nichts anderes übrig, als selbst in einem kleinen Luftschutzraum das Kommando zu übernehmen, da der Luftschutzwart die Nerven verloren hatte.

Am 12. März 1945 realisierte Calhoun Ancrum, in den Rumpf eines britischen Mosquito-Bombers gezwängt, die höchsten Hoffnungen für Joan-Eleanor: Elf Tage nachdem das *Hammer*-Team in der Nähe Berlins abgesprungen war, sprach Ancrum mit Land, der zehn Kilometer unter ihm in einem Feld am Rande der deutschen Hauptstadt stand. Zwar war dieser erste Kontakt mehr ein technischer Triumph als ein Erfolg der Spionage, ein eher trockener Austausch von Code-Worten: „Bist das Du, Heinz?“ „Bist das Du, Vic?“ Kannst Du mich hören, Heinz?“ „Ich kann Dich nicht hören, Vic!“ Nichtsdestoweniger war nun durch Joan-Eleanor erstmalig eine Verbindung zwischen dem OSS und einem ihrer Agenten direkt aus der deutschen Hauptstadt zustande gekommen und Simpson wußte, daß die kommenden Kontakte produktiver sein würden. Aber sein Triumph war nur von kurzer Dauer, denn die kleine, der OSS zugeteilte Flotte von Mosquitos und A 26 wurde ohne nähere Erklärung vom Watton-Airfield abgezogen und zum 492. Bombergeschwader nach Harrington versetzt. Von einem Offizier, der Simpson unterstützt hatte, war das Kommando auf Oberst Elliot Roosevelt, den Sohn des Präsidenten übergegangen, von dem Simpson, ohne dafür Beweise zu haben annahm, daß er seiner Arbeit keine Sympathie entgegen brächte.

Von einem Flugplatz, wo man an die besonderen Erfordernisse der Luftaufklärung und der Joan Eleanor-Unternehmungen gewöhnt war, sollte nun die Simpsons Mannschaft auf ein Flugfeld versetzt werden, wo man fast ausschließlich mit Massenbombenangriffen befaßt war. Aus den Händen eines Offiziers, der die Anstrengungen Simpsons geschätzt und gefördert hatte, kamen sie nun in die Hände von Oberst Hudson H. Upham, der der Sache sichtlich reserviert gegenüberstand. Upham war der Kommandeur des 492. Geschwaders und hatte schon bedauert, OSS-Missionen einige seiner B 24 überlassen zu müssen.

Die Mosquitos und A 26 flogen von Watton nach Harrington, wo keinerlei Vorbereitungen für ihre Ankunft getroffen worden waren; Offiziere und Mannschaften wurden sich selbst überlassen, mußten sich selbst ihre Unterkünfte für die Nacht suchen. Die Mechaniker, die die OSS-Flugzeuge betreuten, erhielten widersprechende Befehle von drei verschiedenen technischen Stäben in Harrington.

In den folgenden Tagen entdeckte Simpson mit Entsetzen, daß vollkommen ungeübte Piloten seine mit größter Mühe wieder flugfähig gemachten Mosquitos auf den Flugpisten von Harrington zur Übung hin und herrollen ließen. Unausweichlich stieß er mit Oberst Upham zusammen, der die Zuständigkeit dieses so überheblichen und offenbar nie wirklich zur See gefahrenen Marineoffiziers in Frage stellte. Sie rangen erbittert um die Frage, wer die operative Kontrolle über die Agentenflüge habe, die Luftwaffe oder der OSS.

Die erste Joan-Eleanor-Mission, die von der neuen Basis aus geflogen wurde, stand unter einem unheilvollen Omen. Am 17. März starteten Leutnat Ancrum und die Mannschaft der Mosquito Nr. 725 für ein weiteres Rendez-vous mit *Hammer.* Der Navigator für diesen Flug, Leutnant John Jackson, hatte um Wetterberichte gebeten, aber die Aufklärungsabteilung der Luftwaffe hatte die üblichen Informationen über die deutschen Luftverteidigungsanlagen, die das Flugzeug möglicherweise berühren konnte, nicht gegeben. Auch die VHF-Radioanlage funktionierte nicht und die Mechaniker des Flugzeuges mußten quer über das Harrington-Flugfeld hin und herlaufen, um in letzter Minute Sauerstoff und Flugzeugbenzin zu erbetteln.

Die Leute des OSS trafen auf diesem Flugplatz überhaupt auf eine Fülle von Ärgernissen und Unannehmlichkeiten. Nicht nur daß sie schlecht behandelt wurden, daß man nicht für sie sorgte, es gab auch noch dauernd Ärger mit dem Turm, der bei Landungen die Flugzeuge einfach nicht annahm. Die Perversität dieser Situation machte Stephen Simpson wütend: Die meisten seiner Probleme auf dem Harrington-Flugplatz hatten darin bestanden, das 492. Bombergeschwader dazu zu bringen Agentenmissionen zu fliegen. Nun aber verlangte Oberst Upham Aktionen, wo Stillhalten viel richtiger gewesen wäre.

Die *Chisel*-Mission sollte Karl Macht in der Nähe seines Geburtsortes Hamm am 19. März absetzen. Er war einer der sieben kommunistischen Agenten, die Leutnant Joe Gould aus dem Komitee Freies Deutschland angeworben hatte. Er hatte in Deutschland als Bergarbeiter in einem Kohlenbergwerk gearbeitet und später, nach seiner Emigration, in Schottland dasselbe getan. Er war 33 Jahre alt, ein proletarischer Intellektueller, der Artikel für die Zeitungen der deutschen Gewerkschaftsbewegung schrieb. Macht war praktizierender Internationalist und kam auch in seiner neuen Heimat so gut an, daß er, obwohl Deutscher, doch als Funktionär der „National Union" der schottischen Bergarbeiter gewählt wurde. Durch einen kurzen Aufenthalt in einem Kriegsgefangenenlager als „deutscher Soldat" war Macht auf das Unternehmen vorbereitet worden. Er sah seiner Mission mit ruhigem, ernstem Fatalismus entgegen.

Die für diesen Flug eingeteilte A 26 war dasselbe Flugzeug, das schon das *Hammer*-Team nach Berlin gebracht hatte, doch sein Navigationssystem bedurfte dringend einer Überholung. Auch die Motoren hätten schon längst der Hundert-Stunden-Kontrolle unterzogen werden müssen. Das Wetter war schlecht an dem Tag, für den die Mission vorgesehen war, der Flug wurde abgesagt, dann wieder angesagt, dann wieder abgesagt. Schließlich wurde das Flugzeug zu Reparaturen zurückgezogen. Aber um vier Uhr an diesem Nachmittag hörte Korvettenkapitän Simpson zu seiner höchsten Verblüffung, daß *Chisel* wiederum auf den Flugplan gesetzt war, er stürzte in das Büro von Colonel Upham und verlangte eine Erklärung. Upham wiederholte wie ein Papagei den Befehl eines nicht näher genannten Generals, der verlangt habe, daß diese Mission geflogen werde. Simpson erklärte, daß beide Motoren ausgebaut worden seien und das

Radio nicht funktioniere, die Mannschaft, die für *Chisel* eingesetzt werden sollte, hatte noch nie zusammen gearbeitet, der Pilot, Leutnant Oliver Emmel, hatte sein Training für die A 26 noch nicht abgeschlossen, der Wetterbericht zeigte eine schwere Wetterfront, die sich auf Harrington zubewegte und außerdem besonders schlechte Bedingungen auf dem Kontinent. Ferner sei die Flak auf dem Anflugweg besonders stark.

Der Navigator dieses Fluges sollte Major Walch sein, der beste Mann der Gruppe, der das *Hammer*-Team zu einem perfekten Absprung nach Berlin gebracht hatte. Simpson war absolut dagegen, daß Walch an Bord der Maschine ging, aber Upham blieb unerbittlich: Das Flugzeug mußte so rasch als möglich wieder zusammengebaut werden und dann losfliegen.

Um 22,30 Uhr traf Karl Macht auf dem Harrington-Flugplatz ein. Kurz vor dem Start erklärten der Pilot, der Navigator und der Bombenschütze, diese Mission sei unmöglich. Upham erwiderte mit der äußersten Herausforderung: Wenn sie Angst hätten, würde er selbst das Flugzeug fliegen. Leutnant Emmel, der Pilot, sagte, das sei nicht notwendig. Die Mannschaft ging an Bord der A 26 Nr. 524, startete und kehrte niemals zurück.

11. KAPITEL

Belgisches Roulette

Der OSS hatte Ray Brittenham ursprünglich wegen seiner Verbindungen in Belgien angeworben, wo er aufgewachsen war und sein Vater als leitender Angestellter der Firma International Harvester in Brüssel arbeitete. Ray war nach Amerika zurückgekehrt um Jura zu studieren und hatte kaum seine Praxis in Chicago eröffnet, als ihn ein Universitätsprofessor anrief und fragte, ob er etwas Interessantes für sein Vaterland tun wolle; Näheres zu sagen weigerte er sich. Brittenham war unentschlossen und beschrieb die knappe, sonderbare Konversation seinem Vater, der einfach sagte: „Wenn Onkel Sam etwas Besonderes von Dir will, warum nicht?"

Sein Einstand beim OSS im Jahr 1942 war Brittenham ein wenig wie ein Studentenulk vorgekommen. Man gab ihm eine Eisenbahnkarte nach Washington und einen Briefumschlag mit der Weisung, ihn nicht vor seincr Ankunft zu öffnen. Er wartete gehorsam, bis der Zug in den Union-Bahnhof einfuhr. Die Anweisung in dem Umschlag lautete, er solle in Washington an einem bestimmten Datum um 9 Uhr an einer bestimmten Ecke stehen, was er ausführte und genau zur vorgesehenen Stunde fuhr ein Auto vor und der Fahrer winkte ihm einzusteigen.

Danach nahm alles einen etwas ernsteren Verlauf. Brittenham wurde auf verschiedenen hochherrschaftlichen Landgütern rund um Washington für den OSS ausgebildet. Er kam mit Männern zusammen, deren Identität Armeeuniformen und falsche Namen verhüllten, deren Talente er jedoch beim Waffentraining entdeckte. Die Sten-Maschinenpistole benahm sich in den Händen

Brittenhams wie ein Wildpferd, aber der Mann nach ihm setzte mit dieser Waffe kurze Feuerstöße genau ins Schwarze. Es war ein Veteran der Abraham-Lincoln-Brigade aus dem spanischen Bürgerkrieg.

Er wurde schließlich dem Washingtoner OSS-Büro zugeteilt, um die Berichte von Gisevius, Kolbe und anderen Quellen von Allen Dulles zu bearbeiten, aber Brittenham fand diese Tätigkeit unerträglich und es gelang ihm, sich nach London versetzen zu lassen, wo er dann half, Unternehmungen für den belgischen Untergrund in Gang zu bringen.

Im Frühjahr 1944, als die Invasion Europas näher rückte, begann Brittenham über die geographischen Vorteile nachzudenken, die Belgien als Basis zur Infiltration Deutschlands bot. Aber der britische Geheimdienst hatte damals ein Schloß vor alle belgischen Geheimoperationen gehängt. Am 23. Mai 1944 schrieb Brittenham in einem Memorandum an Witney Shepardson:

„Zur gegenwärtigen Zeit ist die belgische Sûreté durch feste Abmachungen mit den Engländern gebunden. Sie hält sich auch daran, was sie hindert Beziehungen mit anderen Geheimdiensten aufzunehmen. Zu diesen Abmachungen gehört, daß sie die Engländer über jeden Agenten informieren, der nach Belgien geht oder von dort zurückkommt. Die Engländer kontrollieren alle Verbindungen zwischen der Sûreté hier und dem Untergrund in Belgien. Das Untergrundnetz wird von London aus gelenkt und das meiste dieser Direktion und Kontrolle stammt von den Engländern."

Aber nach dem D-Day, dem Invasionstag, als General Pattons dritte Armee Luxemburg erreicht hatte und es offensichtlich wurde, daß die amerikanischen Armeen sehr bald in ihrer Heimat einziehen würden, wurden die Belgier sehr eifrig in dem Bemühen, sich von der britischen Vormundschaft zu befreien. So wurde *Espinette* geboren, eine gemeinsame Organisation, in der sowohl der OSS als auch die belgische Sûreté vertreten waren. Hauptmann Brittenham ging am 5. September 1944, als Leiter von *Espinette,* zusammen mit verschiedenen belgischen Kollegen nach Frankreich. Ihr Ziel war Kontakt mit den belgischen Untergrundagenten herzustellen, sobald diese von alliierten Armeen überrollt waren und sie für weitere Operationen nach Deutschland hinein anzuwerben.

Am 15. September schlug *Espinette* sein Hauptquartier in Brüssel auf. Bei ihren Anwerbungen mußte die Gruppe sozusagen auf den Zehenspitzen um eine Einschränkung herumtanzen, die dem OSS 1942 von den Engländern auferlegt worden war und in der es hieß, daß keine OSS-Agenten für Nachrichtenzwecke nach Belgien gebracht, oder in Großbritannien Belgier für Nachrichtendienste angeworben werden dürften.

Das erste belgische Team, im Oktober angeworben, wurde zum Training nach England geschickt. Brittenham erwartete von möglichen Agenten, daß sie deutsch sprachen, das Land kannten, über Spionageerfahrung verfügten und vor allem aber in hohem Maß motiviert waren. Letzteres war nicht leicht zu erreichen, denn das verläßlichste Motiv, nämlich der Wunsch das eigene Land von den Nazis zu befreien, war in Belgien im großen und ganzen bereits durchgesetzt.

Als *Espinette* sich in Brüssel zu organisieren begann, hatte die belgische Spionage praktisch ihre Arbeit abgeschlossen und die meisten Agenten waren zu ihrem normalen Leben zurückgekehrt.

Für Brittenham blieben so nur jene übrig, die das Leben hinter den Frontlinien gekostet und eine Sehnsucht nach der Gefahr entwickelt hatten. Die Möglichkeit mit den Amerikanern diesen noch nicht beendeten Krieg weiterzuführen, war ein mächtiger Appell an die Söldnermentalität dieser Leute.

Brittenham wehrte sich jedoch dagegen, einfach Abenteurer aufzunehmen. Neben den normalen Kontrollen durch X-2 und die belgischen Behörden tat er noch ein Übriges: Um den künftigen Agenten genau zu überprüfen, schickte er Mitglieder seines Stabes in dessen Heimatstadt, zu seinen Freunden, Verwandten und zu seinem Pfarrer.

Selbst gut motivierten Agenten mußte die Aussicht, mit dem Fallschirm über Deutschland abzuspringen, sehr vorsichtig dargelegt werden. Zuerst erklärte Brittenham nur, daß sie zusammen mit Amerikanern bei einer außergewöhnlich gefährlichen Arbeit beschäftigt sein würden. Die meisten glaubten, als Verbindungsoffiziere und Dolmetscher an die Front zu kommen, um kurze taktische Vorstöße hie und da hinter die Linien zu unternehmen. Kam aber dann Brittenham auf den wahren Sinn des

Links: William J. Casey, OSS, Chef des Secret Intelligence für Europa; er war verantwortlich für die Organisation der von England ausgehenden 102 Operationen in das Reich.
Photo: William J. Casey

Rechts: Lieutenant Commander Stephan H. Simpson jun., der das Joan-Eleanor Nachrichtensystem entwickelte, mit Major des WAC Joan Marshall, deren Vorname zum ersten Teil des Namens des Systems Pate stand.
Photo: Stephen H. Simpson jun.

Unten: Die britische De Havilland Mosquito, ein Jagdbomber, vielleicht das vielseitigste Flugzeug des Krieges. Es wurde für die Joan-Eleanor Missionen eingesetzt.
Photo: US Air Force

Links: Das Joan-Eleanor-Handgerät, ein Empfänger-Sender, von amerikanischen Agenten in Deutschland verwendet. Maße: $2^1/_2 \times 6^1/_4 \times 1^1/_4$ Zoll (circa $6 \times 15{,}3 \times 3$ cm). Die Antenne rechts ist auf 30,48 cm ausklappbar.

Photo: Stephen Simpson jun.

Unten: Die Douglas A 26, ein kleiner, schneller Bomber, von der OSS für Missionen tief in das Reichsinnere adaptiert. Eine Douglas A 26 brachte die Hammer-Mission nach Berlin.

Photo: US Air Force

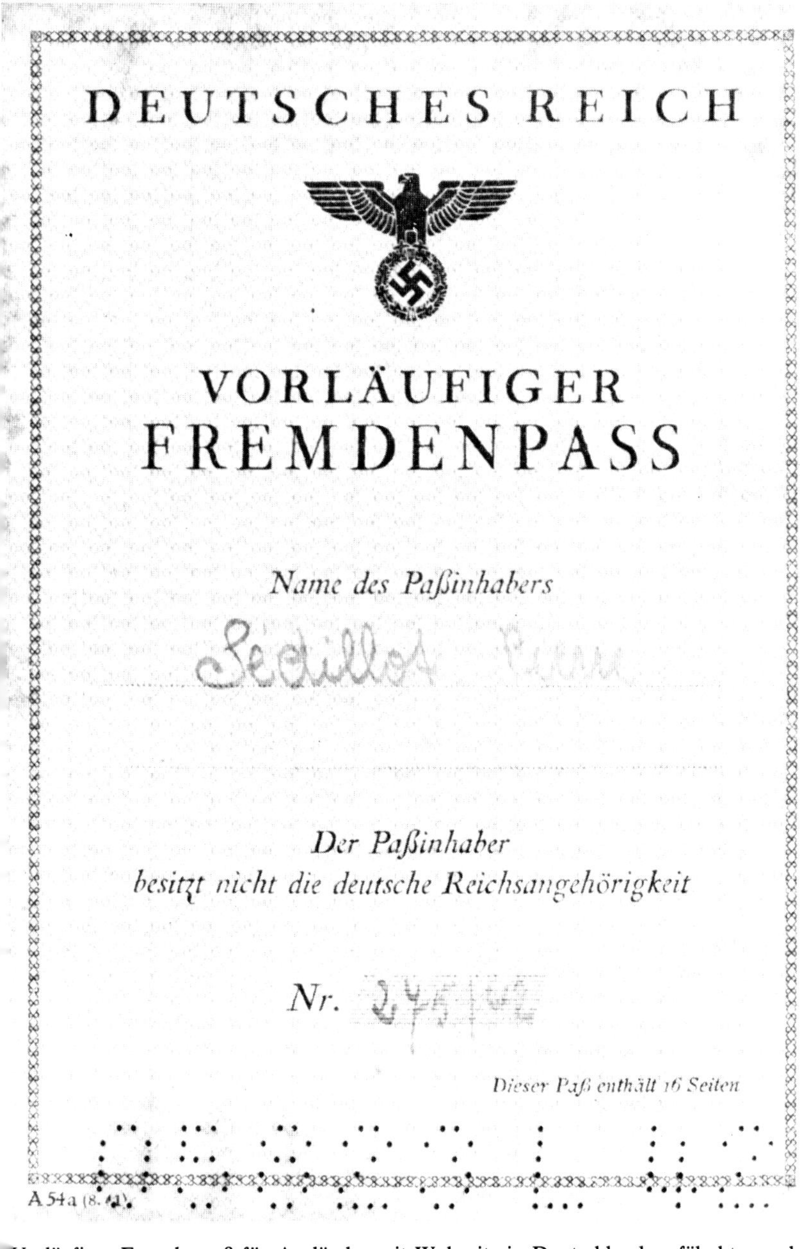
DEUTSCHES REICH

VORLÄUFIGER
FREMDENPASS

Name des Paßinhabers

Sedillot Pierre

Der Paßinhaber
besitzt nicht die deutsche Reichsangehörigkeit

Nr. 245162

Dieser Paß enthält 16 Seiten

A 54a (8. 41).

Vorläufiger Fremdenpaß für Ausländer mit Wohnsitz in Deutschland, gefälscht von der OSS-London Documents Section für von einem als französischen Zwangsarbeiter getarnten Agenten.

Photo: Orpha Van Dyck

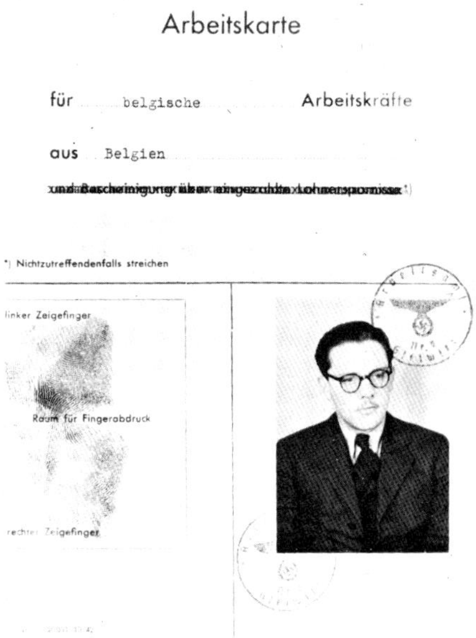
Arbeitskarte

für belgische Arbeitskräfte

aus Belgien

und Bescheinigung über eingezahlte Lohnersparnisse *)

*) Nichtzutreffendenfalls streichen

linker Zeigefinger

Raum für Fingerabdruck

rechter Zeigefinger

Oben: Eine „Arbeitskarte“, gefälscht von der OSS-London Documents Section, für Emil Van Dyck, der sich in eine SS-Dienststelle in München einschmuggelte.

Photo: Orpha Van Dyck

Unten: Verstellbarer Gummistempel, der es den Fälschern der OSS-London ermöglichte die Stempel buchstäblich jeder deutschen Wehrmachtseinheit nachzuahmen.

Photo: Carl Strahle

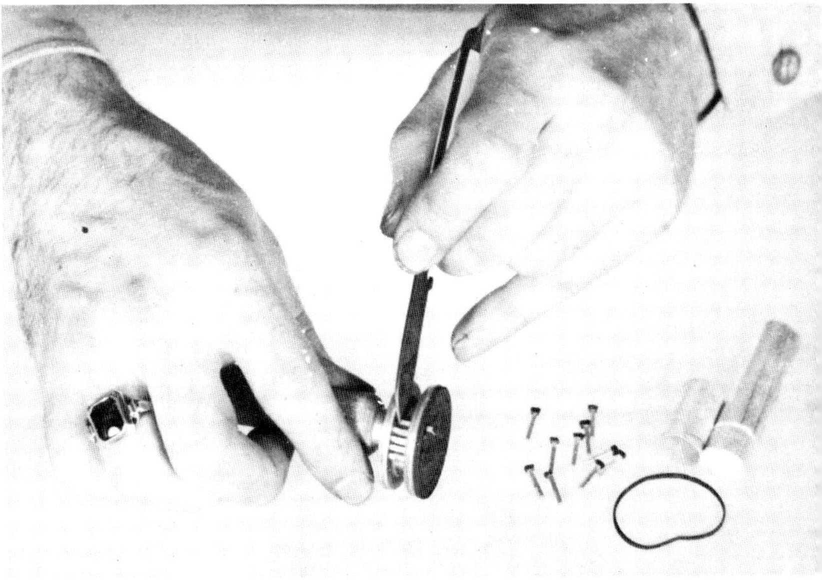

Oben: Silberne Dienstmarke der GESTAPO, wie sie für Hans Gisevius gefälscht wurde, um ihm die Flucht aus Deutschland zu ermöglichen.

Unten: Rückseite der Dienstmarke mit der Seriennummer.

Photo: Gerhard Van Arkel

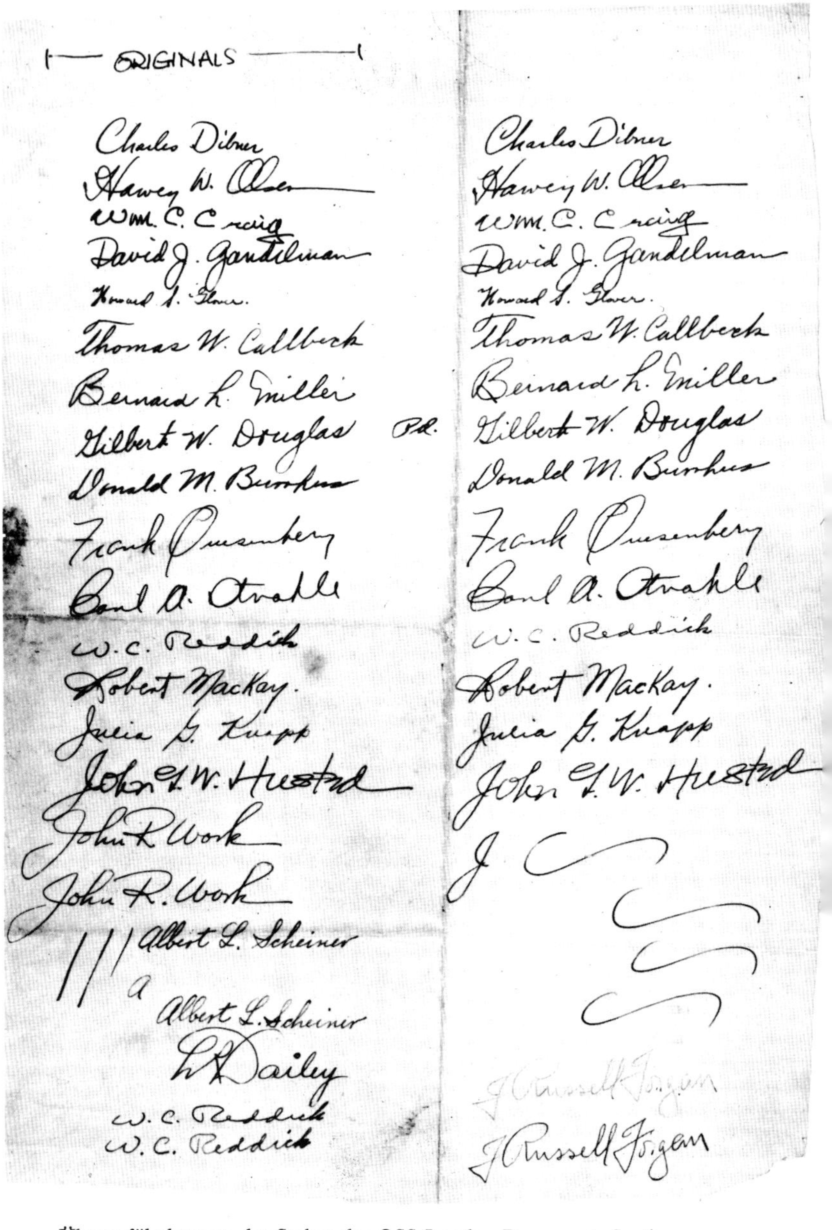

Übungsfälschungen des Stabes der OSS-London Documents Section.
Photo: Carl Strahle

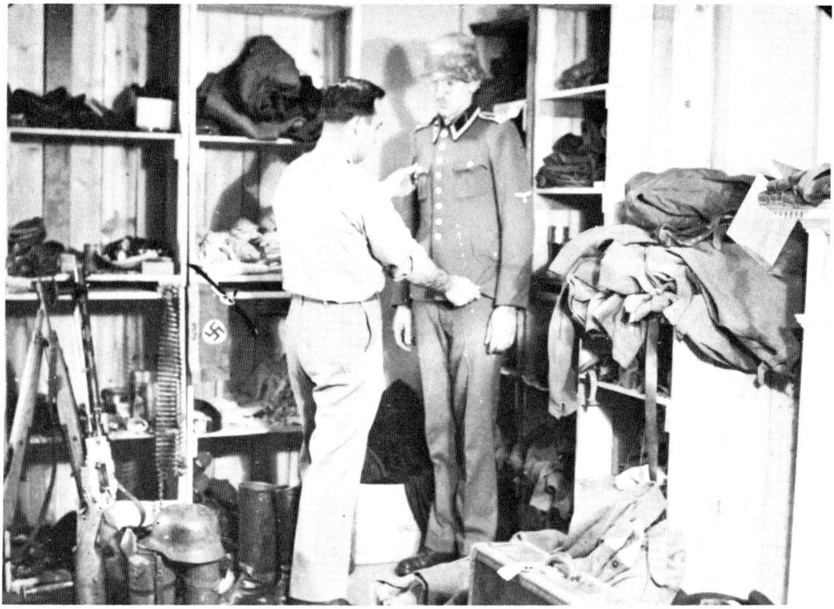

Oben: Ein Agent wird im Bekleidungsdepot in der Londoner Brook Street für eine Mission, die nach Deutschland führt, ausgerüstet. Er probiert eine Unteroffiziersuniform.
Photo: Carl Strahle

Unten: Der Stab der OSS-London, der die Missionen nach Deutschland plante, im „War room“ (Kartenzimmer); man beachte die Tafel, die den Stand der Missionen anzeigte (rechts). Von links nach rechts: H. H. Proctor, Hans Tofte, Lieutenant Normand (stehend), Robert Thompson, William Grell, Fred Gerke, Lazare Teper (damals schon Leutnant).
Photo: George O. Pratt

Oben: Lieutenant Junior Grade Mike Burke, OSS London, der an den Problemen des Nachschubs und der Versorgung der Durchdringung des Reichs arbeitete. Nach dem Krieg wurde er Präsident des Fußballclubs New York Yankees und der Sportveranstaltungsstätte Madison Square Garden.

Photo: George O. Pratt

Unten: Dritter von Rechts Henry B. Hyde, der die OSS-Abteilung der 7. Armee leitete, mit seinem Stab. Ganz links George Howe, der Dokumente und Tarnidentitäten für die Agenten fabrizierte. Sitzend die Mitarbeiterin Hyde's Ann Willets Boyd. *Photo: Ann Willets Boyd*

Mary Bancroft, Mitarbeiterin Allen Dulles' in Bern, die Hans Bernd Gisevius, den Verbindungsmann zu den Verschwörern des 20. Juli, betreute.
Photo: Mary Bancroft

Dr. Kurt Grimm, österreichischer Jurist und Finanzexperte, der im Hotel Bellerive-au-Lac in Zürich ein inoffizielles Hauptquartier der Österreichischen Widerstandsbewegung unterhielt.
Photo: Verlag Fritz Molden, Wien

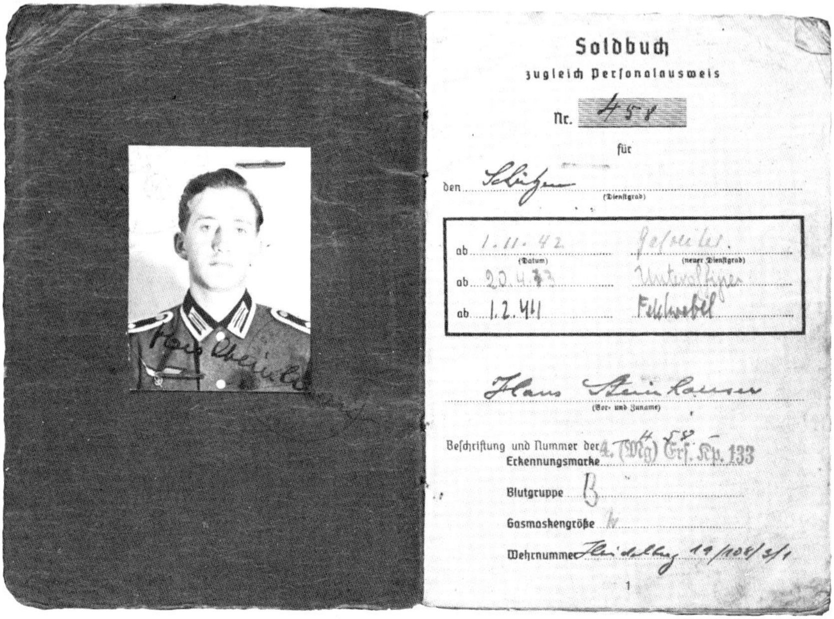
Soldbuch
zugleich Personalausweis
Nr. 451
für
den
(Dienstgrad)
ab 1.11.42
(Datum)
(neuer Dienstgrad)
ab
ab 1.2.44 Feldwebel
Hans Steinhauser
(Vor- und Zuname)
Beschriftung und Nummer der Erkennungsmarke 4. (MG) Ers. Kp. 133
Blutgruppe B
Gasmaskengröße
Wehrnummer
1

Soldbuch des „Feldwebel Hans Steinhauser“, alias Fritz Molden. Man beachte die – gefälschten – unterschiedlichen Handschriften und Tinten der drei Eintragungen über Beförderungen.

Photo: Verlag Fritz Molden, Wien

Dr. Ernst Lemberger, prominenter österreichischer Sozialist und „Commandant“ in der Resistance, reiste zusammen mit Molden als deutscher Soldat nach Wien, um die Verbindung mit der österreichischen Widerstandsbewegung 05 aufzunehmen. Nach dem Krieg u.a. Botschafter Österreichs in den USA.

Photo: Fritz Molden Verlag, Wien

Lothar Königsreuter (Pseudonym), österreichischer Sozialist, gefallen bei einem OSS-Unternehmen bei Innsbruck.
Photo: Fritz Molden Verlag, Wien

„Deserteur-Freiwillige" aus der Wehrmacht (und eine Frau), die für Unternehmen in das Reich rekrutiert wurden, in den OSS-Unterkünften in Bari. Fünfter von links Dyno Loewenstein, siebenter von links Walter Haass.
Photo: Dyno Loewenstein

Oben: Der Sulztaler Ferner, ein Gletscher der Tiroler Alpen, wo in 3000 Meter Höhe im Februar 1945 drei Mann der *Greenup*-Mission mit Fallschirmen absprangen.

Photo: Fred Mayer

Unten: Das *Greenup*-Team, das in Innsbruck operierte, kurz nach der Befreiung. Von links nach rechts: Franz Weber, Hans Wynberg und Frederick Mayer, der Führer des Teams.

Photo: Franz Weber

Oben, links: Fred Mayer, Führer der *Greenup*-Mission in der Uniform eines Leutnants des deutschen 106. Gebirgsjägerregiments. *Photo: Fred Mayer*

Oben, rechts: Lieutenant John H. Taylor, Führer der *Dupont*-Mission, die in Ostösterreich operierte, aber in die Hände der GESTAPO fiel. Taylor wurde zum Tode verurteilt, zur Hinrichtung ins KZ Mauthausen geschickt, überlebte aber und wurde von US-Truppen befreit. Das Bild zeigt ihn bei einer früheren Mission in Albanien. *Photo: Dr. Harry Cimring*

Martha Frais, eine Kärntnerin, die das *Dillon*-Team unterstützte. Der Führer der Mission, Lieutenant Miles Pavlovich, erschoß sie und dann sich selbst, um nicht in die Hände der GESTAPO zu fallen. *Photo: Josefine Neunegger*

Oben, links: Lieutenant Alfred C. Ulmer jun., der Unternehmungen des OSS aus Italien ins Reich organisierte. Das Bild zeigt ihn in Wien nach Kriegsende.
Photo: Alfred C. Ulmer jun.

Oben, rechts: Amerikanische OSS-Mitarbeiter, die die Leute der *Iron Cross*-Mission ausbildeten und führten, in Wehrmachtsuniform. Links hinten Aaron Bank, US Army Captain, Führer der Mission. Vorne links Sergeant Baumgold, rechts Sergeant Goldbeck.
Photo: Aaron Bank

Unten: Angehörige der *Iron Cross*-Mission, die als Infanteriekompanie der deutschen Wehrmacht ausgerüstet wurde, um in der Alpenfestung Hitler und andere NS-Führer gefangenzunehmen. *Photo: Aaron Bank*

Die 186 „Todesstufen“ im Steinbruch des Konzentrationslagers Mauthausen in Oberösterreich. In diesem Lager wurden zahlreiche OSS-Agenten getötet.

Photo: Niederländisches Staatsinstitut für Kriegsdokumentation

Oben: Amerikanische Truppen befreien das KZ Mauthausen.
Photo: Archiv, Museum von Mauthausen

Unten: General William („Wild Bill") J. Donovan, Gründer und oberster Kommandeur des OSS.
Photo: William F. Grell

Unternehmens zu sprechen fühlten sich die meisten doch schon zu sehr verpflichtet um wieder auszusteigen.

Als die Deutschen im Dezember 1944 in den Ardennen durchbrachen, wurde Brittenham für einige Zeit von seinen langzeitigen Spionageplanungen abkommandiert um Agenten zu finden, die jetzt für rasche Erkundungsvorstöße durch die Frontlinie schlüpfen konnten, etwa um ein Geschütz, das Kummer machte auszukundschaften, Truppenbewegungen oder Zahl und Feuerkraft feindlicher Panzer herauszufinden. Er beurteilte diese raschen Vorstöße als nicht immer verläßliche Tests für die Befähigung eines Mannes für eine Langzeitmission in Deutschland. Sie waren eine Herausforderung für Kurzstreckenläufer, ein kurzes Feuerwerk der Erregung mit unmittelbar folgender Belobigung für den Erfolg. Die langwierigen Unternehmungen dagegen erforderten Ausdauer, bedingte Einsamkeit und boten Belohnung erst auf sehr lange Sicht.

Bis Ende Januar 1945 hatte Brittenham fünf Teams zur Ausbildung nach London geschickt, und im Februar gründete Bill Casey sogar eine eigene belgische Abteilung als weitere Einheit der Division of Intelligence Procurement, um Brittenhams Rekruten einsetzen zu können und ernannte Major William F. Grell von der US-Marineinfanterie zum Leiter dieser Abteilung. Grell stammte aus Antwerpen und war erst in den dreißiger Jahren Amerikaner geworden. Auf dem Höhepunkt seiner Tätigkeit hatte Grell elf belgische Teams in Ausbildung, die Brittenham auf dem Kontinent angeworben hatte. Ihr Hauptziel war die sogenannte „Alpenfestung". Brittenhams höchste Hoffnungen ruhten auf drei dieser Teams, deren Codenamen *Doctor, Chauffeur* und *Painter* lauteten.

Jean Smets, der jüngere der beiden *Doctor*-Agenten war der 24 Jahre alte Sohn eines wohlhabenden belgischen Regierungsbeamtem, ein hübscher junger Mann mit ausgesprochenem Charme, der ohne jedes sichtbare Ergebnis an den Universitäten in Löwen und Brüssel studiert hatte. Die einzige Beschäftigung, die er jemals ausgeübt hatte, war Sabotage als Untergrundagent des britischen Geheimdienstes in seinem besetzten Heimatland gewesen und dieser Hintergrund hatte ihm die Aufmerksamkeit von Ray Brittenham verschafft.

Smets sollte als Beobachter des *Doctor*-Teams tätig sein, als Funker ein Freund von ihm, auch aus der belgischen Widerstandsbewegung, ein Mann von ganz anderem und glücklicherweise ergänzenden Charakter. Lucien Blonttrock war ein körperlich wie gefühlsmäßig solider Mann von 33 Jahren, der vor dem Krieg Angestellter gewesen war, aber außerdem auch Jura studiert hatte. Nur in dieser Hinsicht waren Blonttrock und Smets ähnlich: Sie waren beide völlig unpolitisch. Smets besaß eine Neigung zum bequemen Leben, während Blonttrock ein geradezu fanatischer Sportler war.

Die *Bach*-Abteilung ersuchte die Luftaufklärung, eine ausgebombte Fabrik in München ausfindig zu machen, die man in der Tarngeschichte als früheren Ort der Beschäftigung für die beiden Agenten verwenden konnte. Die Luftwaffe produzierte für diesen Zweck die Optischen Werke AG Rodenstock, ein Schlüsselwerk der optischen Industrie, das am 25. Februar ausgebombt worden waren. Die Geschichte des *Doctor*-Teams lautete, daß die beiden Leute die Fabrik, nachdem sie ausgebombt worden war, verlassen hatten um einen kurzen Urlaub in Kufstein anzutreten, bevor sie sich wieder nach Arbeit umsahen. Die Fälscher produzierten Urlaubsscheine, zusammen mit anderen notwendigen Dokumenten. Da Smets und Blonttrock in den OSS-Listen offiziell als belgische Offiziere geführt wurden, wurden sie auch nach den Sätzen der belgischen Sûreté bezahlt, nämlich acht Pfund pro Woche, das waren etwa 40 Dollar. Man teilte ihnen mit, daß eine Lebensversicherung von 2500 Pfund für jeden von ihnen abgeschlossen worden sei für den Fall, daß sie getötet werden sollten.

Die Alpenfestung, wenn es sie wirklich gab, lag in den östlichen Alpen. Das *Doctor*-Team sollte auf einem Plateau von etwa 2000 m Höhe in den Kitzbühler Alpen abspringen und später über den Eisenbahnverkehr aus dem Reich an die italienische Front, über militärische Einrichtungen in Tirol und über eventuelle Pläne der Nazis berichten, ein eigenes alpines „Macquis" zu bilden, sobald sie einmal im Felde besiegt waren: Das heißt also, über die sogenannte „Werwolf" Organisation.

Die Einsatzgruppen *Doctor* und *Painter* wurden zusammen in der Vollmondperiode Februar-März nach Lyon geflogen. Da aber das 492. Bombergeschwader sich außerstande erklärte, ihre Flüge ins Reich zu arrangieren, mußten sie schließlich wieder nach England zurückkehren.

Unter den Belgiern, die angeworben und nach London geschickt wurden, war André Renaix, ein typischer Fall für die Sorgen Ray Brittenhams. In seiner Beurteilung hieß es: „Er besitzt keinerlei politische Interessen." Wenn aber ein 35 jähriger Mann nicht politisch motiviert war, was sollte ihn dazu bewegen, derartig gefährliche Missionen zu unternehmen? Wie verläßlich war er wenn es ihm nur um Geld oder um das Abenteuer ging? Was war das für ein Mann, so fragte sich Brittenham, der die Universität Brüssel absolvierte, dann einen verantwortungsvollen leitenden Posten innehatte und all' das aufgab, um in die französische Fremdenlegion einzutreten?

In der Tat hatte der blonde, blauäugige und kräftig gebaute Renaix nach fünf Jahren in der Fremdenlegion wieder in die Geschäftswelt zurückgefunden, hatte zwei Jahre als Verkaufsdirektor für eine französische Firma in Casablanca gearbeitet, war 1943 nach England gegangen um dort für den britischen Geheimdienst ausgebildet zu werden und war dann drei Monate vor der Landung in der Normandie über Belgien abgesprungen. Brittenham hatte ihn gefunden, als er sich nach einem Funker umsah. Der Geheimdienst der belgischen Armee „Direction Action" bot ihm André Renaix an, was ihn erstaunte, denn dieser hatte großen Mangel an Funkern. Renaix hatte seine Arbeit mit unleugbarer Intelligenz und Hingabe verrichtet. Zu seinen Fähigkeiten gehörte es auch, sich in fast allen gesellschaftlichen Kreisen mit größter Leichtigkeit zu bewegen, aber es fehlte ihm an Selbstdisziplin, besonders wenn einmal der Druck der Unternehmung selbst nicht mehr auf ihm lastete. Die belgischen Geheimdienstleute hatten Renaix als „Legionär"-Charakter eingestuft, als verläßlichen Kasernensoldaten, der aber unvermeidlich eine Sauftour unternimmt, sobald er in eine Stadt kommt. Renaix hatte sich zweimal unerlaubt vom Dienst entfernt und war daher als demoralisierend für die anderen beurteilt worden. Da Brittenham aber keinen Besseren hatte, mußte er wohl das Risiko mit dem Belgier auf sich nehmen.

In England wurde Renaix mit einem Mann zusammengespannt, der zwölf Jahre jünger war als er, aber nichtsdestoweniger Chef der Mission sein sollte. Michel Dehandtshutters Leben als erwachsener Mensch hatte sich nahezu völlig im Geheimdienst abgespielt. Mit 18 Jahren hatte er im belgischen Untergrund angefangen, besaß nur mittlere Schulbildung, hatte sich aber in der Widerstandsbewegung außerordentlich verdient gemacht. Er war während der Besatzungszeit als Angestellter in die Brüsseler Gestapo-Zentrale eingeschleust worden und dort war es ihm gelungen wichtige Dokumente an sich zu bringen, einschließlich einer Liste belgischer Kollaborateure. Schließlich hatten sechzehn Subagenten für Dehandtshutter gearbeitet.

Er erhielt aus erster Hand Kenntnis der deutschen Sicherheitsmethoden, und zwar sowohl als Angestellter der Gestapo wie auch als ihr Opfer. Einer der Mitarbeiter Dehandtshutters hatte ihn wegen irgendwelcher kleinerer Vergehen, die in keinem Zusammenhang mit seiner Geheimarbeit standen, denunziert. Er wurde verhaftet und gefoltert, sprach aber nicht. Er war gerade im Gefängnis, als Brüssel befreit wurde.

Die ursprüngliche Sorge des OSS, daß seine Tätigkeit bei der Gestapo Dehandtshutter gefährden werde, falls er nach Deutschland ging, tat er als unwesentlich ab. Sie hätten zwar sein Bild, aber keinerlei Fingerabdrücke von ihm. Er schlug vor, für seine Mission den Nanen eines befreundeten Belgiers, der damals in Berlin arbeitete anzunehmen. Er besaß auch ein Bild dieses Freundes und es bestand eine halbwegs glaubhafte Ähnlichkeit. Sollte die Polizei seine Papiere mit ihren eigenen Unterlagen vergleichen so würden sie finden, daß so ein Mann tatsächlich existierte.

Die Agenten des Unternehmens *Chauffeur* führten eine ungewöhnlich große Summe Geld mit sich: 50000 Reichsmark, was damals etwa 5000 Dollar entsprach, ferner weitere 350 Dollar in amerikanischem Geld und einen recht großen Vorrat an Zigaretten. Sie wurden mit Papieren ausgerüstet, wie sie für Fremdarbeiter in Deutschland notwendig waren. Es wurde angenommen, daß sie Nürnberg verlassen hätten und nun Arbeit in Regensburg suchten. Sie führten gefälschte Arbeitspapiere der Siemens/Schuckert Werke bei sich.

Sollten sie Deutschland verlassen müssen, so konnten sie in die Schweiz schlüpfen und dort den amerikanischen Konsul in irgendeiner größeren Schweizer Stadt aufsuchen. Das Losungswort, das man ihnen für diesen Fall gegeben hatte, mochte wohl eine recht merkwürdige Einführung sein: „Je suis l'idiot du village" (ich bin der Dorftrottel). Die *Chauffeur*-Mission sollte außerhalb Regensburg abspringen, in der Nähe einer großen Fabrik, wo Messerschmidt ME 109-Jäger montiert wurden. *Chauffeur* sollte über die industriellen und politischen Verhältnisse sowie über Truppen- und Bahnbewegungen berichten. Die B 24-Mannschaft, die sie nach Deutschland fliegen sollte, übernahm diese Aufgabe mit geringer Begeisterung, denn ein feuriger Ring von Jägern und Flakgeschützen schützte Regensburg. Beim ersten größeren amerikanischen Luftangriff auf diese Stadt, ein Jahr zuvor, waren 24 der 146 eingesetzten B 29 abgeschossen worden, einer der schwersten Verluste der Amerikaner bei einem solchen Einsatz.

Die meisten Spione, die nach Deutschland gingen, wurden nach einem ziemlich gleichmäßigem Schema bezahlt. 231 Dollar im Monat vor der Fallschirmsprungausbildung und danach 331 Dollar im Monat, dazu eine 2500 Dollar Vergütung bei Todesfall.

Agenten brauchten Geld, um Beamte zu bestechen, Ausrüstung zu kaufen und Subagenten zu bezahlen. Größere Mengen an Reichsmark aufzutreiben erwies sich aber als schwierig. Einige Reichsmarkbeträge wurden von neutralen Diplomaten, die nach Deutschland ein- und ausreisten, angekauft; der OSS machte es für sie zu einem guten Geschäft, größere Summen herauszubringen. Reichsmark wurden ferner bei Franzosen, Belgiern und anderen aufgekauft, die für die Deutschen gearbeitet hatten.

Jedoch war es klar, daß größere Geldsummen Verdacht erregen konnten, falls sie bei einem Agenten gefunden wurden, der sich als Fremdarbeiter, als einfacher Soldat oder als kleiner Beamter ausgab. Um die größte Kaufkraft in kleinste Form zu pressen, wurden Agenten oft mit Juwelen ausgestattet. Die Amerikaner waren angenehm überrascht zu hören, daß es für Europäer durchaus üblich war, solide Uhren aus schwerem Gold zu besitzen, Ringe, Zigarettendosen und Feuerzeuge. So wurden Agenten mit solchen Wertgegenständen statt größerer Geldsummen ausgestattet. Wenn der Besitz von zu vielen Goldgegenständen mit der Tarnpersönlichkeit des Agenten in Konflikt stand, so wurden die Wertgegenstände mit Nickel überzogen. Brauchte der Agent dann die Dinge, so konnte er diesen Überzug entfernen und den Ring oder das Feuerzug verkaufen.

Die häufigste und allgemein verwendbarste Währung waren Diamanten, die man in die Säume der Kleider der Agenten nähte. Zusammen mit der Verantwortung für Fälschungen und für Bekleidungsfragen war Bill Reddick auch für die Anschaffung von Diamanten verantwortlich und kaufte sie, meist nicht weniger als 200 Stück auf einmal, bei Londoner Juwelieren. Ein Diamant von einem Karat war gerade handlich; Reddick zahlte dafür etwa 200 Dollar und war stets überrascht, wenn nach solchen Unternehmungen Agenten ihre Diamanten wieder zurückbrachten.

12. KAPITEL

Waffenstillstand mit der Air Force

Die Unternehmungen des OSS, die von Lyon aus nach Deutschland gehen sollten, standen unter keinem guten Stern, woran nicht nur das 492. Bombergeschwader schuld war, sondern auch die Rivalität zwischen der Londoner OSS-Abteilung und dem OSS-Stab Henry Hydes von der 7. Armee. Es gab da Schwierigkeiten hinsichtlich der Kompetenzen und der Frage, wer wem unterstellt war. Hydes Gruppe war mit der 7. Armee aus Nordafrika über Südfrankreich heraufgekommen, war mit ihren gut 100 Mann größer als Bill Caseys Einheit in London und hatte vor allem während der Invasion Südfrankreichs selbst alle die Dinge, die mit den Geheimunternehmungen zusammenhingen, wie das Anwerben von Agenten, die Dokumentation, die Tarnung, die Luftunterstützung und die Nachrichtenverbindungen erfolgreich durchgeführt. Für Hyde war London wie ein Stiefvater, den man erst als Erwachsener erhält. Der neue Vater verdiente zwar Respekt, sollte aber nicht glauben allzuviel Kontrolle ausüben zu können. Für Hyde, der fieberhaft daran arbeitete seine eigenen Missionen in Marsch zu setzen, waren die Ankömmlinge aus London unerwünscht. Nichtsdestoweniger fielen die Unternehmungen von Lyon aus geographisch in seinen Bereich und man erwartete, daß er sich um die Agenten aus London kümmerte.

Dort machte sich Leutnant Anthony Turano, der für die Luftoperationen des OSS verantwortlich war, ernste Sorgen. Eine seiner Hauptaufgaben war es, günstige Absprungplätze für Agenten in Deutschland zu finden, was sich als mühsam erwies und lange Stunden, gebeugt über Karten und Luftaufnahmen, die im Detail mikroskopisch durchgearbeitet werden mußten, erforderte. Die Auswahl eines ungünstig gelegenen Landepunktes konnte Monate aufwendigster Arbeit zu nichte machen; außerdem konnte sie die Agenten den Gefahren der Gefangennahme, der Folterung und möglicherweise dem Tod aussetzen. Das wichtigste bei der Auswahl eines solchen Landepunktes war es, die Einwände der Luftwaffe zu überwinden, indem man für die Flugzeuge einen von Flak verhältnismäßig freien Flugkorridor fand. Eine der Wände in Turanos Büro in der Grosvenor Street 72 bedeckte eine große Karte von Westeuropa. Hier fügte er die Daten ein, die ihm das britische Luftfahrtministerium, das amerikanische Army Air Corps und die Kampfeinheiten auf dem Kontinent lieferten. Dicht gesteckte Ringe von Stecknadeln rund um wichtige Industriezentren, Eisenbahnknotenpunkte und militärische Einrichtungen des Reiches signalisierten Zonen starker Flaktätigkeit.

Turano wählte die Landungspunkte in Zusammenarbeit mit der Abteilung, die den Agenten führte, mit dem Operationsstab und gelegentlich auch mit den Agenten selbst. War einmal die Absprungzone im großen und ganzen festgelegt, dann galt es neue Aufklärungsfotos anzufertigen, doch wurden die Forderungen Turanos nach Aufklärung nicht immer genehmigt. Ein Flugzeug, das sich auffällig in einer bestimmten Gegend herumtrieb, konnte sehr wohl den Feind darauf aufmerksam machen, daß sich etwas vorbereitete. Daher mußte Turano oft mit überholten Fotografien oder Karten arbeiten, in einem Fall war das Foto so überholt, daß das, was als offene Fläche erschien, seither mit Bäumen zugewachsen war, was die Fallschirmspringer erst recht spät merkten. Ein auf einer alten Karte oder einer alten Aufnahme höchst einladendes freies Feld mochte nun sehr wohl mit Baracken, Geschützständen und Bunkern gespickt sein.

Der ideale Absprungplatz war ein flaches Feld in weiter Entfernung von Flak, Nachtjägerhorsten und bewohnten Gegenden. Es sollte in der Nähe eines Waldes liegen, der Deckung geben konnte und Zuflucht, mit einer Straße in der Nähe, um rasch weiterzukommen. Wichtig war ein leicht identifizierbares natürliches Kennzeichen, ein See oder ein bestimmter deutlicher Punkt an einem Fluß. War die Bedeutung des Unternehmens entsprechend, so konstruierten die OSS-Spezialisten ein Gipsmodell, an dem die Agenten die Gegend studieren konnten.

Turanos Pflichten erforderten enge Zusammenarbeit mit der Air Force und er war einer der OSS-Offiziere, die das Vertrauen der Flieger gewannen. Turano suchte die Landepunkte aus, wurde aber immer mehr als respektierter Vermittler zwischen der Luftwaffe und den eigenen Kameraden im OSS. Turano und Rob Thompson, der DIP-Operationsoffizier, entdeckten eine himmelschreiende Gleichgültigkeit der Luftwaffenbesatzungen gegenüber ihrer OSS-Passagiere. Nahezu die Hälfte aller Agenten setzte man so weit von ihren Zielpunkten ab, daß die Mission als „Irrtum im Absprung" klassifiziert werden mußte. Als genauer Absprung galt alles im Umkreis einer halben Quadratmeile vom Zielpunkt und selbst wenn man die Schwierigkeiten nächtlicher und blinder Absprünge in Rechnung stellte, so war doch ein Abstand von 35 Kilometer und mehr vom Zielpunkt unzumutbar.

Toni Turano spürte sofort, wenn ein Absprung schief gegangen war. Die zurückgekehrte Besatzung murmelte etwas über dichte Bewölkung über der Absprungzone oder heftiges Flakfeuer und seine Fragen brachten nur ungenaue, ungeduldige Antworten. „Natürlich, alles ist gut gegangen, keine Sorge." Die Flieger waren emotionell und physisch ausgepumpt und hatten immer noch ihren Nachrichtenoffizieren zu berichten, bevor sie ihre „zwei Unzen Medizinration Whisky" bekamen, ein heißes Frühstück und den verschobenen Schlaf.

Eine außerordentliche Ungenauigkeit war bei einer Mission mit Namen *Pitt* passiert, die als Waffen-SS getarnt nach Deutschland geflogen worden war. Die beiden Agenten sollten am 2. Januar 1945 nachts in der Nähe eines SS-Standortes im Schwarzwald abspringen. Sie landeten zu einem Zeitpunkt, als die SS-Männer auf dem Heimweg von einem Kinobesuch waren. Die Fallschirme schwebten vor den Augen der überraschten und amüsierten Zuseherschaft zur Erde. Einer der Springer landete sogar auf dem Kasernendach.

Es gab unter den Deutschen zwei verschiedene Meinungen, wie auf frischer Tat ertappte Spione behandelt werden sollten: Die einen waren für summarische Exekution, die andere dagegen war der Ansicht, wenn die Agenten einen Sender mithätten, müßte man sie für Funkspiele verwenden. Die beiden Männer von *Pitt* erklärten sich bereit, unter „Kontrolle“ zu senden, doch gelang es ihnen, den OSS durch ein Gefahrensignal zu warnen. Der Funker hatte seinen Namen Karl stets in englischer Form mit C geschrieben, aber der OSS erhielt als erstes Warnsignal den Namen Karl mit K. und funkte den beiden *Pitt* Agenten wahres aber harmloses Material, das unter dem Namen „Hühnerfutter“ lief. Auf diese Weise blieben sie am Leben, bis sie später von alliierten Truppen überrollt wurden.

Rob Thompson war wütend über die verlorenen Wochen, welche die Vorbereitungen der Missionen gekostet hatten und über die Nichtachtung menschlichen Lebens, die diese ungenauen Abwürfe bewiesen. Er war überzeugt, daß viele Fehlschläge das Ergebnis von Irrtümern oder von übertriebener Vorsicht der Piloten waren, wenn Flakfeuer einsetzte oder die Wolkendecke zu dicht wurde. Thompson, Turano und anderen, die mit der Flugkoordination zu tun hatten schien es, daß die Missionen des OSS vom Air Corps als Abwechslung von ernster Arbeit betrachtet wurden und daher auch nur Flugmannschaften entsprechend schlichterer Qualität benötigten.

Die vielen Unannehmlichkeiten und Schwierigkeiten, die der OSS mit der Luftwaffe hatte, hoffte man zu überwinden, indem ein neuer Mann als Verbindungsoffizier eingesetzt wurde. Es war das Oberstleutnant Charles Bowman, der in der zweiten Märzhälfte die Verantwortung für die Luftoperationen übernahm. Er war ein geschickter Diplomat, der die wirklichen und eingebildeten Schwierigkeiten kannte, denen sich die Flieger gegenüber sahen, denn er war selbst Flieger und war selbst abgeschossen worden.

Auch nach Beseitigung organisatorischer Schwierigkeiten konnte der OSS nicht jene strategische Aufklärung bieten, die G-2, der Geheimdienst der Armee erwartete, nämlich über die „Alpenfestung“, über Berlin und andere Gegenden tief im feindlichen Hinterland, vor allem so lange nicht, als das 492. Bombergeschwader Einsätze außerhalb der südwestlichen Ecke Deutschlands verweigerte.

Bald nachdem Bowman seinen neuen Posten übernommen hatte, änderte sich das Bild: Oberst Upham wurde als Kommandant des 492. Bombergeschwaders durch seinen verständnisvollen Stellvertreter, Oberst Jack Dickerson, ersetzt und erhielt Befehl, seine 24 Bomber auch über Südwestdeutschland hinaus zu fliegen.

Die Unternehmungen von Lyon aus wurden beendet. Das Air Corps verlegte die OSS-Operationen nach Dijon und nach Namur in Belgien, was das erforderte tiefere Eindringen in den deutschen Luftraum ermöglichte und zu neuen Spannungen führte. Major Hans Tofte wurde abgestellt, um die Operationen vom Flugplatz bei Dijon aus zu leiten; Fliegerhauptmann Milton Katz, ein fähiger Verhandler und rechte Hand von Casey, übernahm die entsprechende Position in Namur.

Da bereits über fünfzig Agentengruppen darauf warteten nach Deutschland geflogen zu werden, mußte irgend etwas geschehen. Sobald die Beziehungen zur Luftwaffe sich wieder harmonisch gestalteten schlug der OSS vor, von der bisherigen Übung abzugehen, Absprünge nur bei Mondschein zu unternehmen und auch in dunklen Nächten Missionen durchzuführen, denn eine Übersicht über prozentuelle Erfolge hatte ergeben, daß ebenso viele Absprünge ihre Ziele bei Mondschein wie bei Dunkelheit erreicht hatten. Allerdings war bei den Versuchen in mondlosen Nächten ein kapitaler Irrtum passiert: Zwei Agenten, das Team *Planters Punch,* wurden auf der falschen Seite der Elbe abgesetzt, achtzig Kilometer von ihrem vorbestimmten Landeplatz entfernt.

Nichtsdestoweniger wurden nun allnächtlich Missionen durchgeführt, ob nun der Mond schien oder nicht, vorausgesetzt das Wetter war akzeptabel.

Am 19. März wurden die *Doctor-* und *Painter-*Teams auf den Flugplatz von Dijon gebracht. Ihre Einkleidung und die letzte Kontrolle dauerte lange, weil die Leute am Abend vorher kräftig dem Burgunder zugesprochen hatten, bei einem Fest, das „das letzte Abendmahl“ genannt worden war. Fünf Stunden nach dem Abflug kamen die Agenten erschöpft und verärgert wieder zurück. Ihr Pilot hatte schweres Flakfeuer in der Nähe der Abwurfstelle erhalten, war vom Kurs abgekommen und eine Zeit lang sogar ohne jede Orientierung gewesen und brachte sie schließlich wieder nach Dijon zurück.

In der nächsten Nacht versuchten sie es wieder. Diesmal wurde das *Painter*-Team abgesetzt, aber schlechtes Wetter zwang *Doctor* wieder zurück. Am Mittwoch sollte es noch einmal versucht werden. John Smets war nun sehr nervös und durch die vielen Fehlstarts so überreizt, daß er sich weigerte, überhaupt abzuspringen. Major Tofte gelang es, ihn zu beruhigen und Smets ging wieder an Bord der B 24, aber auch dieser Flug war ein Fehlschlag.

Die Verzögerung bot Gelegenheit zu einer neuen psychologischen Methode: Die Agenten mit der Flugzeugmannschaft zusammenzubringen, die erklären sollte, welche Schwierigkeiten es auf dem Flug gab. Der Pilot erzählte des langen und breiten, wie er über eine Bergkette fliegen werde, um blitzschnell in höchster Eile eine Terrasse auszumachen, auf der er innerhalb von Sekungen die Agenten absetzen müsse, denn sie maß nur etwa zweitausend mal vierhundert Meter. Kamen sie beim Absprung über diese Terrasse hinaus, so fielen sie in ein bewohntes Gebirgstal. Ob diese Erzählung die Agenten beruhigte ist fraglich.

Doctor erhielt einen Extratag um sich auszuruhen. Am 23. März wurde der sechste Versuch unternommen, der diesmal wirklich gelang.

Jean Smets und Lucien Blonttrock, das *Doctor*-Team, hielten in Verzweiflung Ausschau über die Kitzbühler Alpen. Smets war sichtlich erschüttert und seine Angst hatte Blonttrock, den älteren, ruhigen Partner, angesteckt. Erste Mißerfolge nach ihrem Absprung hatten sie zunächst durch Willenskraft überwunden, aber nun schien das Schicksal des Teams besiegelt.

In der Ferne sahen sie drei Gestalten, die sich durch den tiefen Schnee offensichtlich auf ihren Spuren heranarbeiteten. War das eine Wehrmachtstreife? Gestapo? Gebirgsjäger?

Smets und Blonttrock waren kurz nach Mitternacht am 24. März in einer Berggegend etwa zwölf Kilometer südöstlich von Kufstein gelandet. Man hatte ihnen gesagt, sie könnten etwa dreißig Zentimeter Schnee erwarten, tatsächlich waren es anderthalb Meter, in die sie einsanken. Sie mußten also annehmen, daß ihr Pilot den Landepunkt wieder einmal verfehlt hatte.

Sie kämpften sich drei Stunden lang bei Mondlicht durch den Schnee, immer auf der Suche nach ihren Abwurfbehältern. Als sie sie fanden, vergruben sie die Fallschirme, die Sprunganzüge und die Ausrüstung, die sie erst später wieder holen wollten. Bei der Suche bemerkten sie, wie grausam die Natur mit ihnen gespielt hatte: Zwei Behälter mit weißen Fallschirmen waren in den Schnee, die Ausrüstung mit braunem Fallschirm dagegen in den Wald gefallen. Der Schirm hatte sich über einen dunklen Baum gebreitet.

Die Bekleidung des *Doctor*-Teams – entsprechend der Tarngeschichte – erwies sich als völlig unsinnig. Die Agenten trugen im tiefen Schnee billige dunkle Anzüge und gewöhnliche Straßenschuhe. Lazare Teper hatte ihnen eingeredet, daß Bergschuhe seit Kriegsbeginn nicht mehr erzeugt würden und sie darin höchst verdächtig wären. Nun schnitt Smets schnell zwei große, weiße Stücke aus den Fallschirmen, um sie als Tarnung über der dunklen Kleidung zu tragen. Nach einer erschöpfenden Suche und nach dem Vergraben der Ausrüstung schleppten sie sich in die Wälder und bereiteten sich vor, in ihre Schlafsäcke zu kriechen, ebenfalls Gegenstände, die sie nur gegen den Willen Tepers mitgenommen hatten.

Smets fand eine Flasche Cognac, trank tief daraus und gab sie an Blonttrock weiter. Dann trank Smets den Rest des Cognacs und schlief ein, Blonttrock blieb wach. Einige Stunden später, bei Anbruch der Dämmerung, bemerkte Lucien in mehreren Kilometern Entfernung drei Punkte, die sich gegen den weißen Horizont abhoben und weckte seinen Kameraden. Während sie beobachteten, steckte Jean einige Handvoll Schnee in den Mund, um einen gewaltigen Durst zu stillen, den der getrunkene Cognac erzeugt hatte.

Kilometer entfernt kletterten drei Männer in allerbester Stimmung den Berg herauf. Es waren Deserteure der Wehrmacht, die sich seit Monaten in den Bergen versteckt hatten und unter einem Gefühl hilfloser Schwäche litten. Sie wollten etwas gegen die

Nazis unternehmen, aber es fehlten ihnen die Mittel dazu. Ihr Führer war Rudolf Steiner, seine Kameraden Matthäus Hornmacher und ein Mann namens Hachselberger. Steiner war ein ehemaliger Hitlerjugendführer, der sich 1942 enttäuscht vom Nationalsozialismus abgewandt hatte und dessen „Fahnenflucht“ einen harten Schlag für seine, Hitler treu ergebene, Familie bedeutete.

Dieser sonnige Morgen war die Stunde des Triumphes für Steiner. Die amerikanischen Bomber, die täglich über ihre Köpfe dahinflogen, hatten ihn auf eine Idee gebracht: Am Tag zuvor hatte er eine große rot-weiß-rote österreichische Fahne auf einer Bergspitze als ein Signal ausgebreitet. Daraufhin warteten sie in einer nahegelegenen Hütte. Es schien fast unglaublich, noch in derselben Nacht hörten sie die Motoren einer B 24, die die Bergspitzen fast zu berühren und für kurze Zeit direkt über ihnen zu hängen schien. Bei Morgengrauen hasteten sie der Gegend zu, über der das Flugzeug gekreist war. Sie entdeckten rasch den Platz, wo das *Doctor*-Team seine drei Behälter vergraben hatte. Dann folgten sie den Fußspuren der Fallschirmspringer in die Wälder.

Smets und Blonttrock sahen zu, wie sie sich zwei Stunden hindurch ihnen näherten. Als sie in Schußnähe kamen, verbarg sich Smets unter der weißen Fallschirmseide und richtete seine Pistole auf den ersten Ankommenden. Zwei der Männer blieben stehen und Rudolf Steiner, der offensichtlich unbewaffnet war, ging weiter, mit geöffnetem Hemd, angesichts der Kälte wie ein Beweis seiner friedlichen Absichten. Smets schickte Blonttrock ihm entgegen.

Als sie so im tiefen Schnee, viele Kilometer von jedlicher Zivilisation entfernt aufeinander trafen, sagte Blonttrock: „Wir sind belgische Arbeiter auf Urlaub von unserer Arbeit.“ Steiner lächelte nachsichtig. Er wisse, daß sie Fallschirmspringer und in Erwiderung seines Flaggensignals gekommen seien. Im übrigen hätten sie nichts zu fürchten, sie seien bei Nazigegnern. Blonttrock rief Smets, er möge herunterkommen und ihre neuen Freunde kennenlernen.

Steiner erzählte die Geschichte von dem Ausbreiten der Fahne und ihrer Verblüffung über das rasche Reagieren der Amerikaner. Die beiden Belgier sahen keinen Anlaß, ihn über seinen Irrtum hinsichtlich der Ursache ihrer Ankunft aufzuklären.

Sie verbrachten den Tag in den Wäldern. Von den Österreichern erfuhren sie, wie groß in diesem Gebiet die Feindschaft gegen die Nazis war und auch alles, was Steiner und seine Kameraden an militärischen Informationen besaßen. Im Schutze der Nacht marschierten sie vier Stunden bis zum Dorf Scheffau, wo die Agenten einen wohlgesinnten Bauern fanden, der ihnen Unterkunft gewährte und in der Nacht sandte Blonttrock seine erste Radiobotschaft nach London, in der er die sichere Ankunft des Teams meldete und erbat als Testbotschaft über BBC den Satz: „Das Reich ist das Arsenal des Feindes durch Grausamkeit".

Von Steiner hörten sie, daß sie tatsächlich mehrere Kilometer von ihrem Zielpunkt entfernt abgesprungen waren, aber das war diesmal ein glücklicher Irrtum, denn Leutnant Turano war nicht in der Lage gewesen, im voraus Fotoaufklärung zu erhalten. Nun stellte sich heraus, daß der von ihm gewählte Absprungplatz ein Übungsgelände deutscher Gebirgstruppen war.

Sie erfuhren auch von Steiner, daß die Tarngeschichte mit der *Bach* sie ausgestattet hatte, nämlich, daß sie Fremdarbeiter auf Urlaub in Kufstein seien, eine potentielle Katastrophe beinhaltete, denn damals war es für ausländische Arbeiter völlig ausgeschlossen, Urlaub zu erhalten.

Vier Tage nach ihrer Landung übermittelte die *Doctor*-Mission eine Botschaft nach London, in der sie um Abwurf von Waffen und Ausrüstung für zwanzig Mann ersuchte, die der Grundstock einer Widerstandseinheit im Gebiet von Kufstein sein sollten. Sie verlangten Gewehre, Handgranaten, deutsche Gebirgsjägeruniformen, Sprengstoff, Karten, Medikamente, Schreibmaschinen, Zigaretten, Zucker und Schokolade. Sie betonten: „Unser Prestige und vor allem das volle Erreichen der Ziele unserer Mission hängt von dieser Hilfe ab."

Als nächstes funkten sie einen zusätzlichen Plan: Das Schloß Itter bei Brixlegg war von den Nazis in ein Gefängnis für besonders wichtige Persönlichkeiten verwandelt worden, in dem Eduard Daladier, der frühere französische Ministerpräsident, der das Münchner Abkommen unterschrieben hatte, und Maurice Gamelin, Oberbefehlshaber der französischen Armeen bei Ausbruch des Krieges, sodann Paul Reynaud, französischer Ministerpräsident vor dem Zusammenbruch von 1940, weiter ein Sohn Stalins und fünfzig andere prominente Gefangene saßen. „Es ist möglich, daß wir sie befreien können", erklärte *Doctor,* „wenn wir die Waffen erhalten und dieses Unternehmen bewilligt wird."

Die Forderungen alarmierten den OSS London. „Ihr seid berechtigt, zwanzig Mann zu eurem Schutz auszurüsten", antwortete die Heimatbasis: „Aber müßt momentan jede Sabotage vermeiden. Nützt diese Leute für eine militärische Auskundschaftung auf den Straßen und den Eisenbahnen." Diese Einschränkungen waren den Österreichern nur sehr schwer zu erklären. Sie hatten seit langem unter der Naziherrschaft gelitten und wollten nun die Genugtuung haben, den wankenden Giganten bei seinem Fall noch zu stoßen.

Die *Doctor*-Agenten gaben die Hoffnung auf, die Führung einer Guerilla-Armee übernehmen zu können, wurden aber die fleißigsten Informanten im Deutschen Reich. In den 44 Tagen, die sie im Feindgebiet verbrachten, sendeten sie 52 Botschaften nach London, hauptsächlich von einer Hütte aus, die sie sich in einem Bergwald in der Nähe von Scheffau gebaut hatten; den Rest von Höfen wohlgesinnter Bauern in Nachbardörfern.

Manche Frauen hatten etwas dagegen, dem Women's Army Corps (WAC) beizutreten, obgleich das Konzept sinnvoll war und buchstäblich von jeder Nation im Krieg angewendet wurde. Frauen übernahmen militärische Aufgaben, die aber nichts mit dem Kampf direkt zu tun hatten, und stellten dafür soundsoviele Männer für die Front frei. Es bedurfte aber eines recht großen Selbstbewußtseins, denn ein Mädchen mußte recht dumme Scherze über Frauen in der Armee über sich ergehen lassen.

Orpha Gresham hatte als Sekretärin bei der Bendix-Corporation in South Bend in Indiana gearbeitet als der Krieg begann. Während die Welt gigantische Erschütterungen erlitt hatte sie den Eindruck, daß ihr Leben unberührt davon blieb, trat in die Armee ein und bald holte sie der OSS als Sekretärin nach London. Außerhalb Londons lag die sogenannte Area F, ein von einer Mauer umgebener Landsitz, wo Agenten des OSS ausgebildet wurden. Eines nachts Anfang Januar 1945 war Orpha Gresham zusammen mit ihrem Chef, Captain Ezra Shine, in dieser Area F. Sie hatte nun schon seit zweieinhalb Jahren in London Dienst getan und besaß als gute Sektretärin eine außerordentliche Kenntnis der Organisation. Sie war bis spät in Area F geblieben, weil sie einen Film ansehen wollte, der für die Agenten und den Stab des OSS vorgeführt wurde.

Während der Vorstellung wurde sie sich plötzlich bewußt, daß jemand sie fixierte; der Mann war zerknittert, unrasiert, leicht betrunken und war mit zwei anderen Männern in ähnlichem Zustand in den Raum gestolpert. Sie hatten sich mit dem Rücken zur Leinwand niedergelassen und betrachteten das Publikum. Sergeant Greshams Bewunderer war einer der belgischen Agenten von Ray Brittenham, ein Mann von etwa 25 Jahren namens Emil Van Dyck und wirkte in jener Nacht auf Orpha Gresham wie ein Landstreicher.

Emil Van Dyck wurde in Malines als jüngster Sohn von sechs Kindern eines belgischen Beamten geboren, hatte studiert um Lehrer für geistig behinderte Kinder zu werden, wurde aber eingezogen, unmittelbar bevor Hitlers Armeen in einem Blitzkrieg Belgien überrannten, geriet in Kriegsgefangenschaft, entkam und arbeitete im belgischen Untergrund bis sein Vaterland befreit wurde.

Ray Brittenham hatte während der Ardennenschlacht Van Dyck für Missionen hinter der Front eingesetzt. Van Dycks Leben in den vergangenen fünf Jahren hatte sich in militärischen Stellungen abgespielt, in Gefängnissen, in Internierungslagern, in Scheunen, Kellern, auf Dachböden und in Straßengräben; wenn ein Abenteuer vorbei war, hungerte er schon nach dem nächsten. Er war von Brittenham mit einem Belgier gleicher Art und Erfahrung nach England geschickt worden, einem Funker namens Francois Flour, der vor dem Krieg an der John Hopkins University in Baltimore studiert hatte.

In der Ausbildung erwiesen sich die beiden Männer als rasch und ernsthaft, aber wenn der Tag vorüber war fanden sie die Beschränkungen, die der OSS ihrer Freiheit auferlegen wollte, lächerlich. Männer, die die Gestapo kennengelernt hatten, und bereit waren, ihr Leben erneut gegen die Deutschen zu riskieren, hatten keine Lust, in ihren freien Stunden Ping-Pong zu spielen oder in einem Landhaus Filme anzusehen, wenn in der Nähe eine Stadt wie London auf sie wartete. Wurde ihnen diese Freiheit nicht offiziell gegeben, nun, dann sprangen sie eben über die Mauer.

Emil Van Dyck kam von einem solchen unerlaubten Ausflug nach London zurück, als er Orpha Gresham sah. Bei seinem nächstem Treffen mit Brittenham erklärte er, dieses Mädchen kennenlernen zu wollen. Diesem Wunsch zu entsprechen wäre ein grober Bruch der Sicherheitsbestimmungen gewesen, aber Brittenham wog ab, was er von diesem Mann verlangte und was dieser von ihm verlangte und versprach sich zu bemühen. Wenn es nur darum ging ein Mädchen zu beschaffen, so ließ sich das arrangieren. Nein, sagte Van Dyck, er wolle genau dieses Mädchen kennenlernen.

Orpha Gresham war empört. Sie lebte nach den strengen Regeln der OSS Sicherheitsbestimmungen und erinnerte sich nur zu sehr des betrunkenen Belgiers. Brittenham verbrachte über eine Stunde mit Schilderung der tapferen Taten Van Dycks im belgischen Widerstand, seines guten Charakters und seiner Vertrauenswürdigkeit und krönte seine Lobeshymne mit der Erklärung, daß er einen Jeep bereitstellen werde und seinen Fahrer als Tugendwächter, aber sie müsse mit Van Dyck ausgehen.

Daraufhin ging Orpha Gresham zu ihrem Vorgesetzten, Captain Shine, erklärte dem staunenden Ausbildungsoffizier worauf sie sich eingelassen habe und versicherte ihm, daß es nur dieses einzige Mal geschehen werde.

Van Dyck war natürlich für das Mädchen aus South Bend eine romantische Figur, fröhlich, nachdenklich aufmerksam und kannte sich in London aus. Trotz der Einschränkungen für Agenten war es ihm rasch gelungen, dem Gargoyle-Club beizutreten, der beim Militär sehr populär war, und nahm die sehr beeindruckte Orpha Gresham als Gast mit. Sie trafen sich so oft als möglich und in ein paar Wochen betrachteten sie sich als verlobt.

Am 1. März 1945 um acht Uhr abend hatte Orpha Gresham eine Verabredung mit Emil Van Dyck. Um 2 Uhr nachmittags erhielt sie in der Schul- und Trainingsabteilung einen Anruf, sie solle die Agenten Van Dyck und Flour aus ihrer Nachrichtenklasse holen lassen, damit sie sich in Area O meldeten, sie hätten als erste Etappe ihrer Mission als *Painter*-Team nach Frankreich zu fliegen, von wo man sie nach Deutschland bringen und über München mit dem Fallschirm abspringen lassen würde. *Painter* sollte die SS in dieser Stadt auskundschaften.

Sie verbrachten ärgerliche Tage in Lyon, zusammen mit anderen Teams, wie etwa *Doctor,* die ebenfalls in dieser chaotischen Außenstelle gestrandet waren. Am 19. März waren sie und das *Doctor*-Team die ersten Agenten, die von dem neuen Flugplatz bei Dijon starteten. Nach dem ersten fehlgeschlagenen Versuch sprangen die *Painter*-Agenten während der nächsten Nacht in der Nähe von München ab.

Orpha Gresham konnte dem Fortschritt der Teams in Deutschland folgen und *Doctor,* so entdeckte sie, war die Freude des OSS London. Es berichtete fast täglich und versorgte den OSS mit einem wahren Strom von Nachrichten. Aber nachdem fast sechs Wochen ohne ein Wort von *Painter* vergangen waren, erfuhr sie, daß der OSS ihren Emil und seinen Partner für vermißt erklärt hatte.

Eine Operationsanweisung des OSS London beschrieb genau vier Prioritäten für die Unternehmungen in Deutschland: Die erste Priorität war, daß die Agenten über militärische Bewegungen zu berichten hatten. Hier waren das Alter, das Geschlecht, die Nationalität eines Agenten unbedeutend. Nur körperliche Kraft und Klugheit, die Fähigkeit zu überleben und Nachrichten zu sammeln, spielten eine Rolle.

Die zweite Priorität war, daß besondere Missionen, bestehend aus Personen mit spezialisiertem Hintergrund die deutsche industrielle Maschinerie infiltrieren sollten, um sich über die Produktion, die Standorte der Fabriken und die Technologie zu informieren.

Die dritte Priorität besaßen politische Missionen, um das Potential des Widerstandes gegen die Nationalsozialisten abzuschätzen, besonders unter voraussichtlichen Nazigegnern wie Gewerkschaftern, religiösen Gruppen, Staatsbeamten und ethnischen Minderheiten.

Die vierte Priorität waren Missionen, die von Leuten durchgeführt wurden, die vielleicht als „Nach-Zusammenbruch-Personal“ nützlich sein konnten, das heißt Agenten, die sich als Deutsche ausgeben konnten um auf diese Weise nationalsozialistische Organisationen infiltrieren und Pläne der Nazis für die Zeit nach Ende des Krieges aufzudecken.

In der alltäglichen Praxis entstanden die Unternehmungen aus der plötzlichen Forderung nach Informationen und den vorhandenen Agenten. SHAEF verlangte beispielsweise Berichte über Düsenjäger, die von einer bestimmten Stelle der Autobahn aus starteten und diese Anträge wurden an Bill Casey geschickt. Dann ging es die Instanzenkette entlang bis zum Operationsstab von DIP, der sich wieder an die Nationalitätenabteilungen wandte: „Wen habt ihr, den wir nach München schicken können?“ „Wir haben einen guten Belgier, einen zähen Mann, der schon eine Mission hinter sich hat.“ Dann wandte man sich an den entsprechenden Agenten: „Sind sie bereit zu gehen? Wollen Sie“ „Fein! Wählen Sie einen Funker aus, jemanden, den Sie mögen und dem sie als Partner vertrauen.“

Der Operationsoffizier koordinierte dann jede Phase: Die Ausbildung, die Dokumente, die Bekleidung, die Tarngeschichte, die Funkverbindungen und den Flugplan.

Sobald sie bereit waren, warteten die Agenten des OSS London auf ihre Abreise aus der Isolierung in Area O, einem hübschen Landschlößchen außerhalb von London. Dieses Haus und ein üppiger grüner Park wurde von britischem Heerespersonal versorgt, Mädchen aus der Umgebung arbeiteten in der Küche und im Speiseraum. Der Stab war vom MI-5, dem in England selbst arbeitenden britischen Geheimdienst, durchleuchtet worden. Agenten auf der Durchreise wurden in sicheren Häusern im Umkreis von London untergebracht.

Als die Anzahl der Unternehmungen anstieg, begann die Ausbildung der Agenten in England Fließbandcharakter anzunehmen, was eine ungesunde Atmosphäre für Männer schuf, die sich auf ein in höchstem Maße individualistisches Abenteuer einließen. Ein Betreuungsoffizier, meist ein Leutnant, wurde daher jedem Team zugeteilt, sich um Wünsche und Bedürfnisse der Agenten zu kümmern, um die letzten finanziellen Arrangements, die Versicherung, das Verfassen von Testamenten und auch darum, daß der Agent eine Frau zur Gesellschaft hatte.

Bill Casey beschrieb diese Einrichtung: „Sie bekamen wirklich alles, was sie sich wünschten, sie waren Könige. Wir alle arbeiteten für sie, um sie in die rechte Stimmung zu bringen und sie am rechten Platz und auf rechte Weise funktionieren zu lassen."

Bill Grells Bruder Leon, obwohl noch belgischer Staatsbürger, erhielt ein Offizierspatent im amerikanischen Marineinfanteriecorps und wurde Betreuungsoffizier. Ein Historiker des Corps berichtete über Grells Aufgabe: „Um 4.45 Uhr nachmittags läutete Captain Grell an der Tür eines Hauses in einer abgelegenen Londoner Seitenstraße. Das Haus stand zum größten Teil leer, aber in einem Raum saß eine Gruppe von Männern und Frauen in ruhigem Gespräch rund um einen kahlen Tisch."

Nach zweistündiger Fahrt zum Flugplatz Harrington brachte Grell die Agenten in einen Hangar, wo sie einer letzten Sicherheitskontrolle unterzogen wurden: Ihre Taschen wurden nach außen gekehrt, ob sie vielleicht irgendwelche Überbleibsel enthielten, Fahrkarten, Billets oder anderes, das ihre Herkunft aus London hätte verraten können. Die Leute wurden auch kontrolliert um sicher zu gehen, daß nicht doch irgendein Doppelagent irgendetwas Wichtiges aus dem Lande schmuggelte. Dann wurde das Ganze noch von einem zweiten Sicherheitsoffizier wiederholt.

Leon Grell nahm die persönlichen Habseligkeiten der Agenten an sich und steckte sie in Umschläge: Briefe, englisches Geld, Brieftaschen. Er versiegelte die Umschläge und schrieb auf jeden Umschlag den Code-Namen des betreffenden Agenten: „Ihr kriegt sie wieder, wenn Ihr nach London zurückkommt", sagte er.

Grell ging dann ihre Papiere durch, ihre Kennkarten, Lebensmittelmarken, Arbeitsausweise und Geburtsscheine. Er öffnete den Koffer, den er aus London mitgebracht hatte und begann zu verteilen: „Trag diesen Geldgürtel um die Hüften für Dein großes Geld. Vergiß nicht, Du bist Zwangsarbeiter, lebe wie ein solcher. In Deine Brieftasche tu nur Kleingeld. Steck' diese Radiokristalle vorne in Deinen Sprunganzug. Dort ist Platz genug."

Grell gab jedem Mann ein Paket mit Tabletten, die blauen enthielten Benzedrin-Sulfat gegen Müdigkeit, die weißen konnten dagegen jemanden für sechs Stunden außer Gefecht setzen.

Die dritte war eine sogenannte „L-Pille“, reines Zyankali. Die Pille war mit Gummi überzogen. Um sich zu töten, mußte der Agent sie zerbeißen. Der Gummiüberzug hätte sonst gestattet, die Pille ohne jede Gefahr zu schlucken.

Grell ließ die Agenten für die Tabletten unterschreiben, er lud verschiedene Pistolen vom Kaliber 0,32 und 0,45 und gab jedem der Männer eine davon. Der OSS hatte herausgefunden, daß diese Pistolen für die Agenten psychologisch notwendig waren. Sie sollten nur verwendet werden, wenn das Team bei seiner Landung auf feindseligen Empfang stieß, ansonsten waren die Pistolen zusammen mit den Fallschirmen und den Sprunganzügen zu vergraben, was selten beachtet wurde.

Die Agenten zogen ihre Schuhe aus, bandagierten ihre Knöchel und steckten Gummipolster unter ihre Fersen. Der Sprunganzug mit extra weiten Ärmeln und Hosen ließ sich leicht über die Zivilkleidung ziehen, seine gesamte Vorderseite teilte ein Reißverschluß, so daß der Agent sofort „aussteigen“ konnte. Er war aus grünem und senfbraunem Segeltuch, und hatte viele große Taschen für Gegenstände, die man unmittelbar bei der Landung braucht, wie etwa Pistolen, eine Taschenlampe, ein Messer um den Fallschirm von einem Baum freizumachen und einen kurzen Spaten mit abnehmbarem Griff, um die Ausrüstung zu vergraben.

Die Agenten setzten Helme auf, die innen einen Schaumgummischutz hatten, dann kamen Brillen und Lederhandschuhe. Der Absetzer half ihnen die Fallschirme anzulegen, kontrollierte jeden Gurt und erprobte den Auslösemechanismus mehrfach. Leon Grell schien es, als würde eine Braut für ihre Hochzeit geschmückt. Nach eiligem Händedruck bestiegen die Agenten ihr Flugzeug, das sich rasch in die Luft erhob.

Toni Turano, der Zielplätze aussuchte, Streitigkeiten mit der Luftwaffe ausbügelte und die Agenten zum Flugplatz brachte, bekam eine neue Beschäftigung: Er sollte mit der „Direction Générale des Études et Recherches“ (DGER), einem Zweig des französischen Geheimdienstes zusammenarbeiten und zwar, um dessen erstes deutsches Unternehmen nach der Befreiung Frankreichs vorzubereiten. Die DGER war höchst zufrieden mit ihrem

Agenten, und wollte ihn beim OSS in London schulen lassen. Turano sollte als Verbindungsoffizier dienen.

Der Amerikaner mißtraute dem DGER Rekruten sofort. Er war knappe 18 Jahre alt, ein Kriegsgefangener, der vorher ein musterhafter Hitlerjunge gewesen war. Turano hatte den Verdacht, daß dieser viel zu gescheite junge Mann lediglich nach Hause kommen wollte, und weigerte sich diesem wenig überzeugenden Konvertiten die Geheimnisse des OSS zu enthüllen.

Er teilte dem Oberst Bowman, dem Stabschef des SI-London, der damals auch die Luftoperationen leitete, seine Sorgen mit und Bowman kam sogleich zum Kern des Problems: „Legen Sie ihn um!" riet er. Beim Flug nach Deutschland sollte Turano oder der Absetzer den Agenten erschießen während er absprang. Aber Turano fühlte sich bei dieser Lösung des Obersten nicht wohl. Er war bereit, alles für die Sicherheit des amerikanischen Geheimdienstes zu tun, war aber auch keineswegs hundertprozentig überzeugt, daß dieser deutsche Junge tatsächlich ein Doppelspiel trieb. Bowman zuckte die Achseln und überließ die Sache Turano. Nichtsdestoweniger, so sagte er, war diese erste Mission wichtig für den Stolz der Franzosen und auf die eine oder andere Weise mußte sie durchgeführt werden.

Schließlich konnte Turano seine Zweifel doch nicht überwinden und teilte dem jungen Deutschen so wenig wie nur irgend möglich über den OSS mit. Als es Zeit war den Agenten zum Flugplatz zu bringen, ließ ihm Turano die Augen verbinden; die Binde wurde erst entfernt, nachdem er auf Umwegen zum Flugplatz geführt worden war und sich an Bord des Flugzeuges befand.

Einige Zeit, nachdem der Agent über Deutschland abgesprungen war, fragte Turano seine französischen Kollegen, wie denn die Mission verlaufe: „Merkwürdig, Monsieur. Er scheint mehr zu fragen als Antworten zu geben!"

Von einem Punkt hoch über dem Erdboden in der Nacht glitten Cal Ancrums Worte entlang eines unsichtbaren Strahles zu einem Mann hinab, der in einem Feld am Stadtrand von Berlin kauerte. Die antwortende Stimme beschleunigte Ancrums Puls, sie wärmte ihn gegen die Kälte, die durch die metallene Hülle der

Mosquito-Maschine drang. Seine totale Konzentration auf die von Statik gestörten Sätze lenkte ihn von der Steifheit, dem schmerzenden Rücken und Beinen ab, als er eingepfercht hinter dem Joan-Eleanor-Gerät in dem kleinen Flugzeugheck saß. Korvettenkapitän Simpson hatte recht gehabt: Obgleich der erste Joan-Eleanor-Kontakt mit dem *Hammer*-Team in Berlin sehr schlecht gewesen war, erbrachten nachfolgende Übertragungen einen reichen Schatz an Nachrichten direkt aus der deutschen Hauptstadt.

Am 29. März sprach Leutnant Ancrum länger mit den *Hammer*-Agenten Land und Ruh und erfuhr, daß das Klingenberg-Kraftwerk am Rommelsbergsee völlig intakt sei und Strom für die Rüstungsindustrie produziere. Ein erfolgreicher Angriff auf das noch funktionierende Eisenbahnsystem könne eine völlige Lähmung herbeiführen, einer der Verschiebebahnhöfe sei mit 26 Fracht- und 18 Passagierzügen vollgestopft.

Bei einem späteren Kontakt fragte Ancrum nach noch produzierenden Panzerfabriken und *Hammer* hatte innerhalb einer Woche die notwendigen Meldungen gesammelt. Durch ihre Kontakte im Volkssturm waren die beiden in der Lage, einen genauen Status der Verteidigungsanlagen von Berlin und der Truppenverteilung zu übermitteln. Bei einem Gespräch forderten die Agenten erstaunlicherweise „Medizin, die Soldaten nehmen, um krank zu werden.“ Diese Botschaft wurde so gedeutet, daß der OSS irgend welche Mittel verschaffen solle, die es kriegsmüden Soldaten erlaubten, Krankheit vorzutäuschen.

Ein ernster Schock für das Team war jedoch, daß Paul Lands Schwager, Otto Malzer, auf Urlaub nach Hause kam. Lands 21 Jahre alte Schwester hatte, wie ihre Eltern, die Agenten vom Augenblick ihrer Ankunft an unterstützt, aber nicht mit ihrem Mann gerechnet. Otto Malzer kam in der letzten Märzwoche unerwartet von der russischen Front in Berlin an. Er war 24 Jahre alt, in der Hitlerjugend aufgewachsen und kannte keine Religion außer dem Nationalsozialismus. Malzer hatte Sonderurlaub und das EK I erhalten, nachdem er allein drei russische Panzer mit der Panzerfaust abgeschossen hatte. Der Held kam nach Hause um dort zu entdecken, daß die Familie seiner Frau Spione beherbergte.

Die *Hammer*-Agenten mußten entweder ihr mühevoll aufgebautes Netzwerk von Informanten im Stich lassen und flüchten, oder aber den Glauben von Pauls Schwester teilen, daß ihr Mann für ihre Sache gewonnen werden könne. Sie nahmen das Risiko auf sich, da Otto seine Schwiegereltern und Schwager wirklich liebte. Die Männer malten dem jungen Soldaten ein Bild des Nationalsozialismus, das er noch nie gesehen hatte und entdeckten, daß er ein besserer Soldat als Nationalsozialist war. Was er beim Vormarsch und Rückzug in Rußland gesehen hatte bestätigte, was diese beiden älteren Männer ihm über die Natur des Hitler-Regimes erzählten.

Sie besaßen auch eine bemerkenswerte Kenntnis der Bürokratie und versicherten Otto, daß er keineswegs aus der Armee desertieren müsse um sich mit ihnen zu verbünden. Sie würden dafür sorgen, daß sein Urlaub verlängert werde und so seine unmittelbare Rückkehr an die Front verhindern.

Paul Land schrieb auf die Rückseite von Ottos Urlaubsschein eine Anforderung, wonach sein Urlaub um weitere zwanzig Tage verlängert werden solle, damit er nach seiner ausgebombten Frau suchen könne. Dies wurde mit dem Namen von Ottos Kompaniechef unterzeichnet. Mit Hilfe der feuchten Oberfläche eines harten Eies übertrugen sie den Abdruck der Stampiglie von der Vorderseite des Scheines auf die Rückseite.

Die drei Männer begaben sich dann in einen kleinen Ort außerhalb von Berlin, wo Otto seinen Urlaubsanspruch dem Adjutanten des dortigen Ersatzeinheitsstabes vorlegte. Er trug sein Eisernes Kreuz. Unter Bewachung befanden sich im Raum des Adjutanten verschiedene Fahnenflüchtige. Der OvD schaute kaum auf die Papiere, sondern nur auf das EK I, beschimpfte die Fahnenflüchtigen, indem er auf Malzer als ein Beispiel des wahren deutschen Soldaten zeigte. Sein Urlaubsgesuch wurde rasch bewilligt und er erhielt spezielle Lebensmittelkarten für Urlauber. Sodann bat ihn der Offizier, er solle eine Liste der Deserteure, die das Regiment suchte, mitnehmen.

Die *Hammer*-Mission bedurfte nun dringend bestimmter Versorgungsgüter, ein Abwurf wurde an einem Punkt 50 Kilometer außerhalb von Berlin für den 1. April, dem Ostersonntag vereinbart. Da keine Züge verkehrten, mußten sie den ganzen Weg zu

Fuß zurücklegen und Wehrmachteinheiten, die entlang ihrer Straße lagerten, zwangen sie zu einem längeren Umweg. Sie waren unsicher, ob der Abwurf für diese oder für die nächste Nacht festgesetzt war und als kein Flugzeug erschien, legten sie sich auf offenem Feld schlafen.

Sie erwachten am nächsten Morgen durch gedämpfte Soldatenstimmen, sahen Armeezelte und hörten den Lärm von Soldaten, die einen neuen Tag beginnen. Ohne es zu merken, waren sie in der Nacht mitten durch ein Wehrmachtslager hindurchgekommen. Nun mußten sie wohl den Abwurf aus der Luft absagen und sich irgendwie durch die nahen Wälder schlagen, um dort eine Straße nach Berlin zu erreichen.

Verborgen in einem Beutel befand sich ihr Joan-Eleanor-Apparat und ein Stapel von Aufzeichnungen verdeckt unter schmutziger Wäsche. Sie trugen die Wäsche stets bei sich, um ihre Geschichte, daß sie ausgebombte Arbeiter seien, die soeben in Berlin angekommen waren, zu untermauern. Sie waren auf dem Weg zur Stadt, als ein junger Leutnant der SS-Division Hermann Göring auf einem Motorrad daherkam und ihre Papiere zu sehen verlangte. Die beiden Männer griffen in ihre Taschen und entsicherten mit einer einzigen wohlgeübten Bewegung ihre Pistolen, ohne sie zu ziehen. Dann zeigten sie dem Leutnant die Dokumente.

Sie spielten wohl eingeübte Rollen: Paul den gescheiten Deutschen und Toni seinen ungeschickten tschechischen Begleiter. Paul produzierte seine Mitgliedskarte der NSDAP. Der Leutnant nickte beifällig, bestand aber immer noch auf der Durchsuchung ihres Gepäcks. Paul erklärte ungeduldig dem mit offenen Mund zuhörenden Toni auf tschechisch was der Offizier wollte. Toni begann daraufhin ungeschickt, Stück für Stück ihre schmutzigen Hemden und die Unterwäsche aus dem Sack zu ziehen. Pauls arrogante Art gegenüber dem dickköpfigen Tschechen erzeugte die erwünschte Verbindung der Überlegenheit zwischen ihm und dem jungen deutschen Offizier. Dennoch wurde Paul immer unsicherer. Er steckte die Papiere wieder in die Tasche und ließ seine Hand auf dem Pistolengriff ruhen. Der SS-Mann sagte gelangweilt, sie könnten passieren. Als er davonfuhr war Paul fast enttäuscht. „Ich hätte ihn gerne erschossen.“

Der Alltag in der Grosvenor-Street im Winter von 1945 war verwirrend. Der Dienst beim OSS bedeutete zwar, nicht an die Front zu müssen, andererseits aber auch den deutschen V-Raketen ausgesetzt zu sein. Die Arbeit war mühsam und ging rund um die Uhr. Auf der anderen Seite gab es Parties, die die ganze Nacht dauerten, mit allen Genüssen, die der schwarze Markt verschaffen konnte: Mal Mittagessen im Claridge und mal kalte Rationen in einer Baracke am Harrington-Airfield.

Die Angriffe der V-1 und V-2, die im Sommer zuvor begonnen hatten, wurden zuerst von den britischen Behörden als Explosionen von Gasleitungen erklärt, um zu verbergen, daß der Feind eine Waffe von erschreckender Wirkung besaß. Nun nannten die Londoner sehr bald die Nazi-Geschosse die „fliegenden Gasrohre“.

Es gab OSS-Agenten die London verließen, um aus Flugzeugen in ein von brutaler Tyrannerei beherrschtes Gebiet abzuspringen, und es gab OSS-Offiziere, deren Arbeit „so geheim“ war, daß niemand genau wußte was sie eigentlich taten, wenn sie überhaupt etwas taten. Mike Burke war einmal einer dieser „Psst-Psst“-Figuren begegnet. „Einem Mann, der niemals etwas Schwereres auf der Schulter getragen hatte als das Eichenlaub eines Majors“ und der eines Tages mit bandagierten Armen erschienen war. „Mein Gott, sind Sie im Gefecht gewesen?“ „Nein,“ antwortete der Mann fröhlich, „überquerte die Brook-Street mit einer Champagnerflasche unter jedem Arm und da fiel ich vom Gehsteig.“

Es war eine nomadische Existenz. Dauernde Versetzungen von London nach Frankreich, aus der Schweiz nach Italien und wieder zurück machten das tägliche Leben in London zu einem Spiel mit immer wechselnden Zimmergenossen und ständiger Adressenänderung.

Der hektische Charakter des OSS brachte höchst ungleiche Kameraden zusammen. Der aristokratische OSS-Europa-Chef Oberst Bruce erhielt zwei unerwünschte Assistenten von General Donovan. Diese Männer so prahlte Donovan, seien die besten Safe-Knacker Amerikas. Sie waren auf Bewährung freigelassen und erhielten durch Machinationen des OSS in Washington den Rang von Bootsmannsmaaten. Bruce protestierte, daß er ihre

Talente in einem verbündeten Land nicht brauchen könne, aber Donovan bestand darauf: „Das sind ganz außergewöhnlich seltene Vögel, ich schicke sie Ihnen trotzdem.“

Die beiden trafen dann auch tatsächlich ein, wurden aber sehr bald müde nichts zu tun. Bruce schlug ihnen vor sie sollten sich doch in der britischen Hauptstadt umschauen. „Das ist besser als Sing-Sing.“ Aber sie waren besorgt, daß ihr Talent einrosten könnte und baten Bruce, ob er ihnen wohl gestatten würde an dem Safe in seinem Büro zu üben, der strengst geheime Dokumente enthielt. „Na ja, fangt nur an, solange ihr nicht Dynamit verwendet.“ Bruce hatte an diesem Tag eine Reihe von Besprechungen. Wenn sich seine Besucher auch wunderten, was die beiden Männer da trieben, die ihre Fingerspitzen mit Sandpapier abrieben, so sagten sie zumindest nichts darüber. Die Männer hatten etwa drei Stunden gearbeitet, als einer von ihnen sich Bruce zuwandte. „Oberst, würden Sie bitte einmal zusehen?“ Bruce schaute erschüttert, wie die Türe seines Safes aufging: „Ich glaube, ihr geht besser auf eure Stuben zurück!“

Das Interesse an Safe-Knackern und Gaunern in Uniform war ein Teil der unglaublichen Neugierde von General Donovan und seiner großzügigen Haltung gegenüber menschlichen Schwächen. Eine WAC in David Bruces Stab war schwanger geworden und mußte nach Hause geschickt werden. Donovan wies seinen Spitzenassistenten in New York, Otto Döring, an, sie bei ihrer Ankunft abzuholen. „Ollie, ich möchte, daß du diese Frau begrüßt und ihr das Gefühl gibst, Kriegsopfer zu sein.“

13. KAPITEL

Ein Jude wagt die Rückkehr

Das Offizierskasino in Innsbruck war eine nostalgische Erinnerung an die gute alte Zeit der Wehrmacht, bevor das Reich zusammenzubrechen begann. Weit von der Front, unbeschädigt von auch nur einer einzigen Bombe, mitten im herrlichsten Tirol, konnte man in diesem Klub den Krieg, wenn auch kurz, vergessen. Hier verbrachten Offiziere schöne Tage zwischen verschiedenen Einsätzen, Rekonvaleszenten aus örtlichen Lazaretten erwarteten hier ihre Genesung, noch waren allen Offizieren Burschen zugeteilt um seine Stiefel zu putzen, darauf zu achten, daß die Uniformen gebügelt und sauber waren und um Aufträge auszuführen. Lebensmittel gab es in ausreichendem, wenn auch etwas eintönigem Maße und die Getränke waren billig.

In der Nacht des 3. April 1945 saß dort eine Gesellschaft um einen Tisch und hörte einem beschwipsten Pionieroffizier zu. Der Mann war zwölf Tage zuvor aus Berlin gekommen wo er, wie er sagte, beim Bau eines unterirdischen Bunkers für den Führer und seinen Stab mitgearbeitet hatte. Mit am Tisch saß ein Offizier mit braungebranntem Gesicht und schwäbischem Akzent. Es war Friedrich Mayer, Leutnant der Gebirgsjäger. Der Name war sein eigener, aber sonst stimmte nichts von dem, was seine „Kameraden" von ihm glaubten, denn Mayer war tatsächlich ein Jude aus dem New Yorker Stadtteil Brooklyn und Sergeant der US-Armee.

Als die Gruppe auseinanderging, ging Mayer auf sein Zimmer und schrieb:

„Führerhauptquartier eineinhalb Kilometer südöstlich der Station Lager Zossen bei Berlin. Achtung auf eine Gruppe von zu je fünf einander gegenüberliegenden Häusern. Am Ostende steht eines quer. Die Dächer sind sehr steil und schwarz, weiß und grün getarnt. Die Häuser sind aus Stahlbeton gebaut. Alle Mauern einen Meter dick. Zehn Räume pro Stockwerk. Tiefe Kellergeschoße bis zu 13 Meter unter der Oberfläche, unter vier Decken, jede davon einen Meter dick. Ein Luftwarnturm in der Mitte der Häusergruppe. Beim letzten Angriff wurde nur das Offizierskasino getroffen. Das erste Haus am Südwestende ist das von Adolf. Zwei Kurierzüge zu je 24 Waggons stehen bei Rehbrücke unter Dampf. Ferner ein Zug mit SS Leibstandarte bei Barth. Adolf ist gegenwärtig in der Reichskanzlei, wohin allnächtlich um 22 Uhr die Offiziere des Generalstabes zur Meldung kommen. Adolf angeblich lebensmüde. Beobachtete den letzten Angriff von seinem Balkon aus. Ersatzhauptquartier befindet sich bei Ohrdruf in Thüringen, nicht auf dem Obersalzberg. Quelle ein österreichischer Stabsoffizier, der das Führerhauptquartier am 21. März verlassen hat."

Mayer traf die notwendigen Vorkehrungen, um diese Botschaft durch Kurier an seinen Funker gelangen zu lassen, der sich in dem kleinen Ort Oberperfuss, nahe Innsbruck, versteckt hielt.

Der Weg des Frederick Mayer in den Offiziersclub begann schon Jahre zuvor in Freiburg im Breisgau, von wo seine Familie im Jahre 1938 emigriert war. Die Abreise war für Mayers Vater ein erschütterndes Erlebnis gewesen, denn er hatte im Ersten Weltkrieg seinem Vaterland ehrenhaft als Offizier gedient.

Die Mayers siedelten sich in Brooklyn an, wo Fred eine Stelle bei Ford bekam. Als der Krieg begann, meldete er sich freiwillig und war gerade auf Manöver mit den US-Rangers, als ihn der OSS wegen seines deutschen Hintergrundes und seiner sprachlichen Fähigkeiten anforderte. Er sprach französisch, spanisch und englisch und natürlich dazu noch seine Muttersprache. Er wurde schließlich nach Bari geschickt.

Frederick Mayer sah aus wie ein Levantiner, mit schwarzen, gelockten Haaren, olivefarbener Haut und glänzend weißen Zähnen, die er oft genug zeigte, denn er lächelte gerne und häufig. Er war nicht groß, aber kräftig gebaut und besaß eine animalische Vitalität. Gegenüber persönlicher Gefahr schien er völlig gleichgültig. Ein Freund meinte: „Freds Angstnerven sind abgestorben." Er war bereit, jeden Auftrag gegen die Nazis zu übernehmen, obwohl er keinerlei besonderen Hass gegen sie hegte.

Mayer besaß auch eine blühende aber logische Phantasie. Ein Freund in Bari glaubte, daß er Pilot in der deutschen Luftwaffe gewesen sei, denn er hatte ihm eine tolle Geschichte erzählt, wie er einen Gestapoagenten in seiner Maschine gehabt ihn „ohne Fallschirm“ hatte aussteigen lassen. Ein anderer Freund wieder glaubte, Mayer habe bei der US-Marineinfanterie gedient. Verwirrung zu stiften waren ein durchaus angebrachtes Talent für jemanden, für den Täuschung zur Lebensweise werden sollte.

In Italien tat sich Fred Mayer mit vier anderen Soldaten mit ähnlichem Hintergrund zusammen, jüdischen Emigranten, die der Krieg in amerikanischer Uniform wieder nach Europa zurückgebracht hatte. Die fünf Männer gehörten zu einem Aufklärungsbataillon, das hinter den feindlichen Linien arbeiten sollte, aber nach einem Jahr Ausbildung hatten sie immer noch keinen Einsatz erlebt.

Im Herbst 1944 hörte Oberstleutnant Howard Chapin, SI-Chef Italien, von der Unzufriedenheit dieser Leute und entdeckte auch einen Einsatzort für sie. Der OSS Bari hatte erst vor kurzem die deutsch-österreichische Abteilung neu eingerichtet, die nun sehr wirkungsvoll von Marineleutnant Al Ulmer geführt wurde.

Die schlecht geplante und mißglückte *Dupont*-Mission unter Jack Taylor und die *Dillon*-Mission unter Miles Pavlovich befanden sich damals noch in Ausbildung in Bari, waren aber doch schon viel zu weit fortgeschritten, als daß Ulmer sie noch hätte zurückhalten können. Aber mit dieser neuen Gruppe war Ulmer entschlossen, nun von Grund auf gesunde Unternehmungen zu entwickeln.

Er und sein Vorgesetzter Chapin nahmen sich die fünf Männer vor und fanden, daß Fred Mayer zwar nicht überintellektuell und auch etwas sprunghaft sei, aber ganz ohne Zweifel Wagemut und Schläue besaß. Er und der holländische Jude Hans Wynberg bildeten ein ungleiches und daher sehr gut ausbalanciertes Paar. Wynberg war groß und machte den Eindruck eines scheuen Gelehrten mit Kindergesicht. Gefragt, ob sie töten dürften, hatte Fred Mayer ohne zu zögern mit „Ja“, Hans Wynberg dagegen mit „Nein“ geantwortet. Wynbergs stille Leidenschaft war die Chemie, Ziel seines Lebens eine Universitätsprofessur.

Mayer und Wynberg lernten bald den schweigsamen, kraftvollen Walter Haass kennen, der mit Dyno Löwenstein zusammen Gefangene für ihre Unternehmungen rekrutiert und verhört hatte. Haass half auch bei der Ausbildung von Agenten und als ihr Absetzer war er der letzte Amerikaner den sie sahen, wenn sie mit dem Fallschirm über dem Reich absprangen. Haass war erst vor drei Jahren in die Vereinigten Staaten emigriert und dem Aussehen nach sehr wohl Feldwebel der Wehrmacht sein können. Man konnte sich vorstellen, wie er Rekruten kujonierte, aber dieses Bild brutaler Kraft wurde durch seine Stimme gemildert. Haass sprach leise, sanft und gemessen und verstand sich gleich mit dem vorwitzigen Mayer und dem stillen Wynberg, hatte aber starke Bedenken. Sie schienen ihm in ihrem Eifer, „Ordensjäger“ zu sein; Haass sah auch keinen Grund, für Mayers theatralisches Gehabe.

Als ihre Ausbildung abgeschlossen war, schlug die 15. Luftflotte ein Ziel für das Mayer-Wynberg Team vor. Amerikanische Bomber brauchten Nachrichten über den Verkehr auf dem Brenner-Paß, der Hauptnachschublinie für die Streitkräfte Feldmarschall Kesselrings in Italien. Innsbruck, die Kopfstation dieser Bahnlinie, kaum 30 Kilometer vom Paß entfernt, bot sich als ausgezeichneter Beobachtungspunkt für den Brenner an. Mayer und Wynberg sollten daher in der Nähe von Innsbruck abspringen und über Bahn- und Straßentransporte auf dem Paß berichten. Die Mission erhielt den Codenamen *Greenup*.

Mayer sollte *Greenup* führen, Hans Wynberg Funker sein, aber sie brauchten nun noch einen Österreicher, der dic Gegend von Innsbruck kannte und womöglich sichere Unterkunft zu verschaffen wußte. Im Dezember 1944 wurde er in einem Kriegsgefangenenlager außerhalb von Neapel gefunden, es war Franz Weber, Leutnant der 45. Infanteriedivision.

Weber war in traditionellen Vorstellungen Altösterreichs aufgewachsen. Stellte man ihm eine Frage, so überlegte er einige Zeit, antwortete aber dann mit lakonischer Genauigkeit. Als die Amerikaner wissen wollten, ob er bereit sei ein Unternehmen gegen das Reich mitzumachen, hatte er geantwortet: „Wenn das Unternehmen, das Sie vorschlagen, mit meinem Gewissen vereinbar ist.“

Weber kam aus einer Tiroler Familie mit soldatischer Tradition, aber noch bevor er in die Wehrmacht eingetreten war wußte Weber, wem seine wahre Treue gehörte. Er war praktizierender Katholik und nahm an, daß die Kirche vernichtet würde falls Hitler den Krieg gewinnen sollte. Weber hielt einen Sieg der Nazis für eine Katastrophe und wenn er persönlich nichts dazu tat, einen solchen Sieg zu verhindern, meinte er eine schwere moralische Schuld auf sich zu laden. Er wollte nicht, in späteren Jahren, von sich sagen müssen: „Natürlich war ich immer gegen sie, aber ..." Sofort nach seiner Ankunft an der italienischen Front war er desertiert und wollte es keineswegs bei diesem Akt negativen Widerstandes bewenden lassen.

Mayer und Wynberg mochten diesen ernsten, gedankenvollen Tiroler, an dem alles an seine Bergheimat erinnerte: Die scharfen Gesichtszüge, die große Nase, das vorstehende Kinn. Vor allem aber war Weber ein erfahrener Bergsteiger aus Oberperfuß, einem kleinen Ort etwa zehn Kilometer von Innsbruck. Dort führte die Mutter seiner Verlobten einen Gasthof, in dem das Team sich, wie er meinte, verstecken könne. Weber fühlte sich geehrt, daß ihn diese netten Amerikaner akzeptierten; ja er war überrascht und geschmeichelt, daß sie ihm so rasch vertraut hatten.

Ihre Tage waren erfüllt mit der Planung des Unternehmens. Die drei Mitglieder des Teams planten zusammen mit Leutnant Ulmer und dessen Stab die Zielpunkte, trugen die Ausrüstung zusammen, legten ihren Nachrichtenplan fest und diskutierten über Ziele ihrer nachrichtendienstlichen Arbeit. Das Team lebte in der Villa Suppa am Stadtrand von Bari, wo auch schon das *Dupont*-Team gewohnt hatten, bevor es im Oktober abgeflogen war. Ein Raum in der Villa war als primitives Laboratorium für Wynberg eingerichtet worden, wo er seine freien Augenblicke chemischen Versuchen widmete.

Während der Vorbereitungen führte Mayer eine Art von praktischen Trainings durch: Er überredete die OSS-Dokumentenfälscher Befehle für eine imaginäre Kompanie auszustellen, die in der Gegend von Bari eintreffen sollte und ließ sich selbst Ausweise als Versorgungssergeant dieser Geisterkompanie ausstellen. Von nun an fuhr er allwöchentlich zum Nachschubdepot und holte die Lebensmittelrationen ab, schaffte auch einen Kühlschrank an, der in Leutnant Ulmers Büro aufgestellt wurde und immer voller Steaks, Truthähnen und Schinken war.

Das *Greenup*-Team wurde von allem anderen Militärpersonal in Bari sorgfältigst isoliert und hatte strengen Befehl, über seine Unternehmen mit anderen in Ausbildung befindlichen Agenten nicht zu sprechen. Sie hatten nur sehr wenig Freiheit, um die eher langweilige Hafenstadt zu erforschen, die noch von einem vernichtenden deutschen Angriff am 2. Dezember 1943 halb in Trümmern lag. Wynberg und Mayer besuchten einmal die Oper, wo sie es sich, mit den Beinen über den vorderen Sessellehnen bequem machten. Die Zeitungen brachten am nächsten Tag ihr Bild mit einer Unterschrift, die das Benehmen der primitiven Amerikaner angesichts der Kultur von Bari beklagte.

Das dornigste Problem für *Greenup* war einen geeigneten Landepunkt zu finden. Alle flachen Gegenden in der Nähe von Innsbruck waren besiedelt, die umgebenden Berge hingegen steil und gefährlich, selbst bei schönstem Wetter; dabei sollten sie mitten im Winter abspringen.

Mayer schlug einen verzweifelten Plan vor, um den Winter zu ihrem Vorteil zu kehren. Auf der Karte hatte er zwei kleine, zwischen Bergspitzen verborgene Seen entdeckt, die sicher zugefroren seien und eine entsprechend ebene Oberfläche für eine Fallschirmlandung bieten würden, in den Stubaier Alpen, 50 Kilometer südwestlich von Innsbruck. Sie konnten mit Skiern zu Tal abfahren und den Weg zu der erwarteten sicheren Unterkunft im Gasthof Oberperfuß antreten.

Die deutsch-österreichische Abteilung wurde für den Absprung an das 394. Geschwader der Royal Air Force verwiesen, und erhielt am 11. Januar eindeutige Antwort. Der Geschwaderchef, H.F. Braun, erklärte den Absprungpunkt für „unakzeptabel“. Zu dieser Jahreszeit sei es außerordentlich schwierig dieses Gebiet ausfindig zu machen und einen halbwegs präzisen Abwurf durchzuführen. Um die Gegend zu erreichen, müßte die Maschine in einer Höhe von etwa 5000 Metern fliegen, ohne daß es Navigationshilfen vom Boden gäbe.

Hart Perry, Ulmers Operationsoffizier, wandte sich nunmehr an die amerikanische Luftwaffe und Captain Billings von Colonel

Monro MacCloskeys 885. Schwerem Bombergeschwader sagte Perry zu: „Wenn Ihr verrückt genug seid dort abzuspringen, dann bin ich verrückt genug Euch hinzufliegen."

Im Februar 1945 hatte das *Greenup*-Team seine Vorbereitungen abgeschlossen und drängte auf den Abflug. Den drei Männern wurde ganz offen über das Schicksal der Agenten, die ihnen vorangegangen waren, berichtet. Das erste OSS-Team, das aus Italien nach Österreich eindrang, *Orchid,* war im August 1944 von Jugoslawien aus über die Grenze gegangen. Zwei seiner Mitglieder galten als tot, das dritte Mitglied war evakuiert worden. Am 24. Januar 1944 hatte der deutsche Überseefunk berichtet, daß in der Slowakei achtzehn Mitglieder einer angloamerikanischen Agentengruppe gefangengenommen und hingerichtet worden seien. OSS-Bari argwöhnte, daß zu den Opfern auch die *Dawes*- und *House-Boat*-Unternehmungen gehörten, die von der Tschechoslowakei nach Österreich hatten eindringen sollen. Diese Annahme war richtig; Leutnant Holt Green, der *Dawes* leitete und neun andere Männer des OSS hatte man in das Konzentrationslager von Mauthausen gebracht und dort erschossen. Daß *Dupont* sich ebenfalls in den Händen der Gestapo befand, wußte Bari nicht.

Schlechtes Wetter verhinderte wiederholt eine Fotoaufklärung des vorgeschlagenen Abwurfraumes und Mayer war nun sogar bereit, auf diese Bilder zu verzichten und sich nur auf die Karten zu verlassen.

Knapp vor dem Start in Bari erhielt das Team eine neue Hauptaufgabe. Neben den Nachrichten über den Brenner-Paß sollten sie alles nur mögliche über Pläne herausfinden, nach dem Krieg einen Guerillakampf zu entfachen. Informationen über die Alpenfestung sollten trotz beträchtlichem Risiko über Funk gesendet werden.

Sie beendeten ihre Vorbereitungen in der Villa Suppa, wo Wynberg noch ein Chemiebuch ins Gepäck zwängte. Als Funker des Teams, so erklärte er dem erstaunten Ulmer, werde er die langen Pausen zwischen den Sendungen zum Studium verwenden.

Im Februar 1945 wurden sie zu einem Flugplatz bei Brindisi gebracht und kletterten mit ihrem Absetzer, Walter Haass, in den Rumpf von Captain Billings B 24 Maschine. Vier Stunden verliefen ereignislos, bis sie das Absprunggebiet erreichten, wo die Gipfel in Wolken gehüllt waren. Billings mußte nach einer Lücke in dieser dichten Wolkendecke suchen, um das schmale Tal zu finden, in dem der Absprungpunkt lag.

Billings fand einen Riß, schlüpfte durch ein Loch in der Wolkendecke und zündete die Positionslichter um zu sehen, ob seine Tragflächenspitzen nicht die Berge berührten; Walter Haass entfernte die Deckplatte des Sprungloches. Gezackte Gipfel hoben sich dem Flugzeug entgegen. Als sie in das Tal hinabstießen, sah Mayer vor sich in eine kalte, abstoßende Leere. Die beiden kleinen Seen waren zwischen den grau-weißen Bergen nicht sichtbar. Er ließ sich in das Absprungloch hinunter, einen schweren Behälter an den linken Fuß geschnallt; hinter ihm standen Weber und Wynberg. Er stieß sich ab und segelte außer Sicht. „Spring! Spring!“ schrie Wynberg Weber zu, der stocksteif dastand, während das Flugzeug über den Boden dahinraste. Walter Haass sprang vor und stieß Weber aus dem Flugzeug. Wynberg machte sich gar nicht erst die Mühe, sich niederzusetzen. Er stieg einfach aus dem Stand in das Sprungloch. Billings zog das Flugzeug vor einer sich rasch nähernden Bergwand hoch; als er den Gipfel überflog, blies der Propeller den Schnee vom Gipfel.

Als das *Greenup* Team seine Mission in Österreich begann, lag der Chef des ersten Teams, das ihnen von Bari aus vorangegangen war, in einem Wiener Gestapogefängnis. Jack Taylor, der das *Dupont*-Team geleitet hatte, saß in einer Zelle im obersten Stockwerk des Hotels Metropol, des Hauptquartiers der Gestapo. Seit seiner Gefangennahme in Schützen und dem Verhör durch Johann Sanitzer dem Funkspielexperten, hielt man ihn in strenger Einzelhaft. Sein getreuer Untergebener, Ernst Ebbing, befand sich im gleichen Gefängnis, ebenso seine Mutter und sein Vater, der Luftwaffenhauptmann, der versucht hatte dem *Dupont*-Team zu helfen. Taylor wußte aber nichts über den Aufenthalt von Huppmann und Graf, dessen Weibergeschichten das Team hatten auffliegen lassen.

Taylor, der täglich erwartete hingerichtet zu werden, schlief schlecht, aß wenig und begann, die alliierten Bombenangriffe als eine willkommene Abwechslung zu begrüßen, die seine totale Isolierung unterbrachen und ihn aus der schleichenden Depression, in die er allmählich verfiel, retteten. Sobald der Alarm erklang, wurde er aus seiner Zelle in den Luftschutzkeller des Hotels Metropol gebracht, wo er Mitgefangene vom fünften Stockwerk traf. In diesen kurzen Augenblicken, während er versuchte, von ihnen etwas deutsch zu lernen entdeckte er, daß die meisten Gefangenen im fünften Stockwerk Wiener Kommunisten waren, die als Spione für die Russen gearbeitet und ihr Leben durch ihre Zustimmung die Russen zu täuschen gerettet hatten. Sie wurden täglich in einen Funkraum gebracht, wo sie pflichtgemäß falsche Botschaften nach Moskau funkten, die von der Gestapo für sie vorbereitet worden waren. Das beliebteste Spiel war, die Russen dazu zu bringen, weitere Agenten zu schicken. Diese totale Täuschung der Russen war Sanitzers Meisterwerk.

Unter den Bekanntschaften im Luftschutzkeller war auch eine Wienerin, Tanja Souczek, die auf Taylor großen Eindruck machte. Als er an Durchfall und Lungenentzündung erkrankte erlaubte ihr ein Wächter ihn zu besuchen. Sie pflegte ihn, legte ihm kalte Tücher auf die brennende Stirn und erzählte ihm aus ihrem Leben. Sie war seit vierzehn Jahren Kommunistin. Das Letzte, was sie von ihrem Mann erfahren hatte war, daß er auf Seiten der russischen Partisanen kämpfte. Die Sowjets wüßten, daß die meisten der Funksendungen der Gefangenen aus dem fünften Stockwerk von den Deutschen kontrolliert wurden und daß sie nur mit ihnen weiterspielten, um ihre Agenten am Leben zu erhalten und die Deutschen ihrerseits zu täuschen. Taylor bat sie um ihre Wiener Adresse, sollten sie den Krieg überleben, so wollte er ihre Freundschaft erneuern. Tanja Souczek stimmte zu, sagte aber ganz unbewegt, sie und die anderen Kommunisten würden sicherlich im letzten Moment, bevor die Russen kämen, hingerichtet werden. Als Taylor meinte, daß ihre Zukunftsaussichten vielleicht doch nicht so dunkel seien, lachte sie: „Ich fürchte mich nicht, ich bin Kommunistin."

Eines Tages erhielt Taylor einen neuen Zellengenossen, der einen unerwarteten Luxusgegenstand besaß, nämlich ein Radio. Aber der Kurzwellenbereich funktionierte nicht. Nun bastelte Taylor aus einem kleinen Stück Magnetdraht eine Antenne und drehte an dem Kurzwellenschalter. Eine unheimlich bekannte Stimme drang durch das Krachen und Knattern wie aus einer völlig anderen Welt. „Der allmächtige Gott hat unser Land vielfältig gesegnet, er hat unserem Volk kraftvolle Herzen und starke Arme gegeben, mit denen wir mächtige Streiche für Freiheit und Wahrheit führen können ...“ Franklin Roosevelt hatte eben zum vierten Male in einer Einführungsfeier den Amtseid vor dem Weißen Haus geleistet. Zum ersten Mal seit seiner Gefangennahme weinte Jack Taylor.

Anfang März erwiesen amerikanische Bomber Taylor einen besonderen Dienst. Eine schwere Bombe zerstörte einen großen Teil des Hotel Metropol und er wurde nun in eine hübsche Villa im Türkenschanzpark verlegt, wo er seine Krafte wiederzufinden begann. Man ließ ihn Bäume fällen und in der ersten Sonne, die er seit fünf Monaten sah, Holz spalten.

Das Glück, sich in dieser Villa aufhalten zu können, genoß er freilich auf Kosten eines österreichischen Industriellen, dem die Nazis diese genommen hatten, Dr. Franz Messner, Generaldirektor von Semperit, der Dulles die Nachrichten über Peenemünde hatte zukommen lassen. Irgendwo anders im Gefängnis am Morzinplatz befanden sich die übrigen Mitglieder seines Ringes, der Priester Heinrich Maier und die Pianistin Barbara Issakides. Sie alle hatten Todesurteile zu erwarten. Ein paar Tage lang war Dr. Messner im Metropol Zellengenosse von Anton Graf gewesen. Messner sagte Graf, er sei verhaftet worden, nachdem er sich mit unfähigen Agenten des OSS in Istanbul eingelassen habe. Dulles hatte ihn gerade davor vergeblich gewarnt.

Jack Taylors relative Idylle in der Messnervilla war nur von kurzer Dauer, denn ein Berliner Gericht lehnte seinen Einspruch ab, er sei kein Spion sondern regulärer Kombattant. Er wurde der Spionage für schuldig erklärt und ins Konzentrationslager Mauthausen abgeschoben. Anton Graf, Felix Huppmann, Ernst Ebbing und Ebbings Vater wurden ebenfalls zum Tode verurteilt.

Wann immer Gary Van Arkel in Bern Nachricht erhielt, daß Fritz Molden von einem Unternehmen in Österreich zurückgekehrt war, machte er sich auf ein mindestens 36stündiges Nonstop-Informationsgespräch gefaßt. Manchmal trafen sie sich in Zürich in einem sicheren Haus in einer kleinen Straße, die zum See führte; einmal kamen sie im Appartement Van Arkels in der Schloßhaldenstraße in Bern zusammen. Molden bevorzugte allerdings ein Haus, das von einer vertrauenswürdigen Frau in Zürich zur Verfügung gestellt wurde. Die Dame war anziehend und Molden pflegte bald schon eine Stunde oder mehr vor seiner Verabredung mit Van Arkel dort einzutreffen.

Die Arbeit des jungen Agenten erstaunte Van Arkel. Er begann seinen Bericht, ohne Notizen zu brauchen, mit Österreich, überflog die militärische Situation, die wirtschaftliche Lage und die politische und gesellschaftliche Entwicklung. Er wiederholte dann diese Methode für Ungarn, die Tschechoslowakei und Rumänien mit wahrer Schnellfeuerpräzision und zeichnete auf Van Arkels Karten die Lage von Armeen, Rüstungsindustrien, Eisenbahnen und Versorgungszentren ein. Dann kam Molden mit Schulze-Gaevernitz zusammen und unterrichtete ihn über die politische Entwicklung in Deutschland. Van Arkel blieb es überlassen in vielen Stunden mühseliger Arbeit Stöße von Botschaften nach London, Washington und an die alliierten Militärbefehlsstellen weiterzugeben.

Molden hatte nun zwei Zufluchtsorte; an seiner Zwischenstation Mailand, den einen bei seiner zeitweiligen Freundin Adriana del Piano, die andere bei Circe, die er auf seiner ersten Reise nach Wien kennengelernt hatte, bevor sie als Fotografin der Abwehr in Italien zu arbeiten begann. Durch Molden waren Adriana und ihre Mutter mit Circe, die damals im Albergo Grande Milano in der Via Manzoni lebte, in freundschaftliche Beziehungen getreten. Es war das ein unwahrscheinlicher und daher auch unverdächtiger Zufluchtsort für einen alliierten Agenten, denn das Grande Milano wurde vom Personal des deutschen Geheimdienstes als Hotel bevorzugt.

Circe erinnerte sich, daß Molden von seinen langen geheimen Reisen in die Schweiz oder aus Österreich heimgekehrt, „schlecht roch“, erschöpft war, Rangabzeichen an seine Uniform nähte, gierig aß und auf ihrem großen Bett einschlief.

Die Intimitäten gingen niemals über die Teilung des Bettes hinaus, denn für Molden galt eine selbstgesetzte Grundregel: Er konnte mit einer Frau arbeiten, mit der er vorher intime Beziehungen gehabt hatte, aber mit einer Frau intim zu werden, nachdem er sie als Agentin angeworben hatte, konnte eine Bedrohung der professionellen Beziehung bedeuten. Ihrerseits hatte Circe keinen Mangel an Verehrern und so wurde das Ganze zu einer Art Familienangelegenheit: Sie war die schöne, jugendliche Tante und er der Lieblingsneffe.

Er beobachtete ihr Benehmen mit Verblüffung. Sie konnte unmöglich sein, bis zum Verrücktwerden, aber ihre kreischende Hysterie war eine schlau benützte Waffe. Circe schrie nie falsche Argumente und, wie er bemerkte, fraßen ihr die Geheimdienstoffiziere im Albergo Grande Milano bald aus der Hand.

Molden bemerkte auch, daß seine Zusammenarbeit mit dem OSS ihren Preis forderte. Er war gewöhnt unabhängig vorzugehen, aber die Amerikaner begriffen nicht, daß er nur mit ihnen arbeitete, aber nicht für sie. Einmal überredeten sie ihn einen Agenten nach Italien mitzunehmen und die Erfahrung war nervtötend. Der Agent war eine Agentin und zwar eine verhältnismäßig anziehende, was Molden weiter nicht störte. Was ihn aber störte war, daß sie nur ein Bein hatte und nicht Italienisch sprach. In Zukunft, so erklärte er den Amerikanern kategorisch, mußten Agenten, mit denen er arbeitete, sowohl die örtliche Sprachen beherrschen, als auch zwei Beine haben.

Zu diesem Zeitpunkt war Molden nicht nur mit seiner österreichischen Widerstandsbewegung und mit den Amerikanern in Verbindung, sondern auch mit dem schweizer und dem französischen Geheimdienst. In Geheimdienstkreisen hatte es sich herumgesprochen, daß da jemand war, der Leute ins Reich befördern konnte. Die Franzosen hatten Molden vorgeschlagen, zwei Agenten mitzunehmen, die allerdings einer seiner Bedingungen nicht entsprachen, denn sie konnten nicht deutsch. Der französische Geheimdienst wollte diese Leute unbedingt mit einem Sender in der Nähe von Salzburg oder Innsbruck installieren, um Kontakt mit französischen Gefangenen in Österreich zu erhalten. Molden war auf der Suche nach neuen Verbündeten um die politischen Ambitionen der österreichischen Widerstandsbewegung zu untermauern und so erklärte er sich bereit, die beiden Franzosen nach Österreich mitzunehmen.

Da sie aber französisch miteinander sprachen, – was Molden als besondere Ironie empfand, denn er war natürlich wieder als deutscher Feldwebel getarnt –, mußten die Franzosen deutsche Soldaten unter seinem Kommando werden. Er überwand dieses Problem, indem er Papiere anfertigen ließ, aus denen hervorging, daß sie einer der französischen Freiwilligen-Formationen der Wehrmacht angehörten, aber dem „Meldekopf Zeno" des Reichssicherheitsamtes in Mailand zugeteilt waren.

Die Franzosen brachten ein riesengroßes, altmodisches Sendegerät mit, das einzige Gerät, das sie zu bedienen imstande waren. Molden betrachtete dieses Ungetüm mit Resignation, ließ es in eine Kiste verpacken und Dokumente anfertigen, die diesen Sender als alliiertes Beutegut auswiesen, das die drei Männer nun beim stellvertretenden Generalkommando des XVII. Armeekorps in Wien abzuliefern hatten.

Molden meinte, es würde sich bald als vorteilhaft erweisen, diese Franzosen nach Deutschland gebracht zu haben, denn die Zeit schien ihm reif für eine Anerkennung des Provisorischen Österreichischen Nationalkomitees (POEN) durch die Alliierten.

Diese Anerkennung war wichtig, sollte Österreich als unabhängiger Staat behandelt werden und ihm nach Kriegsende die Besetzung als erobertes Land und besiegter Feind erspart bleiben. Molden wollte, daß er und andere Österreicher, die mit ihm gegen die Deutschen kämpften, offiziell als Verbindungsoffiziere zu den alliierten Streitkräften anerkannt würden, genauso wie die Franzosen, Belgier, Holländer, Norweger und andere Widerstandsführer. Bis die Österreicher dieses Status erreichten, blieben sie kaum mehr als Techniker, Funker, Kuriere und Spionagefunktionäre mit minimalen Einfluß auf das Schicksal ihrer Nation. In der Schweiz ließ sich diese alliierte Anerkennung aber nicht erreichen und Molden mußte nach Paris gehen, um dort mit Vertretern der Großen Drei zu konferieren.

Er bat Allen Dulles dafür zu sorgen, daß die amerikanische Botschaft seinen Besuch fördere. Was Dulles und seine Kollegen von der kühnen Forderung eines Mannes hielten, der noch nicht einmal 21 Jahre alt war, ist unbekannt. Aber am Ende riet ihm Dulles ab. „Dann brauche ich Sie auch nicht, um nach Paris zu fahren." Nun machten sich seine Beziehungen zu den Franzosen bezahlt. Er brachte es zuwege, von einer Geheimdienstabteilung, nämlich der Direction Générale des Études et Recherches (DGER), nach Paris eingeladen zu werden. Dulles gab daraufhin der Reise seinen verspäteten Segen und sorgte für logistische Unterstützung.

Molden besuchte als Beauftragter des POEN in Paris die Repräsentanten der drei großen alliierten Mächte, erhielt aber nur von den Franzosen eine ernsthafte Zusage. Die Beamten des amerikanischen State Departements waren nicht interessiert, ihn zu sehen und die einzigen Amerikaner, die ihn in Paris empfingen, waren Offiziere des OSS und anderer Geheimdienste. Noch war er nicht aus den Schranken der Spionage ausgebrochen.

Er erkannte seine herzliche Beziehung zu den Franzosen als das, was sie war und war glücklich hier einen Partner zu haben der bereit war, den Ertrag mit ihm zu teilen: Die Franzosen waren in Sorge, von den großen Drei in den Schatten gestellt zu werden und suchten wo sie nur konnten nach Freunden. Genau dasselbe galt für die Österreicher.

Was die formelle Anerkennung des POEN betraf, so rührte sich nichts. Es wurden mehr Beweise gefordert, daß die Bewegung tatsächlich so stark, so repräsentativ und so organisiert war wie Molden es behauptete und Molden kehrte mit nur recht mageren Ergebnissen in die Schweiz zurück. Aber bevor er Paris verließ wurde er vom OSS an einen Mann gewiesen, den man sehr bald in die Schweiz schicken werde und der mit ihm nach Österreich hineinschlüpfen solle, um die Stärke der Widerstandsbewegung zu prüfen. Dieser Mann war Ernst Lemberger, ein hoch angesehener österreichischer Sozialist, damals im Exil in Paris.

Fritz Molden lernte Ernst Lemberger Ende Januar 1945 im Hotel National in Basel kennen. Die beiden Männer stellten Gegensätze dar. Molden jung, groß, selbstbewußt bis zur Arroganz und unglaublich sprachgewandt, Lemberger 18 Jahre älter, ein kleiner, gar nicht beeindruckender Mann mit dem Äußeren eines Gelehrten, der Brillen trug und mit leiser Stimme sprach.

Als Jude und prominenter Sozialist hatte sich Lemberger nach dem Anschluß in Frankreich niedergelassen, wo er in die Armee eintrat und nach der Niederlage Frankreichs den Kampf im Untergrund fortsetzte. Später, als „Commandant Jean Lambert“, war er der ranghöchste Österreicher in der französischen Armee. Mit der Befreiung Frankreichs aber war der Krieg für Lemberger noch nicht vorbei und er wandte nun seine Kräfte der Befreiung seines Heimatlandes zu.

Er wurde Sekretär der Österreichischen Sozialistischen Partei in Frankreich, wo er die Aufmerksamkeit des OSS erweckte, wurde von dessen Pariser Gewerkschafts-Abteilung angeworben und arbeitete mit Bert Jolis an der Vorbereitung einer Unternehmung, um als deutscher Soldat getarnt nach Deutschland zu gehen.

Lemberger war sieben Jahre aus Österreich fortgewesen und besaß keinerlei Kenntnis der deutschen Wehrmacht. Deshalb wurde er in entsprechender Uniform und mit entsprechenden Papieren in eines der Kriegsgsfangenenlager in der Nähe von Compiègne eingeschmuggelt und verbrachte dort drei Wochen, um Sprechweise und Atmosphäre des gegenwärtigen Deutschland anzunehmen. Er vertraute Bert Jolis nachher an, daß diese Erfahrung erschreckend gewesen sei. Im Lager gab es unverbesserliche Nazis, die nun durch die Ardennenoffensive wieder Mut gefaßt hatten und solche, die des Krieges müde und zur Zusammenarbeit bereit waren. Die Nationalsozialisten führten eine gegen die Kriegsmüden gerichtete Terrorherrschaft, mit Prügeln, geheimen Kriegsgerichten und gelegentlichen Morden. Es war, meinte Jolis, eine großartige Ausbildung für Lemberger.

Jolis gehörte zu den Amerikanern, die Fritz Molden während seines Aufenthaltes in Paris getroffen hatte. Es war Jolis' Idee gewesen, Lemberger mit Molden nach Österreich zu schicken um das Bild, das Molden von der österreichischen Widerstandsbewegung entworfen hatte, zu überprüfen.

Der OSS in Bern bestach einen Schweizer Grenzbeamten in der Nähe von Annemasse, um Lemberger durchzulassen, damit er Molden in Basel treffen könne. Sie verbrachten drei Tage zusammen und Molden war von dem älteren Mann angenehm überrascht. Lemberger hatte nichts von der doktrinären Unbeweglichkeit europäischer Linker; er war ein Pragmatiker und durchaus bereit mit Molden, einem Mann der nicht seiner Partei angehörte, zu arbeiten.

Der ruhige, zurückhaltende Lemberger und der selbstbewußte Molden kamen zu der gleichen Überlegung: Sie brauchten einander. Wenn eine Österreichische Provisorische Regierung geschaffen werden sollte wünschte Lemberger, daß seine Sozialisten dieser angehörten und Molden wieder wußte, daß sein POEN alle politischen Gruppierungen umfassen mußte, sollte es die Alliierten beeindrucken. Erst nach der Niederlage der Nazis konnten die Parteien auch in Österreich ihre üblichen Rivalitäten wieder aufnehmen.

Molden schloß bald mit diesem österreichischem Landsmann Freundschaft, für den es als wohlbekannten jüdischen politischen Aktivisten eine besondere Gefahr bedeutete, mitten im Krieg als alliierter Spion nach Nazideutschland zurückzukehren.

Am 16. Februar 1945 verließen die beiden die Schweiz und gingen nach Mailand, wo ihre deutschen Uniformen auf sie warteten. Molden wurde wieder Feldwebel Steinhauser und Lemberger der Schütze Novotny. Laut ihrer Marschbefehle hatten sie einen geheimen Auftrag der Abwehr auszuführen. Sie kamen am 25. Februar in Wien an, nach Aufenthalten in Innsbruck, Salzburg und Linz, wo Molden sein Nachrichtennetz kontaktiert hatte und Lemberger lokale sozialistische Unterstützung für das POEN organisierte.

In Wien bemühte sich das POEN, seine Existenz dem Neuankömmling unter Beweis zu stellen. Molden und Lemberger fanden Wien an vielen Stellen mit Inschriften „0 5“ und „Frieden“ verziert, dem Schlagwort der österreichischen Widerstandsbewegung, und Molden nahm Lemberger zu einigen Zusammenkünften mit Widerstandsführern mit. Er war besonders darauf aus, durch den Einfluß Lembergers Dr. Adolf Schärf, einen führenden Sozialisten, für das POEN anzuwerben, der später Bundespräsident von Österreich wurde. Während sie von einem Büro zum anderen, von einer Wohnung zur anderen zogen, war Lemberger durchaus in der Lage zu bestätigen, daß die Behauptungen, die Molden den Alliierten gegenüber gemacht hatte, zutrafen. Eine Bewegung, die am Anfang zumeist nur in der Vorstellung ihrer Gründer bestand, hatte nun tatsächlich auch inneren Gehalt bekommen. Während ihres Aufenthaltes diente Molden auch den unmittelbaren Interessen seiner amerikanischen Helfer.

Er und Lemberger lernten lange Berichte auswendig, die sein Agentennetz gesammelt hatte, einschließlich jüngster Daten über die wichtigen Ölfelder von Ploësti in Rumänien und fünfzehn militärische Ziele, die bis dahin von den alliierten Bombern noch nicht angegriffen worden waren.

Die beiden Männer nahmen an einer entscheidenden Sitzung des POEN in der hübschen Wiener Vorstadt Döbling teil. Als weiteren Beweis ihrer Kraft hatten die Widerstandsführer diese Gegend mit Abteilungen bewaffneter O 5 abgesichert.

Bei dieser Zusammenkunft wurden die Grundvorstellungen des POEN formuliert, die Molden und Lemberger an die Alliierten weiterreichen sollten: Österreich sei ein von den Deutschen besetztes Land und trage daher keinerlei Schuld am Krieg. Das POEN werde dafür sorgen, daß österreichische Kriegsverbrecher bestraft würden, das Nachkriegsösterreich sollte in den Grenzen von 1938 wieder errichtet werden. Das POEN protestierte gegen die unterschiedslose Bombardierung Österreichs durch die Alliierten: „Wenn unsere Arbeit weitergeführt und das Vertrauen der österreichischen Bevölkerung zu den Alliierten erweckt werden soll, dann müssen diese Bombardements nichtmilitärischer Ziele aufhören."

Für Lemberger war diese Mission nach Wien eine triumphale Heimkehr. Seine Mutter Luisa wurde zusammen mit Dr. Schärf sozialistisches Mitglied des POEN, Lemberger und Molden wurden zu offiziellen Vertretern des POEN bei den Alliierten ernannt. Die Organisation umfaßte nun österreichische Politiker von links bis rechts in einer einzigen vereinigten Anti-Nazi-Koalition.

Unmittelbar bevor die Sitzung des POEN zu Ende ging, hatten SS-Truppen von ihr Wind bekommen und waren in die Nachbarschaft eingedrungen. Im Gefecht mit den 0 5 Einheiten wurde ein SS Mann getötet. Molden und Lemberger mußten Wien sofort verlassen.

Der müde Feldgendarm drängte sich durch die Waggons des Wehrmachtszuges und kontrollierte die Papiere der Soldaten, las die Marschbefehle des Feldwebels und des Soldaten mit einem schlauen Lächeln, machte sich ein paar Notizen und verschwand.

Molden gab sich desinteressiert, meinte aber doch nervös zu Ernst Lemberger: „Es ist besser, wir steigen bei der nächsten Station aus.“ Der Feldgendarm kam zurück bevor der Zug stehen blieb: Sie sollten ihm zum Zugskommandanten folgen. Molden fürchtete, daß die Schießerei in der Nacht zuvor zwischen SS und 0 5 in Wien ihre Entdeckung bewirkt hatte und als der Zug langsamer im Wienerwald wurde, sagte Molden leise zu Lemberger: „Bereitmachen zum Abspringen!“ Aber noch bevor sie die Tür ihres Waggons erreichen konnten, fuhr der Zug in einen Tunnel ein. Molden öffnete sein Pistolenhalfter und bedeutete Lemberger dasselbe zu tun; zumindest würden sie ein paar Deutsche mitnehmen.

Man führte sie in den letzten Waggon zum Zugskommandanten, einem ältlichen und übermüdeten Hauptmann, der sich entschuldigte, aber er sei entsetzlich knapp an Leuten und habe aus ihren Papieren ersehen, daß sie von der Abwehr seien und bat sie, ihm bei der Kontrolle zu helfen.

Diese Aufgabe erwies sich als eine wahre Nachrichtenfundgrube. Während Molden und Lemberger in den Waggons Marschbefehle lasen, entstand vor ihren Augen ein nahezu vollständiges Bild der deutschen Truppenbewegungen. Die beiden Männer prägten sich Standorte und Bewegungen der verschiedenen Einheiten der Infanterie, der Panzer und der Artillerie ein. Molden vermerkte auch, wie die Gefühlslage des deutschen Militärs in diesem Stadium des Krieges war und kam zu dem Schluß, daß sie nicht so schlecht sei wie sie hätte sein sollen.

Am 4. März waren die beiden dann wieder in der Schweiz, unterrichteten Allen Dulles und fuhren ein paar Tage später nach Paris. Dort wurde Molden nun ein weitaus respektvollerer Empfang zuteil als zuvor, selbst durch Beamte des US-State-Departments, das ihn vorher ignoriert hatte.

Am 10. März überreichten die beiden Österreicher General Iwan Susloparov ihre Beglaubigungsschreiben in der Sowjetischen Botschaft in Paris, wo sie als Helden willkommen geheißen wurden. Die Russen sagten, sie wünschten sich den Sozialisten Lemberger als österreichischen Botschafter in Moskau sobald der Krieg vorbei sei und sie teilten dem russischen General mit, sie hätten eine Botschaft für Marschall Stalin, in der über die

Lage in Österreich Bericht erstattet werde. Der General wieder lud sie ein nach Moskau zu fliegen, um dort persönlich Bericht zu erstatten.

Ein paar Tage später verschwand ein Flugzeug mit einer polnischen Delegation an Bord auf dem Flug nach Moskau und die Russen behaupteten es sei von den Deutschen abgeschossen worden. Aber es gingen Gerüchte um, die Sowjets hätten eine höchst praktische Methode gefunden um sich von einer Flugzeugladung nichtkommunistischer Polen zu befreien und die deutsche Presse griff den Vorfall als Beweis für wachsende Spannungen zwischen den westlichen Alliierten und den Russen auf. Im Nachhall dieses Ereignisses verboten die österreichischen Exilführer jede Moskaureise von Repräsentanten des POEN.

Während Molden und Lemberger sich noch ihres Pariser Triumphes erfreuten, zeigten sich manche Persönlichkeiten des OSS ihren Ansprüchen gegenüber sehr skeptisch. Bill Caseys Londoner Vertreter Milton Katz erhob Bedenken gegen die Ergebnisse des Wiener Unternehmens. „Es ist für irgendeine Organisation ganz einfach", so meinte er, „eine Stadt mit Aufschriften zu pflastern. Es gibt keinen Beweis dafür, daß diese Organisation (nämlich POEN) tatsächlich auf unserer Seite ist."

Die ärgste Herausforderung aber war, daß X-2 die Spionageabwehr der OSS, darauf bestand, Bern dürfe Molden nicht länger als Agenten verwenden. X-2, stets unter dem Einfluß ihrer Mentoren von MI 6, hatte die Ansicht der Engländer übernommen, daß Molden wahrscheinlich ein deutscher Doppelagent sei. Eine eigene Tagung wurde nach Paris einberufen um mit Offizieren des OSS aus London, Paris, Bern und Caserta über Moldens Schicksal zu diskutieren. Auch Oberst J. Russell Forgan, der David Bruce als Chef des OSS für Europa abgelöst hatte, nahm teil, John Oakes von der „New York Times", damals ein Offizier des OSS, vertrat X-2. Allen Dulles betrachtete den Verdacht gegen Molden als völligen Unsinn und schickte Gary Van Arkel, um diese Ansicht mit Nachdruck zu vertreten. Während einer hitzigen, zwei Stunden dauernden Debatte schlüpfte Van Arkel aus seiner Rolle als Spionen-Manager und Berichterstatter des Rheinpegels und kehrte in seinen Friedensberuf als talentierter Rechtsanwalt zurück.

Er legte den ganzen Fall in einem großartigen Plaidoyer dar und berichtete, was der junge Österreicher an unbezahlbaren, bestätigten und brauchbaren Nachrichten aus einem ungewöhnlich wichtigen Gebiet des Reiches gebracht hatte. Er zeigte kühlen, kontrollierten Zorn über die Idiotie des Vorschlages, eine solche Nachrichtenquelle aufzugeben, nur weil es irgendwelche grundlose Gerüchte gäbe. Nachdem Van Arkel seinen Fall vorgetragen hatte entschied Forgan: „Verwendet ihn weiter“.

Das *Greenup*-Team von Bari, – Fred Mayer, Hans Wynberg und Franz Weber – war nicht wie geplant aus einem zugefrorenen See in den Stubaier Alpen südlich von Innsbruck gelandet, sondern, da in letzter Minute Wolken den geplanten Landepunkt verhüllt hatten, auf einem Gletscher, dem Sulztaler Ferner, in einer Höhe von mehr als 3000 Meter.

Die drei Männer fanden einander leicht, aber sie mußten vier Stunden durchs Gebirge und manchmal im Schnee, der ihnen bis zu den Achseln ging, wandern, um ihre Ausrüstung zu suchen. Sie fanden alle Behälter mit Ausnahme eines, der ein notwendiges Paar Schier enthielt. Nun bauten sie sich, um die Ausrüstung zu befördern, eine Art Schlitten aus einem Paar Schier, gaben Weber das andere Paar und arbeiteten sich den Hang hinunter, wobei Mayer und Wynberg sich manchmal auf Händen und Knien einen Weg durch den Pappschnee bahnen mußten. In zehn Stunden legten sie nur zweieinhalb Kilometer zurück.

Sie taumelten dahin, vollkommen schweißdurchnäßt, in der eisigen Winterlandschaft, über ihnen die verschneiten Gipfel. Selbst in ihrer Erschöpfung fanden die Männer diese Landschaft grandios.

Um zehn Uhr abends, als es schien, daß sie kein Glied mehr rühren könnten, fanden sie eine Skihütte, die auf ihren Karten als Amberger Hütte eingezeichnet war, ein fester, vom Alpenverein errichteter Bau. Sie wurde jetzt nicht benützt, denn der Schnee lag im Tal selbst für abgehärtetste Sportler zu hoch.

Ein Fenster diente ihnen als Einstieg in die Hütte; einmal im Inneren, heizten sie ein, bevor sie in einen Schlaf verfielen, der fast zwei Tage dauerte und standen nur auf, um von ihren schwindenden Rationen zu essen. Wynberg versuchte vergeblich über den Sender Bari ihre sichere Ankunft mitzuteilen. Nach den zwei Tagen stiegen sie ins Tal ab.

Greenup traf zum ersten Mal in einem winzigen Ort namens Gries mit der feindlichen Bevölkerung zusammen. Der Österreicher Franz Weber trug die Uniform eines Gebirgsjägerleutnants, die Amerikaner neutrale, sportliche Winterkleidung unter weißen Schneemänteln. Mayer hatte auch eine deutsche Uniform tragen wollen, aber Al Ulmer fand, dies sei eine allzu flagrante Verletzung der Genfer Konvention, falls das Team gefangen genommen werden sollte.

Franz bestellte im Gasthaus Tee für alle und sagte der Wirtin, sie wären Gebirgsjäger, die von ihrer Einheit abgekommen seien. Sie wies sie an den Bürgermeister, der ihren Wunsch nach Transportmitteln, um ihre Einheit wieder zu erreichen, freundlich anhörte. Er sei gerne bereit den Soldaten zu helfen, sagte er, aber alles was er anbieten könne, sei ein Schlitten.

Gegen die Fahrt mit dem Schlitten wirkte der Fallschirmabsprung wie ein Spaziergang. Der Schlitten erreichte Geschwindigkeiten von 90 Stundenkilometern auf einer kurvenreichen dreieinhalb-Stunden-Sturzfahrt ins Tal. Franz Weber, der in dieser Welt durchaus zu Hause war steuerte, während Fred Mayer versuchte, mit einem Skistock den Schlitten zu bremsen. Zum ersten Mal bei diesem Unternehmen spürte Mayer einige Angst als er sah, wie die Spitze des Skistocks durch die Reibung rot glühte. Nachdem sie das Tal erreicht hatten, zogen sie weiter in den Ort Oberperfuß. Die beiden nächsten Wochen blieben Mayer und Weber in der Mansarde des Gasthofes, den die Mutter von Webers Verlobten führte. Frau Liederkirche, die Besitzerin, war eine zwar zart aussehende Frau, die aber unerwartete Stärke entwickelte und eine großartige Verbündete war. Abgesehen von dem Gasthof betrieb sie einen Bauernhof, eine Bäckerei und war eine echte Macht in ihrem Dorf. Ihre Tochter Anni war anfänglich entsetzt, daß Franz Weber zurückgekommen war, denn sie wußte, daß ihr Verlobter als Fahnenflüchtiger zum Tode verurteilt war. Nun war er mit diesem Urteil über seinem Haupt unvorsichtigerweise nach Hause gekommen.

Hans Wynberg wurde in der Nähe von Oberperfuß im Hause eines Bauern namens Schatz untergebracht, wo er im Dachboden eine Antenne, als Wäscheleine getarnt, für seinen Sender einrichtete.

In Oberperfuß traf Mayer einen Vorarbeiter, der in einer Flugzeugfabrik im nahen Kematen arbeitete. Der Mann trank gerne und erzählte, was noch viel wichtiger war, ebenfalls gerne. Von ihm erfuhr die *Greenup* Mission ihre ersten Nachrichten. Hans Wynberg war nun imstande, Verbindung mit Bari aufzunehmen und funkte in Chiffer: „Messerschmidt Kematen Produktion Null auf Grund des Fehlens von Nachschub in den vergangenen drei Monaten. Machte früher Teile für Montagewerk in Jenbach. Quelle vertrauenswürdiger Arbeiter."

Aber Mayer wurde im Dorf ungeduldig und sagte Weber, es sei Zeit nach Innsbruck zu gehen, wo die drei Schwestern Webers lebten. Während ihrer Fahrt trug Weber Uniform und verdeckte sein Gesicht mit einem Verband. Papiere, die bestätigten, daß er sich auf Genesungsurlaub befand, hatte seine in einem Lazarett arbeitende Schwester Aloisia beschafft; Mayer trug Zivil.

Die beiden anderen Schwestern Webers lebten zusammen in der Stadt. Die ältere, Margarete, eine Witwe von dreißig Jahren, war in einem Büro der Universität beschäftigt, die einundzwanzigjährige Genoveva arbeitete in einem Regierungsamt. Durch die Schwestern lernte Mayer zwei sehr nützliche Leute kennen: Der eine war ein Lastwagenfahrer und Mitglied der NSDAP. Er wollte, so sagte er, helfen, weil er in erster Linie österreichischer Patriot sei und erst in zweiter Linie ein Nazi. Der andere Kontakt, ein Schwarzmarkthändler namens Leo, bot sich ebenfalls als Mitarbeiter an, aber sein Patriotismus hatte eine eher kommerzielle Basis.

Mayer machte während seiner Reise nach Innsbruck noch eine Entdeckung: Franz Weber, der ohne einen einzigen Übungssprung mit dem Fallschirm in den Alpen abgesprungen war und sich auch auf einem dahinsausenden Schlitten unerschrocken gezeigt hatte, verlor in den Straßen von Innsbruck die Nerven. In der Straßenbahn war Weber in der Nähe eines alten Bekannten gesessen und war sicher, daß der Mann ihn nur wegen des Gesichtsverbandes nicht erkannt hatte.

Als sie nach Oberperfuß zurückkehrten sagte Mayer mit aller Vorsicht zu Weber, er wolle nicht, daß er noch einmal in die

Stadt gehe. Webers Rolle in der *Greenup* Mission war praktisch zu Ende, er hatte gute Dienste geleistet, meinte Mayer, hatte sie zu ihrem Ziel geführt und ihnen auch gute Unterkunft verschafft, aber Mayer wollte seine nächste Reise nach Innsbruck allein unternehmen.

Durch Weber's Schwester Aloisia gelang es ihm, die Uniform eines Leutnants der 106. Gebirgsjäger zu ergattern, doch fehlte es ihm an entsprechenden Dokumenten. Wenn man ihn fragte, so wollte Mayer erklären, daß ihm italienische Partisanen Geld und Papiere geraubt hätten, während er sich auf dem Weg ins Lazarett nach Innsbruck befand, um dort eine verletzte Schulter behandeln zu lassen. Er unterstützte seine Geschichte durch eine schriftliche Erklärung: „Ich habe mein Soldbuch verloren." Und er unterschrieb mit Friedrich Mayer. Der Name war bestes Deutsch und Mayer merkte, daß die beste Tarnung jene war, die der Wahrheit am nächsten kam. Über Aloisia bekam er auch eine mit den entsprechenden Stempeln ausgestattete Lazaretteinweisung. Mayer füllte das Formular selber aus und zog in seiner neuen Uniform ins Innsbrucker Offizierskasino.

Durch den österreichischen Lastwagenfahrer lernte Mayer einen gewissen Alois Kuen kennen, einen Innsbrucker Polizeioffizier, der technisch zur SS gehörte, denn seine Abteilung, die Kriminalpolizei, war Teil des Himmler'schen Imperiums, aber Nazigegner war. Eine kleine Gruppe der Innsbrucker Kripo vervielfältigte und verteilte Flugblätter mit Aufrufen gegen die NSDAP; darüber hinaus vernichteten sie die Akten von Personen, denen politische Verfolgung drohte. In einem seiner kühnsten Akte sperrte Kuen, als er den Auftrag erhielt zehn Verdächtige zu verhaften, stattdessen in wohlberechneter Ungeschicklichkeit für kurze Zeit zehn Nazis ein.

Durch Kuen kam Mayer in Beziehung zu umherstreifenden Banden von Deserteuren, die sich in den Bergen rund um Innsbruck versteckt hielten und zu einigen Sozialdemokraten bei der Eisenbahn. Er schickte seine Kundschaftsberichte an Hans Wynberg zur Durchgabe nach Bari, durch ein kompliziertes System von Zwischenmännern, das dafür sorgte, daß die Verbindung nur mehr indirekt blieb. Ein ständiger Informationsfluß gab bald den Bombern der der 15. Luftflotte Zielanweisungen:

„Durchschnittlich vierzehn Züge allnächtlich zwischen 10.30 Uhr und 12 Uhr in Bahnanlagen außerhalb von Hall, beladen hauptsächlich mit Truppen aus der Speckbacher Kaserne in Hall. Alle Züge gehen zum Arlberg-Tunnel. Quelle: Eisenbahnangestellter. 50 Jagdflugzeuge werden auf dem neuen Innsbrucker Flugplatz erwartet. Diese Verladung per Bahn ... Ein prahlerischer Major der Luftwaffe ist die Quelle."

Mayer berichtete auch, daß Mussolini im Hotel Zürshof in Zürs untergebracht sei. Eine andere Meldung Mayers brachte weitere Hinweise darauf, daß Naziführer sich in die Alpenfestung zurückzogen:

„Nachts vom 17. (April). Himmler traf mit seinem Stab in Igls, in der Nähe von Innsbruck, im Hotel Grünwalderhof ein. Drei SS-Divisionen werden erwartet, aber bis jetzt ist nur ein Regiment Leibstandarte da."

Während er über Bombenziele, Truppenbewegungen und Aktivitäten der Widerstandsbewegung berichtete, beklagte sich Mayer auch über seinen Rang als Korporal. Ulmer funkte aus Bari: „Glavin und Chapin haben nach Washington gekabelt, um der Forderung Nachdruck zu verleihen. Warte ab." Eine Woche später funkte Ulmer eine neue Botschaft: „Gratulation dem Hauptfeldwebel Mayer und Stabsfeldwebel Wynberg. Familien und Freundinnen benachrichtigt."

Während Fred Mayer in Innsbruck arbeitete, verbrachte Hans Wynberg die langen Stunden zwischen den Sendungen mit einem eigenen geheimen Kleinkrieg vom Schatzhof aus. Er begann damit, daß er eine mit Maschine geschriebene Zeitung herausgab. „Freies Österreich", in der er Geschichten abdruckte, die er über das BBC gehört hatte, einschließlich Artikeln über führende Persönlichkeiten wie Hitler, Roosevelt und Churchill, ferner einen Bericht über das Leben in Amerika, genannt „Wissen Sie das?" Der Bauer Schatz verteilte Durchschläge davon an seine antinazistischen Nachbarn.

Fred Mayers Interesse erweiterte sich rasch über das Sammeln von Nachrichten hinaus. Er funkte nach Bari:

„Falls gewünscht kann ich Innsbruck und Umgebung noch vor Luftlandungen einnehmen. Politische Gefangene würden 500 Waffen brauchen".

AFHQ erwiederte, daß zur Zeit keinerlei Luftlandungen möglich seien.

Mayer daraufhin:

„Eintausend Partisanen aller Parteien unter meinem Kommando. Eine volle Flugzeugladung von Sprengstoff für Brückensabotage und einiges von Propagandamaterial sollten sofort geschickt werden ..."

Die Luftwaffe schickte ein schwer beladenes Flugzeug, aber zusammen mit Waffen, Sprengstoff, Kaffee und Luxusgütern aus der Kantine AFHQ auch Instruktionen für Mayer: Die Alliierten besäßen selbst Armeen und Luftflotten um Krieg zu führen; alles, was sie von *Greenup* brauchten waren Nachrichten; Mayer solle aufhören, paramilitärische Operationen durchzuführen, die seinen höchst wertvollen Fluß von Nachrichten beeinträchtigen könnten. Er sollte weiterhin nützliches Kundschaftsmaterial schicken, wie etwa jene Botschaft, in der er berichtete:

„In den Hauptbahnhöfen und Westbahnhöfen von Hall und Innsbruck 26 Züge mit je 30 bis Waggons, beladen mit Munition, Traktoren, Flakgeschützen, Benzin und leichtem Gerät, bestimmt für Italien über den Brenner am 3. April nach 21 Uhr MEZ. Die Züge sind bewacht. Quelle: Fahrdienstleiter von Hall".

Diese Botschaft führte zu einem massiven Angriff der 15. Luftflotte, in der buchstäblich der gesamte Bahnkonvoi vernichtet wurde, als er den Brennerpaß verließ.

Mayers Nachrichten hatten nicht nur bewundernswerte Qualität sondern auch beträchtlichen Umfang, einschließlich langer Listen aller Gestapobeamten in Tirol und Voralberg, die ihm Alois Kuen, der Polizeioffizier, verschaffte. Diese Informationen konnten höchst wertvoll sein, wenn es darum ging nationalsozialistischen Einfluß auszumerzen, sobald einmal das Gebiet besetzt war.

Durch Franz Webers Schwester Margarete lernte Fred Mayer einen Bibliothekar der Universität Innsbruck kennen, der Beziehungen zum POEN besaß. Im Haus des Bibliothekars traf Fred einen jungen Mann, der ihm als Kurier des POEN aus der Schweiz vorgestellt wurde. Mayer hatte, ohne es zu wissen, Fritz Molden getroffen, der gerade seine Innsbrucker Station kontaktierte, die in den Büros eines Onkels, der Professor an der Universität war, untergebracht war. Mayer erkannte die Möglichkeit, seine Listen der Gestapoangehörigen durch diesen neuen Verbündeten abzuliefern und diskutierte das mit Molden der auch zustimmte, doch klappte etwas mit der Übergabe nicht und so mußte er einen anderen Kurier finden. Er instruierte Hans Wynberg an Bari zu senden: „Samstag, dem 21. April soll jemand in Vaduz, Liechtenstein, sein um wichtige Papiere zu übernehmen. Funkt Art der Erkennung und Adresse. Wie soll das Paket gekennzeichnet sein?"

Es war die letzte Botschaft, die OSS Bari von Fred Mayer erhielt. OSS Bern schickte den Mann nach Vaduz, aber am nächsten Tag erhielt Al Ulmer folgende Botschaft aus Bern: „Unser Mann hielt das Rendez-vous heute ein, aber niemand ist gekommen."

14. KAPITEL

Ferdi in Oberbayern

Obwohl der OSS London mit französischen, belgischen, polnischen, skandinavischen und anderen Abteilungen arbeitete, so war doch die Einrichtung einer deutschen Abteilung lange Zeit hinausgeschoben worden. Die hauptsächliche Erklärung dafür war, daß die Engländer ursprünglich die Amerikaner daran gehindert hatten deutsche Kriegsgefangene als mögliche Agenten zu rekrutieren und die in Frage kommenden Deutschen aus Kreisen emigrierter Sozialisten oder Gewerkschafter waren alle von den OSS-London Labor-Division monopolisiert worden.

In Washington war schon Anfang 1942 eine deutsche Abteilung gegründet worden, welche die schließliche Durchdringung des Reiches planen sollte, aber diese lustlose Unternehmung kam niemals über das Planungsstadium hinaus. Die Leitung der deutschen Abteilung lag in den Händen eines früheren Beamten des Außenministeriums, eines Bürokraten der nichts Falsches tat, da er gar nichts tat, überdies von Spionenangst besessen war. Wenn er einem Mitarbeiter etwas sagen wollte, ging er mit ihm in den Park und unterhielt sich mit ihm dort auf einer Bank.

In dieser unerfreulichen Situation erschien 1944 ein energischer Marineleutnant namens Richard Helms, der zum OSS auf dem Weg über den Journalismus gekommen war und eindrucksvolle Eigenschaften besaß: Er war im Berliner Büro der „United Press" Reporter gewesen, hatte Hitler interviewt und mit ihm im Jahre 1936 in einem Schloß bei Nürnberg gespeist. Durch dieses Erlebnis hatte Helms einen ganz anderen Eindruck von Hitler als die Allgemeinheit, die ihn als einen Narren mit Schaum vor dem

Mund betrachtete. Der hypnotische Blick erwies sich aus der Nähe als nichts anderes als vorquellende Augen, der hinreißende Redner sprach bei normaler Konversation sehr einfach, ruhig, ja sogar unauffällig. Helms schrieb in seinem Bericht: „Das Überraschende an Hitler waren die rasche Intelligenz, das Verständnis der deutschen Psychologie, die vollkommene Selbstsicherheit, hinter jeder Meinungsäußerung, ganz gleich worum es sich handelte."

Helms hauptsächliche Beschäftigung während seiner Dienstzeit bei der Washingtoner deutschen Abteilung war, seine Flucht aus ihr zu planen, die ihm durch eine Versetzung zum OSS London auch gelang.

Im Herbst 1944 kam die deutsche Abteilung endlich auch in London in Gang. Major Aubrey Harwood war vom Chef der neuen Einheit nach Frankreich geschickt worden, um sich dort nach deutschen Nazigegnern umzusehen, die als Agenten in Frage kamen.

Dank Harwoods Bemühungen wurden Ferdinand Appenzell und Leon Lindau gegen Ende Februar 1944 dem OSS London überstellt und Captain Fred Gercke, damals in der deutschen Abteilung, anvertraut.

Gercke war sich sehr wohl bewußt, daß die ihm zugeteilten Agenten so ziemlich der letzte Bodensatz waren, Leute die Schwierigkeiten machten und die sonst keiner wollte. Die Labor-Division, das wußte er, hatte schon die Creme der Deutschen für sich abgesahnt.

Über den künftigen Agenten, Ferdinand Appenzell, hatte ein OSS-Psychologe geschrieben:

> „Ein ziemlich schlauer und zurückhaltender Kerl, zweifellos ein Gauner. Seine Fähigkeit für genaue, objektive Berichte läßt zu wünschen übrig. Seine Aktivitäten haben ihn nicht nur bei den Deutschen sondern auch bei den Franzosen zur persona non grata gemacht."

Appenzell war dreißig Jahre alt und hatte in den ersten Kriegsjahren als Zivilangestellter der Luftwaffe gearbeitet; ein dicklicher, dunkelhäutiger Mann, der rasch sprach. Er hatte für ein Offizierscasino der Luftwaffe die Bücher geführt und eingekauft. Er folgte seiner Einheit nach Griechenland und Frankreich und wurde schließlich wegen Betrügereien in Frankreich zu Gefängnis verurteilt, behauptete aber, daß er eingesperrt worden sei, weil er Unterschlagungen unter den Mitgliedern des SD aufgedeckt habe. Wenn man aber Appenzells Vergangenheit in Rechnung stellte, so war es sehr viel wahrscheinlicher, daß das Gegenteil richtig war. Er entkam aus dem Gefängnis in Paris und hatte, so behauptete er, dann mit der französischen Résistance gekämpft, was schließlich zu seiner Rekrutierung durch Major Harwood führte. Appenzells hauptsächliches Motiv beim OSS zu dienen, war seine Erwartung, nach dem Krieg die amerikanische Staatsbürgerschaft zu erhalten.

Als Harwood zuerst Ferdi Appenzell kennenlernte, hatte der Deutsche kein Geld mehr, war gerade von der Syphillis genesen und eifrig darauf aus, mit irgend jemandem sich zusammenzutun, der ihn sowohl den französischen als auch den deutschen Gefängnissen fern hielt. Nach außen hin jedoch zeigte er außerordentliches Selbstvertrauen.

Als Appenzells Partner war Leon Lindau gewählt worden, dessen Motivation weit reiner als die Appenzells war. Lindau, geboren in München, 37 Jahre alt, war mit 20 in die französische Fremdenlegion eingetreten. Im Januar 1941, nach der Niederlage Frankreichs, wurde er entlassen und kam nach Lyon, wo er Fahrräder reparierte und schließlich in Kontakt mit der Résistance trat. Er betrachtete sich als Franzose und hatte, während er in der Résistance diente, ohne die geringsten Skrupel seine früheren Landsleute mit dem Maschinengewehr niedergeschossen.

Obwohl beide Männer von Leuten des OSS London als wenig geeignet betrachtet wurden, glaubte doch Captain Gercke seinen eigenen Charaktertests. Er machte Appenzeller und Lindau mehrmals betrunken, in dem Glauben, daß er dann am besten beurteilen könne, welche ihrer Hemmungen der Alkohol auflöse. Die Deutschen hatten offensichtlich Gerckes Ansprüche zufriedengestellt.

Ferdi Appenzell war zweifellos der rascher denkende und sollte das Team führen und Lindau schien durchaus zufrieden damit, dem jüngeren Mann zu folgen. Ihre Mission erhielt den Codenamen „*Luxe*“. Nach Ausbildung in der Joan-Eleanor-

Technik sprangen sie am 5. April in der Nähe von Weilheim, etwa 50 Kilometer südwestlich von München, mit dem Fallschirm ab und landeten bei einem Bauernhof des Dorfes Reisting nahe von Weilheim. Kurz nach ihrer Landung trafen sie eine alte Bauersfrau, der der Hof gehörte.

Ferdi Appenzell kannte den richtigen Punkt, an dem er seine Landsleute treffen konnte. Er erzählte der Frau, daß er ein deutscher Fallschirmjäger sei, der in Kreta gefangen wurde und dem die Amerikaner nun Gelegenheit gaben, bei der Beendigung des Krieges zu helfen. Er informierte die Frau vertraulich, daß Hitler Befehl gegeben habe, alles Vieh in der Nähe den Bauern wegzunehmen und in die Alpen zu schicken, als Lebensmittelreserve für die Nazis. Die empörte Frau erbot sich sogleich, den Amerikanern zu helfen und gab den Agenten vorläufige Zuflucht in ihrer Scheune.

Nach ein paar Tagen, in denen sie ihre Ausrüstung zusammengesetzt und sich selbst ausgeruht hatten, ging Appenzell zum Haus der Bäuerin im Dorf Reisting und bat sie, ihn mit irgend jemandem, der nach dem Krieg Bürgermeister werden könne, in Verbindung zu bringen. Sie stellte ihm einen Mann namens Dominikus Huttner vor, der nie etwas mit den Nazis zu tun gehabt hatte. Appenzell war sehr beeindruckt von diesem kraftvollen Mann, der ihm sagte er liebe die Amerikaner und habe sich mit ihnen als Weltklassegewichtsheber gemessen.

Appenzell erzählte Huttner, er brauche Subagenten um Nachrichten zu sammeln und wolle, daß er ihm helfe, dieses Netzwerk aufzubauen. Falls der Deutsche mitarbeite, werde Reisting verschont werden, er stehe in Radiokontakt mit den Alliierten und wenn ihm oder seinem Partner irgend etwas Unerfreuliches geschehe, so werde er das Dorf der Erde gleichmachen lassen. Huttner beeilte sich, seine Hilfe zuzusichern.

Durch Huttner fanden sie nun eine richtige Zuflucht. In der Nähe von Reisting liegt eine kleine Ortschaft namens Unterstillern. Zwei der Häuser dort waren von Familien bewohnt, die in den zwanziger Jahren in den Vereinigten Staaten gelebt hatten. Die Agenten, ihr Radio und die andere Ausrüstung wurden in einem Wagen unter einer Heuladung dorthingebracht. Man richtete ihnen ein Versteck im Zwiebelturm der Kirche von Unterstillern ein und ihre Anwesenheit war nur den beiden Bauern, deren Frauen und dem Mesner der Kirche bekannt. Die Kinder der Familien und dreißig Flüchtlinge, die in den anderen Häusern untergebracht waren, wußten nichts.

In Unterstillern traf das *Luxe*-Team einen anderen Schutzsuchenden, einen deutschen Feldwebel namens Sommer, der kurz zuvor desertiert war. Seine Heimat war das 12 Kilometer entfernte oberbayrische Städtchen Weilheim. Falls Sommer ihnen half, würde Appenzell dafür sorgen, daß er nach Ende des Krieges nicht Kriegsgefangener werde, wenn nicht, so könnte sein Leben recht unerfreulich werden. Er sollte ohne seine Erlaubnis Unterstillern nicht mehr verlassen, nicht einmal um seine Frau in Weilheim zu besuchen.

Sommer willigte ein und bewies sogleich seinen Wert. Er teilte ihnen die genaue Lage der Dornier Flugzeugfabrik in Weilheim und der Zarkes Fabrik mit, wo 750 Franzosen Ersatzteile für Messerschmidt-Flugzeuge herstellten.

Am 17. April 1945, 15 Minuten vor Mitternacht, startete Oberleutnant Kingdon Knapp vom Flugplatz Harrington zur 52. Joan-Eleanor-Mission. Leutnant Ancrum arbeitete wie in Trance an der Antenne; er war todmüde. Die Mannschaft der Mosquito hatte jeden Tag lange, von Anspannungen erfüllte Missionen tief in den deutschen Luftraum hinein geflogen, in einer vergangenen Woche allein neunmal.

Sie kreuzten in 12000 Metern Höhe. Die Kälte in der nicht klimatisierten Maschine steigerte Ancrums Müdigkeit. Etwa 60 Kilometer von Weilheim entfernt schaltete er sein Gerät ein: „Hallo Ferdi, Vic ruft! Hörst du mich, Ferdi? Vic ruft!“ und Appenzells stets muntere Stimme antwortete. Ancrum gab nun dem Piloten die Richtung an, in der er fliegen mußte und schaltete auf den Drahtrecorder um. Als das Signal stärker wurde, sagte er dem Piloten, er könne zu kreisen beginnen.

Das Joan-Eleanor-Gerät erzeugte einen Wellenkegel, dessen Durchmesser am Boden etwa 60 Kilometer ausmachte. Das Signal war innerhalb dieses Kreises überall gleich stark. Das Flugzeug kreiste absichtlich nicht direkt über dem Agenten, sondern eher etwas seitwärts, um dessen Standort nicht zu verraten. Der

Sprecher auf dem Boden und der Mann im Flugzeug waren ungefähr 16 Kilometer voneinander entfernt.

Von dem Zwiebelturm der Kirche in Unterstillern sendete Appenzell im Sprechfunk hinauf zu Ancrum. Während einer Übertragung sah er einen Peilgerätewagen in der Nähe der Kirche vorbeifahren, der möglicherweise die etwas weiter gestreuten Signale vom Flugzeug aufgefangen, aber ganz offensichtlich nichts von der Bodenstation gehört hatte.

Appenzell berichtete Ancrum, welche vielversprechenden Kontakte er und Landau gemacht hatten:

„Die Leute vertrauen uns, aber verlangen auch, daß wir beweisen, wer wir wirklich sind und was wir können. Deshalb habe ich ihnen gesagt, daß ich als Beweis das Bombardement von Weilheim herbeiführen würde ... Die Bahnanlagen von Weilheim werden Nacht für Nacht von vierzig bis fünfzig Zügen passiert. In Weilheim selbst gibt es zwei Flugzeugfabriken. Erstens die Dornier-Werke und zweitens einen Betrieb, der Ersatzteile für Flugzeuge herstellt ... Wir müssen unbedingt die Eisenbahnlinie Weilheim-Peissenberg-Augsburg so bald als möglich außer Betrieb setzen. Diese Linie muß bombardiert werden."

Aus Rücksicht auf Frau Sommer, die Frau ihres Informanten, und auf die ausländischen Arbeiter in den Weilheimer Flugzeugfabriken drängte er darauf, daß Flugblätter mit einer Warnung vor dem Angriff über der Stadt abgeworfen werden sollten.

Das Gespräch wurde vierzig Minuten lang ununterbrochen auf Deutsch geführt und schloß mit der Bitte:

„Ihr dürft unter gar keinen Umständen Reisting bombardieren. Die Leute hier sind zu 90 Prozent auf unserer Seite, auch der gesamte Volkssturm. Reisting, Reisting, ihr dürft es nicht bombardieren!"

Am frühen Morgen, etwa sieben Stunden später, brachte Leutnant Knapp seine Mosquito Nr. 740 vor einem Hangar auf dem Harrington-Flugplatz zum Stehen, und Ancrum schlüpfte aus dem Rumpf des Flugzeuges und ging in den Hangar, wo er rasch einen Kurzbericht schrieb, den er zusammen mit der Spule des Recorderdrahtes einem Motorradfahrer gab. Der Kurier brachte in aller Eile die Berichte dem OSS-Büro in London, wo ein Soldat namens Gerard Hahn, der fließend deutsch sprach, sie übersetzte und die Übersetzung der Division of Intelligence Procurement verteilte. Die Information über Weilheim wurde dann der Aufklärungsabteilung der Luftwaffe in London weitergereicht, die ihrerseits wiederum das für diesen Sektor verantwortliche Luftkommando informierte, nämlich die 15. Luftflotte in Italien. Am 19. April um 13.49 Uhr, ungefähr 36 Stunden nach dem Gespräch zwischen Ancrum und Appenzell griffen 78 „P 38" Sturzbomber Weilheim an. Der OSS und das Aircorps hatten wieder Tritt gefaßt.

Am Morgen des 19. April war Ferdi Appenzell von Reisting aus nach München aufgebrochen, in einem Lastwagen mit zwei Geschäftsleuten, die sich der Mission angeschlossen hatten. Das Ziel war Nachrichten über geeignete Luftangriffsziele in der Münchner Gegend zu sammeln. Die beiden Deutschen waren nur sehr zögernd mitgefahren, sie hatten Angst gehabt, bombardiert oder beschossen zu werden. Appenzell erklärte ihnen aber vertraulich, daß das nicht geschehen könne, denn er habe die amerikanische Luftwaffe davon informiert, daß er an diesem Tag auf den Straßen unterwegs sein werde.

Als sich das Fahrzeug gegen 11 Uhr vormittags den Bahnanlagen der Münchner Vorstadt Pasing näherte, hielt ein Polizist sie auf und warnte sie, daß eben Luftalarm gegeben worden sei. Die beiden Deutschen baten nun Appenzell, er solle sie in einen Unterstand gehen lassen. Er erinnerte sie wiederum, daß sie mit ihm sicher seien, sagte aber doch dem Fahrer, er solle von der Straße wegfahren. So saßen sie nun da und sahen dem Bombardement aus einem Kilometer Entfernung zu.

Als sie später in der Nacht Ferdi in Unterstillern absetzten, fand er Lindau und den aufgeregten Deserteur Feldwebel Sommer. Nach Appenzells Abfahrt war Landau nach Weilheim gegangen, um noch mehr Informationen über die Flugzeugfabriken in dieser Stadt zu sammeln. Am frühen Nachmittag war eine Vorwarnung gegeben worden und ein niedrig fliegendes Flugzeug hatte über ihnen gekreist. Landau bezweifelte, daß dieses Flugzeug einen Angriff bedeuten könne, denn es waren ja keinerlei warnende Flugblätter abgeworfen worden, doch kurz danach griff eine Welle amerikanischer Sturzbomber aus geringer

Höhe an. Vierzig Minuten später kam eine zweite Welle und traf diesmal die Bahnanlagen.

Als Lindau am Abend in ihr Versteck in der Kirche zurückgekehrt war, hatte er dort Feldwebel Sommer vorgefunden, der sehr erregt auf ihn gewartet hatte. Man habe ihn vor dem Angriff nicht gewarnt, schrie Sommer, es seien auch keine Flugblätter abgeworfen worden und nun habe er erfahren, daß sein Haus in Weilheim zerstört und seine Frau vermißt sei. Er drohte, Leon zu töten und da dieser nicht wußte, wie er ihn sonst beruhigen konnte, schickte er ihn nach Weilheim um seine Frau zu suchen.

Aber Sommer war noch weit aufgeregter zurückgekehrt, gerade als Ferdi ankam. Er hatte seine Frau nicht gefunden und schrie, daß man ihn betrogen habe und daß sie für diesen Verrat bezahlen würden. Appenzells übliche Herzlichkeit verschwand. Er stieß Sommer in einen Stuhl und sagte drohend, er solle den Mund halten. Weilheim sei hauptsächlich durch seine eigene Schuld bombardiert worden, und wenn er noch ein Wort sage, würde er dafür sorgen, daß seine Nachbarn den Ursprung ihres Leides erfuhren. Er werde am Morgen jemanden in die Stadt schicken, um die Suche nach der Frau des Feldwebels fortzusetzen, jetzt aber solle Sommer in das Versteck zurückgehen und dort bleiben. Der Deserteur schlich sich wortlos davon. Appenzell meinte, Lindau solle nicht schlafen gehen, sondern lieber das Haus bewachen solange Sommer dort war.

Die Ansichten über den Angriff auf Weilheim waren sehr verschieden, je nachdem ob man ihn von der Luft oder vom Boden aus betrachtete. Die 15. Luftflotte berichtete als Resultat:

„Schäden an den Geleisen, am Waggonmaterial, an den Eisenbahnanlagen der München-Garmisch-Partenkirchen-Linie. Alle Hauptgeleise und alle Seitengeleise sind durch Krater vollkommen zerstört. Offensichtlich sind sechzig Einheiten des rollenden Materials zerstört oder schwer beschädigt worden."

Leon Lindau notierte, daß die erste Bomberwelle eine unwichtige Zementröhrenfabrik, ein Postamt und ein Wohngebiet getroffen habe, wobei unter anderem auch Sommers Haus zerstört worden war. Von den vier Hauptgebäuden der Zarkes-Flugzeugfabrik war nur eines beschädigt worden.

Die zweite Welle der amerikanischen Bomber traf tatsächlich den Eisenbahnknotenpunkt, wobei den größten Schaden ein deutlich als solcher gekennzeichneter Lazarettzug erlitt. Der Zug war auf der Suche nach einer sicheren Zuflucht seit drei Tagen zwischen deutschen Städten hin und hergefahren und schließlich in Weilheim stehengeblieben. Er war mit verwundeten ungarischen Soldaten überfüllt, von denen 350 getötet oder neuerlich verletzt wurden.

Der Kurs im Schulhaus in Area F außerhalb von London umfaßte neben Einbruch auch Bestechung und Erpressung und sollte zwei Monate dauern. Die „Studenten" lernten dort den Gebrauch von Waffen, die Bedienung von Sendergeräten, Chiffrecode-Verständigung und Kartenlesen, vor allem aber gut zu beobachten: Wo befanden sich die Waffenlager des Feindes, die Flugzeuge und die Panzer? Wo und wie waren die Truppen eingesetzt, die Artillerie? Welche Kaliber, wie viele Geschütze? Wo waren sie aufgestellt? Welche Bahnlinien waren in Betrieb? Was wurde auf ihnen befördert? Was befand sich in den Frachtbahnhöfen und auf den Nebenlinien?

Fotografien von vier Männern wurden für je 20 Sekunden auf einen Bildschirm projiziert, außerdem Name, Alter, Beschäftigung und Adresse der Person. Die vier Fotos wurden dann in anderer Reihenfolge wieder für dreißig Sekunden, aber ohne Identifikation gezeigt. Der Agent mußte nun alle Details, an die er sich erinnern konnte, über jeden der vier Männer niederschreiben. Den Instruktoren schien diese Übung ein exzellenter Test für die Beobachtungsgabe der Agenten.

Die Studenten erlernten auch die Details des täglichen Lebens in Deutschland: Wie man einen Brief aufgab, wie man eine Fahrkarte kaufte, wie man zu Lebensmittelkarten kam, wie man einen deutschen Offizier grüßte. Sie lernten auch das Vokabular des Spionenberufes: „Das sichere Haus", wo Leute bereit waren, einen Agenten zu beherbergen; den „cut-out", einen Vermittler, der alle wichtigen Angelegenheiten gegenüber den Subagenten erledigte, damit das Wissen um die Person des Hauptagenten auf den allerengsten Kreis beschränkt blieb. Sie lernten die Kunst des leisen Tötens, die von W. I. Fairbairn, dem legendären britischen Major, manchmal auch bekannt als „Delicate Dan", perfektioniert worden war. Der Stoß mit dem Messer, so lehrte Fairbairn, sollte nach aufwärts gehen, von den Hoden zum Kinn. Die Hand in einer „Tigerklaue" – Position war am wirksamsten, um die Augen auszustoßen. Ein einfaches Blatt Zeitungspapier konnte ein primitiver Dolch werden: Man falte das Papier ungefähr in dem Verhältnis sechs Zoll mal zwei Zoll. Dann falte man es diagonal, so daß an einem Ende eine scharfe Spitze entsteht. Nun stoße man das spitze Ende mit aller Kraft in den Magen oder unter den Kiefer, genau hinter dem Kinn.

Ein Absolvent dieser Kurse sprach von der Selbstsicherheit, die dieser Instruktor im stillen Töten ihnen verschafft hatte: „Er gab uns mehr und mehr Selbstbewußtsein, das allmählich in ein Gefühl der körperlichen Kraft und Überlegenheit überging, das nur wenige Menschen sich jemals aneignen. Zum Zeitpunkt, als wir unsere Ausbildung beendet hatten, wäre ich bereit gewesen jeden Mann, so groß, stark oder geübt er gewesen wäre, anzugehen ... Ich habe seither nur eine einzige Angst, nämlich in eine plötzliche Prügelei verwickelt zu werden und dann einen Gegner ernsthaft zu verletzen oder sogar zu töten, bevor mir bewußt wird was geschieht."

Agenten, die in London ausgebildet wurden, machten einen Schnellkurs in Fallschirmspringen, der nur drei Tage dauerte, wenig verglichen mit den sechs Wochen Ausbildung amerikanischer Fallschirmjäger. Wer tatsächlich den Fallschirm meisterte, errang einen Triumph des Willens über die instinktivsten Ängste des Menschen.

Sie lernten die Regeln der Einsamkeit und des Überlebens im feindlichen Gebiet: Wandere lieber einen zusätzlichen Kilometer, um ein Dorf zu umgehen, bleibe in den Wäldern und Feldern statt auf den Straßen, vermeide Kinder, sie reden immer, zahle für alles, was du vom Bauern bekommst, vermeide Diskussionen über Politik und Schnaps. Wenn es Nacht wird, ziehe, falls notwendig, die Unbequemlichkeit vor. Es ist besser, sicher in einem Graben zu schlafen, als im Bett von der Gestapo geweckt zu werden. Wenn Du glaubst von einem Polizisten beobachtet zu werden, so gehe auf ihn zu und frage ihn irgendetwas, zum Beispiel: „Wo ist das Arbeitsamt?" Ein Polizist in Deutschland ist gefürchtet, nur jemand mit einem reinen Gewissen wird es wagen, sich offen an ihn zu wenden.“

Die Agenten wurden auch in den Grundbegriffen der Psychologie geschult. Das Ausbildungshandbuch des OSS gab den Rat:

„Gib dem anderen Mann ein Gefühl der Wichtigkeit. Sei ein guter Zuhörer. Ermutige andere, über sich selbst zu sprechen. Verwende die Ja-Technik: Wenn Du einen Mann dazu bekommen kannst, zweimal ja zu sagen, wird er vermutlich auch ein drittes Mal ja sagen, das ist eine physische und mentale Reaktion.“

Offene Bestechung galt als gefährlich für beide Teile und sollte daher vermieden werden. Verdecktere Formen waren vorzuziehen, zumindest schlug das das Handbuch vor:

„Bring einen Mann in eine Lage, in der er von Dir Geld nehmen muß. Vergiß Deine Brieftasche in seinem Büro, verkaufe ihm irgendwelche Waren weit unter ihrem wahren Wert. Verliere beim Kartenspiel an ihn, verliere ihm gegenüber Wetten. In einer Umgebung jedoch, in der Bestechung etwas durchaus Gewöhnliches ist, oder wenn Du es mit einem offenkundigen Gauner zu tun hast, kann ruhig eine direktere Methode angewandt werden.“

Der gefangengenommene Agent, der unter Druck stand zu reden, konnte eine gewisse Beruhigung in dem Wissen finden, daß seine Lippen nicht bis zum Tod versiegelt bleiben mußten. Der Standard der britischen SOE war, daß der gefangengenommene Agent versuchen sollte 48 Stunden durchzuhalten. In dieser Zeit konnten Leute, die mit ihm in Kontakt gestanden hatten, ihre Spuren verwischen. Danach, wenn der Druck unerträglich wurde, galt es nicht als ehrlos, wenn der Agent redete. Das Ausbildungsbuch des OSS war deutlich:

„Wenn Du bemerkst, daß Dich der Feind mit allen Mitteln weiter verhören wird bis er jede mögliche Information herausgepreßt hat, dann gibt es mit Rücksicht auf die anderen Mitglieder Deiner Organisation nur zwei mögliche Methoden für Dich: Entweder ein Fluchtversuch, oder Selbstmord durch eine L-Tablette oder andere Mittel.“

Wenn der Gegner versuchte, „ihn umzudrehen“, das heißt, ihn dazu zu überreden, mit ihm zusammenzuarbeiten, indem er unter seiner Kontrolle Verbindung mit der Basis aufnehmen solle, dann dürfe er darauf eingehen, aber das im vorhinein vereinbarte Gefahrensignal in seine Radiobotschaften einbauen. Weiter hieß es:

„Die Regeln dieses Spieles sind verschieden; das Ziel rechtfertigt jedes Mittel. Überleben und erfolgreich sein wird der Schnellste, der Klügste, der Rücksichtsloseste und der Geduldigste.“

Vor allem aber, so verlangte dieses Handbuch, müsse man eine gute Geschichte haben: „Bleib dabei. Vermeide, in irgend einer Form verdächtig zu sein. Versuche, simpel und einfach zu sein, nicht naseweis.“

Während der Ausbildung wurde der Charakter des Agenten beobachtet. Wie reagierte er sozial gegenüber anderen Agenten? Beim Essen? Nach dem Ausbildungstag? Zeigte er Initiative oder zögerte er? War er Herr seiner Gefühle? Konnte er gesellschaftliche Isolierung ertragen? Was enthüllte er über sich selbst in Nebenbemerkungen? Wie spielte er Karten? Wie sprang er bei der Ankunft im Area F vom Lastauto? War er agil? Führte er oder trottete er nach? Seine OSS-Mentoren nützten jede Gelegenheit um Klarheit über den Agenten zu erlangen, über seine Motive, Initiative, Einfallsreichtum, Diskretion, Führungseigenschaften, sein ganzes Wesen.

Jene, die das Training als Agenten nicht abschlossen, – wegen Unfähigkeit oder wegen Unerwünschtheit –, hatten möglicherweise schon zu viel erfahren, als daß man sie nun einfach in die Gefangenenlager zurückschicken oder in ihr früheres Leben entlassen konnte. Der OSS London hatte einen Punkt im Schema des Ausbildungskurses bestimmt, nach dem es keine Rückkehr mehr gab; danach mußte ein erfolgloser Agent sozusagen auf Eis gelegt werden. Ob er nun Soldat oder Zivilist war, der unbrauchbare Agent wurde üblicherweise in ein Lager im unfreundlichen Norden Schottlands geschickt, wo er das Kriegsende abwarten mußte.

Der Ausbildungsstab in London hatte nicht erwartet, daß die beiden Männer, die ihm von Holland aus geschickt worden waren, Probleme bereiten könnten. Sie waren von Jan Laverge rekrutiert worden, der in Holland dasselbe war wie Ray Brittenham in Belgien. Während Brittenham nach Brüssel gegangen war um Agenten für Deutschland anzuwerben, reiste Laverge nach Eindhoven, um dort mit dem holländischen Geheimdienst zu arbeiten. Hauptmann Laverge war für diese Aufgabe ausgezeichnet geeignet. Er war in Doorn in Holland geboren und aufgewachsen und erst 1934 in die Vereinigten Staaten übergesiedelt. Im Süden der USA befaßte er sich mit dem Tabakgeschäft, das er schon in Holland betrieben hatte. Seine Werbeaktion in Eindhoven nannte er *Melanie,* nach der Gestalt aus „Vom Winde verweht". Laverge war ein sehr sorgfältiger Mann, der seine Verantwortung ernst nahm. Im November 1944 schickte er zwei Holländer, seine besten Rekruten, nach England. Der eine hieß Hoofdorp und besaß ausgezeichnete Voraussetzungen. Er hatte eine gute Ausbildung genossen und war vor dem Krieg für eine journalistische Laufbahn in der Zeitung seines Vaters bestimmt gewesen. Er hatte dann erfolgreich für den holländischen Widerstand gearbeitet und kam mit besten Empfehlungen des holländischen Geheimdienstes zu Hauptmann Laverge. Der Agent namens Wickluis war ebenso qualifiziert; von Beruf Bauingenieur hatte er sich in der Widerstandsbewegung bewährt.

Einen Monat nach ihrer Ankunft in London berichtete die Schulungs- und Ausbildungsabteilung, daß das holländische Team „jene Qualitäten, die für einen guten Agenten wünschenswert sind, nicht zeigt. Es hat sich sogar für die Haltung der anderen Studenten als höchst verderblich erwiesen."

Lazare Teper von der *Bach*-Sektion hielt sie für hochmütige Primadonnen, denn im Bekleidungsdepot hatten sie sich geweigert deutsche Anzüge zu übernehmen, weil sie leicht abgetragen waren und hatten auf eleganten, modischen Anzügen bestanden, die das Bekleidungsdepot nicht vorrätig hatte. Als Alternative verlangten sie gut geschnittene englische Anzüge, die sie aber natürlich in Deutschland sofort verraten hätten.

Hans Tofte hatte den Verdacht, daß hinter dem Verhalten dieser beiden Männer mehr stecken könnte als nur übertriebener Egoismus. Er hatte einen Bericht des polnischen Geheimdienstes gesehen, in dem angedeutet wurde, daß Nazisympathisanten als holländische Rekruten in den OSS London eingesickert seien. Er teilte diesen Verdacht seinen Vorgesetzten mit.

In der Zwischenzeit wurden die Holländer im Gebrauch der OSS-Chiffrecode geschult. Sie wurden von Simpson in der Joan-Eleanor Technik ausgebildet und waren auch schon im OSS Hauptquartier in der Grosvenor-Street gewesen.

Der Entschluß sie zu entlassen, wurde wiederholt zurückgestellt, aber schließlich konnte man nicht länger die Gefahr übersehen, die sie bedeuten konnten. Einer der Ausbildungsoffiziere berichtete: „Wenn sie noch viel länger im Area F bleiben, kann die Schule nicht länger die Verantwortung für die Erhaltung des Einsatzwillens der anderen Teams tragen.“ Am 24. Dezember informierte Tofte Simpson, daß die beiden Holländer nicht mehr an die Joan-Eleanor Geräte gelassen würden und ein abschließender Bericht beschreibt die beiden als „recht unverläßlich, unehrlich, geheimniskrämerisch, arrogant und eindeutig unwillig zur Zusammenarbeit. Sie zeigten eine Vorliebe dafür, ihre Instruktoren zu betrügen und sich so viel als möglich herauszunehmen.“

Was sollte man aber jetzt mit ihnen machen? Der OSS besaß keine Möglichkeit, sie in Quarantäne zu setzen, die Holländer wollten sie nicht zurückhaben und die Engländer weigerten sich, sie in ihre Lager aufzunehmen. X 2 glaubte, daß sie aus Europa entfernt werden müßten, wenn die deutschen Unternehmungen sicher bleiben sollten, aber meinte, daß doch eine Geste des guten Willens notwendig sei, um ihr Kriegszeitexil auf einer südkalifornischen Insel zu mildern und so empfahl Laverge, daß jedem 500 Dollar bezahlt werden sollten.

Eagle war ein unglücklicher Versuch polnischer Spionage. Unter den 200000 Polen in England befanden sich auch Angehörige der Flüchtlingsarmee, die unter der Kontrolle der polnischen Exilregierung in Schottland stationiert war. Die Londoner Labor Division regte an, daß Polen aus der Arbeiterklasse in Deutschland als Fremdarbeiter auftreten sollten.

Unter dem Projekt *Eagle* stellte die polnische Exilregierung dem OSS 40 Soldaten als mögliche Agenten zur Verfügung, aus denen 16 Teams gebildet wurden. Die künftigen Agenten wurden der Polen-Abteilung unterstellt, geführt von dem polnisch-amerikanischen Oberstleutnant Joseph Dasher, der einmal Daschiewicz geheißen hatte. Obwohl sie vielleicht komplizierte Intelligenztests nicht bestanden hätten, waren diese Polen doch voll besten Mutes und außerordentlich stark motiviert. Henry Sutton, der ihre Tarngeschichten vorbereitete, war von ihrem einfachen Patriotismus auf das tiefste beeindruckt. Jene, die gesehen hatten, wie ihre Dörfer von den Nazis zerstört worden waren, kannten keine Furcht und brannten darauf, zurückzuschlagen.

Im Februar 1945 kam es jedoch zu einem Ereignis, das alle entmutigte. Auf der Jalta-Konferenz erklärten sich die westlichen Alliierten damit einverstanden, daß der östliche Teil Polens an die Sowjetunion fallen solle und begannen die polnische Exilregierung zu Gunsten einer von den Kommunisten unterstützten provisorischen Regierung in Lublin bei Seite zu schieben.

„Man konnte diesen Burschen den Niedergang der Kampfmoral geradezu ansehen," bemerkte Bill Casey. „Sie waren gegenüber jener Zeit, als wir sie in Ausbildung genommen hatten, völlig verändert." Der Chef der polnischen Abteilung, Oberstleutnant Dasher versuchte auf seine Weise, ihre Niedergeschlagenheit zu überwinden: Bevor die polnischen Agenten vom Harrington Airfield abflogen, sang Dasher mit ihnen patriotische polnische Lieder.

Ein Halbes Dutzend Polen wurde nach Belgien gebracht, dort auf einen Lastwagen geladen und durch Brüssel in Richtung Maastricht in Holland gefahren. Von dort aus sollten sie durch die Frontlinien nach Deutschland einsickern. Als das Fahrzeug langsam durch die Stadt fuhr, begannen die Monate mönchischen Lebens bei den Agenten ihre Wirkung zu zeigen. Wann immer der Lastwagen einer halbwegs attraktiven Frau begegnete sprang ein Pole ab. Als sich der führende OSS Offizier, der vorne neben dem Fahrer saß umwandte, fand er einen leeren Lastwagen. Innerhalb weniger Tage waren allerdings die Polen wieder eingefangen und wurden schließlich doch nach Deutschland hineingeschmuggelt.

Von den sechzehn polnischen Teams stellte aber kein einziges Radiokontakt mit London her. Schlechte Auswahl, Fließbandausbildung, politische Desillusionierung nach Jalta standen gegen ihren Erfolg. Wo immer die Wurzeln lagen, so war doch der Fehlschlag der Polen irgendwie grotesk, denn die berufsmäßigen polnischen Geheimdienstoffiziere galten allgemein als die besten. Eine der Stärken des britischen Geheimdienstes hatte darin bestanden, nach dem Fall Polens sehr viel von dem polnischen Apparat geerbt zu haben. In der Schweiz, dem Olymp der internationalen Geheimdienstszene, hieß es: „Wenn Du einen Polen für Dich arbeiten läßt, dann brauchst Du niemand anderen."

Adrian war einer der Männer, die die polnische Exilregierung dem OSS zur Verfügung gestellt hatte. Er sprang am 18. März 1945 bei Augsburg ab, aber seine in London vom Dokumentationsstab vorbereiteten Papiere erwiesen sich als fehlerhaft. Er war 41 Jahre alt und Eisenbahnelektriker. Als Agent in Deutschland blieb er bei diesem Beruf, nur mit dem Zusatz, er habe Polen noch vor dem Vormarsch der Russen verlassen und Befehl erhalten einen Posten bei der Eisenbahn in Augsburg anzutreten. Auf dem Weg vom Landepunkt in diese Stadt kam Adrian an einem großen Flugplatz vorbei und fertigte eine Skizze an.

Als in Augsburg seine Papiere routinemäßig kontrolliert wurden, brach die Tarngeschichte zusammen. Er besaß keinen Marschbefehl nach Augsburg, und in seinem Wehrpaß fehlte die Personenbeschreibung. Die Polizei besaß eine Liste aller in Posen beschäftigten Eisenbahnarbeiter und konnte so Adrians Behauptung nachprüfen. Er wurde von der Gestapo festgenommen und mit der Bahn nach Halle befördert. Unterwegs gelang es ihm, Stück für Stück die Skizze des Flugplatzes zu verschlucken.

Im Gestapo-Hauptquartier in Halle wurde Adrian nackt ausgezogen. Seine Schuhe, die Absätze, wurden zerschnitten, Lage um Lage, seine Kleider wurden zertrennt. Als er sich weigerte, ein Brechmittel zu trinken, schlug man ihm mit einem Gewehrkolben fünf Zähne aus. Er trank darauf das Mittel und erbrach. Da die Polizei in dem Mageninhalt nichts fand, wurde er zwischen zwei Gummizylindern solange gewalkt, bis alles zum Vorschein kam. Bei der Untersuchung mit einem Vergrößerungsglas fanden sich dann Reste der Kartenskizze.

Adrian wurde in aller Form der Spionage angeklagt. Man befahl ihm mit der Gestapo zu kollaborieren sonst werde er getötet. Die nächsten fünf Tage hindurch wurde er täglich acht Stunden verhört und mit Gummiknüppeln geschlagen, verriet aber nichts.

Am sechsten Tag griffen amerikanische Bomber Halle an und eine Bombe traf den Gefängniskomplex. Dadurch gelang es ihm und einigen Mitgefangenen zu entkommen.

Solche Fehler in der Dokumentenbeistellung, wie sie Adrians Festnahme verursacht hatten, passierten selten. Der Londoner Dokumentenstab hatte sogar kurz zuvor einen Triumph gefeiert.

Teper hatte aus deutschen Zeitungen erfahren, daß Arbeiter auf der Flucht vor den Russen eine Umsiedlungserlaubnis mit sich tragen mußten. Künftige OSS Agenten, die nun nach Deutschland als Fremdarbeiter geschickt wurden, die angeblich vor dem russischen Vormarsch flüchteten, brauchten ein solches Papier. Es galt nun, ein Dokument zu fälschen, das man noch niemals gesehen hatte.

Teper und Henry Sutton dachten darüber nach. Ohne Zweifel würde die Umsiedlungserlaubnis bei dem Zustand administrativer Desorganisation in Deutschland von lokalen Behörden ausgestellt werden, in kleinen Städten würde sie wahrscheinlich maschingeschrieben und durch die allgegenwärtigen Stempel entsprechend bestätigt. OSS London besaß deutsches Papier und Schreibmaschinen und konnte den Stempel jeder örtlichen deutschen Behörde reproduzieren.

Teper erarbeitete mit den Dokumentenleuten einen Ausweis, von dem er meinte, daß ein Umsiedlungspapier so aussehen könne. Den Agenten sagte man erst gar nicht, daß das Dokument das sie mit sich führten, nicht auf einem bekannten Original beruhte. Der OSS mußte warten bis Agenten am Ende des Krieges wieder zurückkehrten um herauszufinden, daß sein Spiel in der Mehrheit sehr erfolgreich gewesen war.

Adrian wurde, halb verhungert und erschöpft, auf seiner Flucht von russischen und polnischen Fremdarbeitern schlafend in einem Wald gefunden. Sie nahmen ihn auf und kümmerten sich um ihn. Am 15. April besetzten amerikanische Truppen die Gegend. Er wurde nun von einer Spionageabwehrabteilung der Armee eingesetzt, um flüchtige Nazis in kürzlich eroberten Gebieten aufzufinden. Unter der Gruppe von Verdächtigen, die man in das Hauptquartier des CIC (Counter Intelligence Corps) brachte, entdeckte Adrian zwei seiner Gestapofolterer. Er zog einem Militärpolizisten die Pistole aus dem Holster und schoß die beiden nieder. Gegen Adrian wurde keinerlei disziplinäre Aktion unternommen. Er arbeitete mit dem CIC bis zum Ende des Krieges.

15. KAPITEL

Donovans Rote Armee

Die deutsche Gebirgsjägerkompanie führte die Befehle mit der gelangweilten Effizienz aus, die Veteranen des Schlachtfeldes für das Paradeexerzieren aufbringen: „Stillgestanden! Im Gleichschritt marsch! Rechts um! Kompanie halt!“ Der Offizier ließ die Kompanie rühren und trat zur Seite. Ein Mann trat aus dem Glied und redete die Leute in verständlichem, aber nicht perfekten Deutsch an. Sein Name war Aaron Bank, Hauptmann in der US-Army. Von allen Unternehmungen des OSS, die für Deutschland geplant waren, war diese die größte und vielleicht kühnste. Bank bildete eine Kompanie „deutscher Ersatzinfanterie“ aus, mit dem Hauptziel, Adolf Hitler gefangen zu nehmen. Das Unternehmen erhielt den Namen *Iron Cross* (Eisernes Kreuz).

Bank gehörte zu SO (Secret Operations Branch), dem OSS-Zweig, der mit Sabotage, Guerillakriegführung und anderen halbmilitärischen Unternehmungen zu tun hatte. SO hatte seinen Höhepunkt im Frankreichfeldzug erlebt, wo er die Résistance ausbildete, bewaffnete und mit ihr kämpfte. In dieser Periode hätten sehr wohl der SI (Secret Intelligence Branch) und der SO-Zweig von OSS London auf verschiedenen Planeten leben können, so wenig Kontakt bestand zwischen ihnen.

Nun, nachdem die deutschen Unternehmungen den Vorrang besaßen, stand SO im Schatten. Deutschland war hauptsächlich eine Angelegenheit von SI, eine Aufgabe für die Nachrichtenabteilung.

Der Akzent auf Spionage wurde durch die veränderten Umstände diktiert. In den besetzten Ländern hatte eine Handvoll

SO-Agenten eine ganze Bevölkerung zum Widerstand aufputschen können, besonders wenn diese Handvoll über Versorgung aus der Luft mit Sprengstoff, Maschinengewehren, Gewehren, Munition und Bündeln von Geld verfügen konnte. Aber Agenten, die in Deutschland arbeiteten, durften nicht auf eine Bevölkerung zählen, die sich gegen ihre Bedrücker erhob. Saboteure im Reich, ohne die Hilfe einer nationalen Widerstandsbewegung, waren nichts anderes als Flöhe, die blindlings die Haut eines Elefanten angriffen. So wenig vielversprechend waren Guerillaoperationen in Deutschland, daß Gerald Miller, der neue SO-Chef London, der gegen Ende 1944 ernannt worden war, vor allem die Verantwortung für den Abbau der großen SO-Organisation trug, die man für den Feldzug in Frankreich errichtet hatte.

Miller war ein umgänglicher Mann Anfang der vierzig, der genau so gewichtig aussah, wie man sich einen Bankier aus dem Mittelwesten vorstellt, der er auch war. Er war über eine Bank in Detroit zum OSS gekommen, nachdem er eine Zeit lang im War Production Board (Kriegsproduktionsbehörde) gedient hatte.

Während aber Millers SO-Organisation sich im Abbau befand, waren Bürokraten in Washington der Meinung, es müßte ihre Abteilung doch einen Anteil am deutschen Feldzug haben. So wurde auf Miller Druck ausgeübt den SO, wenn auch in beschränktem Maße, ins Spiel zu bringen. Von seinem Mentor, dem britischen SOE, erhielt er kaum Unterstützung. „Man kann nicht hineinkommen und wenn es gelingt, kannst du ohnehin nichts tun," warnte ihn ein britischer Kollege. Miller war nur in der Lage, einige sehr bescheidene Unternehmungen in Gang zu bringen und einen wirklichen ambitiösen Versuch, nämlich *Iron Cross*.

Aaron Bank war ein 41 Jahre alter Berufsoffizier, dunkel, hübsch, mit einer lebenslangen Neigung zum Abenteuer. Er sprach einigermaßen gut französisch und deutsch. Als Soldat, als Sprachkundiger und als Abenteurer war Bank geradezu vorausbestimmt für den OSS.

Der Plan *Iron Cross* bestand darin, eine ganze Kompanie, als deutsche Infanterie ausgebildet, mit Fallschirmen zwischen Kufstein und Innsbruck abzusetzen. *Iron Cross* würde dann dort Sabotage durchführen und eine Guerilla-Kriegführung innerhalb der Alpenfestung anzetteln, Desertionen aus der Wehrmacht begünstigen und NS-Spitzenfunktionäre, die versuchten in die Berge zu flüchten, gefangen nehmen.

Bank fand unter den deutschen Zivilisten, die von den Franzosen interniert worden waren, eine ganze Reihe von Nazigegnern. Einige waren politische Gefangene gewesen, andere wieder Flüchtlinge vor der Gestapo; manche hatten in der französischen Widerstandsbewegung gekämpft. Bank durchkämmte auch die Kriegsgefangenenlager in der Nähe von Toulouse und Perpignan. Gegen Ende 1944 hatte er 175 Mann zusammengebracht. Der jüngste Rekrut war zwanzig, der älteste 45, die meisten waren zwischen 30 und 35 Jahren alt, nahezu alle waren Kommunisten oder kommunistische Sympathisanten, viele hatten im spanischen Bürgerkrieg gekämpft. Zu jenem Zeitpunkt galt noch als Kriterium General Donovans Frage: „Werden Sie Deutsche töten?“ für die Aufnahme dieser Leute, und hatte noch den Vorrang gegenüber allen Warnungen von Leuten wie Bert Jolis.

Neben Bank waren noch ein Leutnant und drei andere Amerikaner *Iron Cross* beigegeben. Einer der Amerikaner sollte als Funker arbeiten sobald sie im Reich angekommen waren. Als deutsche Unterführer wählte Bank einen gewissen Klaus, einen Mann von großer körperlicher Gewandtheit, von dem es hieß, er sei einmal Zirkusathlet gewesen, und ferner Horst, einen gesprächigen und höflichen Mann mit den Manieren eines Conférenciers. Beide waren Veteranen des spanischen Bürgerkrieges und eindeutige Kommunisten.

Als Hauptquartier erhielt Bank ein Gutshaus im Gebiet von Saint Germain, außerhalb von Paris. Er und die anderen Amerikaner zogen in das Haus, während die Deutschen in Zelten außerhalb einquartiert wurden. Dort erhielt die Kompanie Unterricht in Überfall, Sabotage, Verkehrsbehinderung, Desertion, Aufstand, Zerstörung von Brücken, Abflüssen, Eisenbahnen und Leitungsmasten.

Sie wurden im Gebrauch von Gewehren, Panzerfäusten, 08-Pistolen und Maschinenpistolen für den Nahkampf ausgebildet, arbeiteten sowohl mit amerikanischen Plastiksprengstoffen als auch mit deutschen Sprengstoffen. Die Leute zogen die letzteren vor, aber die Beschaffung war problematisch.

Sie erhielten auch eine, – plötzlich abgebrochene –, Ausbildung im Fallschirmspringen. Sie sprangen von der Türöffnung des Übungsflugzeuges am Boden, es wurde ihnen nur erklärt, wie sie abzurollen hätten, wenn sie zu Boden kamen. Wenn das Tagespensum erledigt war, exerzierten sie, um auch überzeugend durch das Inntal marschieren zu können.

Bank schied die körperlich Ungeeigneten, die Unengagierten und die psychologisch Unverläßlichen aus, bis schließlich von den 175 Rekruten nur noch hundert übrig waren. Die Moral war gut, wie sie es immer ist, wenn die Truppe richtig diszipliniert ist, beschäftigt wird und ein Gefühl für den Sinn ihrer Aufgabe hat. Rund um das Schloß, in dem sie ausgebildet wurden, waren keine Wachen notwendig. Wenn bei einer Bettenkontrolle Abgängige gemeldet wurden, so wußte Bank, in welchen Bordellen er die Abwesenden zu suchen hatte. Banks Infanteristen erhielten den Gegenwert von 60 Cents pro Stunde in französischen Francs.

Die *Bach*-Sektion sah sich vor einer schweren Aufgabe bei der Vorbereitung der Tarngeschichte von Hauptmann Aaron Bank. Wie sollte man die Existenz eines deutschen Soldaten erklären, der Angehöriger einer Gebirgsjägerkompanie war, nur einigermaßen deutsch sprach und dafür etwas besser französisch, das aber mit einem schrecklichen Akzent? Wäre nicht dieser Akzent gewesen, so hätte man Bank einfach als französischen Nazi aufbauen können, aber Teper fand eine Lösung: Er suchte auf einer Karte in der Karibischen See eine Insel, auf der französisch gesprochen wurde. Aaron Bank stammte also aus Martinique. Wie viele Deutsche wußten schon, was für einen Akzent ein Franzose aus Martinique haben mußte? Auf dieser Grundlage konstruierte nun Teper die Tarngeschichte für Bank:

Marchand, Henri

23. 11. 1902 geboren in Saint Pierre Martinique.

Religion, Stand: katholisch, ledig.

15. 3. 1880: Vater geboren, starb 1920 an Myocarditis. Er war Buchhalter in der Rumfaktorei der St. Jacque Société anonyme coloniale, Rue Ernest Deproge 26, Fort de France.

12. 2. 1882 Geburtsdatum der Mutter, Marie Boneau, geboren in Marseille. Sie lebt gegenwärtig noch in Martinique. Ich habe sie seit 1941 nicht mehr gesehen.

1907: Als ich fünf Jahre alt war, übersiedelten wir von Saint Pierre nach Fort de France.

Heimatadresse: Rue Victor Hugo 62.

Fort de France hat 46000 Einwohner, Saint Pierre 4300.

Erziehung: 1908 bis 1918 Lycée Schoelcher.

1918 bis 1919 Ecole Commerciale.

Ursprünglich war es der Wunsch meiner Eltern und auch mein eigener, daß ich wie mein Vater Buchhalter werden sollte, aber während meiner Studien an der Handelsschule entwickelte ich eine Abneigung gegen diesen Beruf. Andererseits war ich während meiner ganzen Jugend an Sport und Medizin interessiert. Als Folge des frühen Todes meines Vaters war es mir finanziell unmöglich, Medizin zu studieren, daher entschloß ich mich, meinen Lebensunterhalt als Masseur und Sportlehrer in den eleganten Badeorten in der Umgebung von Fort de France zu suchen. (Les Eaux d'Absalon, de Didier, de Moutte). Nach einiger Zeit gelang es mir, eine Reihe von prominenten Personen als Patienten zu gewinnen. Außerdem war ich zeitweise an der Clinic Pasteuer als therapeutischer Masseur beschäftigt.

Nach der deutschen Besetzung Frankreichs verschlechterten sich die wirtschaftlichen Bedingungen auf der Insel sehr. Ich verlor eine größere Anzahl meiner wohlhabenden Patienten und konnte daher nicht mehr genug Geld verdienen, insbesondere als ich auch meine Mutter unterstützen mußte. Andererseits wußte ich, daß es für einen ausgebildeten Masseur wie mich in Frankreich viel Arbeit geben müsse, wo die Deutschen eine ganze Anzahl von Lazaretten unterhielten. So reiste ich auf dem Dampfer „Mont Viso" (4500 Bruttoregistertonnen, Societé Générale de Transports Maritimes à Vapeur S. A.) von Fort de France über Casablanca nach Marseille.

Abreise von Fort de France am 11. 11. 1941.

Ankunft Casablanca 7. 12. 1941.

Abreise Casablanca 1. 1. 1942.

Ankunft Marseille 13. 1. 1942.

Nach meiner Ankunft meldete ich mich auf dem deutschen Arbeitsamt und erhielt die Auskunft, ich solle in zwei Tagen wiederkommen. Das tat ich und erhielt eine Zuweisung mich im Reservelazarett in Biarriz zu melden; dort habe ich etwa zwei Jahre lang gearbeitet.

Die Bevölkerung hat mich als Kollaborateur betrachtet und in der Tat waren auch meine Gefühle und Erfahrungen so, daß ich deutschfreundlich eingestellt bin. Als meine Vorgesetzten mir sagten, sie würden dafür sorgen, daß ich eine gute Anstellung bekäme und auch in meinem Beruf weiterkomme, wenn ich mich freiwillig zur Wehrmacht melde, entschloß ich mich, dies zu tun. Obwohl ich keinerlei Beschäftigung einschlägiger Art erhalten habe, so bedaure ich doch diesen Schritt nicht. Ich besitze die französische Kennkarte und ein Soldbuch.

Mitte April suchte der Chef der Pariser SO Aaron Bank auf. Am Abend zuvor hatte er mit General Donovan gespeist, der von den Fortschritten der *Iron Cross* Mission außerordentlich begeistert gewesen war. Der Gedanke, eine ganze Kompanie deutscher Infanterie nach der geheimen Marschmusik des OSS marschieren zu lassen, gefiel Donovan, aber er wollte das Ziel der Mission ändern. Sollte es gelingen, den Flug in die Alpenfestung wirklich durchzuführen, so war *Iron Cross* das richtige Instrument, um Goebbels, Göring, ja vielleicht sogar Hitler gefangen zu nehmen. „Sagen Sie Bank, er soll sich Hitler holen", befahl Donovan.

Aaron Bank sah ab nun verständlicherweise *Iron Cross* als ein Unternehmen etwa in der Art des kühnen Handstreiches, mit dem Skorzeny am 12. September 1943 Mussolini vom Gran Sasso d'Italia befreit hatte. Bank änderte daher sofort den Tenor der Ausbildung. Guerillakriegführung und Aufstand waren nun der Überfallstechnik nachgeordnet. Wie stürmte man ein Gebäude? Wie neutralisierte man seine Verteidiger? Wie brachte man menschliche Beute davon? Wie holt man sich einen Mann lebendig aus einem Fahrzeugkonvoi, der von Waffen starrt? Der *Iron-Cross*-Kompanie wurde nicht gesagt, wer diese Beute sein sollte, nur daß sie sie lebendig holen müsse.

Die Leute waren mit dem Gedanken sehr zufrieden, nun nicht gegen regelrechte Wehrmachteinheiten kämpfen zu müssen, Soldaten, einfache Leute wie sie selber, die in den Wirbel von Hitlers Krieg hineingeraten waren. Stattdessen würden sie nun gegen die Elite der SS-Einheiten eingesetzt werden. Als sich ihr Abflugdatum näherte, spürte Bank bei seinen Leuten gesunde Aufregung. Sie waren so angespannt, wie die besten Truppen, die er jemals am Vorabend eines Kampfes erlebt hatte.

Gegen Ende April reiste Bank nach Dijon, um dort die Vorausabteilung zu führen. Er, sein amerikanischer Funker, Sergeant Goldbeck und die beiden deutschen Führer Klaus und Horst sollten ein paar Tage vor der Hauptstreitmacht abspringen. Bank und der Sergeant sollten anfangs noch amerikanische Uniformen tragen. Ihre deutschen Uniformen wurden in die Ausrüstungsbehälter gepackt. Wurden sie bei der Landung gefangen genommen, so konnten sie die richtigen Uniformen vielleicht vor einer standrechtlichen Hinrichtung retten.

Die beiden Deutschen sollten in Zivil springen und Papiere mit sich führen, die sie als Bauarbeiter der Organisation Todt identifizierten. Sie sollten sich als Erkundungsabteilung etablieren und ein Netzwerk errichten, um prominente Nationalsozialisten, die sich in die Alpenfestung zurückziehen wollten, auf der Spur zu bleiben.

Danach würde auf eine Radiobotschaft Banks hin die gesamte Kompanie von C-47-Maschinen in einer unbesiedelten Gegend abspringen, und zwar immer ein Zug zur gleichen Zeit. Als Absprungzone wurde ein Landeplatz ausgesucht, der sich etwa in 1500 Meter Höhe am Nordwestrand des Inntals, in der Nähe der Stadt Schwaz befand. Dieser Punkt war nur etwa 90 Kilometer Luftlinie von Hitlers Adlerhorst auf dem Obersalzberg bei Berchtesgaden entfernt und lag auf dem erwarteten Weg eines Rückzugs in die Alpenfestung.

Die Vorausabteilung kam in Dijon an, wo in sechs Tagen der Abflug sechsmal wegen schlechtem Wetter abgesagt wurde. Bald nachdem die Gruppe Dijon erreicht hatte, rief Oberst J. Russell Forgan den Londoner SO-Chef, Jerry Miller an: „Ich weiß, daß Ihre *Iron-Cross*-Leute schwer gearbeitet haben und daß sie jetzt darauf brennen loszugehen, aber wir glauben, daß Deutschland am Ende ist. Was sollen wir jetzt das Leben dieser Leute riskieren? Ich glaube, es ist besser, wir lassen das Ganze."

Aber die unmittelbar bevorstehende Niederlage Deutschlands verringerte nicht den Wert dieses Unternehmens, sie unterstrich vielmehr noch die Richtigkeit des Entschlusses, eine Einheit dort in Stellung zu haben, um Hitler und seine Naziführer abzufangen, falls sie versuchten, den Krieg von den Alpen aus weiterzuführen. Aber Miller begriff was geschehen war. Hundert bewaffnete Kommunisten am Vorabend des Sieges nach Deutschland zurückzubringen, würde zurecht zu unangenehmen politischen Erschütterungen zu Hause führen; OSS hatte kalte Füße bekommen. Mit einigem Mißvergnügen gab Miller den Auftrag, Aaron Bank zu verständigen.

Die schwierigste Aufgabe für Bank war, die Sache seinen Leuten mitzuteilen. Er ließ die *Iron-Cross*-Kompanie zum letzten Mal antreten. Er hatte wenig zu sagen und wenig zu versprechen, seine Befehle lauteten einfach, die Leute auszuzahlen und in die

Kriegsgefangenenlager zurückzuschicken. Ihre einzige Belohnung bestand darin, daß sie zu den ersten Kriegsgefangenen gehören würden, die man nach Ende der Kämpfe in die Heimat schickte.

Die deutschen Angeworbenen, obgleich gemeinsam mit Agenten anderer Nationalitäten untergebracht und ausgebildet, blieben doch meist unter sich. Selbst die Offiziere, die sie überredet hatten mitzumachen, schienen doch niemals ganz überzeugt von ihrem Gesinnungswandel. Dieser unausgesprochene Verdacht gab den Anlaß zu Gerüchten, die jede Generation neuer deutscher Agenten immer wieder hörte: Eine Geschichte lautete, daß die Amerikaner sie schließlich abspringen ließen, aber daß sie Fallschirme aus Papier bekämen. Ein Gegengerücht wieder berichtete von einem Deutschen, der nicht springen wollte und dann den amerikanischen Absetzer mit sich riß, als er aus dem Flugzeug gestoßen wurde.

Frauen boten als Geheimagenten klare Vorzüge. Eine Frau mußte nicht erklären, warum sie nicht in der Wehrmacht diente, brauchte nicht soviele Papiere wie ein arbeitender Mann oder ein Soldat. Es gab zwar immer Risiken, aber die Gefahr war für eine Frau doch wesentlich geringer.

Peter Viertel vom OSS der 7. Armee hatte im Gebiet von Straßburg drei Frauen, Ada, Emily und Maria angeworben. Von ihnen dreien besaß Ada die reinste Motivierung. Sie war eine italienische Zirkusakrobatin, die durch den Krieg in der Nähe von Straßburg gestrandet und von deutschen Soldaten überfallen und wiederholt vergewaltigt worden war. Ihr Wunsch nach Rache war von tödlicher Kälte, die den Geheimdienstprofessionals imponierte. Emily war eine hübsche kleine Brünette, dem OSS durch den französischen Geheimdienst, das Deuxième Bureau, empfohlen. Man wußte sehr wenig von ihrem Hintergrund, ausgenommen, daß sie diese Verbindung zu den Franzosen besaß.

Die dritte, Maria, war jung, kaum mehr als zwanzig, und durch ihr früheres Leben in einer Bergwerkstadt südlich von Straßburg abgehärtet. Sie sah aus wie ein Bauernmädchen das in die Stadt gekommen ist, eine typische Elsässerin, strohblond mit roten

Wangen. Peter Viertel hatte sie aus einem Lager geholt, wo sie als Nazikollaborateurin festgehalten wurde, da sie in einem deutschen Lazarett und in einem deutschen Offizierscasino gearbeitet hatte. Sie sei auch Freundin eines Gestapobeamten gewesen.

Maria antwortete mit einer glaubwürdigen, wenn auch wenig aufregenden Erklärung auf die Frage nach ihrer Motivation. Das Leben einer Französin, die mit einem Deutschen ins Bett gegangen war, würde im befreiten Frankreich wohl recht schwierig sein. Dieses unsentimentale Kind der Armut und des Krieges war entschlossen, wieder auf die Füße zu kommen, auch wenn sie dazu von einem amerikanischen Flugzeug aus starten mußte. Maria wollte die Last der Kollaborateurin von ihren Schultern wälzen und sozusagen in ihrer Führungsliste eine Eintragung haben, die bewies, daß sie den Amerikanern geholfen hatte.

Viertel fand Maria elastisch, selbstbewußt und von natürlicher Schlauheit. Sie wurde eingestellt und erhielt eine Ausbildung im Fallschirmspringen und in allem, was zur Verbindungsaufnahme gehörte, wie das Funken von Chiffren und ähnliches. Sie lernte, wie militärische Einheiten, Panzer, Flugzeuge und Geschütze zu identifizieren sind. Als Elsässerin sprach sie deutsch so gut wie französisch und konnte sich ohne weiteres östlich des Rheines durchschlagen. Sie lernte rasch, hatte keine Angst vor dem Fallschirmspringen und erschien ihren OSS-Ausbildern als vielversprechende Agentin. Dieser abgebrühten Proletarierin gelang es auch die amerikanischen Frauen des OSS-Stabes zu skandalisieren. Maria war in einer etwas ordinären, leicht zugänglichen Weise anziehend und nicht besonders kritisch in Bezug auf die Befriedigung ihrer körperlichen Wünsche. Inmitten von Amerikanern und den anderen Agenten war sie selten allein.

Am 3. Februar wurde Maria nach Lyon versetzt, um als Krankenschwester getarnt in der Nähe von Stuttgart abzuspringen.

Kurz vor dem Start überraschte Maria den höchst erstaunten Peter Viertel mit der Mitteilung, daß sie schwanger sei. Sie stellte klar, daß sie keineswegs die Absicht habe, ihr Unternehmen scheitern zu lassen, wollte aber einen Handel abschließen. Sie erwartete mit einigem Glück weniger als zwei Wochen unterwegs zu sein und sich dann wieder zu den Amerikanern durchzuschlagen. Nachdem sie so ihren Teil der Abmachung eingehalten hatte, sollten die Amerikaner für sie eine Abtreibung arrangieren. Viertel erschien das unerhört. Eine Frau von einem Flugzeug abspringen zu lassen konnte vielleicht das Problem der unerwünschten Schwangerschaft lösen, aber dies schien ihm keineswegs als ein glücklicher Anfang einer ernsthaften Kundschaftsmission.

Wessen Kind war es, wollte er wissen. Maria sagte, daß ihr Gestapoliebhaber der Vater sei. Viertel fand diese Ironie außerordentlich störend und empfahl daraufhin, daß das Unternehmen abgeblasen werde. Aber in diese Mission war viel investiert worden; in die Planung, die Finanzierung, in das Bemühen, die Zusammenarbeit mit der 7. Armee zu erreichen und, was das allerschwierigste war, die 492. Bombergruppe dazu zu bringen, den Flug zu arrangieren. So wurde Maria an Bord einer B 24 gebracht und sprang spät in der Nacht des 3. Februar über Deutschland ab.

Sie machte ihre Sache ausgezeichnet. Nachdem sie abgesprungen war und ihren Fallschirm und Sprunganzug versteckt hatte, gelang es ihr glaubwürdig als Krankenschwester aufzutreten und alle Punkte ihrer Reiseroute zu erreichen. Schließlich reiste sie wieder nach Westen zur Front zurück. Dort wurde sie von amerikanischen Truppen überrollt, die ihr Losungswort verstanden und sie dem OSS überstellten. Maria erstattete nun Peter Viertel ihren Bericht, wobei sich erwies, daß sie einen guten Blick und ein gutes Aufnahmevermögen besaß: Sie berichtete wertvolle Einzelheiten über Standorte deutscher Befehlsstellen, über Panzeransammlungen und Truppeneinsatz. Sie hatte dic in sie gesetzten Erwartungen mehr als erfüllt, verlangte aber nun, daß die von ihr gestellte Bedingung erfüllt werde.

Um eine Abtreibung zu arrangieren, schien Peter Sichel der OSS-Zahlmeister bei der 7. Armee am ehesten geeignet, und auch ihm gefiel dieser Auftrag.

Er brachte das Mädchen in eine Straßburger Klinik und setzte dem diensthabenden Arzt die höchst delikate Geschichte auseinander: Die junge Frau, so sagte er, von leidenschaftlichem Haß gegen die „boches" beflügelt, habe hinter der Front in Deutschland außerordentliches Heldentum bewiesen; sie sei eine Jeanne d'Arc der Résistance. Ihre Mission im Reich habe von ihr höchste Opfer gefordert und unglücklicherweise sei sie dabei schwanger geworden. Der Arzt zeigte volles Verständnis und als Sichel einige Tage später kam, um die Rechnung zu begleichen, protestierte der Doktor heftig. Schließlich und endlich habe das Mädchen das ja für Frankreich getan.

Peter Viertels Erfolg mit Maria wiederholte sich leider nicht bei den beiden anderen Frauen, die er angeworben hatte.

Ada, die von Deutschen vergewaltigte Zirkusakrobatin, unternahm zwar fünf Flüge, von denen aber aus verschiedensten Gründen keiner zum Absprung führte und Emily, das hübsche kleine vom Deuxième Bureau empfohlene Mädchen erwies sich auf geradezu geniale Weise untreu. Sie hatte ihre Ausbildung mit bewundernswerter Zähigkeit absolviert, das Fallschirmspringen und die Funkerei völlig gemeistert. Nachdem sie aber in Deutschland gelandet war ersetzte sie einfach die Radiokristalle, die sie vom OSS bekommen hatte durch jene, die ihr das Deuxième Bureau mitgegeben hatte und funkte ausschließlich für die Franzosen.

Nach seiner Ankunft in Berlin Anfang November mietete Juri Winogradow, der Weißrusse,der bei Gérardmer durch die Frontlinien geschlüpft war, ein Zimmer in der Eisenacher Straße 10. Er wurde von der Gestapo am Tag nach seiner Ankunft zu einem Verhör geholt, weil ein Bekannter die Geheimpolizei informierte, daß der Russe eben aus Paris zurückgekehrt sei.

Winogradow weigerte sich zu kooperieren, bevor er nicht die Gelegenheit gehabt hatte, mit Michael Kedia vom SD zu sprechen. Kedia war Präsident der national-georgischen Regierung in Deutschland, die von den Deutschen als eine Art Exilregierung anerkannt war und als Vertreter einer unabhängigen, von den Sowjets unterjochten Nation behandelt wurde. Ohne Mitglied des SD zu sein arbeitete er doch sehr eng mit den Geheimdiensten der Nazis zusammen, verschaffte ihnen Agenten für Spionageunternehmen in Rußland und war an Plänen beteiligt, die sich gegen die UdSSR richteten.

Kedia war einer jener russischen Minderheitenführer, die die Nazis sehr geschickt benützten. Nachdem die Deutschen in Rußland einmarschiert waren, schlossen sich ihnen Ukrainer, Tataren, Usbeken, Kirgisen, Armenier, Georgier und andere Minderheiten in der falschen Hoffnung an, auf diese Weise irgendwann einmal für ihre Heimat die Unabhängigkeit erreichen zu können. Sie waren keineswegs besondere Freunde der Nationalsozialisten, einige hatten sogar nur eine verwaschene Vorstellung der Probleme, um die es in diesem Krieg ging, aber jede dieser Volksgruppen hatte ihre eigene Kultur, ihre eigene Sprache. Die Kirgisen zum Beispiel sind türkisch sprechende Moslems. Die Volksgruppenführer vereinigte nur der Wunsch, das sowjetische Joch abzuschütteln und die Deutschen hatten ihnen Hoffnungen gemacht und gestattet, nationale „Regierungen“ in Deutschland zu bilden.

Obwohl von Berlin wegen ihres Propagandawertes und ihrer Fähigkeit, Unruhen in der Sowjetunion zu erzeugen unterstützt, begannen doch diese Emigranten zunehmend die Hoffnungslosigkeit ihrer Lage einzusehen. Die Deutschen hatten niemals ernsthaft die Absicht gehabt, ihren Heimatländern die Unabhängigkeit zu geben. Die Sowjets, ihre Erzfeinde, drangen nun von Osten her vor und im Westen betrachtete man sie als Marionetten der Nazis. Das einzige politische Kapital, das sie vielleicht in ein Geschäft mit den westlichen Demokratien einbringen konnten, war ihr Antikommunismus. Daher betrachteten sie Vinogradoff mit seinen Verbindungen zum Westen als einen, wenn auch sehr kleinen, Hoffnungsstrahl.

Auf Wunsch der Gestapo bürgte Michael Kedia für Winogradow, den er in der Tat sehr gut kannte. Er wußte überhaupt sehr viel mehr als er den Deutschen mitteilte, einschließlich der Tatsache, daß Juri sich vor Monaten schon aus Berlin entfernt hatte um nach Paris zu gehen, ausdrücklich in der Absicht die Alliierten zu kontaktieren.

Während des Verhörs durch die Gestapo und später durch SD-Beamte wiederholte Winogradow seine übertriebenen Berichte von dem Aufblühen des Kommunismus in Frankreich und wiederum wurde er mit Spannung angehört. Da die Haltung des SD ihm gegenüber offensichtlich positiv war ließ er durchblicken, daß er bereit wäre geheimdienstlich zu arbeiten. Er besaß dafür durchaus gute Eignung, denn er hatte natürlich Verbindungen zu russischen Emigrantengruppen im Westen und sprach französisch, war eine Zeit lang in Frankreich erzogen worden und kannte sich in Westeuropa aus.

Der SD reihte ihn als Agenten in seine Sowjetspionageabteilung ein. Er sollte nach Paris zurückkehren und dort unter russischen Emigranten arbeiten. Er erhielt eine Kennkarte des SD und damit die Berechtigung, SD-Uniform und Waffen zu tragen. Er verbrachte die nächsten Wochen in der Ausbildung für seine Rückkehr nach Paris und prägte sich zugleich in aller Ruhe jede kleinste Facette des SD und alles über dessen internen Betrieb, Organisation und führende Persönlichkeiten in sein Gedächtnis ein.

Der SD zahlte ihm 5000 Reichsmark für die Informationen, die er über die politischen Zustände in Frankreich mitgebracht hatte und gab ihm ferner ein monatliches Gehalt von 500 RM, was herzlich wenig war. Aber er besaß ja 10000 Dollar (= 100000 RM) in Juwelen vom OSS, die es ihm möglich machten, sofort als einer der Magnaten des Schwarzen Marktes aufzutreten, eine Nebenbeschäftigung, die seine SD-Vorgesetzten keineswegs tadelnswert fanden.

Die Zeit verging und es war schon der März des Jahres 1945 gekommen, ohne daß Winogradow nach Paris hätte zurückkehren können. In der Zwischenzeit überstand er wiederholte Denunziationen durch Leute, die seine pro-alliierte Haltung vor seiner letzten Reise nach Frankreich kannten. Jedenfalls war es Kedia gelungen, ihn zu schützen. Er hatte auch sehr ergiebige Nachrichtenquellen erschlossen, so eine Frau namens Maria Frankenstein, eine enge Freundin von Emma Göring, der Frau von Hermann Göring, und auch hohe Funktionäre in Heinrich Himmlers SS-Reichsführung.

Ein Datum für seine „Reise" nach Paris war schon zweimal festgelegt, aber beide Male widerrufen worden. Nun begannen Winogradows Zuversicht und gute Laune zu schwinden. Und Kedia kam mit Problemen, von denen die Georgier hofften, Winogradow könnte sie lösen: Die Sowjets marschierten unaufhaltsam auf Berlin zu. Wenn ihnen Leute wie Kedia, die offen mit den Nazis zusammengearbeitet hatten in die Hände fielen, so brauchte man nicht lang nach ihrem Schicksal zu fragen. Kedia wollte Deutschland verlassen und Kontakt mit hochgestellten Engländern oder Amerikanern aufnehmen, um sie zu überzeugen, daß die emigrierten Volksgruppenführer aus Rußland zwar wilde Antikommunisten seien, aber sehr wenig Sympathie für die Deutschen besaßen und daher bereit seien, die Alliierten zu unterstützen.

Da Kedia von den Deutschen als Mitglied einer fremden Regierung betrachtet wurde, stand es ihm und ebenso den anderen Minderheitenführern frei, ins Ausland zu reisen. Kedia verlangte, Winogradow solle in der Schweiz einen Kontakt auf höchster Ebene mit den Alliierten organisieren. Er stimmte zu und es gelang ihm, Bert Jolis eine Botschaft zukommen zu lassen, in der er bat nach Ankunft der russischen Führer in Genf einen Empfang für sie zu organisieren.

Dann nahm er sein Schicksal in die eigenen Hände. Bekam er keinen Befehl des SD nach dem Westen zu gehen, so mußte er dies durch andere Kontakte Kedias erreichen. Am 8. April verließ er Berlin, ohne den SD davon zu verständigen, aber mit entsprechenden Papieren und Ausweisen, die ihm die Abwehr verschafft hatte. Er fuhr in Richtung Erfurt, wo er erwartete die amerikanischen Linien überschreiten zu können. Die Minderheitenführer reisten bald danach in die Schweiz ab.

Der OSS hatte einen kleinen Posten im französischen Ort Annemasse, nahe der Schweizer Grenze eingerichtet, etwa acht Kilometer von Genf entfernt. OSS-Offizier Paul Mellon bedeutete dort Bert Jolis, er müsse die Reise nach Genf im Kofferraum seines Autos unternehmen, aber es werde nur einige Minuten dauern. Mellon besaß Diplomatenstatus, aber Jolis konnte als amerikanischer Soldat legal nicht in die Schweiz einreisen.

Jolis sollte in Genf die Führer der Minderheiten aus Rußland treffen. Er betrachtete die Russen, mit ihrer intimen Kenntnis des Apparates der Nationalsozialisten und ihrem Einfluß unter den unruhigen Minderheiten in der Sowjetunion, als einen großartigen Fund, sowohl was die Gegenwart als auch was die Möglichkeiten der Spionage nach dem Krieg betraf.

Fünfzehn Minuten später ließ Mellon Jolis in einer einsamen Seitenstraße von Genf aus dem Kofferraum des Autos. „Es bleiben Ihnen noch etwa zwanzig Minuten", sagte er und fuhr davon. Jolis sollte die Russen im Hotel d'Angleterre am Seeufer treffen. Er hatte, allein in dieser fremden Stadt, in ungewohnten Zivilkleidern, ohne Papiere, ein Gefühl des Entblößtseins. Nach ein paar Schritten hörte Jolis vor sich den Marschtritt von Soldaten. Um die Ecke kam ein Zug Militär in drohendem Feldgrau, mit Helmen, die wie deutsche aussahen. Jolis erstarrte vor Entsetzen. Ein schrecklicher Irrtum mußte geschehen sein. Aber als die Soldaten vorbeimarschierten erkannte er, daß es Schweizer Infanterie war. Endlich kam er zum Hotel d'Angleterre und betrat die imposante Halle, in der von einer gewaltigen Decke Rokokolüster hingen und eine breite Treppe in einen großen, altmodischen Empfangsraum führte. Jolis kannte nur den Namen von Michael Kedia; über die Hausleitung telefonierte er in das Zimmer des Georgiers. Eine Stimme mit starkem Akzent informierte ihn: „Wir werden gleich unten sein!"

„Nein, nein", Jolis war entsetzt. „Lassen Sie mich hinaufkommen!" aber Kedia bestand darauf.

Jolis wartete am Fuß der großen Treppe, nervös angesichts der Aussicht, ein Spionageunternehmen in der Halle eines Grand Hotels in der neutralen Schweiz anzufangen. Die Türen des Lifts öffneten sich. Jolis traute seinen Augen nicht: Von den sieben Männern trugen nur zwei westliche Kleidung, die übrigen trugen Feze, wallende Gewänder, Pumphosen und Kaftane. Sie marschierten die Stiege hinunter, vorbei an Jolis und suchten offensichtlich ein ähnlich bunt gekleidetes Begrüßungskomitee.

Jolis näherte sich zögernd der Hauptfigur, murmelte ein Pseudonym als Namen und streckte die Hand aus. Die Enttäuschung des Mannes war schmerzlich sichtbar, aber er erholte sich rasch. Michel Kedia lachte breit, schüttelte Jolis' Hand und verbeugte sich tief. Das taten auch die anderen, umringten ihn, lächelnd und aufgeregt gestikulierend. Einige sprachen deutsch, andere versuchten es mit französisch, wieder andere sprachen Sprachen, die Jolis nie auch nur gehört hatte. Der Portier, die Kellner, die Pagen, die Gäste, jedermann in der Halle sah zu.

Jolis flüsterte Kedia zu: „Können wir nicht hinaufgehen? Hier können wir nicht reden!" Endlich gelang es ihm, Kedia zu überreden, sich auf sein Zimmer zurückzuziehen.

Dort verstand Jolis, obwohl er ein politisch erfahrener Mann war, zum ersten Mal, welches Ausmaß die Verzerrung der Wirklichkeit als Folge der Propaganda des Nationalsozialismus im Reich erreicht hatte. Die Nationalitätenführer aus Rußland glaubten, Jolis sei ein amerikanischer Funktionär, der sie zu General Eisenhower bringen werde. Für Jolis bedeutete dies aber nur eine momentane Verwirrung, die sich aufklären ließ. Was ihn jedoch ernsthaft bedrückte war das absolute Vertrauen dieser Männer darauf, daß die westlichen Alliierten nach der Niederlage der Deutschen automatisch Krieg gegen die Sowjetunion führen würden. Als gleichgesinnte Feinde des Kommunismus betrachteten sie sich nun als natürliche Alliierte der Westmächte. Würde denn General Eisenhower sie nicht willkommen heißen? Und endlich helfen, die Unabhängigkeit ihrer Heimatländer wiederherzustellen?

Jolis zerstreute rasch alle Gedanken an einen Krieg gegen Rußland, was große Bestürzung verursachte. Ja, was hatten denn dann die Alliierten für Pläne für ihre Heimatländer? Was sollte mit ihren Bewegungen geschehen?

Jolis legte ihnen taktvoll die realistischen Alternativen dar. Sie konnten in der Schweiz bleiben und irgendwann einmal interniert werden, oder wenn sie einfach ein paar Tage unauffällig hierblieben, würde er sie auf alliiertes Territorium bringen lassen, wo in der endgültigen Phase des Krieges ihr Wissen wertvoll sein konnte, etwa bei der Ausschaltung noch vorhandener Nazieelemente nach Kriegsende.

Der Sturz war tief; im Verlaufe einer Stunde wurden sie von der Position von Botschaftern potentiell unabhängiger Nationen zu Informanten eines ausländischen Spionagedienstes deklassiert. Sie fragten Jolis, ob er nicht wenigstens in ihrem Auftrag einen Brief General Eisenhower bringen könne, wozu er sich natürlich bereit erklärte. Nun veränderte sich die Atmosphäre und es herrschte wieder Hochstimmung. Alle ihre Energien konzentrierten sich darauf, in dem Brief an den obersten alliierten Befehlshaber ihre speziellen Interessen darzulegen.

Kedia kämpfte, um in diesem Durcheinander von Stimmen und Sprachen einen Weg zu finden, da ja auch die Ziele der einzelnen Gruppen einander zum Teil widersprachen. Die frühere Enttäuschung schien nun vergessen, ihr Selbstvertrauen kehrte zurück, als sie erhitzt über jede Zeile und Formulierung debattierten. Als das Dokument schließlich fertig war, setzte jeder mit großer Geste seine Unterschrift darunter. Jolis versprach, dafür zu sorgen, daß der Brief General Eisenhower erreiche. In ein paar Tagen würden sie von seinen Kollegen in Bern kontaktiert werden.

Wie versprochen wurden sie bald danach von Vertretern des OSS aufgesucht. Sie wurden in ein Rotkreuzlager in der von Alliierten besetzten Stadt Hoechst gebracht, wo OSS-Offiziere sie verhörten. Aber auch diese Erfahrung erwies sich als bitter. Ihre Befrager waren weit mehr an ihrem Wissen über Aufbewahrung und Inhalt der SD-Akten interessiert, als an den hoffnungslosen nationalistischen Phantasien dieser bizarren Gestalten.

16. KAPITEL

Ein Amerikaner im Holocaust

Als Fritz Molden in Caserta eintraf war er so etwas wie eine mythische Figur. Eine kleine Gruppe von OSS-Offizieren wußte, was der junge Österreicher für Allen Dulles geleistet hatte und war sich bewußt, daß er in Italien Zugang zu höchsten Stellen der Alliierten besaß. Seine Ziele jedoch blieben allen geheimnisvoll.

Molden traf mit dem alliierten Oberbefehlshaber in Italien, General Mark Clark zusammen, sowie mit hohen Offizieren der 15. Luftflotte. Sein Hauptziel war, ihnen den Wahnsinn weiterer Luftangriffe auf die zivile Bevölkerung in Österreich klarzumachen. Dieser ernsthafte junge Mann stieß offensichtlich die Offiziere der Luftwaffe vor den Kopf. Später berichtete Molden, ihre Haltung sei arrogant gewesen: Zuerst leugneten sie, daß die amerkanische Luftwaffe unterschiedslos Wohnviertel bombardiere, dann aber meinten sie wenn es geschehe, so seien doch die Bewohner ohnehin alle Nazis. Und wer war denn Molden, daß er der US-Luftwaffe erklären wolle, was sie zu tun habe?

Mit einem weniger hoch gesteckten Ziel hatte Molden mehr Glück. Er und Al Ulmer, der nun die österreichischen und deutschen Unternehmungen aus Italien leitete, hatten rasch Freundschaft geschlossen, und Molden hatte Ulmer gefragt, ob er unter seinen künftigen Agenten nicht vielleicht einen guten Funker habe. Bert Jolis hielt zu dieser Zeit Josef Franckenstein in Bereitschaft, einen in Österreich geborenen amerikanischen Leutnant, der eine Mission nach Tirol unternehmen sollte, sobald ein guter Funker gefunden war. Ulmer nahm nun Molden mit, um zwei Kriegsgefangene zu überprüfen, die Dyno Löwenstein kürzlich angeworben hatte.

Löwenstein war in einem der Kriegsgefangenenlager mit einem älteren Mann namens Lothar Königsreuter ins Gespräch gekommen. Der Lagerkommandant hatte Löwenstein berichtet, Königsreuter sei militanter Sozialdemokrat und bereit gegen die Nazis zu arbeiten. Königsreuter hatte dem Schutzbund angehört, einer sozialdemokratischen Wehrformation, und hatte 1934 in dem ersten der beiden kurzen Bürgerkriege, die Österreich vor dem Anschluß erschütterten, auf Seiten der Sozialisten gekämpft.

Löwenstein lernte nun einen hochgewachsenen, ernst dreinschauenden Mann kennen, etwa 40 Jahre alt, mit stahlgrauem Haar und buschigem Schnurrbart. Der Mann war auch Mitglied der sozialdemokratischen Organisation „Kinderfreunde" gewesen, deren deutsche Schwesterorganisation Löwensteins sozialdemokratischer Vater geführt hatte. Nach einem langen Gespräch war Löwenstein von der Aufrichtigkeit Königreuters überzeugt. Das offene Eingeständnis des Mannes, einmal kurze Zeit mit dem Nationalsozialismus geliebäugelt zu haben, beeindruckte ihn sehr und er brachte ihn nun, zusammen mit einem wieseligen kleinen Mann namens Hermann Pfluger, in die OSS-Dienststelle. Warum, so wunderte sich Leutnant Ulmer, hatte Löwenstein diesen Mann mitgebracht, der keineswegs viele Voraussetzungen für einen guten Agenten zu bieten schien? „Der andere Bursche hat ein zu steifes Kreuz", meinte Löwenstein. „Der Kleine da wird sich auf dem schwarzen Markt umtun können." Fritz Molden sah sich die beiden an, nahm Königsreuter und lehnte Pfluger ab.

Leutnant Hart Perry brachte nun Königsreuter nach Annemasse, von wo er in die Schweiz geschmuggelt wurde. Dort kam er mit Leutnant Franckenstein zusammen und bildete mit ihm das Team der *Homespun*-Mission. Die beiden wurden dann von Molden nach Tirol geführt, wo sie in den Bergen in der Nähe von Innsbruck ein Ausbildungslager für Partisanen errichteten. Sie wurden aber von den Nazis aufgespürt. Al Ulmers Nachkriegsbericht beschreibt die letzten Augenblicke der *Homespun*-Mission:

Während der Nacht vom 27. auf den 28. April kam Baylor (Lothar Königsreuters Deckname) auf der Kematener-Alm an, wo Horneck (Josef Franckensteins Deckname) in der vorigen Nacht mit Angehörigen der 0 5 eingetroffen war. Die Männer bezogen getrennte Räume.

Am Morgen des 28. April, gegen 5 Uhr, drangen sechs SD-Leute in das Gebäude ein und stürmten in den Raum Hornecks. Man befahl ihm und seinem österreichischen Kameraden aufzustehen; dann wurde der Raum sorgfältigst durchsucht. Als nächstes mußten sich die beiden Männer anziehen und blieben, bewacht von zwei SS-Männern, im Zimmer, während die übrigen SD-Leute das Haus durchsuchten. Nach einiger Zeit wurde Horneck und der Österreicher ins Tal hinuntergeführt, während die Hausdurchsuchung fortdauerte. Wie eine Augenzeugin, eine Köchin die im Haus arbeitete, berichtet hat, war Baylor von der Polizei nicht entdeckt worden. Eineinhalb Stunden später wachte Baylor auf und ging in die Küche hinunter, um sich einen Kübel Wasser zum Waschen zu holen. Die Köchin, die Baylor pfeifen hörte, als er die Stiegen herunterkam, lief ihm entgegen, um ihn vor der Polizei zu warnen. Baylor ging in seinen Raum zurück, warf seine Sendeausrüstung in die Latrine, packte seinen Rucksack und verließ das Haus durch den rückwärtigen Ausgang. Während dieser Zeit durchsuchte ein Gestapo-Beamter den Keller, ein anderer stand auf einem äußeren Balkon Wache. Kurz nachdem Baylor das Haus verlassen hatte, hörte die Köchin einen Anruf und einen Augenblick später einige Schüsse.

Baylors Leichnam wurde erst, nachdem Innsbruck von den Alliierten besetzt und Horneck aus der Gefangenschaft befreit worden war, gefunden. Am 11. Mai entdeckte eine Suchmannschaft, die Horneck in Marsch gesetzt hatte, den Körper in einiger Entfernung des Hauses. Baylor war einige hundert Meter weit gekommen, bevor auf ihn geschossen wurde. Einer der Schüsse hatte seinen Rücken durchbohrt und war in der Brust ausgetreten. Ein anderer Schuß durch den Kopf war aus kürzester Entfernung abgegeben worden.

Neben der Zusammenarbeit mit Molden und dem Messen des Rheinwasserstandes erhielt Gary Van Arkel noch eine andere bedeutende Aufgabe. Ein Journalist, der sich in der Vergangenheit schon als verläßlich erwiesen hatte, gab ihm eine Adresse: Keinen Namen, sondern nur eine Straße und eine Haus- und Türnummer in Zürich und regte an, er solle dort vorsprechen.

Tatsächlich reiste Van Arkel Ende 1944 von Bern nach Zürich und suchte die ihm gegebene Adresse in einer recht herabgekommenen Nachbarschaft auf. Er kletterte sieben Stockwerke hinauf und klopfte vorsichtig. Die Tür öffnete sich in zwei eher ärmlichen Räumen. Ein ebenso schäbig aussehendes Paar betrachtete ihn wortlos. Van Arkel gab ein Minimum an Information um sich zu identifizieren, der Mann bat ihn herein.

Hier stieß der OSS auf eine Goldmine. Der Mann war österreichischer Emigrant und revolutionärer Sozialist. Vielleicht war er gezwungen gewesen seine Heimat zu verlassen, vielleicht hatte er sich auf Befehl seiner Partei in der Schweiz niedergelassen: Er gab so wenig Informationen wie Van Arkel. Er erzählte von Kontakten mit einem anderen revolutionären Sozialisten, der sich noch in Österreich befand und dessen Stellung allerdings die Phantasie Van Arkels zum blühen brachte.

Der Genosse in Österreich hatte von der Partei Weisung, die Deutsche Arbeitsfront, den Gewerkschaftsersatz der Nationalsozialisten, zu infiltrieren. Das war ihm außerordentlich gut gelungen: Er war Sekretär und Schatzmeister der NS-Fachgruppe der Eisenbahner geworden. Im Alltagsberuf war er Reichsbahninspektor, der die Eisenbahnanlagen im westlichen Österreich zu kontrollieren hatte. Alle zwei Wochen mußte er alle wichtigeren Linien seines Bereiches besichtigen.

Bevor er Zürich verließ hatte Van Arkel den Mann in der kleinen Wohnung gefragt, ob er irgend etwas brauche. Nur ein paar Zigaretten und Kaffee, vielleicht ein bißchen Geld.

Bei den folgenden Zusammenkünften in obskuren Bierstuben in und um Zürich arbeiteten Van Arkel und der revolutionäre Sozialist ein Schema aus und setzte es in die Tat um:

Eine Strecke der österreichischen Eisenbahnen, jetzt natürlich Deutsche Reichsbahn, führte bei Buchs in die Schweiz. Van Arkels Mann aus Zürich stieg als Skifahrer getarnt in einem Gasthaus in der Nähe von Buchs ab. Dort nahm er in seinem Zimmer die Mahlzeiten ein, der österreichische Bahninspektor wohnte ebenfalls in diesem Gasthaus und speiste in seinem Zimmer. Der Kellner, der beide bediente, war Teil des Arrangements. Er brachte zuerst dem Bahninspektor das Essen und prägte sich alle Nachrichten ein, die dieser Mann ihm gab, dann gab er alles, was er erfahren hatte, dem Mann in dem anderen Zimmer weiter. Das Arrangement in Buchs erwies sich als eine der fruchtbarsten Unternehmungen des OSS in Bern.

Nachdem der Sozialist von seinen Skiausflügen nach Buchs zurückgekehrt war, traf er sich mit Van Arkel in Hotelzimmern, wo der Amerikaner seine Karten ausbreitete. Dort bezeichnete der Österreicher die zuletzt bekannten Standorte der Armeehauptquartiere, die sich entlang der Donau nach Westen bewegten, die Lage von Munitionsdepots, ferner wann und wo Transporte von Truppen und Rüstungsgütern auf den wichtigsten Eisenbahnlinien erwartet wurden.

Dann raste Van Arkel nach Bern zurück und die Informationen wurden an die 15. Luftflotte in Italien weitergegeben. Van Arkels Berichte wiesen den Bombern ihre Angriffsziele. Bei dem nächsten Treffen in Buchs teilte der Bahninspektor seinem sozialistischen Genossen weitere Ziele mit und berichtete, wie gut oder wie schlecht die Erfolge der letzten Bombenangriffe gewesen waren.

Noch immer verlangte Van Arkels Mann nichts anderes als ein paar der bescheidenen Luxusdinge der Kriegszeit, wie Zigaretten, Kaffee und ein bißchen Geld. Er schien enttäuscht, daß Van Arkel nicht immer amerikanische Zigaretten mitbringen konnte. Die Verbindung zwischen dem Bahninspektor, dem Agenten und Van Arkel bis zur 15. Luftflotte funktionierte bis zum Ende des Krieges.

An einem Tag im März 1945 rief der Diener von Allen Dulles Van Arkel aufgeregt in dessen Büro in Bern an. Mr. Dulles sei nach Paris gereist und ein Herr sei nun in der Wohnung erschienen, der unbedingt mit jemandem sprechen wolle. Van Arkel sagte, er käme gleich hinüber.

In der Wohnung von Dulles traf Van Arkel einen Deutschen, der perfekt englisch sprach und sich als ehemaliger deutscher Generalkonsul in Los Angeles vorstellte. Der Mann war entwaffnend direkt. Er komme aus dem Hauptquartier von General Wolff und besitze Informationen, die er sogleich an Mr. Dulles weitergeben müsse.

Dies betraf nicht Van Arkels Zuständigkeit aber er wußte sofort, daß dieser Besuch besondere Bedeutung hatte. Seit Februar war Allen Dulles in geheimer Verbindung mit SS-General Karl Wolff, dem „höchsten SS- und Polizeiführer in Italien“, um eine frühzeitige Kapitulation der deutschen Streitkräfte auf diesem Kriegsschauplatz herbeizuführen. Nur wenige Tage zuvor hatte sich Dulles unter strengster Geheimhaltung mit General Wolf in

Zürich getroffen. Van Arkel, obwohl er an diesen Verhandlungen nicht direkt beteiligt war wußte doch, in welchem Stadium sich die Friedensgespräche befanden, da er die entsprechenden Telegramme gelesen hatte.

Der deutsche Besucher sagte, General Wolff sei bereit, die Bedingungen der Kapitulation für die deutschen Streitkräfte zu akzeptieren, vorausgesetzt, daß es eine Kapitulation mit militärischen Ehren sei, daß also den Offizieren gestattet werde, ihre Degen zu behalten. Wenn das zutraf, so bedeutete es die Beendigung der Kämpfe in Norditalien und damit höchstwahrscheinlich das Ende des Krieges. Während sie miteinander sprachen, wagte Van Arkel nicht einmal durch eine Bewegung seiner Gesichtszüge zu verraten, daß er etwas darüber wußte, aber er mußte sofort mit Dulles in Verbindung treten und entschuldigte sich daher. Rasch gingen nun Funksprüche zwischen Bern und Paris hin und her. Wer war dieser Mann? Wie vertrauenswürdig war er? Dulles mußte das wissen. Van Arkel spekulierte auf seinen Instinkt. Er riet seinem Chef, diesem Besucher nicht zutrauen.

In der Tat handelte es sich um eine schlaue Finte. Heinrich Himmler hatte seinen Untergebenen, General Wolff, schon lange in Verdacht in geheimer Verbindung mit den Alliierten zu stehen. Himmler wiegte sich in der verrückten Vorstellung, wenn es ihm gelänge, Hitler zu stürzen und die Macht zu ergreifen, würden die westlichen Alliierten ihm als neuen Verbündeten im heiligen Krieg gegen die Bolschewiken die Hand reichen. Himmler hatte eine recht klare Vorstellung wie die Friedensverhandlungen zwischen Wolff und den Amerikanern standen, mußte aber sicher sein, um mit seinem eigenen Spiel voranzukommen.

Unter einer Decke mit Himmler in dieser Planung steckte der Gauleiter von Tirol und Vorarlberg, Franz Hofer. Der Mann, den Himmler geschickt hatte, um die Amerikaner mit einer Enthüllung über den Stand der Verhandlungen zu bluffen, war ein Verbindungsmann Hofers aus Innsbruck. Van Arkel, dessen Spürsinn durch den ständigen Zwang zur Vorsicht auf das Feinste zugeschliffen war, hatte aber nichts enthüllt.

Allen Dulles hatte von Fritz Kolbe nach dem 20. Juli nichts mehr gehört, weil der Beamte des Außenamtes als ein der Verschwörung Verdächtiger in das Netz der Gestapo geraten war, aber der nervöse kleine Mann, der Stöße streng geheimer Berichte aus Ribbentrops Büro an den OSS Bern weitergegeben hatte, war offensichtlich nicht als eine ernsthafte Bedrohung des Dritten Reiches betrachtet worden. Er wurde von einem Blockwart vernommen, im Zivilberuf Busfahrer. Am Ende des erschütternd ungeschickten Verhörs fragte der Mann Kolbe nach seiner politischen Überzeugung. Kolbe antwortete: „Ich bekenne meinen Glauben an den Endsieg." Diese nicht näher ausgeführte Antwort befriedigte offensichtlich den Verhörenden und Kolbe wurde freigelassen. Nichtsdestoweniger genügte ihm der Schrekken, um seine geheimen Aktivitäten auf sechs Monate einzustellen.

Anfang 1945 wurde Kolbe aber in eine neue Verschwörung hineingezogen. Die alliierten Luftangriffe hatten mehr und mehr auch die Herrschaft der Nationalsozialisten in Berlin erschüttert und nun hatte eine kleine Gruppe von Hitlergegnern einen Plan ausgeheckt, um die Stadt in ihre Gewalt zu bekommen. Der Kern dieser Gruppe bestand aus ehemaligen Mitgliedern des „Reichsbanners", einer einstigen militanten Formation hauptsächlich sozialdemokratischer Veteranen des Ersten Weltkrieges.

Sie hatten sich einen Plan für ein Luftlandeunternehmen der Amerikaner im großen Stil ausgedacht, nach möglichen Landeplätzen für die amerikanischen Fallschirmtruppen gesucht und eine Gegend zwischen Berlin und Potsdam, markiert durch den Wannsee und Schlachtensee, als geeignet befunden. Eine Gruppe von Führern und Lotsen wurde gebildet, die die amerikanischen Truppen an Verteidigungsstellungen vorbei in das Herz der Stadt führen sollten. Sie planten diese Operation auf das Genaueste, bis zu dem vorläufigen amerikanischen Hauptquartier, das in einem Büro Unter den Linden Nr. 28 eingerichtet werden sollte, einem Büro, das einem gewissen Herrn Bauer, einem Mitglied der Verschwörung gehörte.

Der politische Sinn dieses Planes war, die Amerikaner noch vor den Russen nach Berlin zu bringen und Kolbe hielt ihn für durchführbar. Im Februar gelang es ihm auch nach Bern zu kommen, um sich um Unterstützung durch die Amerikaner zu bemühen.

Wenn Dulles mit dem Nachrichtenmaterial, das Kolbe bei dieser Gelegenheit lieferte, im Gegensatz zu den reichen Ergebnissen der Vergangenheit nicht zufrieden war, so sagte er doch nichts darüber. Er hörte Kolbe an und leitete getreulich den Plan an höhere Stellen weiter. Sein Schicksal aber war voraussehbar, wie bei allen Plänen, die den stets argwöhnischen Verbündeten, die Sowjetunion, provozieren konnten.

Diesmal drängte Dulles Kolbe, in der sicheren Schweiz zu bleiben, aber Kolbe bestand darauf, daß seine Nützlichkeit noch nicht zu Ende sei. Er glaubte alles über die Pläne für die Alpenfestung herausfinden zu können, von denen er wußte, wie wichtig sie den Amerikanern waren. Er kehrte daher nach Berlin zurück.

Die letzte Möglichkeit aus Deutschland zu entkommen, bot sich Kolbe zwei Monate später. Sein Chef, Karl Ritter, beauftragte Fritz Kolbe, seine Freundin, eine Sängerin, deren Kind und außerdem die Frau eines Arztes nach Bayern zu bringen und zwar in Ritters Dienstauto, einem langen, schwarzen Mercedes-Benz.

Die Reisegesellschaft brach am 1. April, in Richtung Ottobeuren, südöstlich von Ulm auf. Der Himmel war dicht verhangen, die Straßen gefroren und das Wetter eiskalt; die Sängerin weinte hysterisch bei jeder Panne oder wenn alliierte Flugzeuge sie überflogen. Die Fahrt wurde von Wehrmachtstransporten und sich zurückziehenden Wehrmachtseinheiten behindert und Kolbe spürte das harte, anklagende Starren der erschöpften Soldaten und flüchtenden Zivilisten, während sich die Limousine durch die Menschen und die Stadt hindurchkämpfte.

Er deponierte dann die Sängerin und das Kind in Ottobeuren und fuhr mit der Frau des Arztes zur nächsten Eisenbahnstation in Memmingen. Dort wurde Kolbe auf dem Bahnhof von Gestapobeamten verhaftet, denen ein angeblicher diplomatischer Kurier, der aber keine Kuriertasche mit sich trug, verdächtig vorkam, doch gelang es ihm sich wieder freizubluffen und er bestieg einen Frachtzug in Richtung Schweiz, der aber 18 km von der Stadt Weiler entfernt steckenblieb. Glücklicherweise besaß Kolbe in der Nähe von Weiler einen Freund mit ähnlichen politischen Ansichten. Er marschierte zu Fuß zu dessen Landhaus und bemerkte zu seinem Entsetzen, daß sein Freund Gäste hatte, nämlich zwei Stabsoffiziere des Heeres. Im Verlauf eines vorsichtigen Gespräches sagten die Offiziere Kolbe, daß sie Berlin mit LKW-Ladungen wichtigen Materials verlassen hatten. Kolbe setzte im Geiste ein Mosaik aus Nachrichten und Andeutungen, die er in Berlin gehört und aufgefangen hatte zusammen und folgte seiner Vermutung: „Natürlich, die Abwehrdokumente über Rußland.“

„Sie wissen?“

„Ja, ich bin, bevor ich Berlin verlassen habe, informiert worden“, log er.

Die Offiziere enthüllten dann nach und nach, was sie wußten und Kolbe erkannte, daß das, was sie besaßen, ganz offensichtlich ein Nachrichtenschatz war. Die beiden gehörten zum Generalstab und zwar zu der Abteilung Fremde Heere-Ost, die, unabhängig von Himmlers Spionageapparat, den militärischen Nachrichtendienst an der Ostfront kontrollierte. Der Kommandant der Einheit, ein erst 40 Jahre alter General namens Reinhard Gehlen, hatte die Idee ausgebrütet, mit Hilfe der Sowjetakten seiner Einheit, ein besonderes Arrangement mit den Amerikanern treffen zu können.

Kolbe erfuhr nun, daß die beiden Offiziere in der Nähe fünf ihrer ursprünglich elf Lastkraftwagen stationiert hatten. Die anderen waren entweder mit Pannen liegen geblieben, oder bei Luftangriffen zerstört worden. Er brachte die Generalstäbler dazu, ihm den Standort der Lastkraftwagen mitzuteilen, borgte sich ein Fahrrad und fuhr in Richtung Bregenz, zur Schweizer Grenze. Er war überzeugt, daß er Allen Dulles ein weiteres Juwel zu Füßen legen könne.

Aber die neue Atmosphäre in Bern war Kolbe offensichtlich nicht günstig, die amerikanischen Armeen hatten sich von Berlin abgewendet und Kolbes jüngste Nachrichten über die Zustände in dieser zusammenbrechenden Hauptstadt waren nun in Bern von geringem Interesse. Allen Dulles war außerdem vollkommen mit Verhandlungen über die Kapitulation der 600000 deutschen Soldaten in Norditalien beschäftigt.

Selbst Kolbes Trumpfkarte machte wenig Eindruck. Dulles wußte bereits von dem LKW-Zug mit dem russischen Material, das General Gehlen den Amerikanern anbot. Er war recht dankbar für zusätzliche Einzelheiten, aber der geheime Krieg des Fritz Kolbe war zu Ende.

Jack Taylor, der Chef der gefangengenommenen *Dupont*-Mission, kam am Ostermorgen des 1. April 1945 in Mauthausen an, mit ihm 38 zum Tod verurteilte Gefangene. Sie wurden von einem Donauschiff heruntergestoßen und von SS-Leuten den Berg hinauf getrieben. Unter ihnen floß in dunkler Schönheit die Donau, über ihnen sahen sie auf einer Seite eine Straße mit schönen Häusern, auf der anderen einen Steinbruch, wo zum Skelett abgemagerte Gestalten eine lange Stiege hinaufwankten, gebeugt unter der Last großer Steinblöcke. Einige von Taylors Mitankömmlingen versuchten schwache Scherze, so würden sie alle in ein paar Tagen aussehen. Die meisten aber waren vor Angst wie vom Schlag gerührt. Sie mußten vor einem Gebäude antreten, das in großen schwarzen Buchstaben die Aufschrift trug: „Arbeit macht frei". Hans Prellberg, ein SS-Offizier, schaute sich wortlos die Neuankömmlinge an, nahm einem Gehbehinderten den Stock weg und begann die Leute zu schlagen, wobei er bei jedem Schlag grunzte. Dann warf er den Stock beiseite und setzte ihnen die Lagerordnung auseinander. Die Strafe für die meisten Übertretungen, so klein sie auch sein mochten, war der Tod. Taylor kämpfte mit seinen geringen Deutschkenntnissen, um die Befehle zu verstehen. Zwei Russen, die den SS-Offizier nicht verstanden, wurden von Prellberg fast bis zur Bewußtlosigkeit geschlagen und getreten.

Prellberg kam schließlich zum Ende seiner Einführung in Mauthausen: „Wenn ihr zu fliehen versucht", er zog seine Pistole, „dann werde ich euch so erschießen" und damit schoß er einen Gefangenen nieder, der vor dem Gebäude stand und früher am Tag zu flüchten versucht hatte.

Dann mußten sie durch das Haupttor hineinmarschieren, wo SS-Leute sie drei Stunden lang prügelten. Einem der SS-Leute, Hans Bruckner, bereitete es besonderes Vergnügen, Taylor zu verprügeln, wobei er ihn bei jedem Schlag ein amerikanisches Schwein nannte. Als die Prügel vorbei waren, wurden die Männer am ganzen Körper rasiert, mußten sich duschen und erhielten die gestreiften Gefangenenuniformen, die kaum mehr als Fetzen waren. Taylor wurde nun der Mauthausen-Häftling Nr. 138070 und dem Zellenblock 13 zugeteilt. Da der Block bis zum dreifachen seiner Kapazität überfüllt war, mußten jeweils drei Männer auf einer 60 Zentimeter breiten hölzernen Stockwerkpritsche schlafen. Mauthausens Belegschaft schwankte zwischen 10000 und 15000. Kurz nachdem Österreich in das Dritte Reich eingegliedert worden war, hatte Heinrich Himmler die Steinbrüche bei Mauthausen besichtigt und entschieden, daß sie alle Voraussetzungen für ein Konzentrationslager besaßen. Das Lager war das Zentrum einer ganzen Reihe von Satellitenlagern, die insgesamt über 90000 Gefangene beherbergten.

Taylor wurde einem Arbeitskommando zugeteilt, das ein neues Krematorium zu bauen hatte. Er hatte Sand, Zement und Wasser für eine Gruppe von spanischen Fliesenlegern herbeizuschaffen, kommunistischen Veteranen des Spanischen Bürgerkrieges. Das neue Krematorium war geplant worden um einen ärgerlichen Engpaß zu überwinden: Der Lagerführer konnte nicht mehr Leute hinrichten, als verbrannt werden konnten. Das Begraben von Gefangenen kam nicht in Frage, weil ja die Gräber Beweise dafür gewesen wären, was in Mauthausen vor sich ging. Sobald aber das neue Krematorium fertig war, konnte die Zahl der Exekutionen verdoppelt werden. Die Gefangenen arbeiteten so langsam, als sie nur konnten, ohne den Verdacht der Wachen zu wecken.

Während er am Krematorium arbeitete, lernte Taylor das Leben von Mauthausen kennen. Wenn die Wachen einen Gefangenen nicht mochten, verspotteten und provozierten sie ihn und trieben den Mann langsam gegen den Stacheldraht, der unter einer 380 Volt Spannung stand; oder sie warfen die Mütze eines Mannes in den Stacheldraht und befahlen ihm, sie zu holen. Die Wachen, die hinter dem Stacheldraht in Abständen von fünfzehn Metern standen, schossen aber auf jeden Gefangenen, der dem Draht nahe kam. Häftlinge, die gegen den Drahtzaun getrieben und erschossen worden waren, wurden als „auf der Flucht erschossen“ registriert. Die Wachen erhielten einen besonderen Bonus für ihren Dienst am Draht; für das Erschießen eines „fliehenden Gefangenen“ gab es eine Extraration von zwanzig Zigaretten oder Urlaub.

Manchmal liefen die Gefangenen auch selbst in den Draht, um Mauthausen durch den Tod zu entkommen. Bei einem solchen Selbstmordversuch stürzten einmal zu viele Gefangene auf einmal in das Drahtnetz. Die Spannung war zu schwach um alle zu töten, und so mußten die Wachen sie durch Maschinengewehrfeuer „erledigen“. Der Lagerführer ließ die im Draht hängenden Leichen filmen.

Im Steinbruch erholten sich die Wachen manchmal von der Eintönigkeit des Dienstes, indem sie „Fallschirmspringer“ spielten. Sie warfen Gefangene fünfzig Meter auf den Grund des Steinbruches hinunter. Überlebten die Opfer, dann wurden sie die 186 Todesstufen hinaufgezerrt und wieder hinuntergeworfen.

Zwei Klassen privilegierter Gefangener bildeten die erste Stufe des Terrorregimes in Mauthausen: Blockälteste, die in den Baracken herrschten und Kapos, die die Arbeitsgruppen kommandierten. Die Lagerführung ernannte mit Vorliebe Kriminelle, Mörder und Diebe, zu Blockältesten, Männer denen es ein Vergnügen bereitete, die intellektuellen und oft kultivierten politischen Gefangenen, die ihnen ausgeliefert waren zu quälen. Die Kapos waren meist spanische Kommunisten, die ihren Status dadurch aufrecht erhielten, daß sie ihre Meister noch an Brutalität zu übertreffen suchten.

Kurz nach der Ankunft Taylors wurde deutschen und österreichischen Häftlingen die Chance gegeben, der Waffen-SS beizutreten. Aus etwa eintausend, die sich freiwillig meldeten, wurden dreihundert ausgewählt, bekamen alte Afrika-Korps-Uniformen, normale deutsche Heeresverpflegung, wurden für den Kampf ausgebildet und dann dazu bestimmt, die Gefangenen zu bewachen.

Über Nacht wurden so aus bisher Unterdrückten Bedrücker. Taylor schien dieser rasche Wandel den eingewurzelten Hang des deutschen Charakters für Autorität zu bestätigen.

Ein paar Monate bevor Taylor angekommen war, hatte die SS das sogenannte Mauthausener Erholungsprogramm beendet. Bis zum Januar hatte sie im Lager ein Bordell unterhalten und jedem Gefangenen gestattet, einmal in der Woche dort Besuch zu machen. Die SS unterhielt ihr eigenes Bordell, dessen Insassen aus hübschen weiblichen Gefangenen anderer Lager ausgewählt wurden. Die Frauen, die als Prostituierte für die Gefangenen bestimmt wurden, waren durchwegs krank.

Diebstahl war in Mauthausen so selbstverständlich wie das Atmen und ebenso notwendig. Die Gefangenen wurden mit voller Absicht ausgehungert. Taylor gehörte zu einem Ernährungsexperiment, dessen Ziel es war herauszufinden, wie viel Sägemehl man dem Brot beimischen könne um Getreide zu sparen. Gefangene stahlen Bekleidung und persönlichen Besitz, um sie gegen Lebensmittel zu tauschen. In Mauthausen „organisierte" ein Mann ein Paar Schuhe, oder er „organisierte" irgend jemandes anderen Decke, so daß er wieder mehr zu essen „organisieren" konnte. Die Insassen schliefen daher in ihren Kleidern einschließlich der Schuhe und hielten die wenigen Besitztümer, die ihnen geblieben waren, unter ihrem Körper versteckt.

Wenn sie am Morgen aufwachten, wurden die Gefangenen durch die Duschen getrieben. Kamen sie zu naß heraus, wurden sie geschlagen, weil sie Wasser verschwendet hatten, waren sie aber zu trocken, wurden sie geschlagen, weil sie zu schmutzig waren. Am Abend bekamen sie ein Stück Brot mit Marmelade und schwarzen Ersatzkaffee. Es war ihnen nicht gestattet, das Essen in die Baracken zu bringen oder außerhalb herumzulungern und dort ihr Abendessen zu verspeisen, sondern sie mußten Brot und Kaffee hinunterstopfen, während sie von der Essensausgabe zur Baracke gingen. Jack Taylor beobachtete, daß zwar die Männer einander bestahlen und in ihrem Leben kein Raum für die kleinste Güte verblieben zu sein schien, die Gefangenen aber doch durch das Leben in Mauthausen weniger charakterlich deformiert wurden als ihre Wärter.

Im Umkreis von Mauthausen lagen verschiedene kriegswichtige Industriebetriebe. Die glücklicheren Gefangenen waren jene, die in diesen Fabriken arbeiteten. Hier erwies sich der Lagerkommandant, SS-Standartenführer Franz Ziereis, als höchst unternehmender Mann. Er bildete eine Gesellschaft, genannt „Deutsche Erd- und Steinwerke", und erzielte, indem er seine Gefangenen als Arbeitskräfte vermietete, ein privates Einkommen von mehr als fünf Millionen Reichsmark im Monat: Die Arbeitswoche des Gefangenen hatte sieben Tage. Ziereis war für seine Rolle als Konzentrationslagerkommandant geradezu großartig geeignet, ein kräftiger Mann von 43 mit blauen Augen, einer glänzenden Glatze mit einem Kranz blonder Haare. Sein Gesicht war brutal.

Was die Gefangenen in Mauthausen zu erleiden hatten, war nur Vorspiel vor dem Ende, weswegen sie hierher geschickt worden waren. Die Hinrichtungen wurden durch Erhängen, Erschießen oder durch Vergasen in einem Gebäude, das das Todeshaus genannt wurde, vollzogen. Die Vergasungen fanden alltäglich um 9 Uhr früh und 5 Uhr nachmittag in einer Kammer statt, die für jeweils 120 Gefangene eingerichtet war, das verwendete Gas war Zyclonzyanid. Gelegentlich wurden auch 220 Gefangene in die Gaskammer hineingepreßt. SS-Männer rauften um den Platz vor einem kleinen Fenster in der Tür, um den Todeskampf der Leute beobachten zu können.

In einen anderen Raum wurden die Gefangenen geführt, angeblich um fotografiert zu werden. Man sagte ihnen, sie sollten sich einer Kamera gegenüber aufstellen, die auf einem Stativ stand. Ein SS-Mann, der hinter ihnen stand, gab dann den Gefangenen den Genickschuß. Franz Ziereis machte es Spaß, diese Aufgabe häufig auch selbst zu übernehmen und hat auf diese Weise etwa vierhundert Menschen getötet. Drei Monate bevor Taylor in Mauthausen ankam, waren in diesem Raum die Agenten der *Dawes*- und *Houseboat*-Missionen, die Taylor vergeblich zu kontaktieren versucht hatte, von SS-Hauptsturmführer Georg Bachmayer auf Grund von Befehlen erschossen worden, die Ernst Kaltenbrunner, der Chef des Reichssicherheitshauptamtes, persönlich unterzeichnet hatte.

Taylor war zutiefst von dem Format seiner Mitgefangenen in Block 13 beeindruckt. Das Spektrum ihrer Talente ließ ihn ahnen, was in Amerika geschehen könnte, wenn eine politische Partei zur Macht kam, die automatisch die Schriftsteller, die Rechtsanwälte, die Gelehrten, die Geschäftsleute und die akademische Elite die der Oppositionspartei angehört hatten, ins Gefängnis sperrte.

Diese Leute legten Jack Taylor eine schwere Verpflichtung auf. Sie bedauerten, daß ein Amerikaner in diese Hölle geraten war, wenn er aber überlebte konnte er außerordentlich nützlich sein. Wenn sie die Wahrheit über Mauthausen erzählten, so würde man das als Propaganda abtun, wenn aber ein Amerikaner diese entsetzlichen Dinge überlebte und über sie berichtete, würde man ihm glauben. So erzählten sie ihm ihre schmerzlichsten Erinnerungen. Es war eine Litanei des Grauens: Von Menschen, die man von abgerichteten Hunden in Stücke hatte reißen lassen, denen man Magnesiumchlorat ins Herz injiziert, die man in Betonmischer geworfen, denen man heiße Duschen gegeben hatte, um sie dann in Eiseskälte nackt im Freien stehen zu lassen und noch mit Feuerwehrschläuchen abzuspritzen. Taylor bestand darauf, jede Geschichte von zwei Augenzeugen bestätigen zu lassen, dann prägte er diese Berichte seinem Gedächtnis ein.

Eines Morgens kamen die SS-Führer Roth und Prellberg zur Baustelle des neuen Krematoriums und sagten ärgerlich zu den Gefangenen, sie seien mit ihrem Arbeitstempo nicht zufrieden. Sie wüßten, so brüllte Roth den spanischen Kapo an, daß die Mannschaft die Arbeit absichtlich verzögere! Wenn dieser Verbrennungsofen nicht am nächsten Morgen fertig und betriebsbereit sei, würden ihn der Kapo und seine Gruppe als erste ausprobieren!

Am nächsten Morgen zogen 367 tschechische Juden durch den Lagereingang, nach einem langen Marsch über Land. Sie mußten alle Wertsachen, Diamantringe, goldene Uhren, Münzen, Geldscheine, Juwelen abgeben, wurden nackt ausgezogen und direkt in die Gaskammer getrieben. Später, als ihre Körper im neuen Krematorium verbrannt wurden, bemerkte Taylor etwas Unübliches. Die alten, ausgemergelten Gefangenen entwickelten für gewöhnlich einen hellen, gelben Rauch. Diese jüngeren und gesünderen Opfer erzeugten einen schwarzen, öligen Rauch und auch Flammen, die aus dem Rauchfang schossen.

17. KAPITEL

Ein Spion rettet Innsbruck

Fred Mayer von der *Greenup*-Mission begann zu spüren, daß er seine Rolle als deutscher Offizier, im Offizierskasino in Innsbruck nicht mehr lange halten konnte. Anfang April erfuhr er, daß Fremdarbeiter vor dem russischen Vormarsch im Osten nach Innsbruck flohen, den meisten fehlten Papiere. Mayer zog seine Wehrmachtsuniform aus und kleidete sich nun, mit Hilfe der Schwester seines österreichischen Kameraden Franz Weber, als Arbeiter. Er stellte sich in einer Schlange von Fremdarbeitern am Arbeitsamt in Innsbruck an und kam dort zu der Erkenntnis, daß die Annahme, ganze Armeen von Arbeitern seien von den Deutschen zu Sklavenarbeit gezwungen worden, falsch war. Die meisten Franzosen, die er hier traf, waren freiwillig ins Reich gegangen. Auch Mayer ließ sich als Franzose registrieren, indem er wieder seinen glücklicherweise flexiblen Namen in „Frédéric Mayér“ veränderte, als Beruf nannte er Elektriker und erzählte dem Beamten, er habe früher in den Böhlerwerken in St. Marein bei Kapfenberg gearbeitet, sei aber dort weggegangen als sich die Russen näherten.

Er benützte die vom Arbeitsamt ausgegebene Arbeitskarte, um sich ganz legal bei der Polizei als Fremdarbeiter zu melden. Nun, mit echten Dokumenten versehen, mietete er sich in der Innstraße 21 ein. Durch seine Verbindungen mit der Widerstandsbewegung fand er Arbeit bei Robert Moser, einem 40 Jahre alten Nazigegner, der eine Radiowerkstatt betrieb und für die Messerschmidt-Werke in Kematen Teile lieferte. Das Leben eines Fremdarbeiters war nicht besonders schwierig. Für einen

Acht-Stunden-Tag wurde man verhältnismäßig gut bezahlt und erhielt außerdem eine Lebensmittel-Sonderzuteilung. In Oberperfuß, wo Mayer seine Freizeit verbrachte, waren landwirtschaftliche Produkte wie Eier und Fleisch niemals knapp.

Während dieser Periode erkannte Mayer, daß Innsbruck ein merkwürdiges doppeltes Gesicht bekam: Es war Sammelpunkt der fanatischen Nationalsozialisten, die hier ein letztes Bollwerk verteidigen wollten und ebenso auch das Zentrum einer sich bildenden österreichischen Widerstandsbewegung.

Der Mann war nur ein kleiner Fisch, ein Schwarzmarkthändler, der am 20. April routinemäßig von der Gestapo in Innsbruck verhaftet wurde, er brach aber schon nach den ersten Ohrfeigen zusammen und beteuerte alles sagen zu wollen. Die überraschten Polizisten unterbrachen das Verhör und benachrichtigten ihren Vorgesetzten, den Kriminalrat Busch, den örtlichen Chef der Gestapo.

Alois Kuen, der antinazistische Polizist, benachrichtigte Fred Mayer, daß Leo verhaftet worden sei. Mayer hatte wenig Zutrauen zu der Standhaftigkeit des Schwarzhändlers und entschloß sich daher nicht in seine Wohnung in der Innstraße 21 zurückzukehren. Er ging stattdessen zum Haus von Webers Schwester, wo er begann eine Sendung mit den Namen aller wichtigen Nazis in Tirol und Vorarlberg vorzubereiten, die am nächsten Tag ein Kurier nach Vaduz in Liechtenstein mitnehmen sollte. Jemand klopfte unten an die Tür und Fred konnte hören, wie Genoveva ärgerlich antwortete, offensichtlich um Zeit zu gewinnen. Mayer schob seine Papiere unter das Bett und versuchte erfolglos, das Schlafzimmerfenster zu öffnen. Trotzdem fühlte er sich unwahrscheinlich ruhig. Wahrscheinlich ging es darum, daß er sich als französischer Fremdarbeiter unerlaubterweise in der Stadt aufhielt. Die Geschichte, die er und Genoveva vorbereitet hatten lautete, daß sie Mayer nach einem Kinobesuch kennengelernt und nach Hause gebracht hatte. Sechs Tage Zwangsarbeit wäre wahrscheinlich das Schlimmste, schätzte Mayer.

Drei Kriminalbeamte und fünf uniformierte SS-Leute drangen mit gezogenen Pistolen in das Zimmer ein. „Frederic Mayer?“, „Oui.“ Sie befahlen ihm hinunter zu kommen, ein Auto zu besteigen und fuhren ihn in das Hauptquartier der Gestapo. Was Fred Mayer nach seiner Verhaftung geschah, wurde später durch ein Verhör Walter Guttners, Kriminalsekretär der Innsbrucker Gestapo, geklärt:

„Alle waren sehr froh über Mayers Gefangennahme. Zu meinem Unglück erhielt ich von Busch den Auftrag, ihn sofort zu verhören. Die folgenden Fragen sollten vom Gefangenen beantwortet werden:

Nationalität, Absprungsort, Personen, die ihn begleitet hatten, der Ort wo sich der Sender befand und die Kontakte mit der österreichischen Widerstandsbewegung ... ich machte Mayer, ebenso wie Moser, darauf aufmerksam, daß er nicht mißhandelt werden würde, falls er alle Fragen wahrheitsgemäß beantworte."

Dieser Moser war Robert Moser der Radiowerkstättenbesitzer, für den Fred gearbeitet hatte und der ebenfalls in der Nacht verhaftet worden war.

Guttners Erklärung lautete im weiteren:

„Ich muß bemerken, daß ich vor dem Verhör einige Schnäpse getrunken hatte, weil ich nicht gedacht hatte, daß in dieser Nacht noch jemand verhört werden müsse."

Durch vier Stunden, während Guttner ihn ausfragte, blieb Mayer dabei, französischer Fremdarbeiter zu sein; Guttner mußte einen Französisch-Dolmetscher einsetzen, um ihn zu verhören. Die Zeit, die für die Übersetzung notwendig war, gab Mayer wertvolle Pausen um seine Antworten zu überlegen. Die Nazis wurden ungeduldig, sie begannen ihn zu schlagen und zu treten. Mayers Gesicht begann anzuschwellen.

Schließlich wurde Guttner des Spieles müde. Er hatte ja Leo, den Schwarzhändler, und ließ ihn hereinbringen. Leo kam mit abgewandtem Kopf, weinend herein: „Es hat keinen Sinn, ich habe Ihnen alles gesagt." Aber Mayer wußte, daß Leo nicht alles wußte, zum Beispiel nicht, wo sich Hans Wynberg, der Funker, befand oder Franz Weber, der österreichische Kamerad. Mayer ließ sich nicht bluffen und begann mit einem taktischen Rückzug. Er gab zu, ein amerikanischer Agent zu sein und daß er Frederick Mayer heiße.

Guttners Erklärung lautete weiter:

„Er sprach aber fließend deutsch. Ich bemerkte, daß er einen schwäbischen Akzent hatte. Ich sagte ihm, ich glaubte nicht, daß er Amerikaner sei, vielmehr, daß ich ihn seines Dialektes wegen für einen Deutschen hielte ... wenn das nicht der Fall gewesen wäre, hätte ich versucht Gewaltanwendung zu verhindern, denn ich habe einen weit größeren Respekt für einen fremden Soldaten, der für sein Land kämpft, als für jemanden der sein Vaterland verrät."

Guttner versuchte, ein Mann von Prinzipien zu sein, aber der Amerikaner bestand darauf, allein nach Österreich gekommen zu sein und zwar auf dem Landweg durch die Schweiz. Aber durch Leo wußte Guttner, daß Fred mit dem Fallschirm abgesprungen war und ihn andere begleitet und ferner, daß sie einen Sender mitgebracht hatten. Er hatte keine Geduld mehr. Außerdem war er wütend, daß Mayer die Schläge und Anklagen so stoisch hinnahm.

„Da ich keine weitere Lust hatte, das Verhör fortzusetzen und auch sehr müde war, – ich hatte mehrere Tage hindurch nur wenige Stunden geschlafen –, gab ich Busch den Riemen und machte meinen Bericht. Busch jedoch bestand darauf, daß ich mit dem Verhör fortfahren solle und zwar in einer härteren Weise, denn Mayer müsse uns sagen, wo sich seine Komplizen befänden, damit man sie verhaften und ihnen den Sender abnehmen könne ... Buschs Antwort auf meine Frage war, ‚Natürlich, wenden Sie die äußersten Mittel bei Ihrer Befragung an.'"

Guttner hatte Probleme. Er hatte selbst erst vor kurzem sieben Monate im Gefängnis verbracht.

„Ich hatte mir einen verlängerten Urlaub in Bad Schallerbach genommen und es gab verschiedene kleinere Zwischenfälle, die mir möglicherweise das Vertrauen von SS und Gestapo kosteten."

Er war auf Bewährung und mußte das Wohlwollen seines Chefs, des Kriminalrats Busch, wieder zu gewinnen trachten.

„Da Busch mir schon gesagt hatte, daß er den Versuch unternehmen werde, in Hinsicht auf meine Verhaftung für mich günstige Schritte zu unternehmen, – ich hatte meiner Frau nichts von dieser Sache gesagt –, beschloß ich im Verhör schärfere Maßnahmen anzuwenden. Ich sagte mir, daß jede Weigerung meiner Familie schaden würde. Üblicherweise wäre jeder der verhaftet worden war, an die gefährlichste Front geschickt worden, oder auf Unternehmen gegen die Partisanen ... Ich wollte jedoch nicht noch so kurz vor Kriegsende erschossen werden und vier hilflose Kinder zurücklassen."

Die scharfen Maßnahmen, in Guttners Erklärung nicht näher ausgeführt, bestanden darin, daß Mayer nackt ausgezogen und mit angezogenen Knien auf den Boden hocken mußte. Dann zog Guttner seine mit Handschellen gefesselten Arme über die Knie und die Polizisten steckten dann einen Gewehrlauf durch das Dreieck, das von seinen Armen und Beinen gebildet wurde, ließen ihn daran zwischen zwei Tischen kopfabwärts hängen und peitschten ihn aus. Man schüttete Wasser in Nase und Ohren, bei einem war bereits das Trommelfell zerrissen. Mayer begann zu ersticken und betete, daß er in Ohnmacht falle, blieb aber bei Bewußtsein. Er verbrachte sechs Stunden auf diesem improvisierten Reck. Gegen Morgen warfen ihn seine erschöpften Peiniger nackt auf einen Strohsack, der von Ungeziefer wimmelte. Dort lag er für die nächsten vierundzwanzig Stunden mit den Händen auf dem Rücken gefesselt, zu gepeinigt, um in Schlaf zu fallen. Er wurde einmal mit einem Teller scheußlicher Suppe und einem Stück altbackenem Brot gespeist.

Robert Moser ging es nicht besser. Er war fast den ganzen Tag gepeitscht worden, seine Schreie gellten durch das Gestapo-Gefängnis, aber er sprach nicht. Gegen Mitternacht des 22. April hörten seine Schreie auf. Ein Gestapomann meldete: „Das Schwein Moser ist hin." Kriminalsekretär Guttner hatte nun einen Einfall. In der Nähe, im sogenannten Burgriesen, saß ein anderer, erst kürzlich gefaßter Amerikaner. Es war Hermann Pfluger, jener kleine, wenig erfreuliche Typ, den Molden in Bari ablehnte, als er Königsreuter für dessen später unglückliche Mission mit Josef Franckenstein auswählte.

Hermann Pfluger stellte so ziemlich den Minimumstandard für Anwerbungen des OSS in Italien dar. Er war ein Deserteur aus der deutschen Wehrmacht und zwar, so sagte er, aus antinationalsozialistischer Überzeugung. Seine Erklärung schien Dyno Löwenstein, der ihn anwarb sonderbar, weil man ihn für keinerlei Überzeugungen für fähig hielt. In seinem Soldbuch jedoch befand sich ein Eintrag über eine Strafe von neun Monaten Haft wegen des merkwürdigen Delikts der „Wehrkraftzersetzung".

Pfluger war ein schmieriger Kerl mit schwarzem Schnurrbärtchen und langem Haar, das ihm über die Ohren fiel. Die scharfen Gesichtszüge, seine ängstlichen Bewegungen und kleinen Äuglein erinnerten an ein Nagetier. Ulmer und Löwenstein waren überzeugt, daß der Mann ein Kleinkrimineller war.

Löwenstein hatte ihn nur deshalb eingesetzt, weil er glaubte, daß Pfluger zur Spionage doch Qualitäten besitze, denn er war schlau, rasch von Verstand, ein geschickter Lügner und völlig unmoralisch. Pfluger mußte allein ins Reich geschickt werden, da kein anderer Agent mit ihm wollte. Er sollte in der Nähe von Innsbruck abspringen und trachten nach München zu kommen. Seine Mission erhielt den Code-Namen *Deadwood.*

Auf dem Flug ins Reich wartete Walter Haass, der als Absetzer tätig war, bis zum letzten Moment, bevor er *Deadwood* Sender und Pistole gab, der aber erklärte mit merkwürdigem Stolz: „Ich weiß, daß Ihr mir nicht traut. Aber ich werde Euch beweisen, daß Ihr unrecht habt." und sprang sichtlich unbekümmert aus dem Flugzeug.

Wie genau Pfluger seine guten Absichten einhielt, ist schwer zu entscheiden. Entsprechend dem Kriegsbericht des OSS:

> „Er wurde im Zug verhaftet, weil er unorthodoxe Ansichten über die Kriegsaussichten geäußert hatte, ungehöriges Interesse an militärischen Einrichtungen zeigte und amerikanische Zündhölzer verwendete."

Nach seiner Gefangennahme hatte Pfluger sich rasch bereit erklärt seinen Sender unter der Kontrolle der Nazis zu bedienen. Seine Botschaften waren klassische Beispiele an Zweideutigkeit und verwirrten die Deutschen ebenso wie den OSS.

Am Nachmittag des 21. April kam Guttner in Pflugers Zelle und zeigte ihm eine Fotografie von Fred Mayer. Pfluger betrachtete das Bild und erklärte, der Gestapo sei es gelungen, einen bedeutenden amerikanischen Geheimdienstoffizier aus Bari zu fangen, den er als „Lieutenant Fred" kannte. Die Gestapo besaß schon reichliche Kenntnis der Unternehmungen in Bari, die sie den *Dawes-* und *Houseboat*-Mitgliedern abgepreßt hatte bevor man sie in Mauthausen hinrichtete. *Deadwood* füllte die noch bestehenden Lücken aus.

Voll Selbstbewußtsein kehrte Guttner in Mayers Zelle zurück, wurde aber sogleich enttäuscht durch den munteren Gruß des Gefangenen und das Lächeln, das Mayer trotz seines zerschlagenen Gesichtes zeigte. Aber Guttner ließ sich nicht überspielen: „Grüß Gott, Leutnand Fred!“ Seine Stimme war voll Stolz. Mayer reagierte nicht und verdarb Guttner das Spiel, machte sich aber mehr und mehr Sorgen, als der Deutsche genaue Kenntnis der Aktivitäten des OSS in Bari zeigte. Guttner sprach wissend von der Villa Pasqua und der Villa Suppa und erwähnte die Namen von Agenten, die mit Mayer zusammen ausgebildet worden waren.

In Guttners späterem offiziellen Bericht heißt es, daß diese Methode die erwünschte Wirkung getan habe:

„Mayer gab dann genaue Erklärungen zu den Punkten, die interessierten, sodaß wir am nächsten Morgen ein Kommando nach Oberperfuß schicken konnten, um seine Komplizen zu verhaften ... Jedermann war mit diesen Informationen zufrieden und ich bedauerte, daß ich nicht schon früher an Pfluger gedacht hatte und dadurch das verschärfte Verhör hätte vermeiden können.

Nachdem das Protokoll in der Nacht vom 21. auf den 22. April 1945 aufgenommen worden war, wurde das Kommando vorbereitet, das um 5 Uhr 30 nach Oberperfuß aufbrach, wo die Kameraden des Amerikaners, – ein amerikanischer Funker und ein Österreicher als Führer –, sich aufhalten sollten. Mayer begleitete die Gruppe und zeigte die Häuser, in denen die Leute untergebracht waren. Als aber die Beamten eindrangen, hatten die Kameraden des Amerikaners ihre Unterkünfte schon geräumt.“

Fred Mayer hat später überzeugend bestritten, daß er jemals gestanden habe, weder unter der Tortur Guttners noch angesichts von dessen Kenntnissen und die Berichte des OSS über die *Greenup*-Mission unterstützen diese Behauptung. Sie zeigen, daß die Gestapo mehrere Kripo-Leute als Ergebnis der Geständnisse von Leo verhaftet hatte.

„Einer der Polizisten brach unter dem Druck zusammen und gestand, daß Hans Wynberg sich in Oberperfuß befinde. Daher begannen sie nun, Mayer wieder zu schlagen; da er nicht sprach, führten sie ihn in das Dorf und durchsuchten es Haus um Haus. Das Dorf war aber schon von einer Frau (Franz Webers Schwester) so rechtzeitig alarmiert worden, daß Frank (Webers Codename) und Hans (Wynberg) sich davonmachen konnten."

Woher immer die Gestapo ihre Informationen über die Mitglieder des Teams erhielt, so war doch entscheidend, was auch Guttner in seiner Erklärung zugab, daß

„Mayer durch die Zeit, die verstrich während er seine Lügen erzählte, seinen Kameraden zu entkommen ermöglichte."

Als die Gestapo in Oberperfuß ankam bekannte ein verängstigter Bauernjunge, daß er Maria Thomas gesehen habe, – eine Frau die sich mit Mayer angefreundet hatte –, wie sie schon vor zwei Tagen mit Hans Wynberg und Franz Weber das Dorf verlassen hatte. Die Gestapo holte sich nun Maria Thomas und befahl ihr, sie zu den beiden Männern zu führen, oder sie müsse zusehen, wie Mayer an Ort und Stelle erschossen werde. Sie führte dann eine Suchtruppe in einer absichtlichen blinden Jagd durch die Berge, was den Vorsprung der Flüchtlinge um weitere sechs Stunden erhöhte.

Dr. Max Primbs war ein erstaunlicher Mann. Ein anständiger, intelligenter, kultivierter Mensch, und Kreisleiter von Innsbruck. Von Beruf Chirurg glaubte er glühend und unerschütterlich an Adolf Hitler als den Retter Deutschlands; als Student hatte er der SA angehört. Einige Zeit nach dem Anschluß wurde er, der damals als Chirurg in Innsbruck praktizierte, von Gauleiter Franz Hofer gerufen, um ein Problem in der Parteiführung lösen zu helfen: Der damalige Kreisleiter wurde von der Innsbrucker Bevölkerung gehaßt. Primbs andererseits war zwar ein ebenso glühender Nationalsozialist, aber ein Mann von Takt und Charme und Hofer überredete ihn den Posten des Kreisleiters zu übernehmen, was sich als eine kluge Wahl erwies. Er wurde von den Getreuen der Partei bewundert und selbst von den Nazigegnern in Innsbruck toleriert, da er noch der Erträglichste schien. Er war dabei gewesen, als Fred Mayer verhaftet wurde, hatte gesehen, wie Guttner ihn prügelte und hatte den Gestapobeamten aufgefordert, etwas sanfter mit dem Gefangenen umzugehen. Später behauptete Primbs, es sei das erste Mal gewesen, daß er überhaupt seinen Fuß in das Innsbrucker Gestapoamt gesetzt hatte, obwohl er seit immerhin sieben Jahren Kreisleiter war. Er sei vollkommen entsetzt gewesen, daß man einen Gefangenen derart brutal behandle.

Als Guttner Primbs davon informierte, daß der andere Gefangene, Hermann Pfluger, Mayer als amerikanischen Geheimdienstoffizier identifiziert hatte, handelte der Kreisleiter schnell. Er befahl Guttner, Mayer für eine Fahrt zum Heim von Primbs' Vorgesetzten, dem Gauleiter Franz Hofer, vorzubereiten.

Am 24. April trafen Mayer, Dr. Primbs und Guttner auf dem großen Hof ein, den der Gauleiter südlich von Hall besaß. Guttner mußte draußen warten, Mayer und Primbs gingen hinein um mit Hofer zu sprechen. Sie wurden von einem gut aussehenden, höflichen Mann empfangen, der taktvoll die zusammengeschlagene Erscheinung seines Gastes übersah. Anwesend war ferner ein Geheimdienstoffizier der SS, derselbe, der deutscher Generalkonsul in Los Angeles gewesen war und erst kürzlich versucht hatte, Van Arkel durch einen Trick dazu zu bringen, etwas über den Stand der Verhandlungen zwischen Dulles und General Wolff zu verraten.

Franz Hofer war Gauleiter von Tirol und Vorarlberg und daher der mächtigste Mann in diesem Gebiet. Als solcher unterstand er direkt Hitler beziehungsweise mit dem Leiter von dessen Parteikanzlei, Martin Bormann. Hofer war außerdem auch Reichsverteidigungskommissar für Tirol und Vorarlberg. Das ihm unterstellte Gebiet war ein wesentlicher Teil der angeblichen Alpenfestung. Man konnte ihn sehr wohl als „Vater der Alpenfestung" betrachten. Das kam so:

Um Nachrichten aus der Schweiz zu sammeln, unterhielt der SD einen Abhörposten in Bregenz, in der Nähe der Grenze. Dieser hörte den alliierten Radioverkehr aus der Schweiz ab und gab die Berichte an Kaltenbrunners Reichssicherheitshauptamt in Berlin weiter. Im Herbst 1944 meldete der Abhörposten an Major Gontard, den SD-Chef in Innsbruck, eine Botschaft des OSS Bern an Washington in der berichtet wurde, die Deutschen seien im Begriff, ein großes Befestigungswerk in den Alpen aufzubauen, um sich dort zu verschanzen, auch nachdem die deutschen Armeen im Felde geschlagen seien. Das war neu für Gontard, der als Mitglied des SD fast alle Geheimsachen kannte und praktisch im Mittelpunkt dieser angeblichen Alpenfestung saß.

Er brachte die Informationen über die angebliche Alpenfestung direkt zu Gauleiter Hofer. Der Gedanke, die Alpen als allerletzte Verteidigungslinie auszubauen, erschien Hofer großartig. Er überlegte die Sache zwei Monate lang, denn er wollte nicht, daß man ihn für einen Narren halte; aber schließlich sagte er sich doch, daß der Plan wert sei dem Führer unterbreitet zu werden.

Hofer schickte die amerikanischen Berichte zusammen mit einem Begleitbrief durch Bormann an Hitler. In seinem Brief drängte er den Führer, er möge die Errichtung einer solchen Alpenfestung anordnen. Sein detaillierter Vorschlag folgte getreulich dem, was die Amerikaner glaubten, daß die Deutschen bereits getan hätten.

Hitler erteilte Anfang 1945 die Weisung, mit der Vorbereitung einer Verteidigung in den Alpen zu beginnen; es war das möglicherweise die Reaktion auf den Fehlschlag der Ardennenoffensive. Er übertrug die Verantwortung dem Mann, der als erster für dieses Projekt eingetreten war, nämlich Gauleiter Hofer. Es verstrichen aber Monate, bevor Hofer die Ermächtigung erhielt mit der tatsächlichen Anlage der Alpenfestung zu beginnen. Zur Zeit der Festnahme von Fred Mayer war noch kaum etwas geschehen.

Das Lügengenie Josef Göbbels jedoch begriff sofort den Propagandawert der Alpenfestung, oder wie man sie im Westen in Anlehnung an Schweizer Verteidigungsanlagen nannte, das „Nationale Redouit".* Nach der Ardennenschlacht organisierte er in seinem Ministerium eine eigene Abteilung, die Geschichten von Elitetruppen erfinden mußte, die uneinnehmbare Stellungen in den Bergen besetzten, versorgt durch gewaltige unterirdische Lager und Fabriken in bombensicheren Kavernen. Für die neutrale Presse ließ Göbbels Einzelheiten über den Fortschritt durchsickern, den die Verwandlung der Berge in eine unüberwindliche Festung mache. Die Amerikaner hatten den Teufel an die Wand gemalt, nun rasselte er mit der Kette.

Ein anderer führender Nationalsozialist, der ernsthaft die Möglichkeit einer Alpenfestung überlegte, war der Chef des

---

* Die englische Form lautete „National Redoubt" A. d. Ü.

Reichssicherheitshauptamtes Ernst Kaltenbrunner. Der Gedanke, daß seine österreichische Heimat zum uneinnehmbaren Herz des Reiches werden könne, besaß für Kaltenbrunner besonderen Reiz. Er beklagte sich Ende März bei Hitler, daß bis dahin keine ernsthaften Vorbereitungen getroffen worden seien um die Gebirge in Verteidigungsstellungen umzuwandeln. Kaltenbrunner hatte eine Reihe außerordentlicher Initiativen unternommen und sich von führenden Industriellen in Tirol und Vorarlberg Zusicherungen geben lassen, daß sie mit dem Bau von Höhlenkellern in den Bergen und mit der Verlagerung von Industrieanlagen dorthin beginnen würden. Der Generaldirektor der Steyr-Werke, der größten österreichischen Rüstungsfabrik, war schon dabei in Tiroler Berghöhlen die entsprechenden Maschinen aufzustellen und erwartete angeblich, daß die Produktion am 1. Mai beginnen könne.

Kaltenbrunner hatte auch ein System entworfen, durch das wichtiges Rohmaterial von geübten Bergsteigern auf Schmuggelwegen in die Alpenfestung gebracht werden könnte. Er hatte einen Agenten nach Madrid geschickt um bei den spanischen Führern vorzufühlen ob sie bereit wären, für Versorgung aus der Luft und bei Nachrichtenverbindung Hilfestellung zu geben.

Natürlich konnte die Sache sehr, sehr teuer werden, aber Kaltenbrunner hatte auch dieses Problem durchdacht: Er schlug vor, ebenso wie beim „Projekt Bernhard“ zur Bezahlung des Spions Cicero, auch zur Finanzierung des Nachschubs für die Alpenfestung gefälschte Pfundnoten zu benützen. Er informierte seinen Agenten in Spanien, daß Deutschland wahrscheinlich in aller nächster Zeit noch weit größere Währungsmöglichkeiten haben werde weil nun auch die Produktion von amerikanischen Dollarnoten gut vorankam.

Der OSS trug ebenfalls zu dem Glauben an die Wahrscheinlichkeit einer Alpenfestung bei. Am 15. März berichtete der OSS:

„Kunstgegenstände und Archive sind per Bahntransport im Zillertal angelangt, 90 Kilometer südsüdöstlich von München ... Manöver, die eine alliierte Fallschirmlandung in der Nähe des Berghofes, Hitlers Landsitz bei Berchtesgaden, simulieren, sind im Verlauf des Dezember durchgeführt worden, zum ersten Mal im Verlauf des Krieges.“

Später in diesem Monat berichtete der OSS:

„Die gesamte SS-Division „Führer" wurde zu Beginn des März 1945 in das Gebiet des Obersalzberges, auf dem der Berghof liegt, verlegt. Man glaubt, daß die Alpenfestung schließlich von etwa 15 bis 25 Divisionen, hauptsächlich SS-Einheiten, Hitlerjugend und der speziellen OKW-Führerreserve, besetzt sein wird."

OSS-Agenten aus der österreichischen Widerstandsbewegung bestätigten diese Ansicht. Sie berichteten, daß in steigendem Maße Kraftfahrzeuge aus Norddeutschland in Alpendörfern anlangten, beladen mit Frauen, Kindern und dem Gepäck hoher Naziführer.

Dieses Beweismaterial hatte Einfluß auf eine historische Entscheidung in diesem Krieg: Am 11. April 1945 standen amerikanische Armeen nur noch 100 Kilometer vor Berlin; zwischen ihnen und der Hauptstadt lagen nur noch schwache, desorganisierte deutsche Divisionen. Statt diese schwache Verteidigung einfach beiseitezuschieben und die Hauptstadt zu nehmen änderte Eisenhower nun die Ziele des alliierten Vordringens: Statt nach Nordosten auf Berlin ließ er die Armeen nun nach Osten vorrücken, in Richtung auf die herandrängenden Russen, um Deutschland südlich von Berlin in zwei Teile zu schneiden, und ließ sie dann nach Süden schwenken um die „Alpenfestung" zu nehmen: „Das Beweismaterial deutete klar darauf hin, daß die Nazis den Versuch machen wollten und ich entschloß mich daher, ihnen keine Gelegenheit zur Ausführung zu geben."

Die Alpenfestung aber hatte niemals existiert, nur ein paar Befestigungen waren notdürftig errichtet, einiges Material und einige Truppen wurden nach Süden geschickt; sonst nichts, – Eisenhower zerbrach eine leere Schale. Die Alpenfestung war eine Illusion gewesen, wobei die Angst der Vater des Gedankens war. Der OSS hatte nichtsdestoweniger den Wunsch der Armee befriedigt eine Phantomfestung zu infiltrieren und hatte daher dreißig Geheimagenten in diesem Gebiet eingesetzt.

Gauleiter Hofer litt zur Zeit, als Fred Mayer zu ihm gebracht wurde, unter einem akuten Zwiespalt. Seine Treue zur Partei und zu Hitler war ungebrochen, der Gedanke einer Götterdämmerung hier in den Alpen appellierte an den Mystiker und den Romantiker in jedem wahren Nationalsozialisten. Aber Hofer war kein Narr. Am Morgen nach der Götterdämmerung mußten gewöhnliche Sterbliche die Trümmer wieder zusammensetzen. Hofer war sich voll bewußt, daß im nördlichen Italien Diskussionen über eine vorzeitige Kapitulation im Gange waren und dieses Gebiet grenzte an seinen Befehlsbereich. Er war daher an der Angelegenheit interessiert; aber Allen Dulles wollte nicht mit Hofer verhandeln, er betrachtete den Gauleiter als „gefährlichen Intriganten, ausschließlich daran interessiert, seine Stellung in Tirol zu bewahren.“

Hofer jedoch besprach mit Fred Mayer die Möglichkeit von Verhandlungen über eine Kapitulation seines Gaues. Würde Mayer imstande sein, ihn mit den Amerikanern in Verbindung zu bringen? Mayer bejahte die Frage und benützte auch die Gelegenheit, Hofers Ehrlichkeit auf die Probe zu stellen. Er fragte, ob er den OSS von seiner Situation benachrichtigen könne. Hofer stimmte zu, er werde diese Botschaft persönlich durch seinen anderen Gast, den früheren Generalkonsul in Los Angeles, abliefern lassen, der ohnehin unterwegs nach Berlin sei. Da Hofer immer noch zögerte, ob er Tirol und Vorarlberg den Alliierten übergeben solle, wurde Fred Mayer nach Reichenau, ein Konzentrationslager außerhalb von Innsbruck gebracht.

Gary Van Arkel betrachtete die Botschaft, die er in Bern erhielt, als eine der merkwürdigsten des Krieges. „Gegenwärtig in Händen der Gestapo, werde auf dem einen oder anderen Weg herauskommen. Keine Sorge.“ Van Arkel war amüsiert. Während seines Dienstes in Bari hatte er den Absender dieser Botschaft kennengelernt und sie schien ihm völlig dem Charakter von Fred Mayer zu entsprechen. Überbracht hatte die Botschaft der Vertreter Gauleiter Hofers, derselbe Mann, der schon früher versucht hatte aus Van Arkel den Stand der geheimen Kapitulationsverhandlungen herauszubluffen. Van Arkel erklärte dem Deutschen, daß, wenn Mayer irgend etwas geschähe, er selbst mit seinem Leben dafür gerade stehen müßte.

Im Konzentrationslager Reichenau bemerkte Mayer, daß die Tür seiner Zelle unversperrt war. Als er hinausging, fand er in der

Nähe ein Auto mit zwei seiner alten Kontaktleute von der Kriminalpolizei, die darauf warteten ihn wegzubringen. Mayer nahm an, daß Kreisleiter Dr. Primbs seine Flucht organisiert hatte.

Innerhalb einiger Tage erhielt Mayer jedoch enttäuschende Nachrichten. Gauleiter Hofer hatte offensichtlich einen Entschluß gefaßt: Er hatte die Absicht am 2. Mai mittags eine Rede zu halten, die der Position entsprach, die Großadmiral Karl Dönitz am Tag nach der Ankündigung von Hitlers Tod eingenommen hatte. Dönitz hatte erklärt, der Führer sei gefallen um die Völker Europas vor dem Bolschewismus zu retten und hatte angedeutet, daß das Reich gegenüber Großbritannien und den Vereinigten Staaten kapitulieren werde, nicht jedoch gegenüber der Sowjetunion. Hofer wollte die Bevölkerung seines Gaues aufrufen, unter denselben Bedingungen weiterzukämpfen.

Fred Mayer ging ins Gauhaus in Hofers Büro, diskutierte mit dem Gauleiter und erklärte ihm, daß die Haltung von Dönitz sinnlos sei, denn die Alliierten würden niemals einen Separatfrieden akzeptieren, der die Russen ausschloß. Die einzige Wirkung von Hofers Erklärung werde nur der sinnlosse Verlust von Menschenleben und die Zerstörung von Innsbruck am Vorabend des Sieges der Alliierten sein. Weiterer Widerstand sei Wahnsinn.

Der bedrängte Hofer stimmte schließlich zu, seine Rede entsprechend abzuschwächen, nachdem er eine Zusage von Mayer erhalten hatte: Er wollte unter dem Schutz Mayers in Hausarrest gehalten werden bis die Amerikaner ankamen, um vor österreichischen Nazigegnern sicher zu sein. Mayer stimmte zu.

Hofer sprach nun über den Rundfunk: Sobald die Amerikaner die Gebirge im Westen überschritten hätten, solle kein Widerstand mehr geleistet werden. Innsbruck (einst als die mögliche Hauptstadt der Alpenfestung betrachtet), werde dem Feind ohne Kampf übergeben.

Mayer machte sich mit Primbs in dessen Auto auf den Weg nach Oberperfuß, wo sie Hans Wynberg ausfindig machten. Mayer rief aufgeregt Wynberg zu, daß sie Innsbruck genommen hätten. Die beiden Männer zogen an, was sie noch an amerikanischen Uniformstücken besaßen und eilten zurück ins Gauhaus.

Innsbruck war an diesem Tag eine Art ungewisses Zwischenreich. Widerstandsgruppen zogen offen durch die Straßen; in einer Kaserne der Wehrmacht war ein Aufstand ausgebrochen. Die SS-Leute waren aufgeregt darüber, daß bewaffnete österreichische Einheiten durch die Straßen marschierten. Mayer und Wynberg in amerikanischen Uniformen erregten kaum Aufmerksamkeit. Mayer nahm den Telefonhörer ab. Ein Beamter wollte wissen, was er mit den vorhandenen Lebensmittelvorräten tun solle. Sollten sie verbrannt werden? Mayer befahl mit Nachdruck, daß unter gar keinen Umständen irgendwelche Lebensmittel zerstört werden dürften.

Am Abend fuhren Mayer und Wynberg mit Primbs zu dem Gutshof von Gauleiter Hofer, wo sie um elf Uhr nachts eintrafen. Mayer war entschlossen dafür zu sorgen, daß der NS-Führer sein Versprechen zu kapitulieren auch halte. Das Haus war von Hofers Leibwache umgeben; der Gauleiter hatte sich schon früh zurückgezogen, ein halbes Dutzend Parteiführer saß mißgestimmt herum. Als Mayer und Wynberg eintraten sprangen die Nazis auf und überschütteten sie mit ihren Sorgen und Ärgernissen. Sie benahmen sich nicht wie Ungeheuer, die die halbe Welt terrorisiert hatten, sondern wie mißverstandene Männer, verblüfft über die harten Schläge, die ihnen das Schicksal erteilte. Die Amerikaner saßen da bis zum Morgen und hörten sich Ansichten über die jüngste Vergangenheit Europas an, die die Geschichte auf den Kopf stellte.

Ein Stellvertretender Gauleiter namens Hauser erklärte leidenschaftlich: „Wie können Sie sagen, daß wir in neutrale Länder eingedrungen sind? Die Polen haben im August 1939 60000 Deutsche ermordet. Wir haben dafür dokumentarische Beweise. Als der Führer mit unvergleichlichem Weitblick Polen in 28 Tagen zerschlagen hatte und dann den Westmächten Frieden anbot haben sie abgelehnt und Vorbereitungen getroffen, um Deutschland durch die Invasion Norwegens vom Rücken her anzugreifen. Der Führer hat den ganzen Winter gewartet und auf eine friedliche Regelung gehofft. Aber im Frühjahr des Jahres 1940, als es klar wurde, daß England Norwegen als Sprungbrett für einen Angriff auf Deutschland benützen werde, griff er zuerst an. Dasselbe trifft für die Niederlande zu.“

Dieses Beharren auf der Gerechtigkeit ihrer Sache, während das grausame Regime, das sie errichtet hatten, über ihren Köpfen zusammenbrach, ließ die Amerikaner stumm vor Staunen. Die Deutschen fuhren fort, wobei sie der Reihe nach das fallende Banner des Nationalsozialismus wieder aufnahmen: Die Amerikaner verstünden nicht, daß Hitler nicht nur für Deutschland gestorben sei, sondern für den Kampf aller Völker gegen den Bolschewismus. Die Amerikaner sollten sich jetzt besser den Kopf darüber zerbrechen, wie es mit der kommunistischen Beherrschung Europas stehen werde, es werde nicht lange dauern, bevor die westlichen Alliierten mit den Sowjets zusammenstoßen würden.

Sie wollten wissen, ob die Alliierten Deutschland auf die Grenzen von 1937 beschneiden wollten. Ja, Österreich werde wieder unabhängig sein. Nun, das wäre vielleicht nicht so schlecht, meinten sie, wenn der Westen Österreich als Pufferstaat gegen die Russen benütze. Als die Morgendämmerung kam versicherten alle, voll Freude an der Seite der Alliierten gegen den Kommunismus kämpfen zu wollen. Ihr völliges Unverständnis für die entsetzlichen Folgen des Nationalsozialismus wirkte deprimierend auf die beiden Amerikaner, die ja schließlich jüdische Emigranten waren.

Am 3. Mai rückte die amerikanische 103. Infanteriedivision der 7. Armee in das Herz der Alpenfestung ein, kam aber 25 Kilometer westlich von Innsbruck zum Stehen. Drei Tage zuvor hatte die Division Befehl erhalten die Stadt einzunehmen, war durch Schlamm und Schnee marschiert, hatte Straßensperren, Minenfelder, Störfeuer und gelegentlich Luftangriffe über sich ergehen lassen.

Die Deutschen hatten Verteidigungsstellen am Westrand Innsbrucks bezogen, richteten ihre Flakgeschütze gegen den anmarschierenden Feind und die Amerikaner machten sich für einen letzten Angriff bereit, denn sie wußten, daß der Preis für die Stadt hoch sein konnte. Wehrmacht und SS-Einheiten von ungewissem Kampfwert waren in und rund um die Tiroler Hauptstadt massiert. Hofer, der Gauleiter des Landes, war ein bekannter nationalsozialistischer Fanatiker.

Um 4 Uhr 30 nachmittags wurde der Nachrichtenoffizier der Division, Major Bland West, angewiesen, sich an die Spitze der Kolonne zu begeben. Ein Zivilauto war aus den feindlichen Linien herübergekommen, darin hielten stehend zwei deutsche Soldaten an einer Stange eine große weiße Fahne.

Major West erwiderte den Gruß des Fahrers, der aus dem Auto sprang und sich als Leutnant Fred Mayer vom OSS vorstellte. Sein Gesicht war blau und grün von Beulen, eines seiner Ohren stark geschwollen. Er sprach Landserenglisch mit deutschem Akzent, trug keine Mütze und seine Kleidung war nur mit Mühe als Uniform zu erkennen. Aber Fred Mayer vibrierte vor Vitalität, ein breites Grinsen stand in seinem zerschlagenen Gesicht als er dem erstaunten West erklärte, warum er durch die feindlichen Linien gekommen war. West solle ihn zurückbegleiten um die Kapitulation für Innsbruck und den ganzen Gau zu arrangieren. Während West zuhörte bemerkte er, daß die Waffenstillstandsfahne ein Leintuch war.

Im April 1945 führte Fritz Molden seine letzte Mission durch. Zuerst hatte er Circe und Adriana Del Piano in die Schweiz geschmuggelt, nachdem die Gestapo ihnen in Mailand auf die Spur gekommen war, dann, in den letzten Tagen des Krieges, kehrte er nach Italien zurück wo er erfuhr, daß die österreichische Widerstandsbewegung im Begriff war loszuschlagen, um Innsbruck in ihre Gewalt zu bekommen und überredete Al Ulmer, sie sollten die zerbröckelnden deutschen Linien in Norditalien überschreiten, um bei der Sache in Tirol mitzumachen. Sie fuhren über kurvenreiche Nebenstraßen um dem dichten deutschen Verkehr auf dem Brennerpaß zu entgehen. Molden, Ulmer und vier andere Amerikaner trafen gerade rechtzeitig in Innsbruck ein, um Zeugen eines merkwürdigen Kampfes zu werden. Nicht um die Stadt, sondern um das Verdienst sie befreit zu haben!

In Innsbruck hatte ein Mann namens Karl Gruber, der einen Monat zuvor zum Führer der Tiroler Widerstandsbewegung gewählt worden war, Gruppen bewaffneter österreichischer Partisanen abgestellt, um die vier Wehrmachtskasernen der Stadt außer Gefecht zu setzen. Seine Aktionen schalteten zweitausend Mann der Verteidigungsstreitkräfte aus; dann überredete Gruber den Polizeichef der Stadt zu kapitulieren. Seine Partisanen übernahmen den Sender und das Landhaus, den Sitz der Regierung.

Eine SS-Panzerabteilung versuchte in die Stadt einzudringen, überlegte es sich aber dann und zog sich zurück. Ihr Rückzug war das Signal für den Zusammenbruch des restlichen Widerstandes in Innsbruck.

Zwei Männer, die einander nicht kannten, hatten von verschiedenen Richtungen her auf dasselbe Ziel zugearbeitet. Fred Mayer hatte den Gauleiter überredet, angesichts der sich von außen nähernden Gegner nicht noch ein letztes Blutbad anzurichten, Gruber dagegen hatte die Verteidiger von innen her entwaffnet.

Innsbruck wurde am 4. Mai um 10 Uhr 15 ohne Blutvergießen übergeben. In den Straßen wehten überall die rot-weißen und rot-weiß-roten Banner Tirols und Österreichs. Nur wenige Stunden nachdem die Stadt befreit war und noch bevor die amerikanische Armee eintraf, kamen Ulmer, Molden und ihre Begleiter aus Italien an. Sie fuhren zum Landhaus, wo Karl Gruber begeistert ausrief: „Stellt euch vor, wir haben gerade Innsbruck genommen!“

Kurz danach fanden Ulmer und Molden den strahlenden Fred Mayer. „Wir haben gerade Innsbruck genommen!“ Mayer war verärgert zu hören, daß Leute, die er als antinazistische Österreicher der allerletzten Stunde betrachtete, seinen Triumph teilten.

Karl Gruber war tatsächlich erst spät in der österreichischen Widerstandsbewegung aufgetaucht. Er hatte den größten Teil der Kriegszeit in Berlin verbracht, wo er für Telefunken arbeitete, bis die andauernden alliierten Bombenangriffe die Firma zwangen ihre Erzeugungsstätten zu verlagern und Gruber so in seine Heimat zurückkehrte. Einmal dort hatte er sich voll und ganz der Widerstandsarbeit gewidmet und führte den einzigen österreichischen militärischen Aufstand von einigem Ausmaß gegen die Naziherrschaft. Die Amerikaner anerkannten im folgenden auch Gruber als Landeshauptmann von Tirol, was Fred Mayer sehr ärgerte.

Mayer hatte in den drei Tagen vor der Eroberung Innsbrucks kaum geschlafen und es machte ihm auch nichts aus und war der Ansicht, sich in diesen Monaten seiner getarnten Existenz, hervorragend amüsiert zu haben. Doch meinte er in Innsbruck noch eine letzte Verpflichtung zu haben, eine Ehrenangelegenheit.

Der nationalsozialistische Gauleiter hatte ihm den Eindruck eines Gentleman alten Schlages gemacht und er hatte Hofer versprochen, falls die Deutschen Innsbruck kampflos übergeben würden, ihn unter Hausarrest zu halten, bis er die Mitwirkung Hofers den Amerikanern erklären konnte. Hofer hatte Wort gehalten und Mayer wollte nun auch das seine halten.

Unglücklicherweise für Hofer hatte ein Geheimdienst-Team der US-Armee, geführt von Mitgliedern der österreichischen Widerstandsbewegung, noch vor Mayer den Gauleiter erreicht. Sie fragten Hofer, ob er irgendwelche Waffen besitze. Hofer antwortete: „Auf mein Ehrenwort, ich habe keine." Eine Durchsuchung seines Hauses erbrachte aber dann drei Gewehre, drei Pistolen und Munition zum Vorschein. Er wurde verhaftet. Als er sein Haus verließ, blieb Hofer stehen, hob die rechte Hand und murmelte: „Heil Hitler."

Der Gauleiter wurde in ein alliiertes Untersuchungslager gebracht, aus dem es ihm später gelang zu entkommen. Als man den einst im südlichen Teil des Reiches mächtigsten Nationalsozialisten wieder einfing, war er als Rauchfangkehrer verkleidet. Er wurde dann als Kriegsverbrecher vor Gericht gestellt.

Zwei Wochen nachdem Innsbruck gefallen war, benachrichtigten Spionageabwehroffiziere der Armee Mayer, daß sie Walter Guttner festgenommen hätten, den Gestapobeamten, der ihn gefoltert hatte und fragten, ob er den Gefangenen sehen wolle. „Ich kann es kaum erwarten", antwortete Mayer.

Mayer fand Guttner, der in einer Ecke seiner Zelle kauerte. Er riß den Mann in die Höhe und blickte in ein Gesicht, ebenso zerschlagen, wie es sein eigenes gewesen war. Guttner antwortete Mayer in dumpfer, tonloser Stimme: „Tun Sie mit mir, was Sie wollen, aber tun Sie meiner Familie nichts."

Mayer stieß ihn wieder zu Boden: „Was glauben Sie, was wir sind, Nazis?" Und er verließ das Gefängnis.

Am 21. Februar wurden Julio Prester, das überlebende Mitglied des *Dillon*-Teams von Leutnant Miles Pavlovich, und zwanzig weitere Österreicher mit dem Zug in das Gestapogefängnis in Klagenfurt transportiert. Victor Ruthi hatte die Gestapo nicht nur zu Pavlovich und Martha Frais geführt, sondern auch die

Namen aller Ortsbewohner genannt, die dem Team geholfen hatten. In den folgenden zwei Wochen wurde Prester in seiner Zelle völlig unbeachtet gelassen, doch neun der österreichischen Zivilisten wurden zum Tode verurteilt.

Nach der Gefangennahme des Teams erhielt Johann Sanitzer, der Radioexperte der Gestapo für den Ostmarkraum, von einem seiner Untergebenen in Klagenfurt, dem Luftwaffenoberleutnant Rudi Pienitz die Mitteilung, er solle Prester dazu bringen, unter seiner Kontrolle zu senden.

Pienitz und ein anderer Gestapobeamter, Helmut Helfricht, setzten nun Prester unter Druck, er solle sich selber retten, indem er für sie arbeite. Prester weigerte sich zuerst. Da sie ihn aber mehrere Wochen lang immer wieder drängten fragte er schließlich, was sie eigentlich von ihm erwarteten. Sie erklärten dem überraschten Prester, daß sie einen Fallschirmabwurf von amerikanischen Zigaretten und Schokolade wünschten. Hier, so dachte Prester, war eine Möglichkeit OSS Italien das Schicksal der *Dillon*-Mission anzudeuten und dabei nicht mehr Schaden anzurichten, als die Vorräte der Truppenkantine etwas zu verringern, und stimmte zu.

Am 24. März wurde Prester aus seiner Zelle geholt und von Helfricht und Pienitz in eine Villa am Ufer des Wörthersees, außerhalb von Klagenfurt gebracht. Von dort aus erhielt OSS seine erste Nachricht seit das *Dillon*-Team drei Monate zuvor abgeflogen war, eine Botschaft von erstaunlicher Wirrheit. Prester berichtete, daß Karl Lippe tot und Leutnant Pavlovich vor dem Feind vermißt sei und das Team Zigaretten und Schokolade brauche. Irgendwie hatte der OSS-Funker in Italien das Gefahrensignal in Presters Botschaft nicht mitgehört und daher nicht bemerkt, daß er unter Kontrolle sendete.

Julio Prester glaubte, daß die Heimatbasis nun über seine Situation unterrichtet sei: Um so erstaunter war er, als er die Antwort der Basis erhielt. OSS wollte wissen, was für Nachrichtenkontakte er gemacht habe und schlug bestimmte Linien vor, denen er folgen solle. Auf diese Weise wurden militärische Absichten der Amerikaner den Deutschen enthüllt. Schlimmer noch: Da Bari wußte, daß das Team zwei Mann verloren hatte, wollte die Basis Verstärkungen schicken.

In einer späteren Botschaft versuchte Prester erneut, seine Lage anzudeuten. Es gelang ihm in den verschlüsselten Text in unverschlüsselter Sprache die Worte „Miles dead“ (Miles ist tot) und „Klagenfurt jail“ (Klagenfurter Gefängnis) unterzuschieben. Diese Worte waren unbegreiflicherweise in der entschlüsselten Niederschrift, die der OSS-Radiofunker maschinenschriftlich abfaßte, nicht enthalten. Die Basis verfolgte unabirrbar den Abwurfplan. Sie informierte Prester von Ort und Zeit, zu denen er bereit sein solle, die Vorräte und die beiden unerwünschten Agenten in Empfang zu nehmen. Obwohl Prester vierzehn Botschaften sandte, die alle das Gefahrensignal enthielten, wurde niemand aufmerksam.

Kurz nach ein Uhr nachts, am 16. April 1945, wurden Bert Steinitz, ein Obergefreiter des OSS, der die Rolle eines abgeschossenen Fliegers spielen sollte, und ein österreichischer Freiwilliger, in der Nähe von Klagenfurt mit dem Fallschirm abgesetzt. Wenige Minuten nachdem sie den Boden berührt hatten, waren die beiden Agenten, sowie die Zigaretten und die Schokolade, die mit ihnen zusammen abgeworfen worden waren bereits in den Händen der Gestapo.

Obwohl der Ausgang des Krieges klar war, bemerkte Julio Prester doch eine erstaunliche Zwiespältigkeit bei den Deutschen. Einige Nazis, wie der Gestapobeamte Helmut Helfricht, wurden ängstlich und waren offenkundig eifrig darauf aus seine Gunst zu erwerben. Andere wieder waren unberechenbar, schwankten zwischen der Sorge um ihre eigene Haut und dem Wunsch, in einem letzten Racheakt die Gefangenen umzubringen. Helfricht gestand Prester, daß seine Vorgesetzten ihn bedrängten, rasch gegen die *Dillon*-Gefangenen vorzugehen, um ein Exempel an ihnen zu statuieren. Die Hinrichtungstermine waren für die Agenten und für die neun zum Tode verurteilten Österreicher bereits festgelegt. Anfang Mai wandte sich aber durch Vermittlung von Helfricht ein prominenter Nazigegner an Julio Prester, der an einer vorzeitigen Kapitulation in Kärnten interessiert war. Die Zusammenkunft fand in der Villa statt, von der aus Prester unter Kontrolle seine Botschaften an OSS Italien sandte. Der Mann glaubte, daß Prester als Verbindung dienen könne. Prester nannte seinen Preis: Alle *Dillon*-Gefangenen, sowohl die Agenten als auch die Zivilisten, müßten zuerst freikommen.

Als eine erste Geste guten Willens entließ Helfricht Prester in aller Form, worauf der Gestapobeamte, der österreichische Friedenssucher und Prester in das Gestapo-Hauptquartier in Klagenfurt zurückkehrten. Der Deutsche, der dort das Kommando hatte, empfing Prester nun als einen alliierten Offizier und fügte sich dessen Forderung, die zivilen Gefangenen zu befreien, wollte jedoch nicht der Freilassung irgendwelcher Verräter der deutschen Wehrmacht, von Soldaten die zum Feind übergegangen waren, zustimmen. Diese sollten am nächsten Tag erschossen werden, einschließlich Viktor Ruthis, dessen Geständnisse zu der Verhaftung der zivilen Helfer von *Dillon* und zum Tod von Miles Pavlovich und Martha Frais geführt hatten.

Prester verließ die Gestapo und begab sich zum Gefängnis, wo er forderte, daß der Gefängnisleiter sämtliche *Dillon*-Gefangene freilassen solle. Der Gefängnisleiter weigerte sich und erklärte, er könne die gesetzliche Ordnung nicht verletzen. Prester erinnerte ihn daran, daß angesichts des unmittelbar bevorstehenden Zusammenbruches des Naziregimes sowieso sehr bald eine neue Ordnung errichtet werde und der Gefängnisleiter sich vor den Alliierten für den Tod dieser Männer zu verantworten haben würde. Nun öffnete sich die Zellentüre eiligst.

18. KAPITEL

Vollzugsmeldungen

Unter den von Ray Brittenham rekrutierten belgischen Teams hatte *Chauffeur* den schlechtesten Start gehabt, bis die Gruppe schließlich doch noch ein sicheres Unterkommen fand, nämlich in einer Molkerei und in einem Bordell.

Der junge Michel Dehandtshutter, der einstige Gestapoangestellte in Brüssel, und André Renaix sein Funker glaubten, daß sie eine sichere Unterkunft in Regensburg erwarte. Als sie aber an der Adresse ankamen fanden sie, daß der belgische Arbeiter, der ihnen dort Unterschlupf hätte geben sollen, schon sechs Monate zuvor ausgezogen war. Der Belgier, der ihnen diese Information gab, argwöhnte angesichts der Art ihres Gespräches Schlimmes und drohte, sie seinen deutschen Vorgesetzten zu melden, falls sie nicht sofort das Haus verließen.

Danach waren sie auf dem Weg zwischen zwei kleinen Ortschaften in der Nähe von Regensburg vom Volkssturm verhaftet worden. Sie hatten, eingesperrt in einer Scheune, eine unbequeme Nacht zugebracht, bis ihre gefälschten Papiere überprüft und in Ordnung befunden worden waren. Sie hatten gehofft, unter den Männern, die sie festnahmen jemanden zu finden, dessen Loyalität gegenüber dem Regime gegenüber schon brüchig geworden war. Stattdessen fanden sie nur hartnäckige Nazis oder apathische Bürger, die sich immer noch vor der Polizei fürchteten. Sie trafen nirgends deutsche Nazigegner. So brachten sie die ersten fünfzehn Tage damit zu in Wäldern zu leben, wobei sie sich von den aus England mitgebrachten Rationen ernährten, die für acht Tage bestimmt gewesen waren.

In der kleinen Stadt Abensberg, etwa 25 Kilometer südwestlich von Regensburg, baten die *Chauffeur*-Agenten den Fahrer eines Molkereilastwagens, ihnen etwas Milch zu verkaufen. Der Mann stellte sich als ein belgischer Kriegsgefangener namens Raoul heraus, der in einer nahe gelegenen Molkerei arbeitete. Die beiden Agenten waren hungrig und müde, die Batterien ihrer Radios hatten versagt und sie waren nicht imstande gewesen London zu erreichen. Raoul schien vertrauenswürdig und so setzten sie alle ihre Hoffnungen auf ihn, enthüllten ihm ihre wahre Identität, erklärten ihre Aufgabe und baten ihn um Hilfe.

Raoul war einer von zehn belgischen und französischen Kriegsgefangenen in der Molkerei. Der Leiter war für gewöhnlich abwesend und die Gefangenen standen nur unter der Kontrolle eines leicht zu täuschenden deutschen Feldwebels. Raoul schmuggelte die beiden Agenten in die Molkerei und stellte sie den anderen Arbeitern vor. André Renaix zeigte ihnen ihre Radioausrüstung und erinnerte sie daran, was passieren konnte, wenn solches Gerät in ihrer Unterkunft gefunden wurde. Michel Dehandtshutter versprach, wenn nur ein einziger von ihnen sich irgendwelche Sorgen über ihre Anwesenheit mache, werde das Team sich sofort entfernen und ihnen deswegen keineswegs böse sein. Die Arbeiter aber entschlossen sich einstimmig ihnen zu helfen. Sie brachten den übrigen Teil der Ausrüstung des Teams in den Keller der Molkerei, gaben den beiden zu essen und quartierten sie halbwegs bequem ein.

Es wäre schwierig gewesen, einen besseren Ausgangspunkt zur Beobachtung Regensburgs zu finden. Früh an jedem Morgen rollten die Lastwagen hinaus, um Milch von den Bauernhöfen einzusammeln, die einen Kreis rund um die Stadt bildeten. Michel Deshandtshutter fuhr mit den Lastwagen und sammelte auf diese Weise militärische Nachrichten für André Renaix, der sie nach London funkte. Das *Chauffeur*-Team erfand eine neue Strategie der Kommunikation: Joan-Eleanor, trotz all seiner Vorteile, hatte einen Fehler; das Rendezvous mußte im voraus festgelegt sein. Es gab keinerlei Möglichkeiten für die Agenten, London davon zu benachrichtigen, daß sie irgend etwas Dringendes hatten und sprechen wollten. Der normale Sender hatte, trotz all seiner Grenzen, doch den großen Vorteil, daß ein Team zu jeder Zeit die Heimatbasis anrufen konnte. *Chauffeur* war als ein Experiment mit beiden Systemen ausgerüstet worden.

Renaix betrieb also seinen Radiosender von einer Mansarde aus, sprach von dort mit London und benützte dazu den elektrischen Strom der Molkerei. *Chauffeur* wurde so die erste geheime Radiostation, die sich direkt aus Deutschland mit der Heimatbasis in Verbindung setzte. Renaix meldete, daß zwar die regulären Wehrmachteinheiten auseinanderzulaufen schienen, doch SS-Elitetruppen sich im Umkreis um Regensburg einzugraben begannen. Die Mission berichtete auch den Standort von Treibstoffdepots für die Verteidigungskräfte der Stadt und beschrieb die Stellungen der Flak-Batterien, die die Donaubrücken an den Zufahrten zur Stadt schützten.

Eines Abends erzählten die Kriegsgefangenen den *Chauffeur*-Agenten von zwei französischen Mädchen, die strafweise gezwungen worden seien in einem deutschen Bordell in Regensburg zu „arbeiten". Dehandtshutter gelang es bei seinem nächsten Stadtbesuch die Mädchen zu finden. Er war ganz offen: Ob sie bereit wären, für die Alliierten zu arbeiten? Die Mädchen erwiesen sich in jeder Beziehung als hilfreich, wollten aber kein Geld. Sie seien zu diesem Leben gezwungen worden, alles, was sie verlangten war, daß Dehandtshutter bei den Amerikanern ein gutes Wort für sie einlege und die Amerikaner ihnen helfen sollten, in die Heimat zurückzukehren. Er erklärte ihnen dann, wie sie mit ihren Kunden Gespräche führen sollten, um wertvolle Nachrichten zu bekommen.

Dehandtshutter sammelte in den folgenden vier Tagen keine Milch ein, sondern verbrachte die meiste Zeit mit einer Taschenlampe und einem Notizblock im Schrank der Mädchen, die einen außerordentlich interessanten Besuch bekamen und einem hochgestellten und häufigen Gast, Oberst Kluger, die Pläne für die Verteidigung von Regensburg entlockten. Zusätzliche Details kamen von Soldaten, die Verteidigungsstellungen um Regensburg bezogen hatten. Ein anderer Freier, ein Polizeibeamter, sagte ihnen er erwarte, daß sie ihm alle Deserteure oder politisch Unzuverlässigen meldeten, die in dieses Bordell kämen.

In der Nacht zum 23. April kehrte Dehandtshutter in die Molkerei zurück. Er und Renaix sprachen 45 Minuten lang über

Joan-Eleanor mit einem französisch sprechenden OSS-Offizier. Die postkoitalen Prahlereien des Oberst Kluger und seiner Kameraden wurden von einem Tonbandgerät in einem amerikanischen Flugzeug festgehalten, das Kilometer über der Stadt kreiste.

Renaix: „Der Generalstab befindet sich in Regensburg, im Parkhotel Maximilianstraße. Die Straße gegenüber dem Bahnhof, erstes Haus links. Dort wohnen ständig mindestens vier bis sechs Generale.“ Flugzeug: „Verstanden, weiter!“

Renaix: „Alle russischen, rumänischen und bulgarischen Soldaten der deutschen Wehrmacht in Regensburg sind am 20. und 21. nach Augsburg abmarschiert, die SS-Einheiten brechen in Häuser ein ... plündern alles ... töten pro Tag zwanzig bis dreißig Menschen ...“

Der Funker im Flugzeug fragte dann nach den Kriegsgefangenen in diesem Raum. Renaix:

„Hier in Regensburg waren Kolonnen von englischen, amerikanischen und französischen Kriegsgefangenen, sowie politischen Gefangenen, die durch acht Tage allnächtlich hier abmarschierten. Leichen lagen an den Straßen. Wir glauben, daß man sie beim leisesten Zeichen der Ermüdung tötet.“

Die Sendung endete mit der Bitte von Renaix, der Funker solle seiner Frau und Michels Verlobten mitteilen, daß sie in Sicherheit seien und es ihnen gut gehe. Sie würden zwar von Wanzen und Läusen buchstäblich aufgefressen, aber sie seien zufrieden. Sie schickten auch Grüße an Major Bill Grell, der sich in London um sie gekümmert hatte.

Joan-Eleanor hatte eine Dividende abgeworfen, die Stephen Simpson, als er das System erfand, gar nicht einkalkuliert hatte. Für Männer, die in einer feindseligen Welt isoliert waren, bedeutete der Klang einer Freundesstimme eine erregende Freude. Für Renaix und Dehandtshutter verschwanden Frustrationen, Angst und alle Härten die sie erduldet hatten, sobald sie mit ihrem unsichtbaren Verbündeten am Himmel sprachen.

Sobald Regensburg von US-Truppen besetzt war, konnten die *Chauffeur*-Agenten den OSS kontaktieren und wurden noch vor Kriegsende nach London zurückgebracht. Angesichts der Risiken, die sie auf sich genommen hatten, und der Qualität ihrer Nachrichten wurde das *Chauffeur*-Team für das Distinguished Service Cross vorgeschlagen.

An der Menge der Nachrichten gemessen, war das belgische *Doctor*-Team wohl die produktivste aller Missionen. Jean Smets und Lucien Blonttrock sandten über fünfzig Botschaften aus der Kufsteiner Gegend nach London.

Die Nachrichten von *Doctor* aber wurden nicht ohne entsprechenden Preis erworben. Der Widerstandsführer Rudolf Steiner, der die österreichische Fahne auf der Bergspitze ausgebreitet hatte, kurz bevor das *Doctor*-Team landete, verschwand nachdem um den 20. April Polizei die Gegend von Kufstein durchkämmt hatte. Man nahm an, daß er getötet worden sei. Ein anderer österreichischer Helfer wurde von der SS erschossen als er versuchte, in das Niemandsland zwischen den sich nähernden amerikanischen Truppen und den deutschen Verteidigern zu schlüpfen.

Smets und Blonttrock beförderten ihren Sender zwischen ihrer Berghütte und sicheren Unterkünften in Scheffau und Ellmau hin und her. Während sie von Ellmau aus sendeten erfuhren sie, daß drei Funkpeilwagen die Gegend nach ihnen absuchten. In sehr bescheidener Weise konnte nun ihre Partisanengruppe auch endlich militärische Unternehmungen durchführen und setzte die drei Funkpeilwagen mit Handgranaten außer Gefecht.

Die größte Gefahr für das Team ging im Ursprung merkwürdigerweise von Hitlers Bunker in der Reichskanzlei aus. Zu den Letzten, die Hitler lebend sahen, gehörten Generaloberst der Luftwaffe Robert Ritter von Greim und seine Freundin, die berühmte Pilotin Hanna Reitsch, beide überzeugte Nationalsozialisten. Von Greim, damals Oberbefehlshaber der 6. Luftflotte, war von Hitler am 26. April aus München nach Berlin gerufen worden, um dem Verräter Hermann Göring als Oberbefehlshaber der Luftwaffe nachzufolgen. Von Greim hatte, begleitet von Hanna Reitsch, ein kleines Flugzeug durch das schwere Flak-Feuer der Russen manövriert, war im Tiergarten bruchgelandet, wobei er durch einen Granatsplitter eine schmerzhafte Beinverletzung erlitt, und verbrachte nun zusammen mit Hanna Reitsch, zwei Tage in Hitlers Bunker. Ihr glühendster Wunsch aber, zusammen mit ihrem Führer sterben zu dürfen, wurde ihnen verwehrt. Hitler befahl ihnen nach dem Rechlin-Flugplatz aufzubrechen, wo der neue Luftwaffenoberbefehlshaber, – zum Feldmarschall ernannt –, nicht vorhandene Einheiten der zerschlagenen Luftwaffe für einen letzten Schlag gegen die Sowjettruppen sammeln solle, die sich der Reichskanzlei näherten. Greim sollte außerdem auch Himmler verhaften, der ebenso wie Göring den Führer verraten hätte. Hitler persönlich überreichte Greim und Hanna Reitsch Selbstmordkapseln und sagte ihnen als sie gingen: „Gott schütze Euch.“

So wenig Erfolg Greim auch bei der Ausführung von Hitlers letzten verworrenen Befehlen hatte, so rasch etablierte er sich in einem neuen Hauptquartier im Raum der Alpenfestung.

Anfang Mai sendete Lucien Blonttrock gerade aus dem Bauernhof eines Sympathisanten in Ellmau, als er fremde Stimmen hörte. Der Stab Feldmarschalls von Greim hatte Ellmau zum neuen Hauptquartier der Luftwaffe auserwählt und der Stabschef beschlagnahmte gerade Häuser im Dorf. Er trat in das hübsche Haus, in dem sich Blonttrock versteckt hatte, und verlangte alle Räume zu sehen. Der Eigentümer führte den Offizier durch das Haus, als sie aber im oberen Stockwerk den Raum erreichten in dem Blonttrock in der Falle saß, legte der Bauer den Finger an die Lippen und flüsterte, seine kleinen Kinder schliefen darin.

Das Haus wurde als geeignet für das Quartier von Greims ausgewählt und der Stabschef befahl dem Eigentümer, das große Zimmer gegenüber dem von Blonttrock für den Feldmarschall vorzubereiten.

In den letzten Kriegstagen hatten die *Doctor*-Agenten durch örtliche Widerstandsführer eine Streitmacht von über 2000 Mann zur Verfügung. Die Widerstandsführer in Kufstein und Kitzbühel konnten die dortigen Wehrmachtkommandanten überzeugen auf eine Verteidigung zu verzichten, so daß amerikanische Truppen dieses Gebiet ohne Blutvergießen besetzen konnten.

Die Kommandeure der amerikanischen 26. und 42. Division bezeugten, daß das Einsatzgebiet des *Doctor*-Teams, verglichen mit allen anderen von ihnen besetzten Orten, am besten von

Nazis gesäubert war. Die Region war vollkommen neutralisiert worden und ein verläßlicher Kern von vertrauenswürdigen Nazigegnern stand zur Verfügung, um eine demokratische Regierung zu errichten.

Das *Doctor*-Team führte amerikanische Truppen bei einer Aktion gegen verbliebene Nationalsozialisten. In dem Haus in Ellmau, aus dem Blonttrock mit seinem Sender gerade noch entwischt war, wurde Feldmarschall von Greim gefangen genommen. Die Belgier und ebenso die österreichischen Partisanen waren aber recht enttäuscht als sie bemerkten, daß die Amerikaner weit mehr damit beschäftigt waren Souvenirs zu sammeln, als flüchtige Nazis zu verhaften.

Orpha Gresham, die WAC Sergeantin, sah von ihrem Verlobten, Emil Van Dyck von der *Painter*-Mission acht Monate lang nichts, nachdem er England im März 1945 verlassen hatte. Erst dann erfuhr sie in vollem Umfang, was ihm und seinem Partner François Flour zugestoßen war.

Painter war einer der großen Fehlschläge der deutschen Kampagne. Das belgische Team war in das Nervenzentrum der SS in München eingedrungen, hatte aber mit seinem Sender London nicht erreichen können. Bei ihrer Ankunft hatten die *Painter*-Agenten einen Belgier gefunden, der als Mechaniker in einer von der SS benutzten Garage arbeitete und es zuwege brachte, daß Van Dyck und Flour ebenfalls als Mechaniker angestellt wurden. Was für Entscheidungen immer „oben" getroffen wurden, schließlich mündeten sie immer darin, daß irgend jemand dieser SS-Garage irgendwohin fuhr, wo die Agenten ständig Nachrichten sammeln konnten.

Aus ihrer Arbeiterunterkunft versuchten die beiden Agenten erfolglos, nach einem Zehn-Stunden-Tag in der Garage, ihre Informationen nach London zu senden, und das inmitten eines fast pausenlosen alliierten Bombenhagels.

Ende März bombardierten amerikanische Flugzeuge München mit einer Intensität, von der Emil Van Dyck erklärte, sie sei „das fürchterlichste Erlebnis meines Lebens" gewesen. Nachdem er vier Stunden in einem Luftschutzkeller der SS unter 2 m dicken Betonschutzmauern verbracht hatte, kam er wieder ans Tageslicht: „Endlich hörten die Explosionen auf und wir krochen vorsichtig ins Freie. Die Zerstörung war unbeschreiblich. Ungefähr 150 Meter von unserer Garage war ein Fremdarbeiterlager getroffen worden. Mehrere hundert Fremdarbeiter waren tot, die Verwundeten boten ein schreckliches Bild, mit von den Explosionen geschwärzten Gesichtern, denen alle Blutgefäße an der Hautoberfläche geplatzt waren ..."

Ein Behelfsunterstand aus großen Betonplatten hatte einen direkten Treffer erhalten und etwa zwanzig Arbeiter waren darunter zu Tode gequetscht worden, aber zwei Unglückliche, ein Franzose und ein Holländer, waren unter den eingestürzten Betonmauern gefangen, so daß sie zur Hälfte im Freien lagen und zur Hälfte darunter. Sie wurden allmählich zu Tode gequetscht. Es hätte eines Krans bedurft, um die Betonplatten wegzuheben. Auf erbarumungswürdige Bitten schoß ein deutscher Offizier sie durch den Kopf.

Eines Abends nach der Arbeit wurden die beiden Agenten in ihrer Unterkunft von zwei Gestapo-Beamten gestellt, die ihnen, seit die Belgier sechs Wochen zuvor gelandet waren, auf der Spur gewesen waren. Die Nazis wollten ein Geschäft machen. Sie übergaben Van Dyck und Flour eine Liste der gesamten Gestapo-Organisation im Raum München, alle Beamten, alle Geheimagenten, alle Informanten einschließlich ihrer wirklichen Namen und Code-Bezeichnungen sowie ihre Adressen! Als Bezahlung dafür versprachen die Belgier alles, was die zwei Deutschen nur wollten.

Sobald die Amerikaner eingetroffen seien, werde OSS dafür sorgen, daß die beiden Gestapo-Beamten und ihre Familien mit genügend Geld für einen neuen Anfang nach Südamerika gebracht würden.

Mit der Liste der Gestapo und den Informationen, die sie in der SS-Garage gesammelt hatten, ermöglichten die beiden nach der Einnahme Münchens die Festnahme von über sechzig führenden bayrischen Nationalsozialisten. Während dieser Jagd denunzierten die beiden Gestapo-Informanten eifrigst ihre früheren Kollegen und beeideten Aussagen über sie. Nun war auch die Zeit für die *Painter*-Agenten gekommen, um ihre Seite des Vertrages zu erfüllen. Zwei Jahre zuvor war François Flour von der

Gestapo gefangengenommen worden, als er in Belgien als Agent des britischen SOE in Belgien von der Gestapo festgenommen, auf das brutalste gefoltert und dann in einen Zug gesteckt worden war, der ihn in ein Konzentrationslager in Deutschland bringen sollte. Doch er war entkommen, als eine Widerstandsgruppe den Zug angriff. Flour und Van Dyck bereinigten ihre Rechnung mit den Gestapoinformanten, indem sie sie der amerikanischen Spionageabwehr als Kriegsverbrecher übergaben.

Erst nachdem die Amerikaner München besetzt hatten, erfuhr Orpha Gresham, daß Emil Van Dyck am Leben war und einige Monate später, nachdem sie von WAC abgemustert hatte und nach Hause zurückgekehrt war, bekam sie Briefe von ihm. Van Dyck kam, mit der Hilfe früherer OSS-Offiziere, im Dezember 1947 als Einwanderer in die Vereinigten Staaten, fünf Monate später waren er und Orpha verheiratet.

Ferdi Appenzell und Leon Lindau, die Agenten der *Luxe*-Mission, verbrachten die letzten Tage ihres Unternehmens in der Sicherheit des Kirchturms in Unterstillern. Nachdem Ferdi die Bombardierung von Weilheim angeordnet hatte, erpreßte er von der örtlichen Bevölkerung weitere Nachrichten. An Sonntagen erfreute sich das *Luxe*-Team an den Gottesdiensten und den Liedern, die die Gläubigen unter ihnen sangen. Sie setzten ihre Joan-Eleanor-Gespräche mit Calhoun Ancrum fort, – es waren im ganzen sechs erfolgreiche Kontakte –, und meldeten militärische Nachrichten aus München und Umgebung, einschließlich der interessanaten Ankunft des Panzerzuges von Heinrich Himmler.

Sie erfuhren, daß der Zug zwischen verschiedenen Stationen in der Nähe von Wessling hin und her fuhr, und bei Luftangriffen in einem Wald zwischen diesen Ortschaften abgestellt werde. In diesem Wald befinde sich, wie Dorfbewohner erzählten, eine Villa, wo hohe SS-Führer und ihre Weiber allnächtlich Orgien feierten. Ferdi berichtete irrtümlich, daß Himmler bald in diesem Zug eintreffen werde.

Am 29. April wurde das *Luxe*-Team von einer Kolonne amerikanischer Panzer überrollt. Ferdi gab dem G 2-Offizier der Einheit alle taktischen Informationen und führte dann Nachrichtenoffiziere der Armee zum Lager IV, einer Dependance von Dachau. Bei ihrer Ankunft fanden sie das Lager in Flammen und einen Berg von etwa 400 brennenden Leichen. Als sie an einer Gruppe nun selbst gefangener früherer Bewacher vorbeikamen, stießen diese Leute aus ihren Reihen eine zitternde Figur in Zivil. Die Gefangenen identifizierten ihn als den Kommandanten von Lager IV.

Amerikanische Soldaten fuhren gleich nach Landsberg, holten alle männlichen Zivilisten, die sie finden konnten, und führten sie in das Lager. Der frühere Kommandant wurde gezwungen, sich mitten in einen Berg von Leichen zu legen und Landsbergern wurde befohlen vorbeizumarschieren und ihn anzuspucken. Schließlich wurde er einer Gruppe von befreiten Häftlingen übergeben.

Appenzell und Landau führten dann ein CIC-Team bei der Suche nach Himmlers Panzerzug nach Steinebach am Wörthsee, aber die Suche war ergebnislos, denn der einst furchtbarste Mann des Reiches war weit in den Norden, in die Nähe der dänischen Grenze geflüchtet.

Appenzell führte eine andere Einheit der 103. Division in die Festung Landsberg, die einen besonderen Platz in der Mythologie des Nationalsozialismus einnahm. Über einer der Zellen fand sich dort eine Inschrift: „Hier hielt ein ehrloses System Deutschlands größten Sohn vom 11. November 1923 bis zum 20. Dezember 1924 gefangen. In dieser Zelle schrieb Adolf Hitler das Buch der nationalsozialistischen Revolution, ‚Mein Kampf'."

Willy Drucker, der am Neujahrsabend über die Schweizer Grenze geschlüpft war, verbrachte die Zeit von Januar bis April 1945 im Gestapo-Gefängnis in Innsbruck, nachdem Kriner, der doppelzüngige Gestapobeamte, ihn verraten hatte. Nach seiner Verhaftung ließ man ihn nackt in einem Zimmer stehen, während eine Sekretärin in aller Ruhe weiter auf der Maschine schrieb. Andere Gestapobeamte übersahen ihn, als sie ihr Mittagessen zu sich nahmen. Zwei Monate hindurch wurde er abwechselnd geprügelt und verhört, blieb aber bei seiner Geschichte, daß er, obwohl in Deutschland geboren, schon vor Jahren französischer Bürger geworden sei und im Auftrag des französischen Geheimdienstes nach Deutschland zurückgekehrt sei. Er gab als seinen Namen Marcel Dusellier an. Seine größte Angst war, daß man seine wahre Identität herausfinden würde, denn dann hätte man auch gewußt, daß er von der Gestapo seit langem gesucht wurde. Die Deutschen besaßen eine Liste der Deserteure und der Spionageverdächtigen, die sie allmonatlich auf den neuesten Stand brachten.

Am 13. April kam Drucker in Innsbruck vor ein Kriegsgericht. Sein Pflichtverteidiger hielt ein kurzes und für Drucker überraschend leidenschaftliches Plädoyer. Ja, der Mann verdiene lebenslange Haft, so erklärte sein Anwalt, aber seine Erfahrungen, seine Erlebnisse mit einer so degenerierten Rasse wie den Franzosen hätten ihn unvermeidlicherweise verdorben. Daher verdiene er nicht zu sterben. Der Richter antwortete, der Angeklagte sei nichtsdestoweniger deutscher Abstammung und habe durch seine Taten sein kostbares Erbgut beschmutzt.

Gefragt, ob er etwas zu sagen habe, schwieg er und wurde zum Tode verurteilt; die Verhandlung hatte drei Minuten gedauert. Drucker wurde nun aus seiner bisherigen Zelle in eine der Todeszellen gebracht, wo er jeden Morgen durch das Zuschmettern der Türen geweckt wurde, dem kurz danach die Schüsse im Gefängnishof folgten.

Zu den OSS-Offizieren, die unmittelbar nach der deutschen Kapitulation nach Innsbruck kamen, gehörte auch Gary Van Arkel. Er wollte gerade in sein Hotel gehen als er seinen Namen rufen hörte. Er schaute sich um und sah ein leichenblasses Gesicht, das ihm aus einem vergitterten Kellerfenster zugrinste. Er studierte die ausgemergelten Züge. „Ich bin es, Willy Drucker!" Van Arkel glaubte, er sei verrückt. Diese eingefallene Figur hatte er seit fünf Monaten für tot gehalten.

Während seiner Haft hatte man Drucker buchstäblich verhungern lassen. Eine Zeit lang ließ man ihn Flaschen mit Etiketten versehen und er leckte den Klebstoff von den Etiketten, um sich irgendwie zu ernähren. Nachdem er in die Todeszelle versetzt worden war, blieb als einziger Lichtblick ein freundlicher alter Wächter, der ihm täglich vom Vormarsch der alliierten Armee berichtete. Dennoch schmetterten die Zellentüren jeden Morgen zu und die Salven erklangen aus dem Gefängnishof.

Am 1. Mai öffnete der Gefängnisdirektor, der bis dahin Drukker immer nur beschimpft hatte, die Zellentür, grinste breit und versuchte, dem Gefangenen die Hand zu schütteln. „Sie sind frei!" sagte er. Die Amerikaner waren eingetroffen. Drucker berichtete dem G 2 der 103. Division und war vorübergehend im Keller des Hotels einquartiert worden, wo Van Arkel ihn fand.

Der Amerikaner erbot sich, Drucker in die Schweiz zurückzubringen. Unterwegs machten sie bei einer Dienststelle des französischen „Deuxième Bureau" Halt. Die Franzosen hielten in ihrer Besatzungszone einige frühere Nazis in Haft, einschließlich einiger von Druckers Gefängniswärtern. Van Arkel wollte, daß Drucker seine Geschichte zu Protokoll gebe, damit seine Quäler als Kriegsverbrecher verfolgt würden. Die lange Fahrt hatte Drucker erschöpft und Van Arkel bedauerte es, ihm diese Qual zu bereiten. Als Drucker seinen Bericht ablegte, fiel ihm auf, daß die Schenkel dieses Mannes etwa denselben Umfang hatten wie seine eigenen Handgelenke. Bei seiner Rückkehr in die Schweiz brachte er Drucker in ein Sanatorium, wo seine im Grunde kräftige Gesundheit bald wieder hergestellt war.

Nach dem Krieg kehrte Willy Drucker nach Deutschland zurück und setzte seine Laufbahn als Polizeibeamter fort.

Am 20. Mai 1945 fuhr Jules Konig, ein Hauptmann des OSS, die leicht ansteigende Straße durch das Lieser-Tal in Kärnten in Richtung auf die alte Stadt Gmünd. Er hatte Befehl alles ins Reine zu bringen, was mit einem OSS-Unternehmen zusammenhing, das drei Menschenleben gefordert hatte. Er traf dort mit Julio Prester zusammen, der ihm zur Seite stehen sollte jenen zu helfen, die seinerzeit das *Dillon*-Team unterstützt hatten und gegen ihre Verfolger gerichtlich vorzugehen.

Der Krieg hatte die Bevölkerung der Kleinstadt gespalten. Konig bemerkte in seinem Bericht: „Es ist symptomatisch für die Gesinnung der Bevölkerung von Gmünd, daß sie unsere Leute als Verräter betrachtet, und als Schurken, weil sie den Amerikanern geholfen haben."

Der Besitzer eines kleinen Gemüseladens bat Konig, ob der OSS ihm nicht helfen könne sich anderswo anzusiedeln. Er war, seit er der *Dillon*-Mission geholfen hatte, von seinen Nachbarn boykottiert worden und konnte in Gmünd seinen Lebensunterhalt nicht mehr verdienen. Doch gab es auch Dorfbewohner, die täglich frische Blumen auf das Grab von Leutnant Miles Pavlovich legten. Konig berichtete den britischen Armeebehörden, – die Engländer hatten dieses Gebiet befreit –, welche Österreicher die Amerikaner verhaften lassen wollten: Wegscheider, den Bauern, der das Team verraten hatte, Hartlieb, den Polizisten, der Miles Pavlovich erschossen hatte, Oberlechner, den Bürgermeister von Gmünd, der Pavlovich und Martha Frais wie Hunde hatte verscharren lassen, und den flüchtigen ehemaligen OSS-Agenten Viktor Ruthi, der seine Kameraden und ihre Helfer verraten hatte.

In seinem Hotelzimmer hörte Konig die Bitten jener an, die ihr Leben für die amerikanische Mission aufs Spiel gesetzt hatten. Für Berta Krabatt und ihre Tochter Maria Winkler, die ersten Menschen die dem Team in ihrem bescheidenen Heim in Treffenboden geholfen hatten, und die deshalb zum Tode verurteilt worden waren, schlug Konig eine Entschädigung von je 500 Dollar vor. Johann Fichomer, der gelegentlich Mitglieder des Teams versteckt hatte bat, man möge ihm erlauben, einen Volkswagen, den die Deutsche Wehrmacht zurückgelassen hatte, zu behalten. Für den Vater der erschossenen Martha Frais schlug Konig eine Beihilfe von 405 Dollar vor und Marthas Schwester Leni, die jeden Tag 16 Kilometer zu Fuß zu ihrer Arbeitsstätte gehen mußte, bekam das Fahrrad, um das sie gebeten hatte. Konig schickte dann Julio Prester nach Eisentratten um zu sehen, ob Frau Lippe irgendeine Hilfe brauche. Sie war die Mutter des unseligen Karl, den Prester hingerichtet hatte. Der Schlußakt der *Dillon*-Mission wurde ebenfalls Prester überlassen. Er befahl mehreren Nazis, die das *Dillon*-Team mißhandelt hatten, die Leichen von Miles Pavlovich und Martha Frais aus ihren flachen Gräbern zu exhumieren. Auf Wunsch ihres Vaters wurde der Leichnam der Frau im Familiengrab beigesetzt. Leutnant Pavlovich wurde unter Beteiligung aller Dorfbewohner, die ihr Leben für seine Mission eingesetzt hatten, bestattet. Sein Grab wurde mit Blumen geschmückt, ein Kreuz und eine amerikanische Fahne darauf errichtet.

Sergeant Albert Koziek und sieben Soldaten von General Pattons 3. Armee waren vorausgeschickt worden, um Straßensperren und Brücken entlang der Donau, östlich von Linz, zu erkunden. Sie fuhren mit ihrem Jeep und einem Mannschaftswagen am Tor einer Art von Lager vor. Plötzlich waren sie umgeben von einem Meer von verhungert aussehenden, übelriechenden, hohläugigen Gestalten die, in Fetzen gekleidet und sie aus Totenköpfen angrinsend, nach ihnen griffen und sie heiser in einem Dutzend Sprachen hochleben ließen. Ein Mann kämpfte sich bis zu dem Jeep durch und hielt dem Sergeanten ein Offiziersabzeichen unter die Nase. „Gott segne Amerika!" Die Stimme des Mannes war gebrochen und schwach. Er erzählte dem staunenden Sergeanten, er sei Jack Taylor, Leutnant der Marine der Vereinigten Staaten und erklärte Koziek, daß er und seine Leute eben ein Konzentrationslager befreit hätten.

Die letzten Tage bevor die Amerikaner in Mauthausen eintrafen, waren eine grausame Mischung aus Hoffnung und Verzweiflung gewesen; täglich durchschwirrten neue Gerüchte das Lager. Die russische Armee rücke aus dem Osten vor, wenn die Sowjets rechtzeitig genug eintrafen, würden sie vielleicht befreit werden. Dann aber, – die Nachricht ging wieder durch das ganze Lager –, hieß es, die in Panik geratene SS werde sie alle umbringen, bevor noch die Russen eintreffen könnten. Ein Bericht war umgelaufen, wonach Churchill oder irgendein anderer britischer Führer Buchenwald gesehen und geschworen habe, sollten ähnliche Todeslager gefunden werden, müßten die Deutschen dafür bezahlen. Dieser Bericht trieb die SS an, die Hinrichtungen noch zu beschleunigen und ebenso die Verbrennung der kranken oder verhungerten Gefangenen. Sie verbrannten das Belastungsmaterial.

Am 25. April wurde es Vertretern des Internationalen Roten Kreuzes gestattet, französische, holländische und belgische Gefangene aus Mauthausen zu evakuieren; die Hoffnungen der zurückgebliebenen Häftlinge stiegen. Doch am nächsten Tag wurden 1167 von ihnen vergast, erschossen, erschlagen, oder sie starben Hungers. Ein paar Tage später überflog eine Staffel von P 38 Maschinen das Lager in Höhe der Dächer, die Gefangenen brachen in wildes Jubelgeschrei aus angesichts dieses offensichtlichen Vorzeichens ihrer Rettung. Dann, am 1. Mai, zog die SS aus Mauthausen ab und übergab das Lager der Wiener Feuerwehr. Grausamkeiten und Hinrichtungen hörten auf; vier Tage später kamen Sergeant Koziek und seine Leute.

Als Sanitäter der 3. Armee Jack Taylor in ein Lazarett bei Regensburg brachten konnte er sehen, wie befreite Gefangene die Blockältesten und Kapos auf den Pfosten pfählten, woran einst elektrisch geladener Stacheldraht gehangen hatte.

Taylor kam in Regensburg mit einem Gewicht von 112 Pfund und an Ruhr und Fieber leidend an, sein Rücken und seine Füße waren eine einzige Wunde; er konnte nicht längere Zeit stehen ohne ohnmächtig zu werden. Aber sobald seine Kraft zurückzukehren begann zwang er sich selbst zu einer Aufgabe, von der er wußte, daß er ihr nicht entrinnen könne: Er kehrte nach Mauthausen zurück. In einer Hinsicht hatte die Leitung des Lagers sich nicht verändert. Die kommunistischen Gefangenen mit ihrem Organisationstalent hatten unter den Nazis Schlüsselposten innegehabt und ein großer Teil der Lagerverwaltung lag in ihren Händen. Die Kommunisten schrieben die Hinrichtungslisten und konnten ihre eigenen Leute ausnehmen. Nun, nach der Befreiung, hatten sie das totale Kommando über Mauthausen. Als Taylor mit mehreren US-Army-Offizieren ankam, hielten die Kommunisten gerade über einige besonders grausame Kapos und Blockälteste Gericht und brachten sie um.

Die amerikanischen Offiziere übernahmen das Lager und stellten die Exekutionen ein. Unter den kommunistischen Lagerführern war ein Mann namens Heinrich Dürrmayer, den Taylor gut kannte. Er hatte mit Dürrmayer darum gekämpft, als erster die amerikanischen Befreier begrüßen zu dürfen. Die amerikanische Militärregierung suchte nach verläßlichen Demokraten um die Stellen der früheren Naziführer einzunehmen. Taylor überwand seine tiefe Abneigung gegen die Politik dieses Mannes und empfahl Dürrmayer. „Er ist Kommunist, aber ein fähiger Mann." Später wurde Dürrmayer Polizeichef in Wien.

Jack Taylor verbrachte nun drei Wochen damit, Dokumente zu sammeln und mit Gefangenen zu sprechen, die dabei helfen konnten, die Lagerführer als Kriegsverbrecher vor Gericht zu stellen. Sein wertvollster Fund waren 18 sogenannte Totenbücher. Sie enthielten eine Art doppelter Buchführung der Mauthausener Barbarei. Einerseits enthielten sie die offizielle Todesursache: Die Nationalsozialisten hatten darauf bestanden, mit größter Sorgfalt für jedes Opfer in Mauthausen eine solche Todesursache einzutragen und die in der Schreibstube beschäftigten Gefangenen bekamen eine Liste von fünfzig legitimen Todesursachen zur Auswahl. Andererseits enthielten die Totenbücher aber auch die tatsächlichen Ursachen des Todes, die durch einen einfachen, von den Häftlingen selbst entworfenen Code vermerkt wurden. So hieß zum Beispiel ein Punkt nach dem Geburtsort, daß das Opfer eine tödliche Injektion ins Herz erhalten hatte. Stand dagegen das Wort „Zellenbau", der Name eines Straftraktes im Gefängnis, in der vierten Kolonne, so war das Opfer in der Gaskammer gestorben.

Taylor war in seiner schmerzlichen Aufgabe noch bestärkt durch die sich noch immer häufenden Beweise, was den Opfern in Mauthausen angetan worden war. Denn auch nach drei Wochen medizinischer Behandlung durch die Amerikaner und einer gesunden Ernährung starben immer noch täglich etwa 50 der Gefangenen. Als Erinnerung an das, was ihm erspart geblieben war, fand Taylor im Schreibtisch des Lagerkommandanten Ziereis die Rangabzeichen eines amerikanischen Marineleutnants. Sie hatten Holt Green gehört, dem hingerichteten Führer der *Dawes*-Mission.

Nun erfuhr Jack Taylor, wieso er überlebt hatte. Der Hinrichtungsbefehl für ihn war, zusammen mit denen von 26 anderen Gefangenen des Blocks 13, am 28. April unterzeichnet worden. An diesem Tag, sechs Tage vor der Befreiung, waren alle, mit zwei Ausnahmen, in die Gaskammer geschickt worden. Milos Stransky, ein tschechischer Schreiber, hatte die Namen Taylors und eines tschechischen Freundes bemerkt und die Hinrichtungsbefehle verbrannt. Taylor erfuhr, daß alle anderen Mitglieder seines Teams, die als Verräter zum Tod durch Enthauptung verurteilt worden waren, noch lebten. In den letzten Stunden des zusammenbrechenden Reichs war es Ernst Ebbing, Anton Graf und Felix Huppmann gelungen aus ihrem Gefangenenlager zu entkommen und sich auf verschiedenen Wegen sogar zum OSS Italien durchzuschlagen.

Neun Monate vergingen, nachdem Jack Taylor sein Dossier über Mauthausen abgeschlossen hatte, eine Dokumentation, die von Militärjuristen als ein „außerordentlicher Bericht“ über das Todeslager und „das beste Beweismaterial über Kriegsverbrechen auf diesem Kriegsschauplatz“ bezeichnet wurde. Er kehrte als Kriegsheld heim nach Kalifornien, um seine Gesundheit völlig herzustellen, aber der Geheimdienstvirus hatte ihn offensichtlich infiziert, denn er schrieb bald nach Washington und bat, wieder für den OSS in Europa arbeiten zu dürfen. Al Ulmer, der ursprünglich versucht hatte Taylor die *Dupont*-Mission auszureden, diente damals in der OSS-Dienststelle in Wien und ihm wurde Taylors Gesuch vorgelegt. Jack Taylor war ein furchtloser und aufopfernder Offizier, aber seine Unternehmungen, so mutig er auch gewesen war, waren doch Mißerfolge. Außerdem beherrschte er keinerlei Fremdsprachen und überdies hatte Ulmer die Weisung abzubauen. Nun, wo der Krieg vorüber war, gab es in Amerikas schrumpfendem Geheimdienst keinen Platz für Jack Taylor. Der Mann nahm sein Schicksal gelassen, wenn auch nicht ohne eine gewisse Bitterkeit hin. Er wurde im Oktober 1945 aus der Marine entlassen und kehrte nach Kalifornien und in seinen Zahnarztberuf zurück.

Aber er war noch immer nicht von Mauthausen befreit. An einem rauhen Morgen im März 1946 begann in Dachau der Prozeß „Vereinigte Staaten gegen Hans Altfuldisch und andere“. Altfuldisch war im Alphabet der erste unter 61 Mauthausener KZ-Funktionären, die der Kriegsverbrechen gegen die Menschlichkeit angeklagt waren. Der erste Zeuge der Anklage war Jack Taylor, Korvettenkapitän der US-Marine.

Die Marine hatte ihn für kurze Zeit und mit neuem Rang in den aktiven Dienst zurückberufen und als Hauptzeuge der Anklage gegen die Verbrecher von Mauthausen zu dem Prozeß geschickt. Er begann seine Aussage mit der Entschuldigung, daß er Notizen benützen müsse. „Ich habe versucht, im vergangenen Jahr die meisten dieser Dinge zu vergessen.“

Entlang einer Wand des Gerichtssaales saßen die Angeklagten, jeder mit einem Nummernplakat um den Hals. Sie hatten eine echte Hölle organisiert, zu der die „Justiz“ der Nationalsozialisten 206 000 menschliche Wesen verdammt hatte, von denen

110000 starben. Unter diesen jetzt kläglichen Figuren vermißte Taylor jene, die am allermeisten einen Platz auf der Anklagebank verdient hätten. Franz Ziereis, der sadistisch grausame Kommandant, war nicht da, ebenso nicht Hans Prellberg, Taylors erster Folterer und auch nicht Roth, der ihn bei der Fertigstellung des Krematoriums angetrieben hatte. Und auch nicht SS-Hauptsturmführer Georg Bachmayer, der die Männer der *Dawes-* und *Hausboat*-Mission erschossen hatte. Sie galten als tot oder vermißt. Ziereis war bei einem Schußwechsel mit amerikanischen Soldaten tödlich verwundet worden, am Tag nachdem der Krieg in Europa geendet hatte.

Taylor sah nun auch die 18 Totenbücher wieder, die er als Beweismaterial gerettet hatte. Er sah Fotografien von Toten in den Drahtverhauen. Er machte seine Aussage und sie war entscheidend für die Urteile. Die überlebenden Hauptschuldigen von Mauthausen wurden verurteilt und hingerichtet; Jack Taylor kehrte wieder an seinen Zahnarztstuhl nach Südkalifornien zurück.

Der Industrielle, der Priester und die Pianistin, die Allen Dulles geholfen hatten und in Istanbul verraten worden waren, teilten für einige Zeit das Wiener Gefängnis mit Jack Taylor. Im Herbst 1944 wurden Franz Josef Messner und Dr. Heinrich Maier vor einem Volksgerichtshof in Wien der Bildung einer separatistischen Bewegung und der Weitergabe von Nachrichten über kriegswichtige Industrien an den Feind angeklagt, des Verrates für schuldig befunden und zum Tode verurteilt.

Barbara Issakides war langen und harten Verhören unterworfen worden, aber sie trug in sich selbst eine unbeugsame Entschlossenheit, den Nationalsozialisten nichts zu sagen. Während eines der Verhöre hatte der Gestapobeamte einen Bleistift vor sie hingelegt, in dem die Gruppe geheime Nachrichten versteckt hatte. „Natürlich wissen Sie, was das ist!" In diesem Augenblick sah sie auf dem Fensterbrett zwei Tauben im Liebesspiel und konzentrierte ihre ganze Aufmerksamkeit auf sie. Nach einigen Minuten des Schweigens wurde der Bleistift ärgerlich wieder weggenommen. Sie wurde nicht gefoltert, vielleicht wegen ihrer Berühmtheit als Pianistin, aber sie hatte monatelang einen niemals nachlassenden Angriff auf ihre Willenskraft durch einander abwechselnde Verhörende und ihre Isolation im Gestapogefängnis zu erdulden gehabt. Sie verlor Gewicht, wurde krank, aber sie zerbrach nicht.

Kurt Grimm versuchte von Bern aus, durch seine Verbindung zu einflußreichen Rechtsanwälten in Wien zu erreichen, daß die Pianistin entlassen werde; freilich ohne Erfolg. Im Fall von Franz Josef Messner arbeitete er mit einem ganz dünnen Hoffnungsstrahl, denn Messner war genaugenommen brasilianischer Staatsbürger. Auf Drängen von Grimm schlug OSS Bern vor, Messner solle im Austausch für einen Deutschen in Brasilien freigelassen werden. Grimm versuchte sogar, den päpstlichen Nuntius in Bern in diesen Plan einzuspannen und bat auch die Schweizer Botschaft in Berlin zu intervenieren. Bis zu einem gewissen Grad hatten seine Bemühungen auch Erfolg. Das Todesurteil über Dr. Messner wurde zwar nicht aufgehoben, die Hinrichtung aber doch für einige Zeit aufgeschoben. Für den Priester Dr. Maier konnte er nichts tun.

In seinem Todeskampf beging das nationalsozialistische Regime durch seine fanatischen Anhänger etwas, was man dann später „Rache im voraus" nannte. So wurde der Priester in Wien am 22. März 1945 geköpft. Messner selbst war eines der letzten Opfer, die in Mauthausen am 24. April vergast wurden, elf Tage bevor das Lager befreit wurde. Sein Körper wurde in jenem Verbrennungsofen verbrannt, den Jack Taylor hatte bauen müssen.

Einige Monate nach ihrer Verhaftung begann Barbara Issakides über starke Magenschmerzen zu klagen. Sie wurde, bewacht von einem Gestapobeamten, aus ihrer Zelle im Hotel Metropol zu Dr. Franke gebracht, einem Wiener Internisten. Franke kannte die Gefangene als berühmte Musikerin und durchschaute, als er sie über ihre Symptome befragte, daß sie eine ausgezeichnete Schauspielerin war. Er erwies sich als hilfreich, stellte ein Zwölffingerdarmgeschwür fest und wies die Patientin in das Gefängnislazarett ein, was genügte um ihren Prozeß für entscheidende vier Wochen zu verzögern.

Leutnant Alfred Ulmer wurde im Sommer 1945 nach Wien versetzt. Hier versuchten, im ersten harten Sommer des Friedens er und andere Amerikaner des OSS nun jenen zu helfen, die den Alliierten geholfen hatten. Als die amerikanischen Truppen in Wien einzogen, waren rot-weiß-rote Fahnen gehißt, an denen noch zu sehen war, wo man die Hakenkreuze aus den Stoffbahnen herausgeschnitten hatte.

Bei einem Besuch der Mutter von Dr. Maier fand Ulmer eine in bescheidenen Umständen lebende Frau, die aber keinerlei Hilfe annehmen wollte. Schließlich drängte er ihr eine Unterstützung von 2500 Dollar in noch immer geltenden Reichsmark auf, was nicht besonders großzügig war, denn die Amerikaner hatten gewaltige Summen beschlagnahmt.

Ulmer machte auch Barbara Issakides, deren Leben durch die Aufschiebung des Prozesses gerettet worden war ausfindig. Diese außergewöhnliche Frau von wilder Schönheit war von innerem Feuer geradezu verklärt. Sobald ihre Kräfte wiedergekehrt waren gab sie in Wien ein Konzert, danach arrangierte OSS einen üppigen Empfang. Sie blieb stark als andere schwach wurden, aber die Stärke, die Barbara Issakides in ihren Leiden aufrecht erhalten hatte, schien die Kraft in ihr erschöpft zu haben; sie wurde krank und litt für längere Zeit an nervöser Erschöpfung. Sie gab damals auch ihre musikalische Karriere auf um zu heiraten.

Dyno Löwenstein wurde ausgesandt, um sich der Witwe von Lothar Koenigsreuter anzunehmen, den er für Molden in einem italienischen Lager ausfindig gemacht, und der später bei der *Homespun*-Mission, die er mit Josef Franckenstein unternommen hatte, in der Nähe von Innsbruck umgekommen war. Abgesehen von all dem, was sie sonst vielleicht brauchen mochte, schien für Frau Koenigsreuter am wichtigsten ein neuer Mann zu sein, obgleich sie, wie Löwenstein in ihrer stark frequentierten Wohnung beobachten konnte kaum einsam zu sein schien. Sie war eine anziehende Frau Mitte der Dreißig, die völlig verständnislos dem Ansinnen der Amerikaner gegenüberstand, ihr Geld zu geben. Ihre Erinnerung an Königsreuter war bereits ziemlich verblaßt, sie sprach von ihm als „dieser Verrückte". Frau Königsreuter erhielt nichtsdestoweniger die für den gefallenen Mann ausgesetzte Versicherungssumme, nämlich den Gegenwert von 2500 Dollar in heimischer Währung.

Löwenstein hatte eine besondere Neigung zu den politischen Freunden seines sozialdemokratischen Vaters, den die Nazis aus Deutschland vertrieben hatten. Nachdem er mehrere Lastwagenladungen Lebensmittel in die Parteizentrale der Wiener Sozialisten geliefert hatte, ermahnte ihn Ulmer freundlich: „Das muß ein Ende haben, wir sind nicht hier, um politische Organisationen zu versorgen."

Das Hotel Metropol, das Wiener Gestapogefängnis, war während der Kämpfe zwischen Russen und Deutschen um die Stadt zerstört worden. Später wurde an seiner Stelle ein kleines Steinmonument errichtet, mit einer Tafel auf der zu lesen steht: „Hier stand das Haus der Gestapo. Es war für die Bekenner Österreichs die Hölle. Es war für viele von ihnen der Vorhof des Todes. Es ist in Trümmer gesunken, wie das Tausendjährige Reich. Österreich aber ist wieder auferstanden und mit ihm unsere Toten, die unsterblichen Opfer."

Während so viele der Anstrengungen des OSS Bari in Katastrophen geendet hatten, wie etwa die *Dupont-*, *Dillon-* und *Dawes*-Mission, war das *Greenup*-Unternehmen ein Triumph, obwohl Fred Mayer am Ende ja noch gefangen genommen wurde. Feldwebel Mayers Rolle als Offizier wurde übrigens bald legalisiert: Er und Hans Wynberg wurden zu Leutnants der US-Army befördert. Für seine Leistungen, besonders dafür, daß er einen Kampf um Innsbruck verhindert hatte, wurde Mayer für die Congressional Medal of Honor eingegeben.

Für Karl Gruber war seine Rolle bei der Befreiung Innsbrucks der Beginn einer ehrenvollen Karriere in der österreichischen Regierung; er wurde Außenminister und später Botschafter in den Vereinigten Staaten.

OSS-Agenten waren auch von Schweden her nach Deutschland eingedrungen. Dieses neutrale Land hätte eigentlich ebenso wie die Schweiz ein besonders guter Ausgangspunkt für eine Infiltration Deutschlands sein müssen, war es aber nicht gewesen. Ein ständiger Strom von Reisenden, Matrosen, Geschäftsleuten, Beamten und Flüchtlingen ging zwischen Schweden und dem Reich hin und her, norddeutsche Häfen konnten leicht von Schweden über Dänemark erreicht werden, doch die Geheimdienstarbeit aus diesem neutralen Land entsprach nicht diesen Möglichkeiten; außerdem hatte der Versuch einen schlechten Start. Im März 1942 kam Bruce Hopper, ein Harvard-Professor der Staatswissenschaften nach Stockholm, um dort eine amerikanische Geheimdienststelle einzurichten. Das Außenministerium überwachte jegliche Einreise amerikanischer Personen nach Schweden und Hoppers Empfang durch den amerikanischen Botschafter war ein Beispiel für die unschuldige Naivität mancher Stellen gegenüber der so notwendigen Spionagetätigkeit. Der Botschafter Herschel V. Johnson setzte Spionage gleich Sünde und warnte, daß jede Spionageaktivität, in die er verwickelt würde, seine sofortige Rückberufung herbeiführen müsse.

Die Paßabteilung des Außenministeriums bestand in einem ebenfalls verblüffenden Beispiel diplomatischer Naivität darauf, die Pässe von Spionageagenten, die nach Stockholm reisten, offen und ehrlich mit „OSS" zu stempeln. Nachdem es dem OSS gelungen war, wenigstens diese von der eigenen Regierung verursachten Schwierigkeiten auszuräumen, scheiterte er wieder an anderen Klippen. Sein Weg wurde auch noch durch die britischen Geheimdienstoffiziere in Schweden blockiert, die sich weigerten ihre eigenen Möglichkeiten der Infiltration nach Deutschland von „linken" Agenten benützen zu lassen. Die Gewerkschaftsabteilung in Stockholm mußte daher unabhängige Kontakte für ihre Infiltrationsversuche entwickeln. Ihr Agent hieß Herbert und war ein Sozialdemokrat, der in Dänemark landete und von der dänischen Widerstandsbewegung an die deutsche Grenze gebracht wurde. Herbert sollte in der Gegend von Hamburg Kontakt mit Gewerkschaftern aufnehmen. Monate vergingen ohne eine Nachricht von Herbert. Vier weitere Versuche, Deutschland von Stockholm aus zu infiltrieren wurden gemacht, aber nur zwei waren erfolgreich.

Eric Siegfried Erikson hatte erst mit 33 Jahren die Cornell-Universität absolviert, jedoch im Universitätsteam Fußball und Baseball gespielt. Er arbeitete dann für die Standard Oil of New Jersey und besaß bei Kriegsausbruch ein eigenes Ölgeschäft in Schweden. Er wurde schließlich aus geschäftlichen Rücksichten schwedischer Staatsbürger und kehrte so zu seinen nordischen Wurzeln zurück.

Bald nach Kriegsbeginn erregte Erikson das Mißvergnügen amerikanischer Beamter, die ihn verdächtigten mit den Deutschen Handel zu treiben. Er beteuerte seine Unschuld und erhielt Gelegenheit seinen guten Willen zu beweisen, indem er für die Alliierten spionierte. Er erhielt Weisung, mit deutschen Geschäftsleuten und Regierungsvertretern in Stockholm Freundschaft zu schließen und zu versuchen, Erlaubnis für Reisen innerhalb Deutschlands zu erhalten. Er ging mit Schwung an diese Arbeit, indem er über die Alliierten schimpfte, von den Idealen des Ariertums redete und alte jüdische Freunde schnitt. Er vermittelte deutschen Kaufleuten höchst einträgliche Geschäfte und trat der deutschen Handelskammer in Schweden bei.

Erikson sagte seinen neuen Geschäftsfreunden, er wolle eine Fabrik für synthetischen Treibstoff in Schweden bauen, ein außerordentlich interessantes Projekt für die treibstoffhungrigen Deutschen. Damit er die nötige Technologie studieren, das Ausmaß der Produktion richtig planen und den möglichen Markt kennen lernen könne, gaben sie Erikson außerordentlich wertvolle Informationen über den Stand der synthetischen Treibstofferzeugung in Deutschland. Erikson war dankbar, bat aber doch, ob er nicht vielleicht die Dinge etwas mehr aus der Nähe betrachten könne. Im Oktober 1944 erhielt er Erlaubnis zu einer einwöchigen Reise durch die deutschen synthetischen Treibstoffabriken. Bei seiner Rückkehr konnte er einen eingehenden Bericht erstatten, den das britische Ministerium für Wirtschaftliche Kriegsführung und amerikanische Erdölexperten außerordentlich wertvoll fanden. Aber er war offensichtlich zu weit gegangen: Nach seiner Rückkehr nach Schweden wurden die Deutschen argwöhnisch und ließen ihn fallen.

Die zweite OSS-Mission, die aus Stockholm nach Berlin ging, traf dort zwei Wochen, bevor das *Hammer*-Team aus London ausgeflogen wurde, ein. Im Herbst 1944 hatte sich ein außerordentlich geeignet scheinender Däne an den OSS-Stab in Stockholm gewandt, Hennings Jensen-Schmidt, Mitglied der dänischen Widerstandsbewegung. Die Deutschen hatten seine Gruppe zerschlagen, seinen Vater in ein dänisches Gefängnis, seinen Bruder in ein Konzentrationslager gesteckt, und ihn selbst gezwungen nach Schweden zu fliehen.

Jensen-Schmidt besaß in Berlin einen schwedischen Freund namens Carl Wiberg, dessen Wohnung eine inoffizielle Zuflucht für antinazistische Deutsche und Schweden geworden war. Der OSS entwickelte nun einen Plan für Jensen-Schmidt; er solle in der Tarnung eines Geschäftsmannes, der Elektroanlagen einkaufen wollte, nach Berlin zu Carl Wiberg reisen; ein Funker und ein Sprengstoffspezialist sollten ihm bald folgen. Er erhielt von der *Bach*-Sektion einen falschen Paß und den ‚Briefkopf' einer imaginären Firma für Elektroanlagen.

In den Monaten vor der Abreise von Jensen-Schmidt wurde eine Kurierkette etabliert, durch die Sendegeräte, Waffen und Sprengstoffe an Wiberg geschickt wurden, der sie in verschiedenen Verstecken rund um Berlin unterbrachte. Dieser Untergrundkanal lieferte auch Zigaretten und Kaffee für den schwarzen Markt, der damals die Hauptwirtschaftsquelle der Stadt darstellte.

Die Jensen-Schmidt-Mission unterschied sich von anderen OSS-Missionen nach Deutschland darin, daß es eine SO-Operation war, so wie *Iron Cross,* mit Sabotage ebenso wie Spionage als Ziel. Jensen-Schmidts SO-Vorgesetzte in Stockholm fanden, daß Saboteure aus den Tausenden von Fremdarbeitern in Berlin rekrutiert werden könnten. Eine ihrer Weisungen besagten, er solle Waffen und Sprengstoff an die Fremdarbeiter weitergeben.

Im März 1945 reiste Jensen-Schmidt in einem schwedischen Frachtschiff von Göteborg nach dem dänischen Skagen und wurde in der Nacht des 13. März in einem geschlossenen Lastwagen zwischen Kisten mit Fisch und lebendigen Hummern über die deutsche Grenze geschmuggelt. Am 15. März war er in Berlin und nahm sofort Verbindung mit Wiberg auf.

Einschließlich Jensen-Schmidt besaß der OSS fünf Agenten in Berlin: Fritz Kolbe im Außenamt, den Weißrussen im SD und die beiden *Hammer*-Agenten in dem höchst erfolgreichen Joan-Eleanor-Unternehmen.

Im April reisten der Funker und der Sprengstoffachmann aus Stockholm ab, um sich Jensen-Schmidt anzuschließen. Sie führten mit, was offenbar als wesentliche Ausrüstung für ihre Mission betrachtet wurde: Falsche Dokumente, Zigaretten und pornographische Bilder.

Wie das *Hammer*-Team so lebte auch Jensen-Schmidt unter den merkwürdigen Umständen, die sich in Berlin im Frühjahr 1945 ergaben. Sein Nachrichtennetz brauchte Transportmittel. Als die Alliierten die Stadt in Schutt legten und die russischen Truppen an die Pforten Berlins hämmerten, verhandelte Jensen-Schmidt mit einem Gebrauchtwagenhändler über einen alten Mercedes-Benz. Währenddessen war schon das Feuer der schweren Geschütze rund um die Stadt zu hören; die Nazipresse hatte ihre Leser informiert, daß die Wehrmacht „Übungsschießen" veranstalte.

Jensen-Schmidt war außerordentlich effektiv bis die Bombenangriffe ihn zwangen, den größten Teil seiner Zeit in Luftschutzkellern zu verbringen. Er hatte einen bekannten Arzt angeworben, der sowohl Ribbentrop als auch Goebbels behandelte. Die von ihm und anderen Quellen beschafften Nachrichten hatte er in drei erfolgreichen Kurierfahrten zum OSS Stockholm geschmuggelt. Hinsichtlich der Sprengstoffe hatten alliierte Bomber ohnehin jede Sabotage überflüssig gemacht.

Während der Monate, in denen Berlin erbarmungslos dem Erdboden gleichgemacht wurde, hatte Jensen-Schmidt einmal einen Berliner gefragt: „Warum begeht eine ganze Nation um eines Verrückten willen Selbstmord?" Der Mann zuckte die Achseln: „Es ist schwierig, den Direktor des Irrenhauses für wahnsinnig erklären zu lassen."

Die letzte Information, die Jensen-Schmidt an den OSS weitergab lautete, daß der Reichsführer SS Heinrich Himmler, den Hitler in den letzten Tagen seiner Herrschaft als Verräter abgesetzt hatte, und eine Gruppe von Getreuen Himmlers nach Nordwesten in Richtung Güstrow geflüchtet seien. Himmler wurde verkleidet an einem britischen Kontrollpunkt östlich von Hamburg festgenommen; ein paar Tage später beging er Selbstmord. Jensen-Schmidt konnte auch Informationen über den Aufenthalt von Dr. Robert Ley geben, den ewig betrunkenen Führer der Deutschen Arbeitsfront, der so viel getan hatte, um die echte Gewerkschaftsbewegung in Deutschland zu zerstören.

Jensen-Schmidt hoffte, daß man ihm gestatten werde an der Verfolgung dieser Kriegsverbrecher teilzunehmen, doch stattdessen erhielt er Weisung, sich nach Westen zu den Amerikanern zu begeben und zwar so rasch als möglich, bevor die Russen die Stadt einschlossen. Er hatte vielmehr gehofft, die Amerikaner als ihr erfolgreicher Agent in der Hauptstadt der Nazis begrüßen zu können, doch waren sie, ohne daß er es wußte, nach Süden abgeschwenkt.

Jensen-Schmidt's lang erwarteter Funker und Sprengstoffexperte kamen niemals weiter als bis Kiel, wo sie von den Alliierten überrollt wurden, aber sie hatten immerhin noch ihre falschen Dokumente, ihre Zigaretten und pornographischen Bilder bei sich.

Nach der deutschen Kapitulation fanden die Engländer auch den Sozialdemokraten Herbert in einem Hamburger Gefängnis wieder, wo er auf seine Hinrichtung gewartet hatte.

Joe Gould hatte fünf Teams für die Londoner Labor Division ausgeschickt. *Hammer* war am weitesten nach Deutschland eingedrungen, durch einen kühnen Absprung in die Hauptstadt des Feindes. Das Team hatte sich auch als wertvoll hinsichtlich der Joan-Eleanor Geräte als Instrument für geheime Verbindung erwiesen. Die Belohnung dieser Agenten sollte spät und auch dann nur sehr gering ausfallen:

Paul Land und Toni Ruh hatten in den letzten Apriltagen 1945 alle die Ängste und Verwirrung mitzuerleiden gehabt, die alle Berliner in jenen Tagen durchmachten. Sie waren am 21. April beinahe von Panzern überfahren worden, als sie in der Umgebung Berlins Kontakt über Joan-Eleanor herzustellen versuchten. Zu ihrer äußersten Verblüffung stellten sie fest, daß es sich um russische Panzer handelte.

Die Zivilbevölkerung lebte in dumpfer Resignation, doch gab es keinen Versuch zur Massenflucht, der sowieso sinnlos gewesen wäre. Panzerhindernisse schlossen einen eisernen Ring um Berlin mit strengsten Kontrollen an allen Ausfahrten. Früher nach Schlesien und Sachsen evakuierte Frauen und Kinder waren zurückgekehrt, als die Alliierten von Ost und West vordrangen und sammelten sich an den äußeren Rändern der Stadt, um den konzentrierten Luftangriffen auf den Stadtkern zu entgehen.

Am Tag nachdem sie für den Offizier der Division Hermann Göring ihren Wäschesack ausgeräumt hatten, erhielten die *Ham-*

mer-Agenten ihre letzten Weisungen aus London. Eine chiffrierte Botschaft über BBC wies einen von ihnen an in Berlin zu bleiben, der andere sollte die Linien zu den Amerikanern überschreiten. Er kam bis zur deutschen Verteidigungsstellung, wurde aber dort zurückgewiesen. Er tauchte rasch in der Stadt unter, da jeder halbwegs kampffähige Mann zur Verteidigung der Berliner Vorstädte herangezogen wurde.

Zwei Tage später verließen beide ihr Versteck, um die Bewegungen einer SS-Panzerdivision zu beobachten, die an einem lebenswichtigen Punkt der Stadt stationiert war. Sie wurden von Lands Vater begleitet, seinem Schwager Otto und zwei vertrauenswürdigen Nachbarn. Bei einer Brücke im Bezirk Neu-Kölln versuchte eine Abteilung deutscher Soldaten die Russen aufzuhalten. Land und Ruh versuchten den Deutschen, meist jungen Fanatikern, die Verteidigung der Brücke auszureden, aber diese weigerten sich und zogen sich an das entfernte Ende zurück; Zwei aber, die absichtlich gezögert hatten, ließen sich dankbar gefangen nehmen.

Die *Hammer*-Agenten nahmen nun die Gewehre dieser beiden Soldaten und begannen auf die Deutschen zu schießen, die das andere Ende der Brücke verteidigten. Russische Infanterie umging sie und nahm sie unter Feuer, doch sie winkten und schrien den Russen zu, aufzuhören. Schließlich begriffen diese und schlossen sich ihnen an; ein Artillerietreffer zerstörte die Brücke und die Trümmer fielen ins Wasser. Die Russen verfluchten ihre Feinde, die nun auf der anderen Seite in Sicherheit waren, aber ihre Dankbarkeit gegenüber den sechs unerwarteten Verbündeten war groß. Ein russischer Hauptmann schrieb ihre Namen auf ein Stück Papier, mit einer Anmerkung, daß sie der Roten Armee geholfen hätten, und gab dieses Dokument Lands Vater. Dann nahmen sie ihren neuen Kameraden Waffen, Uhren und alle Wertsachen ab. Am folgenden Tag, dem 25. April gingen Paul Land und Toni Ruh selbst zu einem russischen Kommandeur und erklärten, sie seien amerikanische Geheimdienstoffiziere.

Sie wurden daraufhin zu einem sowjetischen Gegenspionagekommando geschickt, wo sie einem anstrengenden Verhör durch einen Hauptmann Martov unterzogen wurden. Martov wies hochmütig ihr Angebot zurück, Informationen über die Verteidigung von Berlin zu geben. Der sowjetische Geheimdienst sei durchaus imstande, alle Ansprüche der Roten Armee zu befriedigen. Das einzige was sie den Russen sagen könnten sei, wo Hitler wäre.

Er verlangte dann zu wissen, wie viel die Amerikaner ihnen zahlten. Sie antworteten, daß sie das Gehalt eines amerikanischen Offiziers von entsprechendem Rang erhielten, aber daß sie hier seien um bei der Zerstörung des Faschismus zu helfen und nicht um des Geldes willen.

Hauptmann Martov wurde wütend als sie ihn baten, er möge für ihre Sicherheit vor anderen Russen sorgen, bis sie den Amerikanern überstellt werden konnten. Verstanden sie denn nicht, daß die Sowjets die Befreiung aller Völker betrieben, auch die der Deutschen? Ja, antworteten sie taktvoll das verständen sie, aber sie hätten gesehen, wie russische Soldaten Deutsche mißhandelten. Natürlich könnten sie die Gründe verstehen! Martov hielt nun eine pathetische Rede gegen jene, die fälschlich die Rote Armee schlechten Benehmens, ja sogar der Vergewaltigung anklagten. Sollten solche Verleumdungen nicht aufhören, würde man sie als Feinde der Sowjetunion behandeln.

Zwei Monate vergingen und die *Hammer*-Agenten waren immer noch in russischer Gefangenschaft. In dieser Zeit freundeten sie sich mit einem 36jährigen Berliner namens Kurt an, der während derselben Mondphase wie sie nach Berlin zurückgekehrt war und unter außerordentlich ähnlichen Umständen. Kurt war mit dem Fallschirm über Berlin abgesprungen, nach einem zwei Jahre dauernden Agententraining durch die Russen. Was Land und Ruh am meisten bedrückte war die Frage, wie sie dem Zugriff der Russen entgehen könnten nachdem Kurt, der doch selbst den Sowjets gedient hatte, offensichtlich genau die gleichen Schwierigkeiten hatte, seine Identität zu klären.

Schließlich wurden sie am 16. Juni in der Nähe von Leipzig über eine Brücke des Flusses Mulde gefahren und der 69. Division der amerikanischen Armee übergeben, zehn Tage später waren sie in der OSS Basis D in Saint Germain, wo sie von demselben Henry Sutton verhört wurden, der in London geholfen hatte, ihre Tarngeschichten zu konstruieren.

Sutton traute seinen Augen kaum als er sie sah. Das Verhör war scharf und wenig freundschaftlich, Sutton war besonders skeptisch was ihren Wunsch betraf, nach England zurückzukehren, obwohl ja dort ihre Frauen und Kinder auf sie warteten. Sie seien ja im Grunde immer noch Kommunisten und hatten bei den Russen zwei Monate verbracht, für die es keine Erklärung gäbe. Wie könne er sicher sein, daß sie nun nicht Doppelagenten geworden waren? Einer von ihnen, so erinnerte er sich später, besaß „die einfältige Schläue eines Tschechen." Das bezog sich auf Toni Ruh, einen geborenen Berliner, für den Sutton selbst die Tarngeschichte eines tschechischen Arbeiters zu erfinden geholfen hatte.

Die beiden Männer hatten weiter Schwierigkeiten, ihre Wiedereinreise-Visas von den Engländern zu bekommen. Ihre Rückkehr nach England wurde bis Ende Juli 1945 verzögert, sechs Wochen nachdem sie wieder zum OSS zurückgekehrt waren. Die aus dem gemeinsamen Ziel geborene Einheit, an die Joe Gould neun Monate zuvor appelliert hatte, war seither verraucht.

Gegen Ende Juli wußte man über den Verbleib aller Agenten von Joe Gould Bescheid, mit Ausnahme von *Buzzsaw* und *Mallet.* Das Verschwinden von *Mallet* machte Gould besondere Sorgen, denn Adolf Buchholz, der jüngste der Gould-Gruppe, war sein besonderer Liebling gewesen, von außerordentlicher körperlicher Vitalität und menschlicher Wärme. Seine gute Laune hatte ihm die Zuneigung aller Mitglieder des OSS-Stabes in London gewonnen.

Vor der Machtergreifung der Nationalsozialisten war Buchholz in Berlin als Sportreferent der Metallarbeitergewerkschaft zu sehr bekannt. Zweieinhalb Jahre hatte er als Regimegegner im Gefängnis verbracht und war nach seiner Flucht nach England Führer der Jugendgruppe des „Komitees Freies Deutschland" geworden.

Buchholz war als letzter von Goulds Agenten gestartet. Am 10. April sprang er über einem großen vorstädtischen Park am Wannsee ab, ungefähr acht Kilometer südwestlich Berlins, ausgerüstet mit einem Joan-Eleanor-Gerät und absichtlich während eines Luftangriffes, um die Aufmerksamkeit von seiner Ankunft abzulenken. Zwei Joan-Eleanor-Flüge hatten keinen Kontakt mit Buchholz gebracht und der Krieg in Europa war zu Ende gegangen, ohne daß man etwas von ihm gehört hätte. Nach dem Zusammenbruch durchsuchte Ancrum vergeblich die Krankenhäuser in Berlin, aber man hielt ihn für tot.

Joe Gould erhielt nach der deutschen Kapitulation die Aufgabe, bei der Alliierten Militärregierung in Berlin zu arbeiten. Im August 1945 speiste er im Offizierscasino, als Russen ihn zu sprechen wünschten. Dort, zwischen zwei Sowjetsoldaten, fand er einen hageren, ausgemergelten Mann, der Gould nichtsdestoweniger begeistert begrüßte. Einer der Russen gab Gould ein Stück Papier, das er unterschreiben sollte, auf dem zu lesen stand: „Ich habe Adolf Buchholz erhalten."

Der Mann hatte siebzig Pfund abgenommen, aber sein Mut war ungebrochen. Bei einem guten Essen berichtete er nun was ihm passiert war, seit er mehr als vier Monate zuvor aus einer A 26 abgesprungen war. Er hatte zusammen mit einer örtlichen Widerstandsgruppe in Berlin gekämpft, aber niemals Gelegenheit gefunden, sein Joan-Eleanor-Rendezvouz einzuhalten.

Die wirklichen Schwierigkeiten begannen erst nach dem Krieg: Buchholz hatte Deutschland als Gestapo-Beamter getarnt betreten. Als die Russen anrückten, kam er zu dem Schluß, daß seine Gestapodienstmarke vielleicht schwer zu erklären sein werde. Die Russen hatten Buchholz aber gerade in dem Augenblick erwischt, als er versuchte diese Marke loszuwerden. Er wurde in ein Gefangenenlager 150 Kilometer östlich von Berlin gebracht und es bedurfte fast dreier Monate, um durch gutes Zureden die Russen dazu zu bringen, ihn den Amerikanern zu überstellen.

Gegen die Abneigung der Engländer, diese ehemaligen kommunistischen Agenten der OSS nach England zurückzulassen argumentierten die OSS-Offiziere, daß den Agenten zugesichert worden sei, sie könnten in dieselben Verhältnisse zurückkehren, aus denen heraus sie angeworben worden waren. Die Engländer erwiderten, die Einreiseerlaubnis sei ihre Angelegenheit. Schließlich endlich erlaubten die Engländer mit einiger Reserve den Deutschen die Rückkehr.

Obwohl viele hofften, sie könnten weiter im OSS dienen, so galten die Kommunisten nun als Unberührbare. Ein Offizier erklärte zu diesen Fällen: „Diese Leute erwiesen unserer Organisation außerordentlich wertvolle Dienste im Krieg ... Wegen ihres politischen Hintergrundes bestand aber ernsthafter Zweifel, ob sie in unsere Nachkriegsunternehmungen in Deutschland eingebaut werden sollten.“

Bert Jolis, der mit den antikommunistischen Gewerkschaftsführern gearbeitet hatte, während Joe Gould die Kommunisten betreute, hatte noch einen Agenten, von dem er nichts mehr gehört hatte, bis er am 15. April von der 9. Armee in Maastrich eine Nachricht erhielt. Sie hatten dort einen Mann festgenommen, der behauptete, er gehöre zu Jolis.

Juri Winogradow hatte bis zuletzt Glück gehabt. Nachdem er Michael Kedia und dem anderen Minoritätenführer aus Rußland geholfen hatte, mit Jolis in der Schweiz zusammenzutreffen, hatte er selbst Berlin verlassen. An der Westfront freilich sah er sich der größten Gefahr gegenüber, seit er sechs Monate zuvor nach Deutschland eingedrungen war. Er mußte nämlich die Front überqueren, während nervöse amerikanische Soldaten auf ihn schossen und seine verzweifelt gerufenen Losungsworte ignorierten. Als man ihm schließlich gestattete sich zu ergeben, weigerten sich die Nachrichtenleute der Armee, seine Geschichte zu glauben. Er wurde in ein Kriegsgefangenenlager unter freiem Himmel gesteckt, wo er zwei Tage im Regen und ohne Nahrung verbrachte.

Als es ihm schließlich gelang die Armee zu überzeugen, daß sie ihn dem OSS in Paris übergeben solle, erkannte Jolis den kecken Intriganten kaum wieder. Er sah nun einen geängstigten, abgemagerten Mann. Jolis gab dem Weißrussen Zeit, sich auszuruhen, gut zu essen und sich selbst wieder zu sammeln. In den nächsten Wochen fand er Juri von der Idee besessen, in die Vereinigten Staaten zu übersiedeln, er habe das verdient, die Amerikaner seien ihm das schuldig. Jolis sagte Juri, daß es nicht sogleich möglich sei, er solle geduldig in Paris bleiben, bis etwas für ihn arrangiert werden könne.

Trotz all seines früheren Argwohns gegenüber diesem kecken und ehrlichen Burschen sah Jolis in ihm den tapferen Mann, der in das innerste Heiligtum des deutschen Geheimdienstes eingedrungen war. Da sich der Krieg dem Ende näherte, hatte seine intime Kenntnis des SD, besonders seine Verbindung mit den Unternehmungen der Deutschen gegen die Sowjets, geradezu unbezahlbaren Wert für die Nachkriegszeit. Er hatte eine gefährliche, außerordentlich wertvolle Mission für die Vereinigten Staaten durchgeführt und nun verdiente er, daß man ihm seinen Wunsch erfüllte. Er schlug Juri Winogradow auch für den Silver Star vor.

Vielleicht weil er wußte, daß er den Amerikanern niemals volles Vertrauen eingeflößt hatte, hatte Juri das Gefühl, daß er ihnen seinerseits nun nicht trauen könne. Er lungerte in den Unterkünften des OSS noch zwei Monate nach Kriegsende herum, dann tauchte er in Paris unter und niemand vom OSS hat jemals wieder von ihm gehört.

Jupp Kappius war als erster mit dem Fallschirm abgesprungen und am längsten im Reich geblieben. Sein geheimes Leben im Ruhrgebiet endete am 9. April 1945. Er ging auf einer Straße in Richtung auf Essen, um eine Verabredung mit einem Agenten einzuhalten, als er vom Volkssturm aufgehalten wurde. Die Straße sei durch Amerikaner abgeschnitten, wenn er unbedingt durch müsse, so sei die einzige Möglichkeit ein Fußweg. Er folgte diesem bis er außer Sicht war, dann kehrte er zur Hauptstraße zurück und erreichte schließlich eine Unterführung unter einer Eisenbahnlinie, wo er einen abgestellten Panzer sah. Kappius ging auf ihn zu, mit erhobenem Haupt und möglichst viel Lärm mit seinen geschlagenen Schuhen machend. Ein Soldat schaute hinter dem Panzer hervor und Kappius hörte zum ersten Mal in acht Monaten die Stimme eines Amerikaners.

Er wurde zum Regimentskommandeur gebracht und erzählte den Amerikanern, daß vor ihnen nichts anderes stehe als eine schwache Straßensperre des Volkssturms. Ferner nannte er die Stellungen naheliegender Panzereinheiten, Maschinengewehrnester und die noch intakten Brücken und lieferte eine umfangreiche Liste von Nazigegnern in den Städten der Ruhr. Nun wurde Kappius innerhalb weniger Tage nach England zurückgeflogen, wo man von ihm einen letzten Dienst erwartete. Zehn Millionen war in den deutschen Todeslagern ermordet worden, davon nahezu sechs Millionen Juden. Die Behauptungen der Deutschen, sie hätten davon nichts gewußt, erschienen als nackte Selbstverteidigung, ja eigentlich als Beleidigung. Allein die notwendigen Transporte für einen so gigantischen Massenmord schlossen doch eine Geheimhaltung aus. Kappius war glühender Nazigegner und ein Mann von außerordentlicher Ehrenhaftigkeit, der eben erst von einem langen Aufenthalt im Reich zurückgekehrt war. Er konnte OSS einen objektiven Bericht über das geben, was der Durchschnittsdeutsche von den Nazigreueln wußte.

Kappius betonte, daß in der Presse oder im Radio, den einzigen legalen Informationsquellen des deutschen Volkes, die Konzentrationslager niemals erwähnt worden waren und KZ-Häftlinge kamen nur sehr selten zurück. Jene aber, die doch zurückkamen, besaßen keinen Kontakt mit der großen Masse der Deutschen. Was die Leute über die Todeslager hörten, hatte seinen Ursprung in der alliierten Propaganda, wurden aber mit Skepsis betrachtet. Die Deutschen hatten das alles schon einmal erlebt, nämlich die Greuelmärchen aus dem Ersten Weltkrieg, über die Soldaten des Kaisers, die angeblich belgische Säuglinge auf Bajonette spießten. Alliierte Berichte über die Lager besaßen daher in Deutschland dieselbe Glaubwürdigkeit, wie etwa Berichte des deutschen Radios in den Vereinigten Staaten, daß die Amerikaner systematisch Millionen von Männern, Frauen und Kindern vergasten.

„Menschen, die die Wahrheit über den Terror erfahren wollten, konnten sie erfahren und kannten sie auch“, berichtete Kappius. Aber die Leute mußten diese Wahrheit selbst erforschen und es war von einfachen Leuten zu viel verlangt, etwas „wirklich zu tun oder wissen zu wollen, was ihnen mit Sicherheit Kummer bereiten würde.“ Kappius kam zu dem Schluß: „Nur wenige Leute in Deutschland waren über die Konzentrationslager und über die Verbrechen der Nationalsozialisten voll informiert, während ein sehr großer Teil der Bevölkerung über sie entweder gar nichts oder kaum etwas wußte.“

Natürlich lag keines der größeren Schlachthäuser der Nationalsozialisten im Ruhrgebiet, wo Kappius seine Unternehmungen durchgeführt hatte, daher waren die Leute dort auch nicht direkt mit den Lagern konfrontiert, aber das gleiche galt für die Mehrheit der Deutschen.

Gary Van Arkel hatte sich mit dieser Frage ebenfalls befaßt. Er hatte die Schweiz nach dem Ende der Kämpfe verlassen und war mit einer Lebensmittelladung ins Ruhrgebiet gefahren, um dort den Leuten des ISK, die Jupp Kappius unterstützt hatten, die Härten des Lebens im Nachkriegsdeutschland etwas zu erleichtern. Er nahm die Gelegenheit wahr, um diese Nazigegner nach den Lagern zu fragen: „Wußten Sie, was in den Konzentrationslagern vor sich ging?“ In allen Fällen gaben diese überzeugten Gegner des NS-Systems buchstäblich identische Antworten. Sie hätten gewußt, daß die Lager existierten, aber angenommen, daß es Haftlager seien, nicht aber Ausrottungslager.

Kappius und seine Frau, die als Kurier gedient hatte, kehrten nach dem Krieg nach Deutschland zurück. Er beschäftigte sich weiter als Sozialist mit Politik und wurde schließlich in den Landtag von Nordrhein-Westfalen gewählt.

Als Mary Bancroft Hans Gisevius wiedersah, war sein Haar weiß. Wann immer er von der Verschwörung des 20. Juli zu sprechen begann, trat ihm der Schweiß auf die Stirne; aber in diesen ersten Wochen nach seiner Flucht in die Schweiz im Januar 1945 mußte er einfach sprechen. Dulles wollte genaue Berichte haben. Die Telegramme nach Washington waren durch Tage mit Einzelheiten über die Verschwörung angefüllt, über ihre Mitglieder und deren Schicksal, kurz und gut mit der Katharsis des Gedächtnisses von Gisevius; dann war es vorbei. Er sollte fair und mit Rücksicht behandelt werden. Mary Bancroft wurde wiederum eingesetzt, um ihn durch die englische Übersetzung seines Buches glücklich zu machen, obwohl dessen geplantes Ende nun in schmerzlicher Weise geändert werden mußte; aber Gisevius war erstaunt, daß er nicht mehr jenen Zutritt in der Herrengasse 23 besaß wie früher. Allen Dulles, der auf dem Gipfel seiner Karriere an die hundert Agenten aus der Schweiz geführt hatte, hatte neue Aufgaben. Mary Bancroft berichtete Dr. Jung, daß sie und Gisevius irgendwie ihre Fähigkeit für psychische Verbindung verloren hätten. „Er geht an die falschen Orte“, beklagte sie sich, „und er ruft zur falschen Zeit an.“ Jung meinte, daß die Verschwörung gegen das Dritte Reich Gisevius seine Richtung gegeben habe. Als die Verschwörung fehlschlug, hatte er auch seinen psychologischen Kurs verloren, so wie Bienen ihren Richtungssinn verlieren, wenn ihre Königin stirbt.

Nach dem Krieg erwies Hans Bernd Gisevius seinen Mitverschwörern einen letzten Dienst, eine Verpflichtung gegenüber jenen, die ihr Leben verloren hatten. Bei den Kriegsverbrecherprozessen schien es, als ob der Kreis der Verschwörer viel größer sei als irgend jemand erwartet hatte. Ein angeklagter Nationalsozialist nach dem anderen versuchte sich als Widerständler gegen Hitler darzustellen. Hans Gisevius verbrachte Tage im Zeugenstand, um die tatsächlichen Teilnehmer der Verschwörung zu identifizieren. Es war eine verhältnismäßig einfache Sache, denn fast alle echten Verschwörer waren tot.

Nach dem Krieg wurde sein Buch veröffentlicht, in englischer Ausgabe mit dem Titel: „To the bitter End." Gisevius lebte eine Zeit lang in den Vereinigten Staaten, in der Hoffnung, sich bei einer der großen amerikanischen Wissenschaftsstiftungen eine Position zu schaffen. „Er wurde immer wieder abgewiesen", notierte seine Freundin Mary Bancroft. „Er war, so schien es, immer noch eine verdächtige Person". Er kehrte nach Europa zurück, wo er in der Schweiz und Deutschland lebte und weiter schrieb bis zu seinem Tod.

Die Verbindung Moldens mit Allen Dulles setzte sich auf einer ganz unerwarteten Ebene fort. Im ersten Friedenssommer war Molden im Haus eines Schweizer Verlegers eingeladen, der auch mit Dulles befreundet war. Dort traf er Joan Dulles, die Tochter des amerikanischen Geheimdienstchefs. Sie hatte gerade das College absolviert und zwei Cousinen nach Europa mitgebracht, Kinder von Eleanor, der Schwester von Allen Dulles. Eleanor Dulles selbst befand sich auf dem Wege nach Wien, um dort im Stab der amerikanischen Mission für Österreich zu wirken. Da Molden selbst ebenfalls nach Wien zurückkehrte ergab es sich, daß alle zusammen reisten.

Joan Dulles wurde bald danach die Frau von Fritz Molden. Er arbeitete zunächst als Sekretär für Karl Gruber, der Österreichs Außenminister geworden war, später ging er zum Journalismus über und noch später gründete er eines der bekanntesten Verlagshäuser in der deutschsprachigen Welt. Sein Partner bei dem

Unternehmen nach Wien, Ernst Lemberger, schlug die diplomatische Karriere ein, in deren Verlauf er österreichischer Botschafter in den Vereinigten Staaten wurde. Molden und Lemberger wurden durch Verleihung der „Congressional Medal of Freedom“ ausgezeichnet.

Fritz Kolbes letzte Reise aus dem Außenamt in Berlin zu Allen Dulles in Bern hatte eher in einer Moll-Stimmung geendet. Dulles war mit den Verhandlungen über die Kapitulation der deutschen Truppen in Norditalien voll beschäftigt und Kolbes Bericht über die Hauptstadt Deutschlands war plötzlich nicht mehr von Bedeutung. Dennoch wurden im Laufe der Zeit seine Leistungen entsprechend anerkannt. Seit August 1943 hatte Fritz Kolbe 18 Monate lang mehr als 1600 geheime Dokumente des Auswärtigen Amtes an den OSS weitergeleitet, hatte fünf Reisen von Berlin nach Bern unternommen und war niemals entdeckt worden. Wegen der außerordentlichen Quantität und auch Qualität seines Materials hatte Allen Dulles Kolbe den „Traum eines Geheimdienstoffiziers“ bezeichnet. „Zweifellos war er der beste Geheimagent, den je ein Geheimdienst gehabt hat“.

Als der Krieg vorbei war, fragte sich Dulles, welchen Empfang die Deutschen wohl einem Mann bereiten würden, der sich so vollkommen der Niederlage seines Landes gewidmet hatte, aber Fritz Kolbe bestand darauf heimzukehren und war entschlossen, in den Kriegsverbrecherprozessen als Zeuge gegen seinen ehemaligen Chef im Außenamt, Karl Ritter, aufzutreten. Er hatte das starke Gefühl, daß, sollte sich Deutschland von der Krankheit des Nationalsozialismus selbst reinigen, seine Bürger die ganze Niederträchtigkeit ihrer ehemaligen Führer erfahren müßten.

Was Kolbe während des Prozesses gegen Ritter erfuhr, muß für ihn eine Erleuchtung gewesen sein, denn Ritter erklärte seinen Richtern, daß er seinen Chef, Joachim von Ribbentrop, gehaßt habe. Dieser Mann sei wirklich ein Kriegsverbrecher gewesen, er selbst habe wiederholt um Erlaubnis gebeten, aus dem Dienst ausscheiden zu dürfen, aber Ribbentrop habe abgelehnt. Er, Ritter, habe sogar seit September 1944 seine Flucht zu den Alliierten geplant. „Ich bin kein Kriegsverbrecher“, erklärte er,

„ich bin ein harmloser alter Mann von 63, der nun nichts lieber tun will, als den Amerikanern zu helfen.“ Er beklagte sich auf das bitterste über seine Haft: Obwohl er so gerne Bridge spiele, hätten alle Nazigefangenen nur ein einziges Kartenspiel, das schon sehr abgegriffen und schmutzig sei; außerdem habe man ihm nicht einmal Socken gegeben.

Nach den Prozessen entschied der OSS, daß er diesem Kronjuwel von Dulles etwas ganz Besonders schuldig sei. Peter Sichel, der junge Schatzmeister der OSS Abteilung der 7. Armee, wurde beauftragt, sich um Kolbe zu kümmern. Um ihn im eigenen Interesse aus Deutschland zu locken, wurde ihm eine bedeutende Geldsumme angeboten, damit er sich in den Vereinigten Staaten etablieren könne. Kolbe lehnte zuerst den Gedanken einer materiellen Entschädigung ab, aber schließlich gab er nach und siedelte nach New York über.

In der Endphase des Krieges hatte Peter Sichel auch für seine eigenen Familieninteressen gesorgt. Er hatte mit gemischtem Vergnügen und Sorge beobachtet, wie die amerikanischen Streitkräfte sich der Stadt Mainz näherten. Die altehrwürdige Stadt war seit 1857 der Sitz der Familie Sichel und ihres Weingeschäftes gewesen, das sie nur unter Hitler aufgegeben hatten, als die Existenz für Juden in Deutschland unerträglich geworden war. Da er das Schicksal einer Viertelmillion Weinflaschen voraussah, wenn die Deutschen flohen und die Sieger einmarschierten, bat Sichel um Erlaubnis nach Mainz eilen und seine Keller beschützen zu dürfen. Sein Ziel war, den Sichel-Besitz der Verwaltung der alliierten Militärregierung zu unterstellen.

Er fuhr, zusammen mit seinem deutsch-amerikanischen Kameraden Karl Muecke und einem anderen OSS-Offizier der 7. Armee nach Mainz, kurz nachdem die Stadt erobert war. Sie fanden die Weinkellerei, auf der noch immer ein Schild verkündete: „H. Sichel's Söhne“. Die Nazis hatten genug Geschäftssinn, um bei dem alten guten Namen zu bleiben. Ein anderes Schild verbot Unbeschäftigten den Eintritt. Ein alter deutscher Wächter versuchte sie aufzuhalten und deutete trotzig auf das Schild.

„Dort steht Sichel und Söhne, nicht wahr?“ meinte Sichel, wobei er sein Eigentum mit einem gewissen Besitzerstolz betrachtet. „Gut, ich bin ein Sohn. Öffnen Sie das Tor!“

Einige Monate nachdem Sichel Kolbe sicher in New York untergebracht hatte, kontaktierte der Deutsche einen OSS-Beamten und sagte ihm, er wolle nach Deutschland zurückkehren. In New York war Kolbe einem alten Bekannten aus seiner diplomatischen Karriere begegnet, der ihn an einem geschäftlichen Unternehmen beteiligt hatte. Der Mann, der den strengsten Polizeistaat der Welt überlistet, den Nazis die gefährlichsten Geheimnisse des Krieges gestohlen und seinen Weg in die Freiheit gefunden hatte, wurde in Amerika um sein ganzes Geld betrogen. Kolbe war verblüfft, aber beklagte sich nicht. Er sagte Sichel, daß er ohnehin von allem Anfang an das Geld nicht hätte nehmen sollen. Es sei dumm zu glauben, daß irgend jemand in Deutschland ihm etwas tun wolle, sein Gewissen sei rein, er wolle heim. Der OSS stimmte zu und Sichel half ihm, eine deutsche Vertretung für Motorsägen zu erhalten.

Fritz Kolbe verdiente sich einen einigermaßen ordentlichen Lebensunterhalt in Deutschland, fühlte aber immer ein leichtes Ausgeschlossensein. Er fand etwas Trost bei Rudolf Pechl, einem Kameraden im Kampf gegen den Nationalsozialismus, der geschrieben hatte: „Es bleibt unwichtig, daß die Widerstandsbewegung ihre Ziele nicht erreicht hat und daß die überlebenden Mitglieder des Widerstands heute so einsam sind, wie sie es unter Hitler waren. Jede große Idee, jede mutige Tat trägt ihren Lohn in sich selbst. Wir haben keinen Dank erwartet."

19. KAPITEL

Das Ende

Am 7. Mai 1945 um 2 Uhr 41 früh stand in einem kleinen Schulhaus in Reims General Alfred Jodl, ein überzeugter Anhänger Hitlers, auf und erklärte: „Mit dieser Unterschrift haben sich das deutsche Volk und die deutschen Streitkräfte auf Gnade und Ungnade in die Hände des Siegers geliefert ..." Jodl hatte das Kapitulationsdokument unterschrieben, 2076 Tage nachdem die ersten Deutschen über die polnische Grenze vorgedrungen waren.

OSS Agenten, die nach Deutschland eingedrungen waren, erfreuten sich eines kurzfristigen Einflusses. Alliierte Militärregierungen suchten überall eifrig ihre Hilfe, um Deutsche zu finden, die zum Wiederaufbau des Landes geeignet waren und um mögliche Kriegsverbrecher ausfindig zu machen. Eine merkwürdige Wandlung in der Haltung der Amerikaner gegenüber ihren bisherigen Feinden komplizierte diese Aufgabe. Dieser Wandel war besonders für zwei amerikanische Juden mit Wurzeln in Europa sichtbar und beunruhigend.

Lange Monate zuvor, als Peter Viertel und Peter Sichel für die 7. Armee deutsche Agenten aus den Kriegsgefangenenlagern rekrutierten, hatten sie starke Skepsis in der regulären Armee bemerkt. Eine einfache „Kill-them-krauts" – (das heißt: „Tötet die Deutschen") – Mentalität ließ wenig Raum für politische Unterscheidung bei den deutschen Gefangenen. Die beiden Amerikaner mit ihrer persönlichen Kenntnis Deutschlands hatten behauptet, daß man nicht alle Deutschen gleichermaßen verurteilen solle, es gäbe gute und schlechte. Sie alle gleichmäßig zu verurteilen wäre kurzsichtig.

Dann aber, als Deutschland besiegt war fanden sie, daß ihre amerikanischen Kameraden sehr rasch umgestimmt wurden. „Es sind saubere, hart arbeitende, fähige und höfliche Menschen so wie wir, anders als Franzosen, Italiener, Engländer oder Polen oder andere Völker, die gegen den amerikanischen Standard an Hygiene oder Arbeitseifer verstoßen." Viertel und Sichel hatten nun gegen die Annahme zu kämpfen, daß jeder sich einschmeichelnde Deutsche auch verläßlich sei. Nun endete auch die Nachkriegsnützlichkeit der Agenten und es war Zeit, mit den Soldaten auch die Spione zu entlassen. Die Besorgnis unter den OSS Offizieren, daß ihre heimkehrenden deutschen Agenten zu Hause irgendwelchen Vergeltungsmaßnahmen ausgesetzt sein könnten, erwies sich als übertrieben. Zwar waren nach dem Ersten Weltkrieg die Deutschen, die mit den Alliierten zusammen gearbeitet hatten, als Parias behandelt worden, aber die Nazis hatten die nationalen Tugenden der Deutschen derart in den Schmutz gezogen, daß die Begriffe von Patriotismus und Anständigkeit bis zur Unkenntlichkeit verwischt waren.

OSS-Offiziere reisten durch das Reich, um gegen alle Agenten, die nicht nur ihr Leben, sondern auch ihren Ruf durch ihre Zusammenarbeit mit den Amerikanern riskiert hatten, eine Ehrenschuld abzuzahlen. Al Ulmer in Österreich, Peter Sichel in Deutschland, Gary Van Arkel aus der Schweiz und andere sorgten dafür, daß es den früheren Agenten weder an Lebensmitteln noch an Wohnung mangelte. Sie drängten zuständige Stellen, ihren Agenten Arbeitsplätze zu finden und bemühten sich um die Frauen und Kinder der Gefallenen und Vermißten.

Einige Agenten erreichten auch die Einlösung jenes unautorisierten Versprechens, das sie seinerzeit dazu gebracht hatte, das Risiko einzugehen. Belgier, die Ray Brittenham angeworben hatte und in die Vereinigten Staaten auswandern wollten, wurde dies mit Unterstützung ihrer früheren Arbeitgeber gestattet. Einigen wurde auch eine amerikanische Ausbildung durch Stipendien ermöglicht, die in etwa jenen für abgemusterte amerikanische Soldaten entsprachen.

In England setzte Korvettenkapitän Simpson seine Arbeit mit den Kollegen von RCA fort, um das Joan-Eleanor-System für einen möglichen Gebrauch auf dem pazifischen Kriegsschauplatz einzusetzen. „Das wäre ein harter Schlag für die Japaner geworden, hätten wir sie nicht vorher schon atomisiert.“

Lazare Teper und sein Assistent Henry Sutton, die in der *Bach*-Abteilung die Tarngeschichten zusammengestellt hatten, wurden gegen Ende des Krieges zu Leutnants befördert.

Im November 1945, etwa ein halbes Jahr nachdem der letzte Agent über Deutschland abgesprungen war, begann in Nürnberg ein Akt internationaler Gerechtigkeit. Hier saß als Kriegsverbrecher unter anderem der sonderbare und düstere Chef des gesamten Sicherheitswesens der Nationalsozialisten, Dr. Ernst Kaltenbrunner, auf der Anklagebank, dessen Herrschaftsbereich den Terror von Gestapo und SD umfaßt hatte. Die Anklage gegen ihn war von General Donovan vorbereitet worden, der eine Zeit lang Chef der Staatsanwaltschaft bei den Nürnberger Prozessen war. Kaltenbrunner wurde am 16. Oktober 1946 gehängt; das Blut Hunderttausender klebte an seinen Händen. Aber unter dem Beweismaterial, das ihn besonders verdammte, war der persönliche Befehl Kaltenbrunners zur Hinrichtung der OSS Agenten in Mauthausen.

Während des Zweiten Weltkrieges hatte der OSS nahezu zweihundert Geheimagenten innerhalb des Großdeutschen Reiches eingesetzt, seine Leute in die militärisch wichtigsten Städte eingeschleust: Berlin, München, Bremen, Mainz, Düsseldorf, Mannheim, Stuttgart, Essen, Regensburg, Kassel, Karlsruhe, Wien und über sechzig andere Städte. Die Verluste waren schwer aber nicht ungewöhnlich. Im ganzen wurden sechsunddreißig Agenten getötet, gefangen genommen oder vermißt. Das Gebiet der Alpenfestung, wenn es als Kriegsschauplatz auch imaginär geblieben war, erwies sich als gefährliche Falle für Spione, denn über die Hälfte der dort eingesetzten Agenten gingen verloren.

Ob die geheime Infiltrierung Deutschlands den Krieg auch nur um einen Tag oder eine Stunde abgekürzt hat, kann nicht aus der Unzahl einzelner Mosaiksteine herausgelesen werden, die den Sieg ausgemacht haben. Durch einen Agenten wie Kolbe besaßen die Alliierten Zugang zu den wichtigsten deutschen Geheimnissen, wie sie sonst nur das Ultra-Gerät eingebracht hatte.

Durch Gisevius besaßen die Alliierten eine buchstäblich Tag-für-Tag-Kenntnis über Fortschritte der Verschwörung gegen Hitler. Daß die Alliierten den von Gisevius und seinen Mitverschwörern repräsentierten Antinazismus nicht ausnützten, ließ die besten Hoffnungen auf ein rasches Kriegsende scheitern.

Die Berichte der OSS-Agenten trugen zu dem Mosaik von Informationen bei, die entscheidende Angriffe auf die Industrieanlagen, in denen die V-Waffen hergestellt wurden, ermöglichten, oder auf die Ölfelder und die Fabriken von synthetischem Kraftstoff, zur Zerstörung deutscher Düsenjäger noch am Boden, bevor sie den Krieg in die Lüfte tragen konnten. Die alliierten Bomber, Artillerie und Bodentruppen griffen häufig Ziele an, die durch das Heldentum und die Geschicklichkeit amerikanischer Spione festgestellt worden waren.

Diese Agenten nützten die wachsende Unzufriedenheit in Österreich, weiterhin ein Teil des deutschen Reiches zu bleiben, aus und waren dafür verantwortlich, daß dort umfangreicheres Blutvergießen vermieden wurde, denn sie überzeugten örtliche Militärbefehlshaber, daß Kapitulation ein Akt der Humanität und der Vernunft sei, weiterer Kampf aber Wahnsinn.

Die Festnahme von Naziführern und ihre Ersetzung durch anständige demokratische Führer ging weit wirksamer dort vor sich, wo OSS-Agenten operiert hatten als dort, wo es Alliierten Militärregierungen an verläßlicher Kenntnis aus erster Hand über die örtlichen Verhältnisse mangelte.

Die Entwicklung von Joan-Eleanor allein erwies sich als ein gewaltiger Schritt im System der geheimen Kommunikation und barg den Keim zur Entwicklung der unglaublich sensitiven elektronischen Geräte, die in der nächsten Generation die Spionage dominierten.

Zu Beginn hatte es wie Selbstmord geschienen, eine mutige Handvoll Menschen gegen den institutionalisierten Terror des Dritten Reiches ankämpfen zu lassen. Jahre später, als sie sich ihrer Verabschiedung beim Abflug nach Deutschland erinnerten, wiederholten OSS-Veteranen immer denselben Refrain: „Natürlich haben wir niemals erwartet, sie wieder zu sehen."

Amerikas Eintritt in den Geheimdienstkrieg erfolgte zwar spät, trug aber brilliante Früchte. Die Rekrutierung, die Ausbildung, die Dokumentation und das Eindringen von nahezu zweihundert Agenten in den schrecklichsten Polizeistaat markierte den Gipfel der Effektivität der OSS im Krieg und demonstrierte eine Fähigkeit zur geheimen Kriegführung, die der jeder anderen Nation gleichkam. Die Leistungen wurden auch vom britischen Geheimdienst anerkannt, der ja niemals sehr eifrig darauf aus gewesen war nach Deutschland einzudringen. OSS hatte dreimal so viel Agenten allein aus England ins Reich geschickt als die Engländer selbst. Die amerikanischen Planer bedauerten später nur, daß sie nicht schon früher begonnen hatten, als die Ernte an Nachrichten noch größer und reicher hätte sein können. Die Durchdringung des nationalsozialistischen Deutschland gehört eindeutig zu den großen Spionagetriumphen des Zweiten Weltkriegs.

Die deutschen Unternehmungen waren auch schon ein Hinweis auf den kommenden kalten Krieg. Die Russen hatten sich geweigert, A 26 Maschinen auf von ihnen kontrolliertem Gebiet landen zu lassen, was die Möglichkeiten des OSS, tief ins Reich einzudringen, ganz außerordentlich vergrößert hätte. Die Sowjets hatten nur mit großen Verzögerungen amerikanische Agenten, die sie aufgefunden hatten, wieder den Amerikanern übergeben. Der OSS hatte in der Frage der Verwendung kommunistischer Agenten zunächst geschwankt, schließlich sie benutzt und dann unmittelbar nach Kriegsende nicht gewußt, was er mit ihnen anfangen sollte.

Richard Helms erinnerte sich, daß in Berlin OSS-Offiziere dabei halfen, Beweismaterial für Kriegsverbrecherprozesse vorzubereiten. Gleichzeitig aber beobachteten sie auch schon die Sowjets, was schließlich zur hauptsächlichen Beschäftigung des amerikanischen Nachrichtendienstes würde, den Helms eines Tages führen sollte.

Nach der Kapitulation Deutschlands schloß Allen Dulles mit General Reinhard Gehlen, dem Chef der Generalstabsabteilung „Fremde Heere Ost“, ein Geschäft ab. Danach erhielten die Vereinigten Staaten sowohl Gehlen und seinen Stab, als auch seine wertvollen russischen Akten.

Oberst Howard Chapin, der die OSS-Unternehmungen aus Italien geleitet hatte, war nach der Kapitulation vorübergehend nach Washington zurückgekehrt. Im Sommer 1945 befehligte er wieder das 2677. OSS-Regiment in Salzburg. Einer seiner Untergebenen erinnerte sich, wie erstaunt die Männer des OSS waren als Chapin ihnen erklärte, ihr nächster Gegner seien die Russen. In Wien erhielten die Agenten, die für den OSS gearbeitet hatten nun die Weisung, für die Amerikaner herauszufinden, was die Russen in ihrer Zone trieben.

Die wachsende Feindschaft zwischen Ost und West führte auch dazu, daß General Donovan's Kind am Leben blieb. Am 20. September 1945, knapp einen Monat nach Kriegsende, anerkannte Präsident Harry S. Truman die Leistungen des OSS in einem Brief an General Donovan, allerdings mit eisiger Unpersönlichkeit: „Ich möchte die Gelegenheit benützen, um Ihnen für die geschickte Führung zu danken, die Sie in einem lebenswichtigen Sektor der Kriegsaktivitäten in Ihrer Eigenschaft als Direktor der Strategic Services bewiesen haben. Sie können mit Befriedigung auf die Leistungen Ihres Amtes blicken und stolz auf Ihren eigenen Beitrag dazu sein."

Truman wollte keine „Friedens-Gestapo" und ging dazu über, den OSS aufzulösen und die wenigen übriggebliebenen Funktionen zwischen Außenministerium und Kriegsministerium aufzuteilen. Diese verwaisten Unternehmungen und eine Hand voll von OSS-Mitgliedern überwinterten, schlafend aber lebendig, und warteten auf ein Klima, in dem sie wieder aufblühen konnten. Sie hatten nicht lange zu warten. Schon 1947 zwangen die kalten Winde aus dem Osten Präsident Truman, die Central Intelligence Agency zu schaffen, deren Herzstück frühere Offiziere des OSS bildeten, von denen viele durch Unternehmungen nach Deutschland gereifte Spionage-Profis waren.

Im August 1945 kletterten ein junges Paar mit zwei Bergführern in das Gletschermassiv der Stubaier-Alpen, südwestlich Innsbrucks. Der Mann wußte, wo in den Bergen ein wertvoller Schatz zu finden sei. Es war Franz Weber, der Österreicher, der Fred Mayer und Hans Wynberg sieben Monate zuvor vom Sulztaler Ferner auf einem verrückt dahinrasenden Schlitten ins Tal geführt hatte. Die Frau war Anni Liederkirche, seine Verlobte. Weber hatte damals die *Greenup*-Mission die Hänge hinunterzuführen, brauchte aber selbst Bergführer, um seinen Weg zurück in die vergletscherten Gipfel zu finden und dort auch sein Ziel zu erreichen. Sie brachen in einem alten Vorkriegsvolkswagen auf, von Oberperfuß aus, wo Annis Mutter die *Greenup*-Agenten in der Mansarde ihrer Gastwirtschaft versteckt gehalten hatte, fuhren an der Messerschmidt-Fabrik bei Kematen vorbei, wo Fred Mayer die Rolle eines französischen Fremdarbeiters gespielt hatte und weiter durch Zirl, wo die amerikanische 103. Division die letzten Schüsse mit dem deutschen Gegner wechselte, bevor Innsbruck fiel.

Sie wendeten sich nach Süden und der alte Motor des Autos keuchte, als sie das Ötztal nach Längenfeld hinauffuhren, wo Weber in eine ungepflasterte Straße einbog, die steil nach Gries hinaufführte, wo das Team erfolgreich die ersten Zivilisten getäuscht und sich vom Bürgermeister den Schlitten ausgeborgt hatte. Jenseits von Gries wurde die Schotterstraße zu einem schmalen Pfad, der sich die Hänge hinaufwand. Hier verließen sie das Fahrzeug.

Das Wetter zu jener Jahreszeit war in den Bergen merkwürdig wechselhaft. In der Sonne war die Luft warm, der Boden weich und feucht vom Schmelzwasser, aber im Schatten der Berghänge gerieten sie auf Schneefelder und in kalte Luft, die nach Winter roch. Weber blickte in den Himmel, aus dem er im Februar mit dem Fallschirm abgesprungen war, überblickte die Bergspitzen und versuchte sich zu orientieren. Von Zeit zu Zeit beriet er sich mit den Bergführern und in weniger als einer Stunde nach ihrer Ankunft auf dem Sulztaler Ferner hatte Weber gefunden was er gesucht hatte: Einen Schatz reiner Seide, die Fallschirme, die sie dort versteckt hatten.

Im September 1945 wurden Franz Weber und Anni Liederkirche in der zwiebelturmgekrönten Kirche von Oberperfuß getraut. Das Hochzeitskleid der Braut war aus Seide geschneidert, aus Fallschirmseide, die sie von den Alpengletschern herabgeholt hatten.

Missionen

Von England aus

* Sternchen bedeutet ein Pseudonym.

Bruce, David: Kommandeur, OSS Europäischer Kriegsschauplatz
Casey, William J.: Chef, Secret Intelligence, ETO
Pratt, George O.: Direktor, Division of Intelligence Procurement

Chauffeur

Dehandtshutter, Michel*
Renaix, André*

Chisel

Macht, Karl*

Crocus

Meisel, Hilde

Doctor

Blonttrock, Lucien
Smets, Jean

Downend

Kappius, Anne
Kappius, Jupp

Hammer

Land, Paul
Ruh, Toni

Luxe

Appenzell, Ferdi*
Lindau, Leon*

Mallet

Buchholz, Adolf

Martini

Adrian*

Painter

Flour, François
Van Dyck, Emil

Ragweed

Drucker, Willi*

Von Frankreich aus

Iron Cross

Bank, Aaron (Leiter)

Ruppert

Winogradow, Juri*

OSS-Abteilung bei der 7. Armee

Hyde, Henry B.:
Chef, Secret Intelligence

Ada*
Emily*
Maria*

Von Italien aus

Chapin, Howard: Chef, Secret Intelligence, Mitteleuropa
McCulloch, John B.: Deutsch-österreichische Abteilung, Bari
Ulmer, Alfred C.: Deutsch-österreichische Abteilung

Deadwood

Pfluger, Hermann*

Dillon

Fiechter, Ernst
Lippe, Karl*

Pavlovich, Miles (Leiter)
Prester, Julio
Ruthi, Viktor*

Dupont

Ebbing, Ernst*
Graf, Anton*
Huppmann, Felix*
Taylor, John H. (Leiter)

Greenup

Mayer, Frederick (Leiter)
Weber, Franz
Wynberg, Hans

Von Schweden aus

Erickson, Eric
Jensen-Schmidt, Hennings

Herbert*

Von der Schweiz aus

Dulles, Allen: Chef, OSS Schweiz
Van Arkel, Gerhard (Gary): Gewerkschaftsabteilung, Bern

Gisevius, Hans Bernd

Homespun

Franckenstein, Joseph

Königsreuter, Lothar*
Kolbe, Fritz

Maier-Ring

Issakides, Barbara
Maier, Heinrich (Leiter)
Messner, Franz Josef
Molden, Fritz

Glossar

Abwehr: Nachrichtenbeschaffung, Spionageabwehr und Sabotage, dem Oberkommando der Wehrmacht unterstellt.
Bach: Abteilung für Tarngeschichten des OSS-London.
COI: Coordinator of Informations. Ursprüngliche Bezeichnung des OSS.
DEER: Direction Général des Etudes et Recherches, französische Geheimdiensteinheit.
DIP: Division of Intelligence Procurement. Einheit der OSS-London, betraut mit der Infiltration Deutschlands.
ETO: European Theater of Operations, Europäischer Kriegsschauplatz.
G-2: Nachrichtenabteilungen von Einheiten der US-Armee.
ISK: Internationaler Sozialistischer Kampfbund, Abspaltung der Deutschen Sozialdemokratischen Partei.
ITWF: International Transport Workers Federation, Internationale Transportarbeitergewerkschaft.
Maquis: = Resistance, inoffizielle Bezeichnung der französischen Widerstandsbewegung.
MI 5: Counter Intelligence Service, Britische Spionageabwehr im Inland.
MI 6: British Secret Intelligence Service, Britischer Geheimdienst im Ausland.
MO: Morale Operations, Propagandaabteilung des OSS.
O 5: Österreichische Widerstandsbewegung.
OWI: Office of War Information, Amt für Kriegsinformation. Leitete Propagandaunternehmungen der USA.
POEN: Provisorisches Österreichisches Nationalkomitee, eine Organisation der österreichischen Widerstandsbewegung.
R and A: OSS Reserve and Analyses Range, Nachrichtenauswertung.
RSHA: Reichssicherheitshauptamt, ihm unterstanden Gestapo und SD und ab 1944 auch die Abwehr.
SD: Sicherheitsdienst, Geheimdienst der SS im In- und Ausland.
SHAEF: Supreme Headquarters Allied Expeditionary Forces. Gemeinsames Hauptquartier der amerikanischen, englischen und französischen Streitkräfte in Europa.
SI: OSS Secret Intelligence Branch. Führte die Unternehmungen in Deutschland und in von Deutschen besetzten Ländern durch.
SIS: Das gleiche wie MI 6.
SO: OSS-Secret Operations Branch. Führte besondere Unternehmungen wie Sabotage oder die Bildung von Widerstandszentren in den deutsch besetzten Gebieten durch.
SOE: Special Operations Executive. Die britische Unterabteilung von

MI 6, die den Widerstandsbewegungen vor allem in Frankreich Hilfe leistete.

Ultra: Tarnbezeichnung für Informationen, die durch Dechiffrierung der deutschen Enigma-Chiffren erzielt wurden.

X-2: OSS-Counter Intelligence Branch, Spionageabwehr.

XX-Commitee: MI 5 Gruppe, die Doppelagenten führte (Double Cross-System).

Quellen

Allgemein

Alcorn, Robert Hayden. No Banner, No Bands. New York: David McKay Co., 1965.
– No Bugles for Spies. New York: David McKay Co., 1962.
Alsop, Stewart, und *Braden,* Thomas. Sub Rosa: The OSS, an American Espionage. New York: Reynal & Hitchcok Co., 1946.
Ambrose, Stephen E. Eisenhower and Berlin, 1945: The Decision to Halt at the Elbe. New York. W. Norton & Co., 1967.
Andersen, Hartvig. The Dark City. New York. Rinehart Press, 1965.
Bazna, Elyesa. Ich war Cicero. München: Lichtenberg, 1972.
Best, S. Payne. The Venlo Incident. London: Hutchinson Publishing Group, 1949.
Borsdorf, Ulrich, und *Niethammer,* Lutz. Zwischen Befreiung und Besatzung. Wuppertal: Peter Hammer Verlag, 1976.
Bowyer, Michael J. F., und *Sharp,* C. Martin. Mosquito. London: Faber & Faber Ltd., 1967.
Brook-Shepherd, Gordon. The Anschluß. Philadelphia and New York: J. B. Lippincott Co., 1963.
– The Austrian Odyssey. London: Macmillan Publishers, 1957.
Brown, Anthony Cave. Die unsichtbare Front. München: Desch-Verlag, 1976.
Brown, Anthony Cave, ed. The Secret War Report of the OSS. New York: Berkley Publishing Corp., 1976.
Burns, James MacGregor. Roosevelt: The Soldier of Freedom. New York: Harcourt Brace Jovanovich, 1970.
Churchill, Winston S. Der Zweite Weltkrieg. Bern-München: Scherz, 1948–54.
Cline, Ray S. Secrets, Spies and Scholars. Washington, D. C.: Acropolis Books Ltd., 1976.
Collier, Basil. The Battle of the V-Weapons. New York: William Morrow & Co., 1965.
Crankshaw, Edward. Gestapo. London: Putnam & Co., 1956.
Downes, Donald. The Scarlet Thread. New York: British Book Centre, 1953.
Dulles, Allen W. Verschwörung in Deutschland, Kassel 1949.
– The Secret Surrender. London: George Weidenfeld & Nicolson Ltd., 1967.

Foot, M. R. D. SOE in France. London: Her Majesty's Stationery Office, 1966.
– Resistance. New York: McGraw-Hill Book Co., 1977.
Ford, Corey, und *MacBain,* Alastair. Cloak and Dagger. New York: Random House Inc., 1945.
Frischauer, Willi. The Man Who Came Back: The Story of Otto John. London: Frederick Muller Ltd., 1958.
Gisevius, Hans. Bis zum bitteren Ende. Zürich, 1946–47.
Hagen, W. (Höttl Wilhelm). Die Geheime Front. Wien-Linz, 1950.
Howe, George. Call It Treason. New York: The Viking Press, 1949.
Hymoff, Edward. The OSS in World War II. New York: Ballantine Books, 1972.
Irving, David. Hitler's War. New York: The Viking Press, 1977.
– The Mare's Nest. London: William Kimber & Co., 1964.
Kirkpatrick, Lyman, Jr. The Real CIA. New York: Macmillan, 1968.
Klein, Alexander. The Counterfeit Traitor. New York: Holt, Rinehart & Winston Co., 1958.
Landmann, Isaac, Hg. The Universal Jewish Encyclopedia. New York: Ktav Publishing House Inc., 1969.
Link, Werner. Die Geschichte des Internationalen Jugend-Bundes (IJB) und des Internationalen Sozialistischen Kampfbundes (ISK). Meisenheim an der Glan, 1964.
Lovell, Stanley P. Of Spies and Stratagems. Englewood Cliffs, 1963.
MacCloskey, Monro. Secret Air Missions. New York, 1966.
MacDonald, Charles B. The Mighty Endeavor. New York, 1969.
Maršálek, Hans. Mauthausen. Mauthausen undatiert.
Masterman, J. C. Unternehmen Doppelspiel. Wien: Molden, 1972.
Maurer, N. Air Force Combat Units of World War II. Washington, 1961.
– Combat Squadrons of the Air Force, World War II. Washington, 1969.
Minott, Rodney G. The Fortress That Never Was. New York, 1964.
Molden, Fritz. Fepolinski und Waschlapski, Wien: Molden, 1976.
Moyzisch, L. C. Der Fall Cicero. Frankfurt/Heidelberg, 1950.
Pia, Jack. Nazi Regalia. New York, 1971.
Pick, Franz und *Sedillot,* René. All the Moneys of the World. A Chronicle of Currency Values. New York, 1971.
Reitlinger, Gerald. Die Endlösung. Berlin, 1961.
Roberts, Walter R. Tito, Mihailović and the Allies, 1941–1945. New Brunswick, 1973.
Roosevelt, Kermit, Hg. The Overseas Targets: War Report of the OSS. New York, 1976.
Ryan, Cornelius. Der letzte Kampf. München: Droemer, 1967.
Shirer, William L. Aufstieg und Fall des Dritten Reiches. Köln-Berlin, 1961.

Smith, R. Harris. OSS: The Secret History of America's First Central Intelligence Agency. Berkeley, Cal. 1972.
Stevenson, William. A Man Called Intrepid. New York, 1976.
Swanberg, W. P. Luce and His Empire. New York, 1972.
Swanborough, F. G. United States Military Aircraft Since 1909. London and New York, 1963.
Toland, John. Adolf Hitler. Berg. Gladbach: Lübbe, 1977.
Whiting, Charles. Hitler's Werewolves. New York, 1972.
The Spymasters. New York, 1976.
Wiskemann, Elizabeth. The Europe I Saw. London, 1968.
Ziemke, Earl F. The US Army in the Occupation of Germany. Washington, 1975.

Dokumentationsmaterial

„Assessment of Men." The OSS Assessment Staff. New York: Rinehart Press, 1948.
„Casualties of the Imperial and Allied Forces in Western Europe". Reported from 6 June 44 to 15 November 44, Supreme Headquarters Allied Expeditionary Force.
„Complete List of War Crimes Trials". Headquarters, European Command, Office of the Judge Advocate, 10 June 1950.
„Die Devisenbestimmungen in Deutschland". Bank für Internationalen Zahlungsausgleich, Basel 1944.
„Erlebnisbericht". Jupp Kappius, zitiert in „Diary Report" von Werner Link, unveröffentlichte Manuskriptkopie Nr. 348, Universität Marburg, BRD.
„Final Report on SI Operations into Germany". William J. Casey, 24. Juli 1945.
„G-1 Division Daily Casualty Report." 4. Januar 45, 30. November 44, 31. Oktober 44, 30. September 44, Supreme Headquarters, Allied Expeditionary Force.
„Histoire du Centre Syndical Belge à Londres". 1941–1944. Dore Smets und Jef Rens (unveröffentlichte, undatierte Monographie).
„History of the Carpetbagger Project". 492d Bombardment Group (H) vol. Oktober 1943.
„History of the Eigth Air Force". Second Bombardment Division, Fourteenth Combat Bombardement Wing, 492d Bombardement Group, 856th Bombardement Squadron, 1. Oktober 43 bis 1. Juni 44, 1. September 44 bis 1. April 45.
„International Military Tribunal". Nuremberg, vol. D 626.

„Military Government Court“. Vol. 1, US v. Hans Altfuldish et al. 29, 30. März 46, Dachau, Deutschland, 1946.
„Österreichische Widerstandsbewegung“. An das Bundesministerium für Äußeres (undatiertes Bulletin).
„Prisoners of War, Convention between the United States of America and Other Powers,“ Treaty Series no. 846. Washington, D. C.: US Government Printing Office, 1932.
„Statistical Story of the Fifteenth Air Force“. Bericht von den Unternehmungen vom Zeitpunkt des Einsatzbeginns 1. November 43 bis 8. Mai 45.
„Supreme Headquarters Allied Expeditionary Force, G-1 Casualty Reports“. August 1944 bis Januar 1945.
„The Public Papers and Addresses of Franklin D. Roosevelt, 1944–45.“ New York: Harper & Brothers Publishers, 1950.
„The 20th of July: A View from Without“. Mary Bancroft (undatiertes Manuskript des Radiosenders).
„2641st Special Group Unit History (Provisional).“ Für die Monate Februar, März, April 1945.
„US Armed Forces in Austria“. War Crimes Section Progress Report, 31. August 45.
„War Crimes Trials“, RG 38: Nürnberg, US National Archives.
„War Report, Office of Strategic Services (OSS). Band 2, vorbereitet vom History Project Strategic Services Unit, Office of the Assistant Secretary of War, War Department, Washington, D. C.: September 1947, US Government Printing Office, Juli 1949.
„World War II Operations Reports, 1940–48“. 103d Infantry Division, The War Department Records Branch.

Vom CIA freigegebene Dokumente

„Cover Stories“. OSS Ausbildungshandbuch (ohne Titel und Datum).
„Fabricated Documents“. OSS Ausbildungshandbuch (ohne Titel und Datum).
„German Military Police, German Military Security Police, German Intelligence Service“. OSS Ausbildungsdokument, Juli 1943.
„History of the Swiss Desk, SI Branch, MEDTO“. Hauptquartier des 2677. OSS-Regiments (provisorisch, ohne Datum).
„Joan-Eleanor Logbook“. Stephen H. Simpson, Lieutenant Commander, USNR, 1. Oktober, 3. Mai 1944, 1945.
„Memorandum of Information for the Joint US Chiefs of Staff: OSS Operations in Switzerland, 1942–1945“. Washington, D. C.: Office of Strategic Services, Juni 1945.

„Memorandum of Information for the Joint US Chiefs of Staff: OSS Penetration of Nazi Germany“. Washington, D. C.: Office of Strategic Services, Juni 1945.
Missionen *Chauffeur* (25 Dokumente).
Chisel (4 Dokumente).
Crocus (2 Dokumente).
Dartmouth (1 Dokument).
Dawes (3 Dokumente).
Deadwood (3 Dokumente).
Dillon (5 Dokumente).
Doctor (25 Dokumente).
Downend (3 Dokumente).
Dupont (120 Dokumente).
Georgia (4 Dokumente).
Greenup (201 Dokumente).
Hammer (38 Dokumente).
Houseboat (5 Dokumente).
Luxe I (3 Dokumente).
Luxe II (3 Dokumente).
Mallet (3 Dokumente).
Martini (3 Dokumente).
Mimi (7 Dokumente).
Painter (7 Dokumente).
Rubens (3 Dokumente).
Ruppert (7 Dokumente).
Troy (7 Dokumente).
Virginia (3 Dokumente).
„Organisation of the German Police Services“. Mai 1943.
„Recruiting“. OSS Ausbildungshandbuch (ohne Titel und Datum).
„The Nazi Party and Its Organisation“. OSS Ausbildungsdokument, Mai 1943.
„Training“. OSS Ausbildungshandbuch (ohne Titel), 14. Februar 44.
„War Diary of the OSS“, Bände 6 und 12 (ohne Datum).

Zeitschriften

„Development of Law Relative to Treatment of Prisoners of War“. J. V. *Dillon,* Miami Law Quarterly, Dezember 1950.
„Hitler and Mars, Inc.“ Richard *Helms,* The Indianapolis Times, 15. März 1938.
„Jung and His Circle“. Mary *Bancroft,* Psychological Perspectives, Jung

Centenary Issue II. Vol. 6, no. 2, Herbst 1975. C. G. Jung Institute of Los Angeles, Inc.
„A Marine with OSS". Captain William F. *Grell,* Marine Corps Gazette, vol. 29, No. 12, Dezember 1945.

Reden

Bruce, David. Annual Dinner, Veterans of OSS, 26. Mai 1971.
Casey, William J. „The Clandestine War in Europe", anläßlich der Überreichung des William J. Donovan Award, 5. Dezember 1974.

Interviews

(Mit OSS-Funktion und gegenwärtiger Beschäftigung)

* = telefonisches Interview.

Allen, Harper, B-24 Pilot. Versicherungsdirektor.
Ancrum, Calhoun, Joan-Eleanor-Funker. Geistlicher.
Angleton, James, OSS Counterintelligence Branch, London. CIA Offizier i.R.
Balaguer, Romeo, 7. Armee OSS Abteilung. Bankier i.R.
Bancroft, Mary, OSS Bern. Journalistin, Schriftstellerin.
Bank, Aaron, Führer *Iron-Cross*-Mission. Gründer der „Green Berets" Spezialeinheiten der US Army, Offizier i.R.
Becu, Omar, Sekretär. Internationale Transportarbeitergewerkschaft.
Boyd, Ann Willets, 7. Armee OSS-Abteilung. Schriftstellerin.
Brittenham, Raymond, Führer *Espinette*-Mission. Erster Vizepräsident der Internationalen Telephone and Telegraph Company (ITT).
*Bross,** John, OSS-London. CIA-Offizier i.R.
Bruce, David, Kommandeur, OSS europäischer Kriegsschauplatz. Diplomat, verstorben.
Burke, Michael, stellvertretender Planungsoffizier, Division of Intelligence Procurement, OSS-London. Früherer Präsident der New York Yankees (Fußballverein) und Präsident des Madison Square Garden.
Cannoot, Ferdinand, Chef, *Athos,* Belgischer Geheimdienst. Ingenieur, Industrieller.
Casey, William J., Chef, Secret Intelligence, OSS London. Früher Vorsitzender der amerikanischen Börsenaufsichtsbehörde, Anwalt.
*Circe,** (Pseudonym), Geheimagentin, Mailand, i.R.

Cline, Ray S., Research and Analysis, OSS Washington. Früher stellvertretender Direktor des CIA, Studiendirektor des Center for Strategic and International Studies.
Colby, William E., OSS Operational Group Command. Früher CIA-Direktor. Anwalt.
Copeland, Miles, OSS Counterintelligence Branch. Ehemaliger CIA-Offizier. Wirtschaftsberater.
*Doering,** Otto C. jun., OSS Executive Officer. Anwalt.
Drucker, Willi (Pseudonym), *Downend*-Mission. Früher Polizeichef einer deutschen Stadt. i. R.
Ebbing, Ernst (Pseudonym), Mitglied der *Dupont*-Mission. Journalist.
Eidlitz, Johannes, österreichische Widerstandsbewegung. Cheflektor, Verlag Molden Wien.
Fellinger, Barbara (Issakides), österreichische Widerstandsbewegung. *Maier-Ring.* Pianistin i. R.
Fleischer, Henry, 2677. Regiment, OSS Bari. Gewerkschaft-Public-Relations.
*Gold,** Jay, Research and Analysis, OSS London. Schriftsteller.
Goldberg, Arthur J., Direktor der OSS-Labor Branch. Früherer US-Arbeitsminister, beisitzender Richter des Obersten Gerichtshofes der USA, US-Botschafter bei der UNO. Anwalt.
Gould, Joseph, Labour Division OSS London. Public-Relations.
Grell, William, Belgien-Abteilung, OSS-London. Hoteldirektor i. R.
Grimm, Kurt, österreichische Widerstandsbewegung. Bankier, Wien.
Gruber, Karl, österreichische Widerstandsbewegung. Österreichischer Außenminister, Botschafter in den USA, Spanien und der Schweiz, Staatssekretär a. D.
Haass, Walter, 2677. Regiment, OSS Bari. Direktor Beleuchtungsindustrie.
Hayden,* Sterling, OSS-Italien. Schauspieler, Schriftsteller.
Helms, Richard M. OSS London, früherer Direktor des CIA. Wirtschaftskonsulent.
Hoguet, Peter, 7. Armee OSS-Abteilung. Direktor Marcona Company.
Hood, Cordelia, OSS-Schweiz. CIA.
Houston, Lawrence, OSS-Kairo. Früher Generalanwalt des CIA i. R.
Hyde, Henry B., Chef Secret Intelligence, 7. Armee-OSS-Abteilung. Anwalt.
Jolis, Albert, Gewerkschaftsabteilung, OSS Paris. Diamantenhändler.
Jungk, Robert, Journalist, Schweiz. Schriftsteller.
Karlow, Peter, Oral Intelligence Einheit, OSS New York. Früherer CIA-Offizier, Privatkonsulent.
Käs, Ferdinand, österreichische Widerstandsbewegung. Gendarmerie-Oberst im Innenministerium Wien.
Katz, Milton, stellvertretender Chef Secret Intelligence, OSS-London. Direktor International Legal Studies, Harvard.

Kurz, Edmung, Labor Division, OSS-London. Ehemaliger Professor am Queens College.
Laverge, Jan, OSS Holland. Direktor einer Tabakfirma.
Legradi, Helene, österreichische Widerstandsbewegung. Direktor des österreichischen Büros für Ost-West-Handel.
Löwenstein, Dyno, 2677. Regiment OSS Bari. Pictograph Corporation, New York City.
Mayer, Frederick, Führer der *Greenup*-Mission. Früherer Angestellter der „Voice of America". i.R.
*McCulloch,** John, deutsch-österreichische Sektion, 2677. Regiment OSS-Bari. Präsident der English Speaking Union.
Miller, Gerald, Chef Secret Operations OSS London. Früher CIA-Beamter. i.R.
Molden, Fritz, österreichische Widerstandsbewegung und OSS-Agent. Verleger, Verlag Fritz Molden Wien-München.
*Morgan,** Edward, Journalist, Kommentator.
Morgan, Henry S. Chef Censorship and Documentation Section, OSS-Washington. Finanzexperte, Morgan Stanley and Company.
Muecke, Carl, 7. Armee OSS-Abteilung. Bundesrichter.
*Murphy,** James, Chef, OSS-Counterintelligence Branch. Anwalt.
Oakes, John B., OSS Counterintelligence Branch. Leitender Redakteur New York Times.
Pauley, Albert, Mitglied der *Rubens*-Mission. Direktor der Sabena-Fluggesellschaft.
Perry, Hart, 2677. Regiment, OSS-Bari. Präsident, SoGen-Swiss International Corporation.
Pratt, George, Chef, Division of Intelligence Procurement, OSS-London. Planung internationaler öffentlicher Arbeiten. i.R.
Primbs, Dr. Max, Kreisleiter der NSDAP Innsbruck. Chirurg, München.
Reddick, Willis, Research and Development Section, OSS-London. Drucker i.R.
Roman, Howard, OSS Counterintelligence Branch. Ehemaliger CIA-Offizier, Schriftsteller.
Roosevelt, Kermit, Chefhistoriker des „War Report", OSS. Ehemaliger CIA-Offizier, Public-Relations.
Sichel, Peter, Schatzmeister 7. Armee OSS-Abteilung, ehemaliger CIA-Offizier. H. Sichel und Söhne Weinkellerei.
Simpson, Stephen H. jun., Communications Branch, OSS London. Präsident Southwest Sound and Electronics Inc., San Antonio, Texas.
Steiner, Herbert, Direktor des Dokumentationsarchivs des österreichischen Widerstandes. Wien.
Strahle, Carl, Cover and Documentation Section, OSS London. Drucker.
Sutton, Henry, *Bach*-Section, OSS London. Ehemaliger CIA-Offizier. Verstorben.

Teper, Lazare, Chef *Bach*-Section OSS London. Forschungsdirektor, Internationale Gewerkschaft der Damenbekleidungsindustrie.

Thalberg, Hans, österreichische Widerstandsbewegung. Österreichischer Botschafter in der Schweiz.

Thompson, Robert E. S., Operations Office, Division of Intelligence Procurement, OSS-London. Umweltschutzkonsulent.

Tofte, Hans, Stellvertretender Chef Division of Intelligence Procurement OSS-London. Früherer CIA-Offizier. i. R.

Turano, Anthony, Air Dispatch Section, OSS-London. Fotograf.

Turnbull, William, Cover and Documentation Section OSS-London. Grundstücksmakler.

Ulmer Alfred C. jun., Deutsch-österreichische Sektion OSS-Bari. Ehemaliger CIA-Offizier. Lombard, Odier et Cie. Genf.

Van Arkel, Gerhard P., Gewerkschafts-Abteilung, OSS-Bern. Anwalt.

Van Dyck, Orpha (Gresham), WAC-Sergeant OSS-London. i. R.

Vanwelkenhuyzen, Jean, Direktor, Centre de Recherches et d'Etudes Historiques de la Seconde Guerre Mondiale.

Viertel, Peter, 7. Armee, OSS-Abteilung. Drehbuchschreiber. Schriftsteller.

Vujnovich, George, 2677. Regiment, OSS-Bari. Hersteller von Flugzeugteilen.

Watt, Richard, OSS Labor Division. Anwalt.

Weber, Franz, Mitglied der *Greenup*-Mission. Bauernbundfunktionär, Innsbruck.

*Wilson,** Thomas, Labor Division, OSS-London. Richter am Verwaltungsgericht. National Labor Relations Board. i. R.

Wolf, David, ehemaliger Mauthausen-Häftling. Restaurateur New York City.

*Work,** J. R., Cover and Documentation Section OSS-London. Werbegraphiker. i. R.

Schriftliche Mitteilungen

Bell, Dana, 1361 Audiovisual Squadron, US-Air Force.

de Caumont, Madeleine Sada, Französische Widerstandsbewegung.

Foot, M. R. D., Historiker, ehemaliger Offizier des Special Air Service.

Hanauer, Bernhard, Resistance and Psyops Committee, The Reserve Forces Association, London.

Hinsley, F. H., Historische Fakultät der Universität Cambridge.

Joll, James, The London School of Economics and Political Science.

Lockhart, John Bruce, British Secret Intelligence Service.

Roselli, Jean-Pierre, Französische Widerstandsbewegung.
Templer, Sir Gerald, Secret Operation Executive.
Trevor-Roper, Hugh, Regius Professor of Modern History, Oxford.
Wynberg, Hans, Mitglied der *Greenup*-Mission.

Personenregister

NORDSEE
Peenemü
Güstrow
Hamburg
Ulrum
Bremen
Sögel
Amsterdam
NIEDERLANDE
Berlin
DEUTSCHLAND
Elbe
Essen
Bochum
Hamm
Dortmund
Eindhoven
Düsseldorf
Kassel
Brüssel
Köln
BELGIEN
Aachen
Erfurt
Namur
Rhein
Bastogne
Frankfurt am Main
LUXEMBURG
Mosel
Mainz
Mannheim
Nürnberg
Paris
Metz
Karlsruhe
Stuttgart
Ingolstadt
Regensburg
Straßburg
FRANKREICH
Ulm
Augsburg
Epinal
München
Landsberg
Gérardmer
Rosenheim
Stein am Rhein
Salzb
Weilheim
Konstanz
Basel
Kreuzlingen
Kufstein
Berchtesga
Gevrey-Chambertin
Dijon
Zürich
Schwaz
Feldkirch
Innsbruck
Buchs
Gmü
Spitt
Bern
LIECHTENSTEIN
Brenner Pass
SCHWEIZ
Genf
Thonon
Annemasse
Lyon
ITALIEN
Rhone
MITTELMEER